【北京社科名家文库·纪念辑】

ZHANGDAINIAN ZIXUANJI

张岱年自选集

BEIJING SHEKE MINGJIA WENKU JINIANJI

张岱年◎著

首都师范大学出版社
CAPITAL NORMAL UNIVERSITY PRESS

图书在版编目(CIP)数据

张岱年自选集/张岱年著．—北京：首都师范大学出版社，2008.12
(北京社科名家文库)
ISBN 978-7-81119-427-2

Ⅰ.张…　Ⅱ.张…　Ⅲ.哲学—文集　Ⅳ.B-53

中国版本图书馆CIP数据核字(2008)第190083号

北京社科名家文库
ZHANG DAINIAN ZIXUANJI
张岱年自选集
张岱年　著

项目统筹：杨小兵　　责任编辑：苗立源
责任设计：王征发　　封面绘画：王征发
责任校对：王亚利　　责任印制：沈　露
首都师范大学出版社出版发行
地　址　北京西三环北路105号
邮　编　100037
电　话　68418523(总编室)　68982468(发行部)
网　址　cnuph.com.cn
E-mail　master@cnuph.com.cn
北京嘉实印刷有限公司印刷
全国新华书店发行
版　次　2008年12月第2版
印　次　2008年12月第1次印刷
开　本　787mm×1 092mm　1/16
印　张　38.5　插　页　1
字　数　459千
定　价　80.00元

《北京社科名家文库》编委会

出版说明

1978年，中国改革开放的元年。自那一年开始，中国已经走过了波澜壮阔的30年。这是伟大的30年，是改变中国的30年，是震惊世界的30年，也是哲学社会科学蓬勃发展的30年。

在哲学社会科学这30年的辉煌成就里，浸透着为新中国哲学社会科学奠基的老一辈专家呕心沥血的求索，也镌刻着寻着他们足迹的后来者追求真理的步伐。“学之大者，国之重器”。我们有责任将这些“大者”潜心研究的成果，重新编辑出版以飨读者。为此，北京市社会科学界联合会和首都师范大学出版社将这一套《北京社科名家文库》奉献给读者。她以自选集的体例形式，每年推出一批，争取在几年内达到百种以上。《北京社科名家文库》将系统展示当代哲学社会科学名家学者30年来的学思精华，展示他们的学术探索历程和风采。同时，为使这套《北京社科名家文库》更加丰富，编委会决定在首都师范大学出版社已出版的《当代著名学者自选集》中挑选符合体例的图书10种，编辑成《北京社科名家文库·纪念辑》，这将更完整地反映北京学人在学术风范和学术使命上的历史延续。

我们相信，《北京社科名家文库》将能够成为具有文化传承价值的经典性大型出版工程，成为集中展示首都哲学社会科学重要成果的一个窗口。由于我们水平所限，定有不足之处，希望读者和同仁给予批评指正。

编 委 会

2008年11月

目录

北京社科名家文库

目录

北京社科名家文库

北京社科名家文库

第1版自序

今年四月，首都师范大学出版社（原北京师范学院出版社，以下同）建议我编一部“学术论著自选集”。在这之前，我见过冯友兰先生的学术自选集（原称“学术精华录”），我对于首都师范大学出版社编印一套当代中国学者学术论著自选集的计划非常赞同，我认为这既可以保存当代中国的重要学术资料，又足以展示当代中国学者的学术成就，是具有重要意义的。于是我接受了母庚才等同志的建议，编出了这部学术论著自选集。

自30年代以来，我的学术研究工作有三个方面，一是对于哲学理论问题的探索，二是对于中国哲学史的研究，三是关于文化问题的讨论。30年代，我发表了几篇关于哲学理论问题的论文，40年代又撰写了《哲学思维论》、《事理论》、《天人简论》等论稿，当时试图将现代唯物论与逻辑分析方法和中国哲学的优秀传统结合起来，于是提出了自己的一些哲学观点，这些观点虽然是过去提出来的，但至今我也还在坚持。30年代，我撰写了《中国哲学大纲》，50年代与70年代，从事中国哲学史的教学工作，也发表了一些关于中国哲学史的论文和专著，主要是表彰中国古代的唯物主义传统，对于中国哲学中的价值观与人格价值学说有所阐发，今选出其中比较重要的篇章。关于文化问题，自30年代开始，我主张运用唯物辩证法考察文化现象，反对全盘西化论，也反对国粹主义，而主张“综合创新”，同时宣扬中国优秀传统中所含蕴的民族精神，近年发表论文多篇，今择要选出几篇。30年代以来的大部分旧作都收入论文集，如《中国哲学发微》、《求真集》、《真与善的探索》、《文化与哲学》等，近两年来所写尚未编集，亦选录两篇。对于首都师范大学出版社的雅意，谨表示衷心的感谢！

张岱年于北京大学

1992年5月

自 传

张岱年，字季同，一字宇同，生于1909年5月，原籍河北省献县。1933年毕业于北京师范大学，因当时已发表哲学论文多篇，于是受清华大学之聘，任哲学系助教，1943年任私立中国大学讲师，转副教授。1946年任清华大学副教授，1951年任教授，1952年起任北京大学哲学系教授，1981年起任博士研究生导师，1985年起任清华大学思想文化研究所所长。1979年至1989年任全国中国哲学史学会会长，1989年起任名誉会长。中共党员。

自30年代以来，我的学术研究工作可分为三个方面，（一）哲学理论问题的探索，（二）中国哲学史研究，（三）文化问题的讨论。

在哲学理论方面，我赞同唯物论，深喜辩证法，又认为新实在论的逻辑分析方法亦有可取之处。1933年发表了《论外界的实在》和《谭理》两篇论文，《论外界的实在》通过对于感觉经验的分析论证外在世界是实在的。《谭理》讨论规律、共相与具体事物的关系问题，论证共相不能脱离事物而独立存在。同时又发表了《辩证唯物论的知识论》、《辩证唯物论的人生哲学》，阐述了马克思主义的认识论与道德学说。1935年发表了《论现在中国所需要的哲学》，认为“中国旧哲学既已过去，而西方哲学思想未必即能适合现在中国的需要。中国现在唯有自己创造新的哲学”。1936 年又发表了《哲学上一个可能的综合》，主张将现代唯物论与西方分析哲学的逻辑分析方法和中国哲学的优秀传统三者综合起来，提出了我当时的主要哲学观点。

在中国哲学史研究方面，我注意阐扬中国古代哲学中的唯物论与辩证法思想，同时着重考察中国哲学的固有概念范畴的确切含义及其演变。1933 年发表了《先秦哲学中的辩证法》与《秦以后哲学中的辩证法》论文，对于中国哲学中的辩证思想有所阐述。1935 年至 1936 年，以两年之力撰写了《中国哲学大纲》，以问题为纲叙述了中国哲学自春秋时期至明清时期的发展演变。因战事关系，商务印书馆虽已排版未能付印，1943 年在中国大学印为讲义，1958 年由商务印书馆正式出版。此书分为三部分，第一部分宇宙论，第二部分人生论，第三部分致知论。其所谓宇宙论不是西文 Cosmology 的译名，而是指关于宇宙的学说。宇宙论又分本根论与大化论，所谓本根论相当于西文Ontology，所谓大化论相当于西文 Cosmology。当时我强调引用中国固有的名词概念，其实容易引起误解。

在文化问题方面，1933 年发表了《世界文化与中国文化》一文，强调文化问题只有用唯物辩证法对待，反对全盘西化论，也反对国粹主义，主张“应发挥固有的创造力，创造出新的文化”。1935 年我又发表了一篇《西化与创造》，对于全盘西化论进行了辩驳。

40 年代，我撰写了《哲学思维论》、《知实论》、《事理论》、《品德论》及《天人简论》五篇论稿。《哲学思维论》论述思维方法，对于辩证法提出自己的见解。《知实论》讨论知觉与外在世界的关系，再一次论证外在世界的客观存在。《事理论》讨论事物与规律即共相与具体事物的关系，论证“理在事中”的唯物观点。

《品德论》讨论人生价值与道德理想的问题，主张既须充实生命力又须提高道德的自觉性。《天人简论》略述个人宇宙观与人生观的基本要点。这些论稿是40年代写成的，迟至1988年始由山东齐鲁书社以《真与善的探索》为题刊布出来。

50年代，我在北京大学从事中国哲学史的教学工作，专门考虑如何运用马克思主义的立场、观点、方法来研究中国哲学史。50年代发表了几篇关于中国哲学史的论文，如《中国古代哲学中若干基本概念的起源与演变》、《中国古典哲学的几个特点》、《关于哲学思想的阶级性与继承性》等。我特别注意阐扬中国哲学中的唯物主义传统，发表了《张横渠的哲学》、《王船山的唯物论思想》等论文。

1957年9月，受“反右”扩大化的影响，我遭受诬罔，教学和写作的权利都被剥夺了。至1962年才恢复了教学工作。1966年“文化大革命”开始，再一次受批判。经过审查，我在历史上没有参与任何反动活动，因而未进监改大院（俗称牛棚），而被迫迁居，从本来不大的房子搬到更窄小的房子。1969年10月赴江西鲤鱼洲参加劳动锻炼一年，1970年回校参加教学辅导工作。

1978年党中央拨乱反正，我回到学术研究的岗位。1979年北京大学党委经过审查宣布我1957年实属错划，决定予以改正，为我完全恢复了名誉。我深受鼓舞，虽然年逾七十，又焕发了学术研究的青春。1983年，我参加了伟大光荣正确的中国共产党。

80年代，我发表了一系列的关于中国哲学史的论文，后来编入《中国哲学发微》、《玄儒评林》及《文化与哲学》等论文集中。简单说来，我在80年代关于中国哲学史研究做了两项开拓性的工作，一项是，提出对于哲学思想的理论分析方法，在肯定阶级分析的必要性的同时认为对于历代哲人的思想还应进行理论分析，并作了比较详细的解释。其次是开创了关于中国哲学中的价值论与人格价值理论的探索，发表了《简评中国哲学史上关于人的价值的学说》、《中国古典哲学的价值观》等论文，从而开拓了中国哲学史研究的新领域。但也只是开其端绪而已。80年代，我连续撰写了《中国哲学史史料学》、《中国哲学史方法论发凡》、《中国伦理思想研究》、《中国古典哲学概念范畴要论》，都提出了若干新见解。

80年代，我积极参加文化问题的讨论，发表了《中国文化与中国哲学》、《中国传统文化的分析》、《中国文化的历史传统及其更新》、《文化传统与民族精神》等一系列的讲话和论文。我反对全盘西化论，也不赞同儒学复兴论，而主张"综合创新论"，认为应在马克思主义普遍真理的指导之下弘扬中国文化的优秀传统，吸取西方近代文化的先进成就，从而创造社会主义的新中国文化。我主张发扬民族精神，认为每一民族文化都有其在历史上起主导作用的精粹思想，中华民族的民族精神可称为中华精神，这中华精神的主要内容就是《周易大传》所讲的"自强不息"、"厚德载物"。自强不息即是积极进取的精神，厚德载物即是宽容博大的精神，这中华精神是中华民族延续发展虽衰复振的思想基础。

我始终坚持唯物论，赞扬辩证法，愿为社会主义新中国文化建设尽力，这是我平生学术宗旨。现在虽已年逾八十，仍愿继续努力工作。

中国哲学大纲

（节　选）

中国本根论之基本倾向*

宇宙中之最究竟者，古代哲学中谓之为“本根”。《庄子·外篇》云：

> 惛然若亡而存，油然不形而神，万物畜而不知，此之谓本根。(《知北游》)

本根与万物相对。本根亦简称“本”，《庄子·杂篇》云：

> 以本为精，以物为粗。(《天下》)

本与物对待。本根又称“独”或“一”，《庄子·内篇》云：

> 朝彻而后能见独。(《大宗师》)

* 本部分选自《中国哲学大纲》(第一部分“宇宙论”第一篇“本根论”第一章)。
* 为保留作品发表时的原貌，本书对文中的体例、文字未作大的修正。

《淮南王书》云：

一也者万物之本也，无敌之道也。（《诠言》）

独或一都是绝对的意思。

汉时董仲舒又以“元”为宇宙中最究竟者之名称。董子云：

元犹原也。……故元者为万物之本，而人之元在焉。安在乎？乃在乎天地之前。（《春秋繁露·玉英》）

所谓元即一切之本原。

自魏、晋以后，乃有“体”“用”的名词。在先秦时，所谓体，指一端或形体，如《墨经》云：

体分于兼也。（《经上》）

兼是总全，而体是部分。又《易传》云：

故神无方而易无体。（《系辞上》）

此体即是形体之义。荀子尝云：

万物同宇而异体，无宜而有用。（《富国》）

此所谓体亦谓形体。荀子此处偶以体用二字并举，与后世所谓体用，似无若何关联。至魏、晋时，玄学家颇言体用，王弼云：

虽盛业大富而有万物，犹各得其德；虽贵以无为用，不能舍无以为体也。(《老子注》)

以无为用，谓因涵无而有功能；《老子》尝云："无之以为用"(《上篇》)，乃王弼此语所本。不能舍无以为体，犹云不能舍无而存在；所谓体有存在者之义。南北朝时又有以质用对言者，梁范缜云："形者神之质，神者形之用。"(《神灭论》)所谓质用，与体用义同。故所谓体，亦可谓有实质之义。唐崔憬《周易探玄》云：

凡天地万物，皆有形质，就形质之中，有体有用。体者即形质也。用者即形质上之妙用也。假令天地圆盖方轸为体，以万物资始资生为用。动物以形躯为体，以灵识为用；植物以枝干为体，以生性为用。(李鼎祚《周易集解》引)

此解释体用，实最清晰。王弼、崔憬讲体用，实乃言一物(天或地或万物中之一物)之体用，非言全宇宙之体用。其所谓体，实尚非宇宙中最究竟者之名称。宋代道学家言体，意义较更精微。张子云：

未尝无之谓体，体之谓性。(《正蒙·诚明》)

所谓体，即永存常在者。体亦称"本体"，本体谓本来而恒常者。在宋明道学中，所谓体或本体，亦非专指宇宙之最究竟者①。在今日，本体乃成为最流行的名称了。

最早的本根学说是老子庄周的道论，庄子以后，战国末及汉代言道者甚众，于是到后来“道”字乃变为本根之代名。宋代道学中又有所谓“道体”，亦指本根，与今所谓本体意同，指宇宙中之至极究竟者。

一、本根的意谓

本根一名词，约而言之，可以说包含三项意谓。

第一，始义。老子云：

> 天下有始，以为天下母。（《下篇》）

现在所见的世界，万物繁陈；但此一切物当有所从出，如《庄子》书说：

> 万物有乎生，而莫见其根；有乎出，而莫见其门。（《则阳》）

万物之所从出，即是宇宙之所始，乃是本根。《庄子》书又说：

> 若是者迷惑于宇宙形累，不知太初。（《列御寇》）

---

① 宋、明哲学中所谓本体，常以指一物之本然，少有指宇宙之本根者。如张横渠云：“太虚无形，气之本体。”（《正蒙·太和》）张子本以气为宇宙之本根，又以气之原始形态为太虚，所谓气之本体，等于谓气之本然。王阳明云：“知是心之本体。”（《传习录》）又云：“夫心之本体，即天理也。”（《答周道通》）所谓本体亦即本然，原来之意。

太初即是宇宙之始，即是本根。此是本根的第一含义。

第二，究竟所待义。在此世界中，万物各有所待，正如《庄子》书说：

> 万物亦然，有待也而死，有待也而生。(《田子方》)

此物待彼物，而彼受待者复有所待。万物之全，当有总所待，有此所待然后有世界有万物。此总所待，即是究竟所待，也即大化之所待。《庄子》书云：

> 又况万物之所系而一化之所待乎?(《大宗师》)

一化之所待，即是万有之本根。此是本根的第二含义。

第三，统摄义。万有虽然极其繁赜，但有统一之者，以分殊言，万有不同；而观其会通，则统属于一。此统摄一切而无所不赅者即是本根。董仲舒说：

> 唯圣人能属万物于一而系之元也。(《春秋繁露·玉英》)

又王弼说：

> 夫众不能治众，治众者至寡者也。夫动不能制动，制天下之动者，贞夫一者也。故众之所以得咸存者，主必致一也；动之所以得咸运者，原必无二也。物无妄然，必由其理，统之有宗，会

之有元，故繁而不乱，众而不惑。故六爻相错，可举一以明也；刚柔相乘，可立主以定也。……故自统而寻之，物虽众则知可以执一御也；由本以观之，义虽博则知可以一名举也。……品制万变，宗主存焉。(《易略例》)

万象虽繁而实统于一，这兼涵万有，赅总一切，而为一切之宗主的即是本根。此是本根的第三含义。

此三项意谓虽各不同，其实只是一。统摄万有者，必即是万有之究竟所待，而亦必即世界之最原始者。究竟归一，不容为二，三义实是相通的。

本根的这三项意谓，各哲学家并非同等重视之。古代思想家最喜以始言本根，后来很多人怀疑始的观念，而认为宇宙实无始可说。于是以后的哲学家，特如二程，则不再以始说本根了。

印度哲学及西洋哲学讲本体，更有真实义，以为现象是假是幻，本体是真是实。本体者何？即是唯一的究竟实在。这种观念，在中国本来的哲学中，实在没有。中国哲人讲本根与事物的区别，不在于实幻之不同，而在于本末、原流、根支之不同。万有众象同属实在，不惟本根为实而已。以本体为唯一实在的理论，中国哲人实不主持之。南宋初胡宏说：

释氏见理而不穷理，见性而不尽性，故于一天之中，分别幻华真实，不能合一，与道不相似也。(《知言》)

于一天之中，“分别幻华真实”，即分现象与实在为二，亦即现代英国哲学家怀特海(Whitehead)之所谓“自然之两分”。此种分现象与实在为二的思想，中国哲人对之，皆持反对态度。胡氏此语，实为一般中国哲学家之普遍态度之明白表示。

又，在先秦哲学，无以外界为虚幻者。佛教输入后，始渐有以现象为虚妄之思想，然大多数思想家都是反对佛家以外界为虚幻之思想的。中国哲学家大都主张：本根是真实的，由本根发生的事物亦是真实的，不过有根本不根本之别而已。

在古代哲学，与本根对立的，即是“物”，物是本根所生者。后来方有“用”的名称，与“体”对立。用的本来意谓是功能，衍变而成为“流行”或“发见”的意思。体是本原，由此本原而流出或发生者为用。

二、本根的性征

在界说中含括如上三项意谓的本根，更有四点特性可说。所谓本根之特性，即其异于一般事物的性征。在一意谓上，本根不可说有性征，一切性征都是后起的，而为一切之基本的本根，不能以特殊的性征称谓之，本根是绝对的。但绝对的与相对的成相对，在此意谓上说，本根亦未始不可说有性征；本根的性征即其所以为绝对者。中国哲学中所言本根之特性，可谓有四：

第一，不生或无待。万物皆是被生的，而本根则无所从生。本根独立固存，更无所待。《庄子》书说：

> 杀生者不死，生生者不生。其为物无不将也，无不迎也，无不毁也，无不成也。（《大宗师》）

今本《列子》云：

有生不生，……不生者常生生，……故生物者不生。（《天瑞》）

本根是万有所从生，却独不生；是万有之所待，然独无待。如亦生亦有待，则不是本根了。

第二，不化或常住。本根亦无变化，一切众物都在流转迁化之中，而本根则恒常永存，不化不变，无毁无灭。《庄子》书云：

彼为盈虚，非盈虚；彼为衰杀，非衰杀；彼为本末，非本末；彼为积散，非积散也。（《知北游》）

今本《列子》亦说：

有化不化，……不化者能化化，……化物者不化。（《天瑞》）

万物皆化，皆有盈虚衰杀始终积散；此本根却不化，没有盈虚衰杀始终积散。彼致成万物之盈虚衰杀始终积散，致成万物之化；而己独不如是，常住永存，无有更易。

第三，不偏或无滞。万物都是一偏的，都有所滞。有些性质则无彼性质，居于此则不在于彼：都是有限的，相对的。而本根则是无限的，超乎相对的。没有一偏的性质，而通乎一切。宋张子说：

体不偏滞，乃可谓无方无体。偏滞于昼夜阴阳者，物也。若道则兼体而无累也。（《正蒙·乾称》）

物是偏滞于一端的，本根则偏为一切之体而无所累。物是有此则无彼，本根则兼有一切，亦全无一切。

第四，无形或形而上。中国哲学又有一大断定，即认为本根必非有形的。一切有形之物皆不足为本根，本根实超乎形。《庄子》书说：

> 知形形之不形乎？道不当名。(《知北游》)
>
> 昭昭生于冥冥，有伦生于无形。(《知北游》)
>
> 万物出乎无有，有不能以有为有，必出乎无有。(《庚桑楚》)

形形者不形，一切有形皆出于无形。《易传》说：

> 形而上者谓之道，形而下者谓之器。(《系辞上》)

形而上即超于形，未有形之意。

本根无形的观念，实是各哲学家所共同极其重视者，讲之者甚多。《淮南书》说：

> 夫无形者，物之大祖也。(《原道》)
>
> 有形出于无形，未有天地能生天地者也。至深微广大矣。(《说山》)

王弼说：

> 无状无象，无声无响，故能无所不得，无所不住。……无形无名者，万物之宗也。(《老子》十四章注)

万物万形，其归一也；何由致一？由于无也。由无乃一，一可谓无。（《老子》四十二章注）

宋张子说：

运於无形之谓道，形而下者不足以言之。（《正蒙·天道》）

以本根为无形[①]或形而上者，乃是中国思想家所一致坚持的意思。中国哲学中讲本根，都以无形之物说之；两千年中更无以有形之物说本根的。

三、本根与事物之关系

本根既系不生不化，无形不滞的，於是中国哲人认为本根必不是万物中之一物。万物中之任何一物，都有生有灭，都在流转变化之中，都有其限定的性质与形体，而决不足以为不生不化永恒固存的本根。《庄子》书说：

有先天地生者，物耶？物物者非物，物出不得先物也。（《知北游》）

凡有貌象声色者皆物也；物何以相远？夫奚足以至乎先？（《达生》）

---

① 此处关于无形的论述，分析未精。中国古代哲学中关于无形，实有两种对立的见解。一种见解以为无形即是空无所有，是超越物质存在的；又一种见解以为无形虽无形状可见，而非空无，也属于物质存在。前者例如王弼，主张"以无为本"；后者例如张载，提出"知太虚即气则无无"之说。

万物中之任何一物，决无为其余一切物的究竟所待之资格。这“物物者非物”的思想，亦为各哲学家所共同坚持。

本根既系无形或形而上者，所以求寻本根决不可向形色中去求，《庄子》书说：

> 视而可见者，形与色也；听而可闻者，名与声也；悲夫世人以形色名声为足以得彼之情！夫形色名声果不足以得彼之情。（《天道》）

向形色中求元，是必不能得元的。必是无形的，方能为此究竟的本根。希腊哲学家有以水为万有本根者，有以火为万有本根者，而在中国则似无有。此即由于中国哲学家认为水火等都是有形之物，皆不足以为本根。

中国哲学家虽认为本根必非万物中之一物，但不承认本根与物有殊绝的判离。本根虽非物，而亦非离于物，本根与物之间，没有绝对的对立；而体与用，有其统一。对于所谓“体用殊绝”的理论，多数中国哲学家都坚决反对。本根与事物的统一关系，宋明道学家言之最详，如程明道说：

> 道之外无物，物之外无道。（《语录》卷四）
>
> 形而上为道，形而下为器。须著如此说，器亦道，道亦器。（《语录》卷一）

本根之外无事物，事物之外无本根。道与器虽有别而非相离。程伊川说：

至微者理也，至著者象也。体用一原，显微无间。(《程氏易传序》)

至显者莫如事，至微者莫如理，而事理一致，微显一源。古之君子，所谓善学者，以其能通于此而已。(《语录》卷二五)

一原犹今云统一①。本根隐微，事象显著，然而隐微者与显著者之间，并无间隔。体与用是统一的。

南宋初胡五峰(宏)说：

道不能无物而自道，物不能无道而自物。道之有物，犹风之有动，犹水之有流也。夫孰能间之？故离物求道者，妄而已矣。(《知言》)

即物而真者，圣人之道也。谈真离物者，释氏之幻也。(《知言》)

道虽非物，然不离物。

朱子说：

至微者理也，至著者象也。体用一原，显微无间。盖自理而言，则即体而用在其中，所谓一原也。自象而言，则即显而微不

① 一原犹一本。体用一本，即谓体与用非二本。有体即有用，体即用之体，用即体之用。体即用之藏，用即体之显。用即由体出，非于体之外别起一用，与体对立而并峙。无间犹无罅隙，显即蕴于微，微即函于显。

能外，所谓无间也。(《答汪尚书》)

至微之理，至著之事，一以贯之。(《语类》卷六)

此即发挥小程子之说。用即在体中，而微非出显外。事物即蕴于本根中，本根非外事物而别在。此所谓一以贯之，亦即统一之意。朱子弟子陈北溪(淳)说：

道非是外事物有个空虚底，其实道不离乎物，若离物则无所谓道。(《北溪字义》)

如离事物，则非是本根。

明代王阳明说：

即体而言，用在体；即用而言，体在用：是谓体用一原。(《传习录》)

用在于体，体亦在于用，体用互在而不离。自从小程子标出“体用一原，显微无间”后，此二语乃成为所有哲学家公认的格言。体用虽二而有其一。体是用之体，用是体之用：流行即本体之流行，本体是流行之本体。即体即用，即流行即本体。离体固非用，离用亦非体。本根与事物，虽有分别，非相殊离。

中国哲学家都承认本根不离事物。西洋哲学中常认为本体在现象背后，现象现而不实，本体实而不现，现象与本体是对立的两世界。这种“本体是虚幻现象之背后实在”之观念，多数中国哲人，实不主持之。中国哲人决不认为本根实而不现，事物现而不实，而以为事物亦实，本根亦现；于现象即见本根，于本根即含现象。所以怀特海(Whitehead)所反对的，西洋哲学中很普遍的“自然之两分”，在中国哲学中是没有的。

在中国哲学，本根与事物的关系，不是背后的实在与表面的假象之关系，而是源流根枝之关系。关于本根与事物之为源流根枝的关系，宋明道学中言之颇详。如周子说：

> 二气五行，化生万物，五殊二实，二本则一，是万为一，一实万分。万一各正，小大有定。(《通书》)

本根是一，分为万有。一即含万，万总为一。一本而万殊，万殊而一本。一所以贯乎万，万无不本于一。万乃由一化生，统会之仍只是一。

又如朱子说：

> 太极如一本生上，分而为枝干，又分而生花生叶，生生不穷。到得成果子，里面又有生生不穷之理，生将出去，又是无限个太极，更无停息。(《语类》卷七五)

太极譬如木之本，事物譬如枝干花叶。明代朱派学者罗整庵(钦顺)亦说：

> 譬之一树，人物乃其花叶，天地其根干也。花谢叶枯则脱落而飘零矣，其根干之生意固自若也。(《困知记》)

本根犹如树之根，物犹如树之枝叶。一是根本，一非根本，然同属实在。“本根”名词之起原即由于以树木之根为比喻。

要之，中国哲学最注重本根与事物之统一不离的关系。事物由本根生出，而本根即在事物之中。

以上为中国哲学中本根观念之大略的解析，而中国本根论之基本趋向，即由以显出。中国本根论之最大特点，可以说即在于：一、不以唯一实在言本根，不以实幻说本根与事物之区别。二、认本根是超乎形的，必非有形之物，而寻求本根不可向形色中求。三、本根与事物有别而不相离，本根与事物之关系非背后实在与表面假象之关系，而乃是原流根枝之关系。这几点实是中国本根论与印度哲学或与西洋哲学根本不同的。

反　复*

宇宙是动的，一切都在变化之中，但变化的规律为何？既承认变中有常，此变中之常为何？中国哲人所讲，变化的规律（即“常”），便是反复。认为一切都是依循反复的规律而变化。何谓反复？就是：事物在一方向上演变，达到极度，无可再进，则必一变而为其反面，如是不已。事物由无有而发生，既发生乃渐充盈，进展以至于极盛，乃衰萎堕退而终于消亡；而终则有始，又有新事物发生。凡事物由成长而剥落，谓之反；而剥落之极，终而又始，则谓之复①。反即是否定。复亦即反之反，或否定之否定。（但西洋哲学中所谓否定之否定，有正反之综合之意；中国哲学所谓复，则主要是更新再始之义，无综合意思，故与西洋哲学中所谓否定之否定不尽同。）一反一复，是事物变化

---

* 本部分选自《中国哲学大纲》（第一部分“宇宙论”第二篇“大化论”第二章），北京，商务印书馆，1958。

① 今按中国古代哲学中所谓“复”有两层意义，一为终则有始，更新再始；二为复返于初，回到原始。二义不同。但古代思想家往往将此二义混为一谈，以为更新再始即是复返于初，因而陷入于简单的循环论。

之规律。

反复的观念在《易》爻辞已有之，《易》爻辞的年代颇早，大概是西周时代的作品。《易·泰卦》爻辞云：

无平不陂，无往不复。

又《复卦》爻辞云：

反复其道，七日来复。

认为一切事变都是反复的，反复是一普遍的原则。

晚周哲学家中，首先讲反复者是老子。老子从道讲起，他说：

大曰逝，逝曰远，远曰返。（《上篇》，按大读为太，乃道之名称。）

反者道之动。（《下篇》）

道即变之所以，由道乃有逝，既逝而愈远，远乃终于反。反是由道而有之动。道亦即反之所以。一切变化莫不反。老子又说：

万物并作，吾以观其复。夫物芸芸，各复归其根。归根曰静，是谓复命，复命曰常。（《上篇》）

万物虽然都生长变动，但最后都返归原始。返归于原始，乃是常。老子又说：

将欲噏之，必固张之；将欲弱之，必固强之；将欲废之，必固兴之；将欲夺之，必固予之。（《上篇》）

此非谈阴谋，乃是对于自然的观察。似乎无形中有一种力量，对于事物如此排布。将要消灭某物，必先使之盛大，盛大之后，自然就会消灭了。凡物发展太过，则必归于否定。

“逝曰远，远曰反”的远字，表示一个重要的意思，即是：如逝得不远，便不会反，必远方反。老子又说过：

孰能浊以澄，静之而徐清？孰能安以久，动之而徐生？（《上篇》）

转变不是骤然的，必须经过相当时间。老子又说：

图难于其易，为大于其细。天下难事，必作于易；天下大事，必作于细。（《下篇》）

合抱之木，生于毫末；九层之台，起于累土；千里之行，始于足下。（《下篇》）

大事大物不是骤然能成，必经过累积。凡事物必经甚久的发展，才转为其反面，并不是方动即转为其相反。

老子又尝说：

道生一，一生二，二生三，三生万物。万物负阴而抱阳，盅

气以为和。(《下篇》)

阴阳调和，生成万物。有和然后有万物。老子又云：

大成若缺，其用不弊。大盈若盅，其用不穷。大直若屈，大巧若拙。(《下篇》)

大成即成与缺之合，大盈即盈与盅之合，大直即直与屈之合，大巧即巧与拙之合。正而若反，正反结合，乃称为“大”。老子有正反两方面结合的思想。

老子以后，讲反复原则较详者为《易传》。《易传》中的反复学说，在根本上是根据爻辞中所说而加以发挥。《彖上传》云：

反复其道，七日来复，天行也。……复其见天地之心乎！

《象上传》云：

无往不复，天地际也。

这都是就爻辞加以解说。反复乃天行，即自然变化历程。复是天地之“心”，即天地之“主宰”的原则。无往不复，故天地相接。

《彖下传》云：

日中则昃，月盈则食，天地盈虚，与时消息。

一切的发展，都必达到否定。事物发展到无可再进的时候，必一变而为其反面。《系辞下传》说：

易穷则变，变则通，通则久。

到无可再进时，名之曰穷，穷故不得不变换了。反复是变的规律，变化都是一反一复，《系辞上传》乃为变立界说道：

变化者，进退之象也。

一阖一辟谓之变，往来不穷谓之通。

变化就是一进一退，一阖一辟。既进而退，退而复进；既阖而辟，辟而复阖。清代焦循云："由反而复为进，由复而反为退。"（《易章句》）亦可云：由反而复为辟，由复而反为阖。

凡事物终必转为其相反，但必经相当的发展；一切事物必经长时间的发展，至于极度，然后转为其反面。此发展名为积或渐。《系辞下传》说：

善不积不足以成名；恶不积不足以灭身。

《文言传》说：

臣弑其君，子弑其父，非一朝一夕之故，其所由来者渐矣。

非常之变，都是积渐发展之结果，不过采取突然的形式而已。在质变之前必先有量变，量的渐变到一定程度乃引起质的突变。

《老子》《易传》之外，先秦其他哲学书中，亦有言及反复的。《庄子·杂篇》云：

> 阴阳相照，相盖相治，四时相代，相生相杀。……穷则反，终则始，此物之所有。(《则阳》)

发展到极度而穷，则必转为其相反。而终则有始，相续无穷。《吕氏春秋》云：

> 阴阳变化，一上一下，合而成章，浑浑沌沌，离则复合，合则复离，是谓天常，天地车轮，终则复始，极则复反，莫不咸当。(《大乐》)

天常即自然的根本规律。旧事物之终即新事物之始；事物发展至极度则必归于否定。此当是根据老子及《易传》而衍述的。

汉初的《淮南王书》亦有讲反复的话，如云：

> 积于柔则刚，积於弱则强，观其所积，以知祸福之乡。(《原道训》)

积而不已则转入于其相反。这是显明的讲量变转为质变了。但尚无质变、量变的观念。

汉代思想家中，扬雄讲反复最详。大体是《老子》《易传》的观念之引申，但说得较为清晰。扬氏认为一切事物莫不有反复。他说：

> 一判一合，天地备矣。天日回行，刚柔接矣。还复其所，终始定矣。一生一死，性命莹矣。(《太玄·玄摛》)

一切变化总是一判一合。事物莫无始终，而终皆是还复其所。世界便是一个充满了反复的世界。扬氏很注重极的观念，他认为不极则不反：

> 阳不极则阴不萌，阴不极则阳不牙。极寒生热，极热生寒；信道致诎，诎道致信。其动也日造其所无而好其所新，其静也日减其所为而损其所成。(《太玄·玄摛》)

极则必反，不极不反；在达到极之前必有积渐的发展。当成长发展时，日达其所无而趋于新，及其衰萎，乃日减损以至于消亡。扬氏把一切物事的变化都分作九段(《太玄》里的卦爻，都是以一至九的数目来推演的)，这九段便是反复之积渐的变化历程。如他论人事的变化道：

> 故思心乎一，反复乎二，成意乎三，条畅乎四，著明乎五，极大乎六，败损乎七，剥落乎八，殄绝乎九。生神莫先乎一，中和莫盛乎五，倨剧莫困乎九。夫一也者，思之微者也；四也者，福之资者也；七也者，祸之阶者也。三也者，思之崇者也；六也者，福之隆者也；九也者，祸之穷者也。三五八，三者之中也。(《玄图》)

人的行事，都可分成九段，第一到第三，是由发意至决定；第四到第六，进展以至极盛；第七到第九，开始损毁以至绝灭。扬氏又解释道：

自一至三者，贫贱而心劳，四至六者，富贵而尊高，七至九者，离咎而犯灾。五以下作息，五以上作消。数多者见贵而实索，数少者见贱而实饶。息与消糺，贵与贱交。福至而祸逝，祸至而福逃。幽潜道卑，亢极道高。(《玄图》)

初始是由卑微而上升，虽贫贱而实大有希望。既上升至崇高境地，乃将坠退而消毁，虽富贵而实无前途。人事都是这样的历程。扬雄在讲变化九段上，虽然是依据《老》《易》的原则，但比《老》《易》分析得清楚细密多了。

魏刘劭论反云：

物势之反，乃君子所谓道也。是故君子知屈之可以为伸，故含辱而不辞；知卑让之可以胜敌，故下之而不疑。及其终极，乃转祸而为福，屈仇而为友。……祸福之机，可不慎哉？(《人物志》)

物之演变，极则必反，此乃所谓道。

宋代程伊川有云：

物极必返①，其理须如此。有生便有死，有始便有终。(《语录》卷十五)

凡物发展至极度则必归于否定，此乃必然之理。胡五峰云：

变异见于天者，理极而通，数穷而更，势尽而反，气滋而息，兴者将废，成者将败。人君者天命之主所宜尽心也。(《知言》)

事物之演进，到达一定限度，则必反转。

扬子认为不极不反，到清初王船山，则反对物极方反的观念，认为对立实相蕴涵，一事物正在发展中，其中所蕴涵的相反即渐成长而出现，不必待极而始反。船山说：

两间之化，人事之几，往来吉凶，生杀善败，固有极其至而后反者，而岂皆极其至而后反哉？……方动即静，方静旋动；静即含动，动不舍静。……待动之极而后静，待静之极而后动，其极也唯恐不甚，其反也厚集而怒报之，……此殆以细人之衷测道者与？(《思问录外篇》)

治乱循环，一阴阳动静之几也。今云乱极而治，犹可言也；

① 今按程伊川在所著《程氏易传》中对于物极必反，有较详的论述。他说："物理极而必反，故泰极则否，否极则泰。……极而必反，理之常也。"(《否卦》)又说："物理极而必反，以近明之，如人适东，东极矣，动则西也；如升高，高极矣，动则下也。既极，则动而必反也。"(《睽卦》)又说："物极则反，事极则变，困既极矣，理当变也。"(《困卦》)他再三申述"物极必反"，以为是必然之理。

借曰治极而乱，其可乎？乱若生于治极，则尧、舜、禹之相承，治已极矣，胡弗即报以永嘉、靖康之祸乎？方乱而治人生，治法未亡，乃治；方治而乱人生，治法弛，乃乱。阴阳动静，固莫不然。阳含静德，故方动而静；阴储动能，故方静而动。故曰动静无端。待其极至而后大反，则有端矣。(《思问录外篇》)

一事一物，实即含储其对立者在内；初虽潜伏，旋即显见。对立之互相转化是无端的，并非待其极至而后方转为其相反。

清代有思想的文学家龚自珍颇有见于反复，他说过几句话，很可以看作关于反复之最明确最简赅的阐述。他曾说：

万物之数括於三：初异中，中异终，终不异初。……哀乐爱憎相承，人之反也；寒暑昼夜相承，天之反也。万物一而立，再而反，三而如初。(《壬癸之际胎观第五》)

凡物皆有三变，一生成，二反，三反而又反，乃复如初。此所谓如初，与西洋哲学中所谓否定之否定相似，而实非相同。否定之否定，是表面上复返于初，实际则已提高；而此所说，则是完全不异于初，实有循环的意思。①

中国哲学中所谓反复，与西洋哲学中所谓辩证法(Dialectic)，颇有相似之点。西洋哲学中辩证法，讲凡事物必归于否定，而在质变之前有量变。中国哲学所谓反复，亦讲凡事物必终于反，而且必积而后

① 龚定庵有关于反复的思想，吾初未注意，后承友人张荫麟先生指出，特志。

反，在质的反转之前必有量的迁化，而量的改变必终于引起质的反转。但西洋哲学中辩证法所谓否定之否定，为表面上复返于初，而实则前进一级。故西洋哲学所讲之辩证历程为无穷的演进历程。中国哲学所谓复，则讲真实的复初，故中国哲学所讲反复，实有循环的意味。

两 一*

中国哲学中，与反复密切相关者，有两一的观念。两者对待，亦即对立；一者合一，亦即统一。两一即对待合一，亦即对立统一。两一的观念，在《易》爻辞已开其端，到《老子》乃发阐之甚详。但《老子》尚未以对待合一解说变化，至《易传》乃以对待合一为变化反复之所以，认为所以有变化而变化所以是反复的，乃在于对待之相推。凡对待皆有其合一，凡一体必包含对待；对待者相摩相荡，相反相求，于是引起变化。《易传》言之极精，然尚未立定概括的名称。到宋时，张子乃创立“两”与“一”的名词。今以张子之两一的概念概括古来关于对待合一的思想。

哲学家中，论对待合一者甚多，而所说之方面，并不相同。虽都是讲对待合一，而或专论此方面，或专论彼方面。综合观之，中国哲学中所说之对待合一原则，可分为数项：

---

* 本部分选自《中国哲学大纲》第一部分“宇宙论”第二篇“大化论”第三章，北京，商务印书馆，1958。

第一，对待之必然　即对待之必然性与普遍性。凡物无独有偶，一切莫非两极。此为关于两一的观念中最简单的思想。《老子》《易传》皆主对待之必然，而不以此为其主要原则。最注重对待之必然者，为汉董子及宋二程子，特重两极现象之普遍。

第二，对待之合一关系　此以老子、惠子、庄子及《淮南王书》论之最详。所谓对待之合一关系，可析为五：

（一）对待之相倚　即对待者相依而有。有此而后有彼，有彼而后有此；无彼亦无此，无此亦无彼。

（二）对待之交参　即对待相互含储，此含彼，彼亦含此。

（三）对待之互转　即对待之转而相生，彼转为此，此转为彼。

（四）对待之相齐　即对待之无别。慎到庄子讲齐物，认为一切对立区别皆是相对的而应予以消弭。对待既交参而互转，则可认为彼即是此，此即是彼，而不必区分。此实即否认对待之为对待，其实是不妥当的，陷于诡辩了。

（五）对待之同属　即对待之统属于一。对待虽为对待，而有其一致，为更广的一体所统属，乃合一中之对待。

第三，对待之综合　即对待综合为一以成为更圆满的事物。甲与非甲对待，而甲可以容纳非甲，以得到甲之圆满。此为老子的独有观念。此所谓综合，与交参不同。交参即甲本来含储非甲，此则谓甲与非甲相融合而达到一个新形态。

第四，对待合一与变化　亦可云对待之相推，即以对待合一解说变化。此以《易传》及张子言之最为详审。宇宙中一切皆在变化。但何以有变化？《易传》与张子认为所以有变化者，乃由于对待之相推。对待相互作用，乃是变化之所以。

第五，对待与合一之关系　即论两与一之关系，此为关于对待合一之较精微而总该的思想。唯张子论之甚精。

中国哲学中关于对待合一的思想，约可析为上述诸项。以下依历史的顺序，述各哲学家所有之对待合一观念。

《易》爻辞所说："无平不陂，无往不复。"(《泰卦》)可以说是两一观念之萌芽。平与陂对待，而平必有陂；往与复对待，而凡往必复。对待常有其合一。

春秋时有"和同之辨"。和即今日普通所谓谐和，同即今日普通所谓同一。"和"之观念，与合一观念，颇为相近。《国语》载郑桓公时史伯之言云：

> 夫和实生物，同则不继。以他平他谓之和，故能丰长而物生之。若以同裨同，尽乃弃矣。故先王以土与金木水火杂，以成百物。是以和五味以调口，刚四支以卫体，和六律以聪耳，正七体以役心，平八索以成人，建九纪以立纯德，合十数以训百体。出千品，具万方，计亿事，材兆物，收经入，行姟极。故王者居九畡之田，收经入以食兆民。周训而能用之，和乐如一。夫如是，和之至也。于是乎先王聘后于异姓，求财于有方，择臣取谏工，而讲以多物，务和同也。声一无听，物一无文，味一无果，物一不讲。(《郑语》)

相异者相互为"他"，如水为火之他，火为水之他。"以他平他"，即会合异类之物而使之均衡，是谓谐和。会合相异之物于一处，然后乃可有新事物发生，故"和实生物"。如以同一之物相加，即"以同裨同"，则所得仍旧为原来之物，故"同则不继"。此所谓和，指众多相异者之结聚而均衡，不仅指两个对待者之融合，虽与合一相近，而亦有所不同。《春秋左氏传》载齐景公时晏子之事云：

> 齐侯至自田，晏子侍於遄台，子犹驰而造焉。公曰：唯据与我和夫！晏子对曰：据亦同也。焉得为和？公曰：和与同异乎？对曰：异。和，如羹焉，水火醯醢盐梅，以烹鱼肉，燀之以薪，宰夫和之，齐之以味，济其不及，以泄其过。君子食之，以平其心。君臣亦然。君所谓可，而有否焉；臣献其否，以成其可。君所谓否，而有可焉；臣献其可，以去其否。是以政平而不干，民无争心。故《诗》曰：亦有和羹，既戒既平，鬷嘏无言，时靡有争。先王之济五味，和五声也，以平其心，成其政也。声亦如味，一气，二体，三类，四物，五声，六律，七音，八风，九歌，以相成也；清浊，小大，短长，疾徐，哀乐，刚柔，迟速，高下，出入，周疏，以相济也。君子听之，以平其心，心平德和。故《诗》曰：德音不瑕。今据不然。君所谓可，据亦曰可。君所谓否，据亦曰否。若以水济水，谁能食之？若琴瑟之专壹，谁能听之？同之不可也如是。（《昭公二十年传》）

晏子所谓和，亦指异类物之会合而得其均衡，亦即众多相异者之相成而相济。然所谓“可”与“否”，则是两相对待者。可有其否，否有其可，即是对待交参。

孔子亦尝云：

> 君子和而不同，小人同而不和。（《论语·子路》）

大概和与同之分别，乃是春秋时人所共讲的。和、同、合，乃相近而实有区别之三个观念。“和”或谐和谓二个或二个以上之相异者之会聚而得其均衡。“同”或同一谓相等或全无区别。“合”或合一谓两个相对待者之不相离。春秋时和同之辨，虽非讲对待之合一，然与后来之对待合一思想，不无关联，故述之于此。

老子始有关于对待合一之详细的理论。老子所讲，主要是对待之合一关系，与对待之综合。关于对待之合一关系，老子注重对待之相倚、交参与互转。老子认为凡对待皆相依而有，此依彼而立，彼待此而存。老子说：

天下皆知美之为美，斯恶已；皆知善之为善，斯不善已。故有无相生，难易相成，长短相形，高下相倾，音声相和，前后相随。(《上篇》)

美之为美，乃对于恶而言；善之为善，乃对于不善而言。若无恶则亦无美，无不善则亦无善。更如有无、难易、长短等对待，皆是相依而有。老子又言对待之交参云：

常无，欲以观其妙；常有，欲以观其徼。(《上篇》)

妙即微有，徼即微空。于无以观其中之微有，于有以观其中之微无，即谓无中含有，有中含无。有无是交参互含的。

对待不唯相倚交参，且可互转，此可转而为彼，彼可转而为此。老子说：

祸兮福之所倚，福兮祸之所伏。孰知其极，其无正邪？正复

为奇，善复为袄，人之迷，其日固久。(《下篇》)

对待是转而相生的，福可生祸，祸可致福，祸福互相倚伏。正转为奇，善化为袄，一切对待莫不相互转化。老子又说：

物或损之而益，或益之而损。(《下篇》)

损与益亦互转。由损可以得益，由益亦可以致损。老子又说：

曲则全，枉则直，洼则盈，敝则新，少则得，多则惑。(《上篇》)

这便是损之而益及益之而损之例。

对待之相齐的观念，在老子的思想中，亦已有其萌芽。老子说：

唯之与阿，相去几何？美之与恶，相去何若？

凡对待之区别都是相对的，并无绝对的判分。一切对待，其实都相去不远。老子这种观念，是后来慎到、惠施、庄子的齐物思想之先导。

老子最注重对待之综合，他认为凡事物，必中涵反面的因素，方能有该事物之用，故说：

三十辐共一毂，当其无，有车之用。埏埴以为器，当其无，有器之用。凿户牖以为室，当其无，有室之用。故有之以为利，无之以为用。(《上篇》)

车、器、室都是实有，但其内必包含空无，然后方成为车，成为器，成为室；不然车不能行，器无可用，室不能居了。车、器、室实皆有与无之结合。老子更以为一事物或一品德，必能含了其反面的成分，方是此事物或品德之圆满的形态。他说：

> 大成若缺，其用不弊，大盈若盅，其用不穷。大直若屈，大巧若拙，大辩若讷。(《下篇》)
>
> 故建言有之：明道若昧，进道若退，夷道若颣，上德若俗，大白若辱，广德若不足，建德若偷，质真若渝，大方无隅，大器晚成，大音希声，大象无形。(《下篇》)

若缺之成，方为大成；若屈之直，方为大直。明而若昧，方为真实之明道；进而若退，方为真实之进道。一事物或一品德，必容纳了反面的要素，采取了反面的形态，即成为该事物或品德与其反面之综合，然后才是圆满的。老子又说：

> 玄德深矣远矣，与物反矣，然后乃至于大顺。(《下篇》)

取了反面的形态，在表面上与不取反面形态者，是相悖的了，但这样才是“大顺”，即至顺无悖的圆满境界。

凡对待皆有其合一，虽然互相对待而实交参互转。且一事必容纳其反面要素方为圆满。凡此皆与常识相反，而实乃真理。老子说：

> 正言若反。(《下篇》)

若反之言，乃为正言。此亦对待之合一。

老子之后，慎到、田骈最注重对待之相齐，他们的学说“齐万物以为首”，以为万物齐一，不必分别，其实即是否认对待之存在，是一种诡辩论。他们的理论之详细今已不传，大体可说是老子思想之一偏的发展。

惠施亦极注重对待之合一，他所说主要是对待之交参，互转与相齐。惠子说：

> 天与地卑，山与泽平。日方中方睨，物方生方死。大同而与小同异，此之谓小同异。万物毕同毕异，此之谓大同异。（《庄子·天下》引）

天高地下，山崇泽深，而天地同卑，山泽相平。此言对待之相齐。日方正中，即转为昃；物方生成，即转为灭。此言对待之互转。大同与小同皆是同，而有不同；万物莫不同，亦莫不异。同有其异，异有其同。此言对待之交参。

庄子受老子、惠施的影响，更大发挥对待合一之观念。庄子言对待之相倚、交参、互转，而尤注重对待之相齐，认为相反者是相同的。庄子说：

> 物无非彼，物无非是。……彼出于是，是亦因彼，彼是方生之说也。虽然方生方死，方死方生，方可方不可，方不可方可。因是因非，因非因是。……是亦彼也，彼亦是也，彼亦一是非，此亦一是非，果且有彼是乎哉？果且无彼是乎哉？（《齐物论》）

彼出于是，是亦因彼，彼是相待。方生方死，方死方生，生死互转。而可不可亦互转。因其是而是之则皆是，因其非而非之则皆非，於是彼亦一是非，此亦一是非，是非交参。是亦即彼，彼亦即是，乃无彼是之别，彼是相齐。庄子又说：

恶乎然？然于然；恶乎不然？不然于不然。物固有所然，物固有所可。无物不然，无物不可。故为是举莛与楹，厉与西施，恢恑憰怪，道通为一。其分也成也，其成也毁也；凡物无成与毁，复通为一。(《齐物论》)

因其然而然之，则物莫不然；因其可而可之，则物莫不可。一切对待两极，自道观之，皆通为一。庄子的意思认为：彼是、然不然、可不可、是非、生死、美丑、成毁，皆相依而有，且互转交参，其实莫非同一，而不必区别之。庄子又说：

天下莫大於秋毫之末，而泰山为小；莫寿乎殇子，而彭祖为夭。天地与我并生，而万物与我为一。(《齐物论》)

亦无大小寿夭之殊，而物我亦为一。一切对待皆是齐等。庄子的思想，实颇有所偏畸，他认为一切都是同一，对待区别俱属虚幻。肯定对待的交参互转，是正确的，但认为对待彼此无别，便陷于谬误了。

《庄子·外篇》亦言对待合一，如说：

以差观之，因其所大而大之，则万物莫不大；因其所小而小之，则万物莫不小。知天地之为稊米也，知毫末之为丘山也，则差数睹矣。以功观之，因其所有而有之，则万物莫不有；因其所无而无之，则万物莫不无。知东西之相反而不可以相无，则功分定矣。以趣观之，因其所然而然之，则万物莫不然；因其所非而非之，则万物莫不非。知尧、桀之自然而相非，则趣操睹矣。……故曰盖师是而无非，师治而无乱乎，是未明天地之理，万物之情者也。是犹师天而无地，师阴而无阳，其不可行明矣。……万物一齐，孰短孰长；道无终始，物有死生，不恃其成；一虚一满，不位乎其形。年不可举，时不可止。消息盈虚，终则有始。是所以语大义之方，论万物之理也。(《秋水》)

大小由比较而有，大小相待。大有其小，小有其大，大小交参。于是以为大非大，小非小，大小相齐。有无相反而“不可相无”，有无相待。一物之有，而有其所无；一物之无，而有其所有，有无交参。无然无非，无非无然，然非相待。物莫不然，亦莫不非，然非交参。物皆自然相非，然非必然，非非必非，然非相齐。有是必有非，有治必有乱，有天必有地，有阴必有阳，对待普遍而必然。以为对待实亦无别，万物本皆齐等。物常在转变迁流之中，一切莫不转入于其相反。要之，大小、有无、是非、治乱，一切对待，皆相反而亦相依相蕴。究竟言之，“万物一齐”，所有区别，都不重要。

对待合一的观念，到庄学乃走入一偏，过于注重对待之合一，遂至于泯除对待，否认对待之为对待，而认为一切莫非同一。然既无对待，则合一亦即无意义。庄子齐物思想之最后归结，便是反对言说之神秘主义。

老子、惠施虽都讲对待合一，然都未尝显明的以对待为变化反复之所以。最初以对待之交接解说变化反复原因的，乃是《易传》。对待合一的观念，在《易传》乃得到一次重大的发展。《易传》有见于对待之合一，然最注重一体中之对待；更深有见于对待者之相互作用，于是以对待之交接推荡为变化之所以。《易传》认为世界是阴阳或乾坤所生成，阴阳或乾坤，各有各自的特性，一刚一柔。《杂卦传》说：

乾刚坤柔。

世界是阴阳所生成的，任何一物皆涵阴阳，而一切变易即起于阴阳或乾坤两者之相互作用。所谓阴阳，其实即是正负，乃指一正一负两相对待的二因素。一阴一阳，一刚一柔，相鼓相荡，相推相摩，交互吸取，交互排斥，乃引起无穷之变化。《系辞上传》说：

一阴一阳之谓道。

乾坤其易之缊邪？乾坤成列，而易立乎其中矣。乾坤毁则无以见易；易不可见，则乾坤或几乎息矣。

《系辞下传》说：

乾坤其易之门邪？乾阳物也，坤阴物也。阴阳合德，而刚柔有体，以体天地之撰。

变易是一阴一阳之作用。有阴阳即有变易，阴阳如毁灭，则变易即停止；而如变易停止，则阴阳亦必无有了。要之，变化原于对待，有对待则有变化，无对待则无变化，乾坤二者之对待，乃变化之所从出。

《系辞上传》又说：

刚柔相推而生变化。

《系辞下传》亦云：

刚柔相推，变在其中矣。

乾刚而坤柔，相推相摩，而变化乃起。《系辞上传》又说：

在天成象，在地成形，变化见矣。是故刚柔相摩，八卦相荡，鼓之以雷霆，润之以风雨，日月运行，一寒一暑，乾道成男，坤道成女。

万物便是这样生成的。一切皆起于刚柔之相互作用。

《系辞下传》亦言对待之合一关系云：

天下同归而殊涂，一致而百虑。

此言同异、一多之交参。又云：

尺蠖之屈，以求信也；龙蛇之蛰，以存身也。

危者安其位者也，亡者保其存者也，乱者有其治者也。是故君子安而不忘危，存而不忘亡，治而不忘乱，是以身安而国家可保也。

屈中含伸，蛰中含存，安中含危，存中含亡，治中含乱。此为对待交参。唯屈方能伸，唯蛰方能存身。安其位则危，保其存则亡，有其治则乱。此为对待互转。

两一的学说，到《易传》可以说很成熟了。

汉初贾谊，亦有见于对待之合一。贾生云：

> 祸兮福所倚，福兮祸所伏。忧喜聚门，吉凶同域。彼吴强大，夫差以败。粤栖会稽，勾践伯世。斯游遂成，卒被五刑，傅说胥靡，乃相武丁。夫祸之与福，何异纠缠？命不可说，孰知其极？水激则旱，矢激则远；万物回薄，震荡相转。云蒸雨降，纠错相纷。（《服鸟赋》）

对待皆交参而互转，故可谓之“聚门”、“同域”。对待虽相互对待，而实又相互纠错而不可离解。

稍后之《淮南王书》中，亦有论对待合一的话，如云：

> 祸与福同门，利与害为邻，非神圣人，莫之能分。……故物或损之而益，或益之而损。……众人皆知利利而病病也，唯圣人知病之为利，知利之为病也。……事或欲以利之，适足以害之；或欲以害之，乃反以利之。利害之反，祸福之门户，不可不察也。……祸福之转而相生，其变难见也。……或贪生而反死，或轻死而得生。……事或为之适足以败之，或备之适足以致之。……物类之相摩近而异门户者，众而难识也。故或类之而非，或不类之而是，或若然而不然者，或不若然而然者。（《人间训》）

此言对待之交参与互转。凡对待皆相交参，故可以说是“同门”。对待更互转，常“转而相生”。

董仲舒很注重两极现象，认为一切事物都是有偶的，都是成对的；阴阳之对待，遍于一切。董子说：

> 推天地之情，运阴阳之类，以别顺逆之理，安所加以不在？在上下，在大小，在强弱，在贤不肖，在善恶。恶之属尽为阴，善之属尽为阳。（《春秋繁露·阳尊阴卑》）

阴阳的两极，是无所不在的。无处无阴阳的对待，即无处无正负的对待。董子又说：

> 凡物必有合，合必有上，必有下；必有左，必有右；必有前，必有后；必有表，必有里。有美必有恶，有顺必有逆，有喜必有怒，有寒必有暑，有昼必有夜，此皆其合也。阴者阳之合，妻者夫之合，子者父之合，臣者君之合。物莫无合，而合各有阴阳，君臣父子夫妇之义，皆取诸阴阳之道。君为阳，臣为阴；父为阳，子为阴；夫为阳，妻为阴。（《春秋繁露·基义》）

此所谓合，即对偶之义。非今一般所谓合。物莫无合，即一切莫不有对；而每对都可以说一属阴一属阳，即一正一负。“凡物必有合”，即谓对待为必然。董子亦尝论对待之交参，谓：

> 声有顺逆，必有清浊。形有善恶，必有曲直。……于浊之

中，必知其清；于清之中，必知其浊。于曲之中，必见其直；于直之中，必见其曲。(《春秋寒露·保位权》)

如清浊曲直等，实皆互涵。

扬雄亦很注意对待之合一。他说：

观《大易》之损益兮，览老氏之倚伏；省忧喜之共门兮，察吉凶之同域。曒曒著乎日月兮，何俗圣之暗烛？(《太玄赋》)

对待皆交参互转，实彰明较著如日月。

魏时王弼也讲对待之合一，他认为事物常是矛盾的，处处都可见到相乖互违。王氏说：

故合散屈伸，与体相乖。形躁好静，质柔爱刚；体与情反，质与愿违。巧历不能定其算数，圣明不能为之典要，法制所不能齐，度量所不能均也。为之乎岂在夫大哉？陵三军者或惧于朝廷之仪，暴威武者或困于酒色之娱。近不必比，远不必乖。同声相应，高下不必均也；同气相求，体质不必齐也。召云者龙，命吕者律。故二女相违，而刚柔合体；隆墀永叹，远壑必盈。投戈散地，则六亲不能相保；同舟而济，则吴、越何患乎异心？故苟识其情，不忧乖违；苟明其趣，不烦强武。能说诸心，能研诸虑，睽而知其类，异而知其通。(《易略例》)

此所说主要是对待之交参。相随者常相违，而相反者常相从。一物含相反的性质，一人有相乖的行为。然而互异者实本相通，对立者有其一致。一切事物皆含有对待，而对待者常相联结。睽而类，异而通，乃物之情。

两一学说，大成于北宋张子。张子始提出“两”与“一”的总概念，将对待合一的现象纳入一个简赅的公式中。张子以为对待遍于一切，而对待皆有其合一；无合一则不见对待，无对待亦将不见合一。张子说：

> 两不立则，一不可见，一不可见则两之用息。两体者，虚实也，动静也，聚散也，清浊也，其究一而已。（《正蒙·太和》）
>
> 感而后有通，不有两则无一；故圣人以刚柔立本，乾坤毁则无以见易。（《正蒙·太和》）

无两则无所谓一，无一则两亦失其所以为两。两则感，一即通。唯有两相感，然后相通而有一。一切莫不有两，凡两都是一。既无绝对的两，亦无单纯的一。都是两而一。此是言对待与合一之关系，为张子之独有的思想。对待有其合一，合一有其对待。对待与合一，亦相对待而合一。

唯有两相感，方有变化，对待是变化之所以。张子说：

> 一物两体，气也，一故神，两故化。（《正蒙·参两》）

世界是一气之变化，而气包含对立。惟其两，故能变化；惟其一，故有不测之妙用。变化皆起于统一中之对立。而宇宙中最根本的对待是阴阳之对待。张子说：

游气纷扰，合而成质者，生人物之万殊；其阴阳两端，循环不已者，立天地之大义。(《正蒙·太和》)

造化所成，无一物相肖者，以是知万物虽多，其实一物无无阴阳者，以是知天地变化，二端而已。(《正蒙·太和》)

气是一阴一阳，而一切物皆有阴阳，由阴阳相互作用，乃有变化。张子说：

若阴阳之气，则循环迭至，聚散相荡，升降相求，絪緼相揉。盖相兼相制，欲一之，而不能。此其所以屈伸无方，运行不息，莫或使之。(《正蒙·参两》)

阴阳交感，相推相摩，相吸相排，趋于融合，而仍有对待，所以变化运转，无有止息，而非有外在的主宰。张子又以为凡现象皆有与之对立者，对立则斗争，斗争又和解。他说：

气本之虚，则湛一无形；感而生，则聚而有象。有象斯有对，对必反其为。有反斯有仇，仇必和而解。故爱恶之情，同出于太虚，而卒归于物欲。倏而生，忽而成，不容有毫发之间。(《正蒙·太和》)

气所聚而成之象，皆系相互对待的。对待则互反其所为，既相反则互仇，不相容而相争；但终于和而解而融会于一。和解则爱，反仇则恶。爱即相生相合，恶即相制相克。由统一而分裂，由分裂对峙而相斗争相敌视，终又归于一。张子又以为一切物皆有若干对待，既与其先后左右之众物有对待关系，而又内含对待。如无此种种对待，则一物不成其为一物。张子说：

> 物无孤立之理，非同异屈伸终始以发明之，则虽物非物也。事有始卒乃成，非同异有无相感，则不见其成。(《正蒙·动物》)

同异、始卒、有无，言一物与其先后左右众物之对待关系。而屈伸终始，为一物内含之对待。物事都不是孤立的，皆在对待联系中。必有对待，物方成其为物，事方成其为事。

张子的学说，可说极其精湛，是中国古代哲学中关于对待合一的思想的最高发展。

二程子最注重两极现象，认为天下事物莫不有对，无往而无对。对待是必然的，普遍的。程明道说：

> 天地万物之理，无独必有对，皆自然而然，非有安排也。每中夜以思，不知手之舞之，足之蹈之也。(《语录》卷十一)

天地万物，更无孤立，只有对待，可谓奇妙。明道又说：

> 万物莫不有对，一阴一阳，一善一恶。阳长则阴消，善增则恶减。斯理也，推之其远乎！人只要知此耳。(《语录》卷十一)
>
> 事有善有恶，皆天理也。天理中，物须有善恶，盖物之不齐，物之情也。(《语录》卷二上)

天理犹云必然之理。阴阳善恶之对立，是必然的。物无无对，乃一根本的原则。明道又以对待为生生之本云：

> 质必有文，自然之理。必有对待，生生之本也。有上则有下，有此则有彼，有质则有文。一不独立，二则为文。非知道者，孰能识之？(《粹言》)

对待是生生日新之基本，即是变易之根源。有对待乃有变易，无对待则将一切静止了。

程伊川的议论，大致同于明道，亦认为物莫无对。他说：

> 天地之间皆有对，有阴则有阳，有善则有恶。(《语录》卷十五)
>
> 往来屈伸，只是理也。盛则便有衰，昼则便有夜，往则便有来。(《语录》卷十五)

一切莫不有对，两极现象是普遍的。伊川又谓在道理上只是二，没有一或三。他说：

> "道二，仁与不仁而已。"自然理如此。道无无对，有阴则有阳，有善则有恶，有是则有非。无一亦无三。故《易》曰"三人行则损一人，一人行则得其友"，只是二也。(《语录》卷十五)

只是对，只是两，没有独，没有三。伊川此语止讲两，而不承认有第三个。伊川亦以为变由于对待之互相作用，他说：

天地之化，既是两物，必动已不齐。譬之两扇磨行，便其齿齐不得。齿不齐既动，则物之出者何可得齐？从此参差万变，巧历不能穷也。(《语录》卷二上)

宇宙本有天地阴阳之对待，故能化生万物，而引起无穷之变。

南宋初，胡五峰云：

物不独立必有对，对不分治必交焉，而文生矣。(《知言》)

对待是必然的，然一切对待皆有其合一而非相绝离。

朱晦庵受张、程之影响，亦很注重对待合一，认为一切事物皆有对，对立遍于一切。朱子说：

东之与西，上之与下，以至于寒暑昼夜生死，皆是相反而相对也。天地间物，未尝无相对者。(《语类》卷六二)

如天之生物，不能独阴必有阳，不能独阳必有阴，皆是对。这对处不是理对，其所以有对者，是理合当恁地。(《语类》卷九五)

一切莫不成对，更无孤立之物。对乃理之必然，理是对之所以。事物固有其对，而绝对之本根，亦与相对者为相对。朱子说：

大抵天下事物之理，亭当均平，无无对者。唯道为无对。然以形而上下论之，则亦未尝有不对也。盖所谓对者，或以左右，或以上下，或以前后，或以多寡，或以类而对，或以反而对。反复推之，天地之间，真无一物兀然无对而孤立者。此程子所以中夜以思，不觉手舞而足蹈也。(《答胡广仲》)

太极便与阴阳相对，此是形而上者谓之道，形而下者谓之器，便对过。(《语类》卷九五)

形而上之道或太极，与形而下之阴阳与器物相对。绝对者且有其对，宇宙中更无无对者了。《语类》又载：

问天下之理，无独必有对，有动必有静，有阴必有阳，以至屈伸消长盛衰之类，莫不皆然，还是他合下便如此邪？曰：自是他合下来如此。一便对二，形而上便对形而下，然就一言之，一中又自有对。且如眼前一物，便有背有面，有上有下，有内有外，二又各自为对。虽说无独必有对，然独中又自有对。且如棋盘路，两两相对，末梢中间只空一路，若似无对，然此一路对了三百六十路。此所谓一对万，道对器也。(《语类》卷九五)

不只有外的对待，更有内的对待。此物与彼物为对，而一物之中亦有对。一之中有其二，独之中有其对，即今所谓内在的矛盾。凡一体之中，莫不有其对待。朱子又讲对待之两方各含对待说：

统言阴阳只是两端，而阴中自分阴阳，阳中亦有阴阳。乾道成男，坤道成女，男虽属阳，而不可谓其无阴；女虽属阴，亦不可谓其无阳。(《语类》卷九四)

对待的二者，各自更含对待，层层对待，更无单独。所谓阴阳之中各含阴阳，即谓正中有正负，负中亦分正负。由对待乃有变化，对待正是变化之根源。朱子说：

> 凡天下之事，一不能化，唯两而后能化。且如一阴一阳，始能化生万物。（《语类》卷九八）

两是变之所以，宇宙中一切充满了两，故万变万化无有止息了。

朱子又讲对待之同属。凡一体固皆有其两，凡两亦皆有其统一，一切对立其实是属于一体的。朱子说：

> 天下之物，未尝无对，有阴便有阳，有仁便有义，有善便有恶，有语便有嘿，有动便有静，然又却只是一个道理。如人出去是这脚，行归亦是这脚；譬如口中之气，嘘则为温，吸则为寒耳。（《语类》卷九五）

所谓对，亦只是一气之变。朱子又说：

> 阴阳虽是两个字，然却是一气之消息，一进一退，一消一长，进处便是阳，退处便是阴，长处便是阳，消处便是阴。只是这一气之消长，做出古今天地间无限事来。所以阴阳做一个说亦得，做两个说亦得。（《语类》卷七四）
>
> 阴阳只是一气，阴气流行即为阳，阳气凝聚即为阴，非直有二物相对也。（《答杨元范》）

凡对待都是统一中之对待，而非只单纯的对待而已。对待莫不合一，一体莫无对待。没有绝然无两的一，亦没有绝然不一的两。一而两，两而一，乃万物之实在的情状。

两一的理论，到张子而大成，到朱子更分析入微了。

朱子门人蔡九峰(沈)，也颇讲两一。他曾说：

> 非一则不能成两，非两则不能致一。两者可知而一者难知也，两者可见而一者难见也。可知可见者体乎！难知难见者微乎！(《洪范皇极内篇》)

无统一则无对待，无对待亦不能有统一。两与一是不可相无的。

清初王船山最注重对待之交参，认为一切对立，都非绝然的对立，而是互相含储，互相参透，实际上未可截然判析。王船山说：

> 天下有截然分析而必相对待之物乎？求之于天地无有此也，求之于万物无有此也，反而求之于心，抑未谂其必然也。……天尊于上而天入地中，无深不察；地卑于下而地升天际，无高不彻，其界不可得而剖也。进极于进，退者以进；退极于退，进者以退。存必于存，邃古之存不留于今日；亡必于亡，今者所亡不绝于将来，其局不可得而定也。……故麦秋于夏，萤旦其昏，一阴阳之无门也。金炀则液，水冻则坚，一刚柔之无畛也。齿发不知其暗衰，爪甲不知其渐长，一老少之无时也。云有时而不雨，虹有时而不晴，一往来之无法也。截然分析而必相对待者，天地无有也，万物无有也，人心无有也；然而或见其然者，据理以为之铢两已尔。(《周易外传》卷七)

天地、进退、存亡，以及阴阳、刚柔、老少、往来，莫不交参互蕴。一切对待皆有其合一，而非绝对的对待。截然判离而完全不相通之对待，实在是没有的。船山又以“大辨”与“至密”说对待之关系。他说：

> 今欲求天地之际，岂不微哉？……其依附之朕，相亲相比，而不可以毫发间者，密莫密于此际矣。……其分别之限，必清必甯，而不可以毫发杂者，辨莫辨于此际矣。……大辨体其至密，而至密成其大辨。终不可使其际杂焉，抑终不可使其际合焉。（《周易外传》卷一）

天与地永不相离，故可谓至密；而又永为二物，故可谓大辨。大辨而至密，实可谓为一切对待两极之相互关系。船山又说：

> 两端者，虚实也，动静也，聚散也，清浊也，其究一也。实不窒虚，知虚之皆实。静者静动，非不动也。聚于此者散于彼，散于此者聚于彼。浊入清而体清，清入浊而妙浊。而后知其一也。非合两而以一为之纽也。（《思问录内篇》）

所谓“一”者，乃指“两”之相倚互伏，交参互涵之关系，非于“两”之外别有“一”以强合之。船山此言，实足以祛除误解。

中国哲学中两一的观念，可以说与西洋哲学之辩证法中所谓对立统一原则，极相类似。对立统一原则，是辩证法核心，中国哲人所发阐的已精而详。虽仍有不清楚不完备之点，但大体亦甚丰富而深澈。这实在是中国过去哲学中之可贵的贡献。

人在宇宙中之位置*

人生论之开端的问题，是天人关系的问题。天人关系论之开端的问题，是人在宇宙间之位置的问题。人在宇宙中之位置的问题，也可以说便是人生之意义的问题。在历史上，这个问题的提出并不甚早。最早的哲学家，都注重宣示人生理想。后来思想渐进细密，乃多在宣示人生思想之前，先论究人在宇宙间之地位。关于这个问题，约言之，可以说有两种学说。第一学说认为人是藐小的，在宇宙中实无重要地位。第二学说则认为人的身体虽然藐小，然而却有优异的性质，在天地间实有卓越的位置。

认为人是藐小的学说，见于《庄子·外篇》及《杂篇》。《外篇》有云：

> 吾在天地之间，犹小石小木之在大山也。方存乎见少，又奚以自多？计四海之在天地之间也，

---

* 本部分选自《中国哲学大纲》第二部分“人生论”第一篇“天人关系论”第一章，北京，商务印书馆，1958。

不似垒空之在大泽乎？计中国之在海内，不似稊米之在大仓乎？号物之数谓之万，人处一焉。人卒九州，谷食之所生，舟车之所通，人处一焉。此其比万物也，不似毫末之在于马体乎？（《秋水》）

以人比地球，地球之大于个人不知若千万万倍；而太阳系之大于地球，又不知若千万万倍。而从全宇宙看太阳系，又觉其微小不足数了。然则，人与微生物，相去几何？《杂篇》有云：

曰有所谓蜗者，君知之乎？曰然。有国于蜗之左角者曰触氏，在国於蜗之右角者曰蛮氏，时相与争地而战，伏尸数万，逐北旬有五日而后反。君曰噫！其虚言与？曰臣尊为君实之。君以意在四方上下有穷乎？君曰无穷。曰知游心於无穷，而反在通达之国，若存若亡乎？君曰然。曰通达之中有魏，於魏中有梁，於梁中有王，王与蛮氏有辨乎？君曰无辨。客出而君惝然若有亡也。（《则阳》）

宇宙之大无穷，自宇宙观之，人亦犹蜗角上之微生物而已，实无足轻重。

《外篇》又以为人毫无独立的地位，只是天地之附属品而已。它说：

汝身非汝有也。……孰有之哉？曰：是天地之委形也。生非汝有，是天地之委和也。性命非汝有，是天地之委顺也。孙子非汝有，是天地之委蜕也。（《知北游》）

身体生命皆非人所有，即皆非人所能自作主宰。人毫无所有，不过是天地间偶然形成之寄生物。

这种认人为藐小的思想，并无甚大势力。多数哲学家都认为人有卓越的位置，以为人的形体在度量上固微小，然而人在性质上却甚优异。人之地位，不得只就度量来说。如巨海大山，或荒无生类之星球，非不庞然巨大，然而未必足贵；人身虽小，却无伤于其卓越。

哲学家中，最初明白的说人有卓越位置的，是老子。老子说：

> 故道大，天大，地大，人亦大。域中有四大，而人居其一焉。人法地，地法天，天法道，道法自然。(《上篇》)

认人为宇宙中四大之一，与天地同为一大，而非与物同等，实高出于物之上。

讲人的卓越，最精澈者，为荀子。荀子论人所以异于他物之性质，甚为明切。他说：

> 水火有气而无生，草木有生而无知，禽兽有知而无义，人有气有生有知亦且有义，故最为天下贵也。(《王制》)

物有四级，一物质，二生命，三有知觉者，四辨识应当者。水火等只是物质的；草木则有生命，但无知觉；禽兽有知觉，但不知何者是应当，何者是不应当，并无道德观念；人则不但有物质，有生命，有知觉，更有义，能辨别应当与不应当，其生活行为具有自觉的规律。人有其余众物所未有之特异优点，所以在宇宙中实有高贵位置。

周、秦之际之儒家所作之《礼运》论人之卓越云：

> 人者，其天地之德，阴阳之交，鬼神之会，五行之秀气也。

天地之德犹云天地之善。人为天地间物类中之有德者，故可谓天地之德。《礼运》又云：

> 人者，天地之心也，五行之端也，食味别声被色而生者也。

心为能知能觉者，人为天地间物类中之有知有觉者，故可谓天地之心。人为五行所成之物类之最高峰，故可谓五行之端。人乃天地之德，天地之心，实非他类物之所能比拟。

到汉代，董仲舒更极言人之卓越，认为人在宇宙中，实有很崇高很重要的地位。董子说：

> 天地人，万物之本也。天生之，地养之，人成之。天生之以孝悌，地养之以衣食，人成之以礼乐。三者相为手足，合以成体，不可一无也。(《春秋繁露·立元神》)
>
> 天地阴阳木火土金水九，与人而十者，天之数毕也。……起于天至于人而毕，毕之外谓之物，物者投所贵之端而不在其中，以此见人之超然万物之上而最为天下贵也。人下长万物，上参天地，故其治乱之故，动静顺逆之气，乃损益阴阳之化，而摇荡四海之内。(《春秋繁露·天地阴阳》)。

此以人与天地同为万物之本，人是所以成万物的，无人则万物无以成，故人实超然万物之上，而最为天下贵。董子又说：

人受命于天，固超然异于群生。入有父子兄弟之亲；出有君臣上下之谊；会聚相遇，则有耆老长幼之施，粲然有文以相接，欢然有恩以相爱，此人之所以贵也。生五谷以食之，桑麻以衣之，六畜以养之，服牛乘马，圈豹槛虎。是其得天之灵，贵於物也。故孔子曰："天地之性人为贵。"明於天性，知自贵于物。（《汉书·董仲舒传》）

人有道德有智慧，是人之所以贵之理由，此与荀子以有义为人之特殊优点，意思相近。"天地之性人为贵"一语，见于《孝经》，盖汉儒之所传，未必真是孔子之言。

宋代哲学家亦多认为人是卓越的。如周子云：

二气交感，化生万物，万物生生，而变化无穷焉。唯人也得其秀而最灵。（《太极图说》）

人得二气之秀而最灵，为物所不能及。

邵子讲人之卓越，最为清楚而详细。他以数来表示人的高贵，认为人是兆物之物，物之至者。邵子说：

人之所以能灵于万物者，谓其目能收万物之色，耳能收万物之声，鼻能收万物之气，口能收万物之味。……然则人亦物也，圣亦人也。有一物之物，有十物之物，有百物之物，有千物之物，有万物之物，有亿物之物，有兆物之物。生一一之物，当兆物之物，岂非人乎？有一人之人，有十人之人，有百人之人，有千人之人，有万人之人，有亿人之人，有兆人之人。生一一之人，当兆人之人者，岂非圣乎？是知人也者，物之至者也；圣也者，人之至者也。物之至者，始得谓之物之物也；人之至者，始得谓之人之人也。夫物之物者至物之谓也；人之人者至人之谓也。(《皇极经世·观物内篇》)

人是物之至，即至物。人之形体之量虽非较物为大，然而人之性质特别优异，故可谓是兆物之物。一人之价值与一兆物之价值相等。邵子喜谈数，所以论人之地位，也以数解释。邵子又说：

唯人兼乎万物，而为万物之灵。如禽兽之声，以其类而各能得其一；无所不能者人也。推之他事亦莫不然。唯人得天地日月交之用，他类则不能也。人之生，真可谓之贵矣。天地与其贵，而不自贵，是悖天地之理，不祥莫大焉。(《皇极经世·观物外篇》)

唯人兼有万物之能，广备无缺，故真可谓之贵。人而不自信其卓越，乃是不祥的。

胡五峰论人之优异云：

人也者，天地之全也。而何以知其全乎？万物有有父子之亲者焉，有有君臣之统者焉，有有报本反始之礼者焉，有有兄弟之序者焉，有有救灾恤患之义者焉，有有夫妇之别者焉，至于知时御盗如鸡犬，犹能有功于人，然谓之禽兽，而人不与为类，何也？以其不得其全，不可与为类也。夫人虽备万物之性，然好恶有邪正，取舍有是非；或中于先，或否于后；或得于上，或失于下；故有不仁而入于夷狄禽兽之性者矣。唯圣人既生而知之，又学以审之，尽人之性，尽物之性，德合天地，心统万物，故与造化相参，而主斯道也。不然，各适其适，杂于夷狄禽兽，是异类而已，岂人之道也哉？是故君子必戒谨恐惧，以无失父母之性，自别於异类，期全而归之，以成吾孝也。(《知言》)

万物各正性命，而纯备者人也，性之极也。(《知言》)

唯人兼备万物之性，故可谓天地之全。人之性，可谓“性之极”。五峰所谓人，似专指有文化之人，所以排夷狄于人之外，这是偏狭的态度。

朱子亦论人与众物之不同云：

天之生物，有有血气知觉者，人兽是也；有无血气知觉而但有生气者，草木是也；有生气已绝而但有形质臭味者，枯槁是也。是虽其分之殊，而其理则未尝不同；但以其分之殊，则其理之在是者不能不异。故人为最灵，而备有五常之性，禽兽则昏而不能备，草木枯槁则又并与其知觉者而亡焉。(《答余方叔》)

此与荀子所说，大体相同，不过荀子虽以有义为人之所以为人者，而不认为义是人之性。朱子则以为，唯人备有仁义礼智信五常之性，与禽兽异，故是最卓越的。

至清，戴东原亦言人之卓越。他说：

卉木之生，接时能芒达已矣；飞走蠕动之俦，有觉以怀其生矣；人之神明出於心，纯懿中正，其明德与天地合矣。……是故人也者，天地至盛之徵也；唯圣人然后尽其盛。(《原善》)

人之才得天地之全能，通天地之全德。……智足知飞走蠕动之性，以驯以豢；知卉木之性，良农以莳刈，良医以处方。圣人神明其德，是故治天下之民。(《原善》)

人有其余众物所无有的特异德性，且能降伏他物而利用之，实非他物之比，故可以说是天地至盛之徵。人实在有卓越的地位，非与禽兽草木等同列。

总之，人亦一物，人体极小，在宇宙中犹不及沧海之一粟，这是不可否认的事实。然而人实有其特殊优异的性质，亦未可忽略。此特殊的优异性质，当即荀子所谓“有义”，即能辨别应当与不应当，在生活行动上，有自觉的规律；能有理想，并能努力求理想之实现。不过人之有义，也很有限度的；人的自律之力，亦甚微弱。人之所以异于禽兽者，实乃几希。然而即此几希，如能扩而充之，却未尝不可以得到十分的卓越。我们可以说，人的优异性质不是已完成的，而实尚在发展创造之中。

天人合一*

关于人与宇宙之关系，中国哲学中有一特异的学说，即天人合一论。中国哲学之天人关系论中所谓天人合一，有二意义：一天人相通，二天人相类。天人相通的观念，发端于孟子，大成于宋代道学。天人相类，则是汉代董仲舒的思想。

天人相通的学说，认为天之根本性德，即含于人之心性之中；天道与人道，实一以贯之。宇宙本根，乃人伦道德之根源；人伦道德，乃宇宙本根之流行发现。本根有道德的意义，而道德亦有宇宙的意义。人之所以异于禽兽，即在人之心性与天相通。人是禀受天之性德以为其根本性德的。此种天人相通的见解之最初倡导者，是孟子。孟子说：

> 尽其心者，知其性也；知其性，则知天矣。(《尽

---

* 本部分选自《中国哲学大纲》第二部分“人生论”第一篇“天人关系论”第二章，北京，商务印书馆，1958。

心》)

性在于心，尽其心则能知性；人之性乃受於天者，实亦即天之本质，故知性则亦知天。天性一贯，性不外心。

孟子以后，秦汉之际儒家所作之《中庸》①，亦有相类的思想。《中庸》说：

天命之谓性，率性之谓道，修道之谓教。

性是天之所命，而即人道之根源。道由性出，性由天授。究竟言之，天乃人道之原。

天人相类是一种牵强附会的思想，认为天人在形体性质上皆相似。讲天人相类者，是董仲舒，他讲“人副天数”。天人相类非即天人相通，然亦是一意义的天人合一。董子说：

天地之精，所以生物者，莫贵于人；人受命乎天也，故超然有以倚。物疢疾莫能为仁义，唯人独能为仁义；物疢疾莫能偶天地，唯人独能偶天地。人有三百六十节，偶天之数也；形体骨肉，偶地之厚也；上有耳目聪明，日月之象也；体有空窍理脉，川谷之象也；心有哀乐喜怒，神气之类也。观人之体，一何高物之甚而类於天也。(《春秋繁露·人副天数》)

① 吾今以为《中庸》之主要部分是子思所作，应在孟子以前。《史记》说子思作《中庸》，尚无有力的反证。

人能偶天，超于众物，而与天地相似。董子更详论之云：

人之身，首坌而员，象天容也。发，象星辰也。耳目戾戾，象日月也。鼻口呼吸，象风气也。胸中达知，象神明也。腹胞实虚，象百物也。……颈以上者，精神尊严，明天类之状也。颈而下者，丰厚卑辱，土壤之比也。足布而方，地形之象也。……天地之符，阴阳之副，常设于身，身犹天也。数与之相参，故命与之相连也。天以终岁之数成人之身，故小节三百六十六，副日数也。大节十二分，副月数也。内有五脏，副五行数也。外有四肢，副四时数也。乍视乍瞑，副昼夜也。乍刚乍柔，副冬夏也。乍哀乍乐，副阴阳也。心有计虑一，副度数也。行有伦理，副天地也。……于其可数也，副数；不可数者，副类；皆当同而副天，一也。(《春秋繁露·人副天数》)

董子论天人相类，可谓甚详，然实多附会。董子又云：

为人者天也。……天亦人之曾祖父也。此人之所以乃上类天也。人之形体，化天数而成；人之血气，化天志而仁；人之德行，化天理而义；人之好恶，化天之暖清；人之喜怒，化天之寒暑；人之受命，化天之四时；人生有喜怒哀乐之答，春秋冬夏之类也。……天之副在乎人，人之情性，有由天者矣。(《春秋繁露·为人者天》)

天亦有喜怒之气，哀乐之心，与人相副。以类合之，天人一也。(《春秋繁露·阴阳义》)

天所有者，人亦有之；人所有者，天亦有之。天人相副。“以类合之，天人一也”，是董子天人关系论之宗旨。董子以后，很少讲天人相类的。

孟子之天人相通的观念，至宋代道学，乃有更进的发挥，成为道学之一根本观念。道学家多讲天人合一，而张子开其端。张子说：

> 天人异用，不足以言诚；天人异知，不足以尽明。所谓诚明者，性与天道不见乎小大之别也。(《正蒙·诚明》)

天之用即人之用，知人亦即知天。天人非异，性道实一。张子又说：

> 性者万物之一源，非有我之得私也；唯大人为能尽其道。(《正蒙·诚明》)

吾之性即一切物之源，非特一人之性而已。张子又说：

> 天良能本吾良能，顾为有我所丧尔。(《正蒙·诚明》)

天之本性亦即人之本性，天道与人性实通一而无二。

程明道亦有类似的观念。他说：

> 人与天地一物也，而人特自小之，何耶？(《语录》卷十一)
>
> 天人本无二，不必言合。(《语录》卷二上)

天人本一，分别天人，只是自小之私见。《语录》又云：

尝论以心知天，犹居京师往长安，但知出西门，便可到长安。此犹是言作两处，若要至诚，只在京师，便是到长安，更不可别求长安。只心便是天，尽之便知性，知性便知天。当处便认取，更不可外求。（《语录》卷二上）

我之心便是天。更不必向外求天。明道此说，表现了主观唯心论的倾向。

程伊川论天人相通，尤为详切。他说：

道未始有天人之别，但在天则为天道，在地则为地道，在人则为人道。（《语录》卷二上）

安有知人道而不知天道者乎？道一也，岂人道自是一道，天道自是一道？……天地人只一道也，才通其一，则余皆通。（《语录》卷十八）

天人只是一道；天道人道，只是所从言之不同，并非两事，伊川又云：

道与性一也，……性之本谓之命，性之自然者谓之天，性之有形者谓之心，性之有动者谓之情。凡此数者，皆一也；圣人因事以制名，故不同若此。（《语录》卷二五）

心即性也，在天为命，在人为性，论其所主为心，其实只是一个道。（《语录》卷十八）

《语录》又云：

> 问孟子言心性天，只是一理否？曰：然。自理言之谓之天，自禀受言之谓之性，自存诸人言之谓之心。（《语录》卷二二上）

道、天、心、性、命，只是一事。人之心性与天之道是一贯的。人受性于天，天之根本原理即存于性中，由人之心性即可以知天。

以后朱晦庵与陆象山关于天人关系的思想，皆不出二程所说之范围。但朱与陆二派思想不同。朱子本伊川，言性即理；象山本明道，言心即理。（明道论天人相通，较注重心；伊川论天人相通，较注重性。但伊川亦未言心性之殊异。朱子分别心性之不同，系受张子的影响，张子曾云："心统性情者也。"朱子甚表赞成。）性即理说，谓人之性即同于宇宙之本根，人禀受宇宙之本根以为性；性在于心中，而心不即是性。心即理说，则谓人之心即同于宇宙之本根，人得宇宙之本根以为心，心性无别。两说之根本不同，在所说心性之关系不同：一谓心中含性而非即性，一谓心即是性。但认为人含有宇宙之本根，天人相通不隔，则两家无异。两说都认为宇宙本根乃道德之最高准则；人之道德即是宇宙本根之发现。本根之理，即人伦日用之理；在人为性，在物为理，在事为义，都是宇宙本根之表现。此种天人合一的观念，是汉、宋儒家哲学中之一个根本观点。

宋明道学中所谓天，指大自然，全宇宙，亦指究竟本根。道学家的著作中，常以天为宇宙或本根之代名。（宋明道学中所谓天，虽是从孟子来，但已改换其意义。孟子所谓天，有有意志的主宰之义；在宋儒，此义已取消。宋儒所同于孟子者，在于皆认为天是人的心性之本原，道德之根据。但又受老、庄之影响，认为天是自然的。宋儒虽常衍述《易传》，说所谓“天地之心”，其所谓心乃中心，核心之义；天地之心谓天地之中心原则。）

至清初，王船山论天人相通，最为明晰。船山说：

> 天降之衷，人修之道。在天有阴阳，在人有仁义；在天有五辰，在人有五官。形异质离，不可强而合焉。所谓肖子者，安能父步亦步，父趋亦趋哉？父与子异形离质，而所继者唯志。天与人异形离质，而所继者唯道也。（《尚书引义》）

此谓天人异形离质，即反对董子之天人相类说。谓天人所继唯道，即谓天人之合一乃在于天道与人道之统一。

讲天人合一者，大都是对于人的宇宙间之位置之问题，主张卓越说的。不过主张卓越说的，不尽讲天人合一，如荀子便是。天人合一论，也可以说是卓越说之一种形态。因其是中国哲学中一个根本观念，所以分别论述之①。

① 按自然与人的关系是一个复杂的问题。一方面，人是自然界的一部分，人必须遵循自然界的普遍规律。另一方面，人类社会有自己的特殊规律，道德是人类社会特有的现象，不得将其强加于自然界。汉、宋儒家讲天人合一，其肯定人类与自然界的统一。有正确的方面；而将道德原则看作自然界的普遍规律，就完全错误了。对此问题，应作具体分析。

〔补录〕天人有分与天人相胜

与孟子不同，荀子强调天人的分别，他说：

> 天行有常，不为尧存，不为桀亡。应之以治则吉，应之以乱则凶。强本而节用，则天不能贫；养备而动时，则天不能病；修道而不贰，则天不能祸。……本荒而用侈，则天不能使之富；养略而动罕，则天不能使之全；倍道而妄行，则天不能使之吉。……故明于天人之分，则可谓至人矣。（《天论》）

天人有分，社会治乱在人不在天。荀子又说：

> 不为而成，不求而得，夫是之谓天职。如是者虽深，其人不加虑焉；虽大，不加能焉；虽精，不加察焉。夫是之谓不与天争职。天有其时，地有其财，人有其治。夫是之谓能参。（《天论》）

天人各有职任，人应尽力完成自己的职任，不必考虑天职。荀子虽然强调“天人之分”，却也不否认天与人有统一的关系。他说：

> 形具而神生，好恶喜怒哀乐臧焉，夫是之谓天情；耳目鼻口形能各有接而不相能也，夫是之谓天官；心居中虚以治五官，夫是之谓天君。（《天论》）

人的情绪、感官、心知，都是自然而然的，都是天所生成的，所以称为天情、天官、天君。人中有天，由于人是天所生成的。荀子区别天与人，主要是断言自然变化与社会治乱并无必然联系，但仍然承认人是自然界的一部分。

唐代刘禹锡提出天人相胜的学说。他说：

> 大凡入形器者，皆有能有不能。天，有形之大者也；人，动物之尤者也。天之能，人固不能也；人之能，天亦有所不能也。故余曰：天与人交相胜耳。(《天论上》)

天与人各有其特殊的功能。从一方面说，天胜于人；从另一方面说，人胜于天。刘氏进一步解释道：

> 天之道在生植，其用在强弱。人之道在法制，其用在是非。……壮而武健，老而耗眊，气雄相君，力雄相长，天之能也。……义制强讦，礼分长幼，佑贤尚功，建极闲邪，人之能也。(《天论上》)

天的功能是生成万物，人的功能是建立制度。在天，力强的胜过力弱的；在人，确立行为的准则，有德有功的受到尊重。自然界只有强弱之分，无是非可言；在人类社会，建立了是非的标准，与自然界不同了。刘氏又说：

> 天之所能者，生万物也；人之所能者，治万物也。……天恒执其所能以临乎下，非有预乎治乱云尔；人恒执其所能以仰乎

天，非有预乎寒暑云尔。(《天论上》)

天人各有一定的功能，是不相互干预的。

刘禹锡更提出一个独特的观点，即将“天理”与“人理”区别开来。他以旅行为比喻，解释道：

> 夫旅者群适乎莽苍，求休乎茂木，饮乎水泉，必强有力者先焉。否则虽圣且贤莫能兢也。斯非天胜乎？群次乎邑郛，求荫于华榱，饱乎饩牢，必圣且贤者先焉。否则强有力莫能兢也。斯非人胜乎？……是非有焉，虽在野，人理胜也。是非亡焉，虽在邦，天理胜也。(《天论中》)

在自然界的情况，有力者占先，这是所谓天理；在人类社会，有德者居先，这是所谓人理。天理即是自然规律，人理即是社会生活的准则。刘禹锡初步认识到社会生活与自然界情况的区别。

天理一词，首见于《庄子·养生主》篇，又见于《礼记·乐记》篇。《乐记》说：

> 人生而静，天之性也；感于物而动，性之欲也。物至知知，然后好恶形焉。好恶无节于内，知诱于外，不能反躬，天理灭矣。夫物之感人无穷，而人之好恶无节，则是物至而人化物也。人化物也者灭天理而穷人欲者也。

《乐记》把天理与人欲对立起来，对宋、明哲学影响很大。刘禹锡的见解不同于《乐记》，以为人理高于天理，这是刘氏独有的思想。《乐记》

所谓天理指最高的普遍的道德原则；刘禹锡所谓天理则指自然规律。刘禹锡区别了自然规律与社会生活的准则，这一点具有深刻的意义，在中国思想史上独放异彩，可惜没有发生显著的影响。

哲学思维论

（节　选）

辩证法之主要原则*

一、唯物的辩证法与唯心的辩证法

在西方历史中，辩证法有二：一为唯物的辩证法，一为唯心的辩证法。唯物的辩证法深研事物的变化规律，唯心的辩证法则侈谈观念的推移转化。唯物的辩证法亦可称为科学的辩证法，唯心的辩证法应称为玄想的辩证法。

玄想的辩证法，由黑格尔集其大成；科学的辩证法则由马克思与恩格斯奠其基础。

今试依个人的理解对于科学辩证法的基本观点与基本规律作一些粗浅的解析。

二、辩证法之基本概念

辩证法有若干基本概念，首须加以解析。

(一)变化。辩证法为关于变化之逻辑，变实为辩证法之基本概念。变之观念，实由经验得来。人之耳目常有所

* 本部分选自《哲学思维论》第四章。

闻见，所闻见者统谓之现象。现象之不随人之感觉而起灭者，谓之实有。现象之中首先引起人之注意者，实为其间之区别。现象实为种种，而非一齐，是为区别，亦曰异。相异之现象中之不异者谓之同。异同实为最简单而最基本的观念。现象皆有久延，由其久延而有前后。凡现象之前后相异，谓之变化。变之观念，实包含二观念，一久延，二区别。

(二)历程。变化之相续谓之历程。历程有三：一泛历程，二系统历程，三个体历程。泛历程即散漫的变化。系统历程之例，为社会发展，生物演进，与宇宙大化。个体历程之例，如一人与一物之历史。泛历程为不拘有一贯与否之历程，系统历程为疏阔的一贯历程，个体历程为紧密的一贯历程。

(三)否定。否定为逻辑之一重要观念，形式逻辑亦以否定为基本观念之一。然否定之观念，实由经验得来，而为终止、消失、毁灭等观念之总括。事有终止，物有毁灭。由有变而为无，由存在化为不存在，皆谓之否定。否定有二，一名言的否定，即断定一命题之为妄，否认其为真。二事物的否定，即事物之终止或毁灭，或致成事物之终止或毁灭。

(四)对立，亦曰对待。对待为辩证法之中心观念。对待有二：

1. 相反，亦曰有中间对待。相反即一类之两极，即一类事物中之最相异之两端，其间有居中者。

2. 矛盾，亦曰无中间对待。矛盾即相互否定者，为一个畴域中之相互外在之二分野。在此畴域之中，非属于此分野，即属于彼分野，而无居中者。

相反之例，如黑白，其中间为种种之灰。矛盾之例，如白与非白。非白并非即黑，非白之范围远较黑为广阔。

矛盾之常式皆系甲与非甲，非甲常无特定之名称。两方皆有特定名称之对待，多属相反。如善恶、美丑。善恶之间可有半善半恶者，或不善不恶者。美丑亦然。

有无与生死，可视为矛盾之例。古人亦有认为有有无之间之情状。如周敦颐云："动而未形有无之间者几也。"世俗语言，亦有半死不活之语。实则周子所谓有无之间，实为一种有；而世俗所谓半死不活，仍为一种活的状态。

对待自另一观点看，又可分为二类：

(1)名言的对待，即两个命题不能并真。然二命题已同时存在，唯不能皆为真命题。

(2)事物的对待，即二性质或二要素之不能并在。然此二者俱为事物所有，但不能同时存在于同一事物之同一方面。

名言的对待互相否定之结果，至多止能有一个名词或一个命题成立。

事物的对待，亦有互相否定之势，结果则相互冲突而引起变化。

汉语中所谓矛盾，乃由《韩非子》书中一寓言而来，即不两立或不相容之谓，乃是一个譬喻的名词。

(五)冲突。两相对待之物之相向的运动，或两相对待之性质之相互排斥的关系，谓之冲突。凡两相待之物，其运动方式亦必互为对待。冲突有二方面，一相排或相逐，二相引或相求。如甲乙二物相冲突，自一方面言之，为甲逐乙，自另一方面言之，为乙引甲。

(六)统一，亦曰合一。凡两相对待之性与物，自一方面观之，相互为对待，自另一方面观之，其相互之间，亦有密切之关系，而不能相离。对待之不能相离之关系，谓之统一，亦曰合一，亦曰一体。统一含二方面：一、相依互待，对待之两方彼此相待而成立，相联互随而不可以相无；二、相生互转，对待之两方，在事物变化之流中，或在思想演进之流中，互相引致，互相转化。

（七）同一。两相对待者，于统一之关系外，更常有同一之关系。同一有二：

(1)绝对同一，即二者全然无别。

(2)相对同一，即二者相类，或同属于一类。同一与统一不同。统一指二对待者之不相离，同一指二对待者之不相异。与统一相对待之观念为对待，与同一相对待之观念为区别。在普通言语中，有时统一的情况亦谓之同一。

（八）和谐。对待不唯相冲突，更常有与冲突相对待之现象，是谓和谐。和谐非同一，相和谐者不必相类；和谐亦非统一，相和谐者虽相联结而为一体，然所谓和谐乃指一体外之另一种关系。和谐含括四方面：一相异，即非绝对同一；二不相毁灭，即不相否定；三相成而相济，即相互维持；四相互之间有一种均衡。

（九）联系。相区别者常相分离，虽相分离而亦可相互影响，是谓联系。如二物各独自存在，然如此物有变化，而彼物亦随而有或巨或微之变化，则此二物之间有联系。联系不限于对待之事物，一类之两极或一类之二分固有联系，而一类两极之中间者之间，亦有联系。

（十）内在矛盾。相互矛盾的二项，此包含于彼之中；或共同包含于更大的统一体之中，谓之内在矛盾，即统一体中之矛盾。

凡一思想或一现象，包含互相否定的方面，或包含自己否定的趋向，统谓之内在矛盾。例如生物皆必死，即生命含有死之必然，谓之生之内在矛盾；生物与生物相冲突，而此物之生有待于彼物之死，亦可谓之生之矛盾。一个社会，包含互相斗争之阶级，谓之社会之内在矛盾。凡一现象，一方面趋向于甲，另一方面趋向于非甲，皆谓之内在矛盾。

(十一)否定之否定。自形式逻辑之观点言之，肯定与否定为对待，而否定之否定即是原来之肯定。然自事物之变化观之，变化之中常无实际的还原，故为否定之否定者，常非即原来之肯定，而为一个第三者。认为否定之否定不同于肯定，此实为辩证方法之基本观点之一。否定之否定，在表象上为复返于肯定，然为经过一否定而后复返者，曾受此否定之影响，故实际上与原来之肯定不同，而可目为肯定与否定之综合。

然而事物变化中，亦有否定之否定全然无异于原来之肯定之情形，此在无机界中甚为普遍，是即简单的循环。凡否定之否定，无异于原初之肯定者，谓之循环变化。凡否定之否定，有异于原初肯定者，谓之发展或演进，即累积的变化。

名理界中亦有此二种情形。有许多观念，其否定之否定可以不同于肯定，例如不伤、伤害、救伤三观念。但大多数之观念，其否定之否定即是原来之肯定。

否定之否定不尽即是原来之肯定，实为德哲黑格尔之创见。但黑氏认为一切否定之否定皆不同于原来之肯定，而观念皆三个为一联，黑氏拘泥三式，故多牵强之说。

(十二)扬弃。变化多系由肯定而否定而否定之否定，然否定之否定对于肯定与否定之关系，实非仅消灭之而已，乃更容纳之，然又非依其本来面目而容纳之，乃加以改变使之更新而后容纳之。此种关系，黑格尔谓之“奥伏赫变”。此有三方面：1. 破灭，2. 容纳，3. 昂扬。普通译为扬弃，亦可译为遏扬：《易传》“遏恶扬善”，合遏扬为一词，正合“奥伏赫变”之义。

三、辩证法之基本原则

辩证法之要谊，在于遵循变化之规律以观测变化。其所设定之变化规律，可谓辩证法之基本前提，亦即其基本原则。辩证法可谓有二根本观点、三根本规律，而其核心实为对立统一。对立统一含义甚丰，又可析为二方面。兹谨汇列为六条。列举如下：

第一，变化观点；

第二，联系观点；

第三，对立统一规律之第一方面——对立的统一关系；

第四，对立统一规律之第二方面——内在矛盾；

第五，质变与量变互转规律；

第六，否定与否定之否定规律。

以上六则，都包括丰富的含义，今试略加解析。

每一观点或规律都可有两个程式，即第一作为客观规律或客观情况之程式，第二作为方法指导之程式，简称为第一程式、第二程式。每一程式又有两个表示，即第一直陈命题之表示，第二假设命题之表示，简称为第一诠、第二诠。

第一，变化观点：

第一程式，第一诠：凡物皆变化历程，即凡存在皆在变化中。

第二诠：如甲为一物，则甲必亦是一变化历程。亦即，如甲为一存在，则甲必在变化中。

第二程式，第一诠：观物于其变化。

第二诠：如观一物，则须考察其变化历程。

变化观点即指示对于事物不可作静止观，不可视为固定的一成不变的，而当探察其前后变化之迹象，方能认识其实相。

变化观点包含三个要点：

第一要点，新旧推移。其式为：

凡变化之物皆有始终消长盛衰，而观物应观其始终消长盛衰及其新性质新形态与旧性质旧形态之更替。

此要点即历史方法之程式。

第二要点，现象与本性。其式为：

凡物在其繁复错综流转推移之现象之中，有其一贯的本性，本性实即物之发展变化之内在的根源，亦即其变化形态之基础。观物当寻求其现象中之本性，即其变化之内在的根源。

第三要点，观察与变俱新。其式为：

世界常在迁流趋新之中，物之新方面新性征或代旧之新物常在涌现之中。观物应追随事物之与日俱新这变化而观之。

与变俱新，指示思想理论应随事物现象之发展而前进，依随新现象或现象之新方面之涌现而作更新的观察，以扩充或更正其已有之观念，以达到对于现象之更进一步更深一层的理解。

第二，联系观点：

第一程式，第一诠：凡事物皆与其前后左右之一切事物有联系。

第二诠：如甲为一事或一物，则甲与其前后左右之事与物如乙丙丁等俱有联系。

第二程式，第一诠：观事物于其对于一切事物之联系。

第二诠：如观一事物，则审察其与其前后周围之众事物之一切关系。

联系观点表示，凡物皆非孤立的，而与其前后周围之物俱有联系。将一物在其实际环境中抽出，则该物即成为虚幻。一物对于他物之一切联系中，有若干联系是疏远的，有若干联系是密切的。一物之许多性质，常基于其对于他物之密切的联系。观物不可将所观之物由其实际环境中抽出，而需就其各方面的联系以观之。

物是如此，观念亦然。任何观念皆与其他观念有种种关系。

观察一物与其他事物之一切联系，亦即观察此物之一切方面，凡物皆有许多方面，观物应观其一切方面，即观其全象。

联系观点又涵括三个要点：

第一要点，泛联系。其式为：

一物对于其他事物莫不有联系，观物须审察一物对于其他事物之一切不同的关系。

第二要点，对立联系。其式为：

在一物对于其他一切物之联系中，有对立的联系，即此物与他物形成诸型之对立。观物应特别注意此种对立联系。

第三要点，由共现至因果。其式为：

物与物之联系，有疏密与浅深之别。最浅而尚可注意之关系为共现，较深的关系为交互作用，最密的关系为因果关系。观物应就一物与他物之一切联系中，勘察其疏密与浅深。由共现的关系辨识交互作用之关系。由其交互影响之关系甄别其因果关系，更就一般因果关系中择出基本的因果关系，亦即从众多偶然的现象中辨别必然的联系。

就泛联系而论，一物与全宇宙之其他一切物莫不有联系，然在实际研究中势不能为考察一物而遍察其他一切之物，此在人智为不可能的。然应尽可能的考察一切对于他物之众多关系。

一物常与他物形成种种之对立。此种对立联系较之非对立的联系，远为重要。由其成为对立，常至于相冲突。就此二物而言，相互为对立，而就包含此二物之整体而言之，便是包含内在矛盾。

一物虽与一切物俱有联系，但大多系不重要的，仅系共现之关系。然此物以外之物中，有与此物之所以发生及此物之所以有此本性有关系者，即与此物有基本的因果关系。他物亦有与此物之变化有关系者，即与此物有交相作用之关系。此种关系之勘察，对于认识此物甚为重要。如二物仅有共现之关系，则此对于彼，即由此观彼，或彼对于此，即由彼观此，俱为偶然。然表面偶然之事情，如就更大之范围观之，则有必然贯穿其间，或将若干偶然之事情统合观之，则可见其为必然之表现。

上节对于联系未多诠说，故于此作稍详之解释。

第三，对立统一规律之第一方面——对立的统一关系：

第一程式，第一诠：凡对立皆有其统一。

　　　　　第二诠：如甲与乙为对待，则甲与乙亦必有其统一。

第二程式，第一诠：观对立于其统一。

第二诠：如逢遇对立，则寻察其统一。

对立与统一，其意谓皆甚复杂，约如上节所解释。此律指示，无论见如何之对立，均当寻察其一切的统一状况。

对立统一之第一方面又包含三个要点：

第一要点，对待之普遍。其式为：

实际世界有对立现象，一切事物常是成对而相待的。此要点即表示对待之必然与普遍。

第二要点，相对性。其式为：

凡物有一性质，实乃对于一特定坐标而言，有此性质，而对于与前一坐标相对待之坐标而言，可有与前性质相对待之性质。凡二物之间有一关系，实乃对于一特定坐标而言，有此关系，而对于与前一坐标相对待之坐标而言，可有与前一关系相对待之关系。

此要点表示事物有不同的方面，而且在不同的坐标系统中，故可有相对待之性质或关系。

第三要点，对立之统一关系。其式为：

凡相对立者有相倚相待相生互转之关系。

此三个要点，可谓对立统一律第一方面的意谓之解析。

第四，对立统一规律之第二方面——内在矛盾：

第一程式，第一诠：凡统一体皆内含矛盾而为其变化之内在根源。

第二诠：如甲为统一体，则甲之之中含有矛盾，为甲之变化之内在根源。

第二程式，第一诠：观物于其内在矛盾，以了辨其内在的变化根源。

第二诠：如逢一统一体，则寻察其内在的矛盾，以了辨其内在的变化根源。

统一体之内在矛盾原则，乃指示观变而求变之根源，在于寻察统一体中之矛盾。统一体中之矛盾，实为统一体之变化之根据。

内在矛盾有三类，(一)不同方面的矛盾，即一物之不同方面互为矛盾。如朱晦庵云："就一言之，一中又自有对。且如眼前一物，便有背有面，有上有下，有内有外，二又各自为对。虽说无独必有对，然独中又自有对。"此即不同方面的对待。(二)作用或趋向之矛盾。所谓作用者，发施变动之谓作，引起其他变化谓之用。凡物之变动而引起他物随之俱变者谓之此物之作用。趋向即物之运动之趋向，凡物有所运动，有其可能达到之结果，统此运动与其可以达到之结果而言谓之趋向。物所有之诸作用，常互为矛盾。如生物机体内部，常在舍故生新之中，其细胞不息的生长破裂，于是须除故纳新，常吸取外在物质，因而有不息之活动。有生之物所有之诸趋向，常相互矛盾。一个生物有扶助同类之倾向，又有争夺相杀之倾向，是生物界所有之内在矛盾。(三)成分或要素之矛盾，亦即成分或要素之相互关系之中，亦包含矛盾。一物由许多部分合成，各部分互相结合，然而又有互相离析之倾向。一物之破坏，实缘于其各部分本有游离之倾向。

所谓统一体，可分三类：(一)个体，如一无机物体，或一生物之机体。(二)群体，同类个体之集聚为群体。(三)总体，不同类之个体，互有密切之关系，亦成一体，可谓之总体。如一生物与其环境，亦形成一体。个体之内在矛盾不甚显著，群体之内在矛盾较为显著，总体之内在矛盾，最为显著。个体之变化，不全由于其内在矛盾，更由于其与环境之对立，即由于其与其环境共成之总体之内在矛盾。

内在矛盾之两端，其相互关系有四：(一)相映。即成为对照，互相辉映，彼此互显而相彰。不同方面的对待，其关系为相映。(二)相衡。彼此成为一种均衡，互相维系，而保持一种安定。如近代物理学所设想之原子构造，阴电子居中，阳电子绕行于外，相互引持而得一种均衡。(三)相推。令一物离开原来位置，谓之推。一体中之对待两端常相推，一方相排相逐，一方相引相求。物之变动之究竟原因，在于一体中对待之相推。(四)相克。即相互毁灭而不能并存。此为猛烈的变动原因。对待之相映与变化无关；对待之相衡为物之生成之所本；对待之相推为物之变化之所以；对待之相克为物之毁灭之所由。所谓变化之内在根源，以对待之相推为最要。

内在矛盾亦包括三要点。

第一要点：事物内部包含矛盾。其式为：凡物为矛盾之总和与统一，凡统一体常含有相互矛盾之方面、趋向或要素。或观物须观其为矛盾之统一体，即其中含括何种矛盾。

第二要点：变化之内在根源。其式为：物之内在矛盾之相互作用，为物之变化之内在根源。或观物应寻察其变化之内在根源即观其内在矛盾冲突之展开。

第三要点：对待之主宾。其式为：凡内在矛盾之两方，有主宾之区别。主方为主宰引导之方面，亦即具有解决冲突之力量之方面，宾方为比较受动之方面。或观矛盾应察其主导方面之所在。

总之，物之变化，常以物所包含之矛盾为根据，如欲理解一物之变化之真实情状，须审察其内在的矛盾。一历程中之根本矛盾，即历程变化之内在源泉。

第五，质量推移律：

第一程式，第一诠：凡物之发展，量的渐变至于极度必引起性之骤变；而性既骤变，量亦随而不同。

第二诠：如一物有甲性，在甲性之范围内有量的变化，此种量变达到一定程度，必忽然断裂而成为性的变化，即甲性转为乙性。而乙性成立之后，又有与前不同之量变。

第二程式，第一诠：观物之变于其性变量变之互转。

第二诠：如遇物之量度的发展，则期待其性质的变化；如逢物之性质的变化，则考察其量度的改易。

质量推移律指示变有二型，一量度的变化，亦即量虽有升降增减而性不改，此种变皆系渐变。二性质的变化，亦即性质之转换，此种变常系骤变，亦即突变，取飞跃的形式。在变化历程中，于一时期性质维持不改，仅有量度的变化，然量度的变化达到一定限度、新性突然显出，旧性突然消失，而形成连续之断裂。新性发生之后，即又有一新的量度变化，与先前之量度变化不同其姿态，即随性之改变之后量亦有新的发展。

质量推移律亦包含三要点。

第一要点，量极致质易。其式为：

在事物发展历程中，量之迁改至于极度则引起质之更易，亦即物极必反；或观物之极而反。

第二要点，质易致量移。其式为：

在事物发展之历程中，新质之发生，为新的量变之起始。

第三要点，形式内容之推移。其式为：

在形式不改之情况下，内容可有变化；内容变化既久，则常发生新内容与旧形式之冲突，结果达到旧形式之破裂，及适于新内容的新形式之成立。新形式既成立，则内容必更有前所未有之开展。或观物之变化于其形式与内容之融协与冲突。

量变渐变即内容之变，质变突变包括内容之变与形式之变。形式之变常取飞跃的姿势。

第六，否定及其否定律：

第一程式，第一诠：凡发展的变化，其否定之否定为肯定与否定之综合。

第二诠：如甲之变化历程为一发展历程，设A为此历程之原初肯定，B为A之否定，C为B之否定，则C为A与B之诸性质之综合。

第二程式，第一诠：观物之由肯定而否定，而否定之否定之发展历程。

第二诠：如遇否定之否定，则审别其与肯定与否定之关系而察识其发展的情状。

否定之否定非即肯定，此在发展的变化为然。但变化非尽皆发展，在非发展的变化，其否定之否定或同于原初之立定，是即循环变化；或根本并无否定之否定，例如有生的个体之死为其生之否定，然一死永不能复生，更无死之否定可说。子孙之传衍，或者勉强可谓个体之死之一种否定，然自个体言之，实无所谓死之否定。在循环的变化则周而复始。否定之否定，即原来肯定之再现。有时在一物言之，确为循环的变化，而其所处之环境，则在发展变异之中。如一草之春生秋枯，次年其种子又成新草，就草之本性而言，实为循环，而自联系观之，此草之对外关系之总和，与去年之草之对外关系之总和不相同。但此种关系，常系外在关系，是故仍当以循环视之。设其为内在关系，即草之形态因环境之改易而变异，便是新种之发生，而属于发展的变化。

否定及其否定律亦包含三要点。

第一要点，否定。其式为：

> 凡物或物之一性质，有始则有终，有成则有毁，必终于否定。

第二要点，正反综合。其式为：

> 在发展的历程，否定之否定为肯定与否定之综合。

否定之否定为表面上复返于初，肯定之性征再度出现，然否定阶段之若干要素亦受容纳于其中。否定之否定，可谓高一级之立定，原初肯定之若干性征，否定之若干性征，兼容综会于高一级之立定中。一切事物之任何肯定，必须经过否定，然后否定其否定，乃能升进一级，而达到高一级之肯定。

第三要点，左右否定。其式为：

> 一部分事物之发展中，有左右否定之情况，继否定而起者，非肯定与否定之综合，而为肯定之另一方面之否定。

左右否定之情状即，设甲为立定，继之有乙发生，取甲而代之，或与甲成为对峙之局，复有丙起，然非甲乙之综合，乃较甲更趋于极端，而与乙成为两极。乙趋于左，而丙趋于右，最后之否定之否定，常是乙丙双方之否定，而表面上与甲相似。这种两方左右否定之事，在思想史及社会史上常见之。

有肯定、有否定，有否定之否定，系三级。然否定有复杂情形，故三级不可拘泥。在一发展历程中，第三次出现者，不必是否定之否定，而每一阶段之久暂亦非一定。

事物之发展历程，可谓有三方面，一否定，二积累，三循环。事物之立定，皆终于受否定。然而否定非绝对否定，于否定之中亦有所保存且加以昂扬，一方面否定之不已，另一方面则在不断的累积之中。而否定之否定，常系表面上复返于初，又与循环有一方面之类似。总此三方面而言，事物的发展，可谓为螺旋式的进化，亦可称为旋变。

以上辩证法的基本观点与基本规律，列举为六条。此六条可汇归为二大原则，即，第一、第五、第六，可总为反复原则。第二、第三、第四，可总为两一原则。“反复”、“两一”乃中国古代哲学中的名词。如此，辩证法之原则，析之则为十八条，合之则成二条。加以别析，乃所以彰明其条目；予以汇归，乃所以揭示其统宗。

四、辩证法之基本要求

辩证法于基本原则之外，尚有若干从基本原则引申出来的方法准则，亦即为贯彻基本原则而必须达到的基本要求，主要有二：一、解析与综合之结合；二、理论与实践之一致。

第一要求，解析与综合之结合。其式为：

> 凡研究须并用解析与综合。

或：

> 凡研究一历程，须先加以解析以厘别其中之诸要素，然后审勘诸要素之相互关系而统会之，以达到对于全历程之理解。

此条指示，辩证法著重解析与综合之统一而不可偏执。

第一要求包含三层含义：

第一含义，要素之解析。其式为：

> 解析任何整体而区别其中之诸要素。

此所谓整体，包举至广，不分大小，不别心物，一事，一物，一理，一思想，一理论，一名称，一命题，凡有内容者，俱可加以解析。

第二含义，要素之联结。其式为：

> 审勘诸要素之相互关系而认识其联结之类型。

诸要素相互联结而为一整体，其联结有类型之不同。既已解析一全体为若干要素，更须审察此诸要素如何联结而为此全体。

第三含义，整体之本性。其式为：

> 辩识一整体之本性，以理解诸要素之根据。一全体必有其所以为一全体者，此一全体之所以为一全体者，有二方面：一，此全体异于其他之全体者；二，此全体异于其所含之任何一部分者。一全体不仅是其诸部分之相加，而是其诸部分在一种特殊联结中之统一。故一全体之本性，非即其所含之诸要素之本性之相加。诸要素之本性之相加，为一组本性，而非一本性。一全体实另有其本性。此全体之本性，应特别注意察识之。

凡全体皆诸成分所合成，欲理解全体须先加剖析而一一考验其诸成分，即将一全体剖析为若干相区别之成分，此实为认识全体之初步。既已一一考察一全体之诸成分，更须辨识其间之相互关系，然后就其相互关系以勘察各要素在全体中之位置。然仅辨别一全体之诸成分之相互关系，亦尚不足，更须察识全体之本性，然后尽观全之能事。

第二要求，理论实践的一致，亦曰知行一致。其式为：

> 凡知识或理论须与行为或实践相应合，或，凡立说应以生活实践为根据，而更由行动加以试验以甄别其真妄正谬。

此条指示，辩证法著重理论与实践之统一，亦即著重于知行关系之正确理解。实践实为理论之基础。然而实践应受理论之指导。知识当有改进行为之功用，而知识之真妄正谬，以实际应用之结果为甄断。知行之相互关系，可谓由行而知复由知而行之连环。

第二要求亦分三层含义：

第一含义，察行。其式为：

凡立论应考察生活实践之实际情状而与之相应。

第二含义，勘示。其式为：

凡立论皆于所说之外更有所示，应勘察其所说是否与其所示相合，以辨其正谬。

凡有所言有所论，其本身亦为一种事实而有所表示。所谓示者即孟子“天不言以行与事示之而已”之示，即言论本身之所显示。如谓“言尽悖”，示有不悖之言。如谓道无是非，示有所是非。言论之所示可谓为不言之言，不说之说。说示相合，方为正当。说示相合，可谓一种严密的知行一致。

第三含义，试行。其式为：

凡立论应实际尝试应用之，即作行动的试验，观其结果是否与所预期者相符，由以甄别理论之真妄正谬。

关于事实或理想之言论，对于将来经验必有所预断。如遵循一理论而施行之，设所得之结果合于其所预期，便证明此理论为真；设所得之结果不合其所预期，便证明此理论为妄。

立论应先考察人类之生活实践。有不得不然之实践，即普遍而必需之实践；又有实践之必不然，即实践之不可能。如否认不得不然之实践所指示者，是谓虚论或戏论；如唱说实践上必不然者，是谓空想或幻念。非虚论或空想之真正知识，则足以为行为之指导。将所承认之理论切实应用于生活实践，可由以考验理论之真妄正谬，可藉以达到更良好生活，更可藉以充实其理论之内容。

五、辩证法诸原则之推衍

辩证法之原则可总约为二，然此二条更可统合为一，即对立统一律。对立统一律实为辩证法之最基本的规律。其余诸原则皆可谓对立统一律之特殊运用，而皆可由对立统一推衍而得之。

今试以对立统一律为前提，而推衍其他诸原则。

(1)对立统一律即谓凡对待皆有其统一，有一个必有另一与之相对待的。于是，

(2)将对立统一律运用于存在与不存在之对待，则得变化观点。今有存在，必有与之相对待者，即不存在。存在与不存在更必相统一，其统一为变化。由之可推断凡存在莫非历程，即变化观点。

(3)将对立统一律运用于存在之全分关系，则得联系观点。普通经验中之存在为个别存在，而一切个别存在之统合，为总全。个别与总全相对待，而亦有其统一，诸个别之间互有联系。此即联系观点。

(4)将对立统一律运用于特殊之统一体，即得内在矛盾。对待莫不统一，统一莫非对待，故统一体之中亦有矛盾，即内在的矛盾。

(5)将对立统一律运用于变化，即辨察变化中之对待，即得质量

推移。变化有相对待之二类：一为质变，亦即突变；一为量变，亦即渐变。此二者相互对立而统一。此即质量推移律。

(6)将对立统一律运用于变化之另一方面，而辨察变化中之前后阶段之对待关系，即得否定及其否定律。变化有肯定，有否定，更有否定之否定。此否定之否定与否定为对立，在其与否定为对立之方面，则必与肯定统一。然否定之否定，不唯与否定为对立，更必与否定有某方面之统一，在此方面，则必又与肯定为对立。故否定之否定为肯定与否定之综合。此即否定及其否定律。

(7)将对立统一律运用于一般研究方法，即得解析综合之联用，存在有个别，故有个别的研究法，由个别更求其中之个别，使相别者莫不相别。存在更有总全，个别统会而为总全，故有总全的研究法，由普通之总全，进而求更广大之总全，使相通者莫不相通。解析与综合为对立，凡对立有其统一，故解析与综合有其统一而不可偏执。此即解析综合之联用。

(8)将对立统一律运用于知行关系，即可得知行的一致。有知则必有与之相对待者，即是行。有行则必有与之相对待者，即是知。知行相对待，而亦有其统一。违知之行固非，而悖行之知亦谬。此即知行之一致。

六、辩证法原则之性质

辩证法之原则，皆有两方面之意谓，一方面是客观的规律或客观的情状之陈述，一方面是方法的准则。

就是为客观规律而言，其性质有四点可说。(1)此等客观规律或客观情状之陈述，乃相对真理。(2)此等客观规律或客观情况之陈述，并非唯一的客观规律。(3)此等规律之获得实由于归纳。(4)在方法论中，此等规律乃居于基本前提之位置。

(1)如将辩证方法应用于真理问题，则可见人类所知之一切真理皆系相对的，而一切相对真理皆系绝对真理之要素；一切相对真理之总和，便是绝对真理。此为辩证的真理观。而对立统一及其他诸原则，实亦系相对真理。谓之相对真理，即是谓：(一)其为真乃基于其所根据之证验之存在。(二)其真是有限际的，即有适用范围。(三)随世界之演变与人类知识之发展，此种真理，在形式上可以改易，在内容上可有损益。

(2)对立统一，并非唯一的规律，实尚可有其他基本规律。如旧形式逻辑之规律，实亦是基本规律，在其适用范围之内，亦属正确。

(3)辩证法之原则，系客观规律或客观情状之陈述，自另一方面说，即是经验的原则，其最初之获得，实由于归纳方法之运用。人类观察变化，久久之后，乃成立此种原则，此种原则与其他科学的规律相同，实由归纳得来。上节所论，辩证法诸原则，皆可由对立统一推衍而得。但事实上此诸条皆系由经验得来，乃经验的概括；即得之后，更加以会综，乃发现可由对立统一统会之。

(4)辩证原则，固由经验得来，然在方法论中，不需要关于此等原则之证明。此等规律在方法论中，乃居于基本设定之位置。在方法论中，乃是假定此种规律为关于变化之客观规律，至于此等规律之证成问题，则系宇宙哲学之事。

辩证法原则，就其为方法准则而言，亦有二点可说：(1)此等方法准则，乃是观察现象之指针。(2)此等方法准则，乃是成立解说之指针。

(1)观察可有二种，一涣漫的观察，二有准则的观察。辩证法乃是认为涣漫观察不足，而崇尚有准则的观察。辩证法之基本原则，便是观察之指导原则，即指示观察事物之时，何者最需注意。有准则的观察，可以发现涣漫的观察所不能发现者。然观察之指导原则无论如何深广，亦属有限际的，而涣漫的观察，有时亦可发现为所有已知之原则所不能解释之事实，故亦为不可无的。

(2)由观察而辨识现象，其次即须对于现象加以解说。有时观察所得之现象甚为复杂，欲成立一通贯的解释，殊为困难。辩证原则乃可作为解释现象之指针。由辩证法之指示，常可以由表面不相协的繁多现象中寻得其条贯。

方法准则皆由经验得来，而其正当与否之证明，在于其有效与否。如运用之而有效，即应用之可以有所得，亦即循其指引，确可以发现前所未发现者，或解释前所不能解释者，则此方法准则为正当。如其不然，则为谬妄，辩证原则之为正当的方法准则，即以其有实际的效用。

辩证法之原则，并非武断的教条，而为研究之指导；并非由启示而得，而根据于经验。

[**附记**] 此章论辩证法之要义，别为六条，与普通所讲，颇有不同。此章与下章所说，仅可谓个人之不成熟的见解而已。

恩格斯论辩证法，定为三律。列宁在所著“辩证法诸要素”一篇中共列十六条，并云：“对立之统一，可谓辩证法之核心。”本章以对立统一律为辩证法之总规律，实系本于列宁。（意大利新黑格尔派哲学家克罗契亦谓对立统一为辩证法之中心原则。）

此外，康采(Conzé)著有《思想之科学方法》一书(1935年出版)，其论辩证法规律，定为四律。四律之中，与恩格斯三律相同者仅有一条，余皆不同，然而可谓适相补足。吾所说六条，恰恰是恩氏三律加上康采四律中之另外三律。然而初非有意如此，推敲久久，终得六条。既得六条之后，再与恩氏康氏之说相参照，方见其不过如此。(康采是何许人，吾所未详，仅见其书而已。)

现代新唯物论大师斯大林于1938年所作《辩证唯物论与历史唯物论》一文中，论辩证法有四特点。此文吾于今年春季始得读到英译本(即英文本《列宁主义基础》)，则此篇写成已久。斯氏之论，简明扼要，恨未能早读之耳。

三十七年(1948年)八月十五日校后记。

[**附识**] 恩格斯论辩证方法，强调在变化及联系中观察事物，又提出辩证法的三大规律。列宁提出辩证法的要素十六条。这些是唯物辩证法的主要内容。30年代时期，我学习唯物辩证法，感到当时一些介绍辩证法的著作讲解不甚清楚，于是依据个人体会，试加条分缕析，写成此文，自审难免好奇之讥。作为一段历史陈迹，仍保存下来。1981年3月记。

事　理　论

（节　选）

实　有*

一、凡有与实有

吾常有所感，吾之所感皆可谓之“有”，亦曰“凡有”。吾之所感，有其外在所待，其外在所待，谓之“实有”。“实有”即可感而无待于感者。实有亦即有征验者。何谓有征验？凡可感而又可断其为独立存在的，谓之有征验。亦即，可由经验证明其无待于知的，谓之有征验。凡感官之所经历所验察谓之经验。凡由感官之经历验察而证明其离知独立的，谓之“实有”。

吾之所感之外在所待，虽云外在，实非与吾相隔绝；而吾之感官，当有所感觉之时，实与外在实有直接相遇。吾之感官与外在实有直接相遇，而“感相”现起。感相之一方面，与其外在所待有相应关系。如感相与其外在所待全不相应，则吾即无由从感相之比勘而推断其有外在所待。

人常有幻觉，人常有谬见。有时一人所觉以为实有者，

* 本部分选自《事理论》第一章。

自众人观之，其实非实有。凡非实之有，谓之“幻有”。

今言实有，首须规定实有之标准，即实幻区别之标准。实幻之区别，唯有一个标准，即是征验。所谓实有者，必是有征验的。如实有不以有征验的为限际，则所谓实有，将可随便设立，人人异说，而无从断定了。

实有亦曰“实在”，亦曰“实际”。实际犹言实在之界域。实际之外别无其他实在。

二、凡有之区畛

不辨实幻，统言一切有，是谓“凡有”。而凡有之中有其内在的区别，而可谓含括三类：

(1)独立的有—即离知独立之有。

(2)知觉的有—即受知觉。如吾之感相，其起灭有待于吾之感觉活动，然不失为一种有，唯不可视为离吾身而自存。如幻觉之所见，如梦境中之所经，亦皆有其知觉的有。

(3)思念的有或名言的有—即受思辨。自名之原始而言，有名必有与之相应之经验，然人可以造作逾越经验之名，如龟毛兔角，其实毫无征验，不过人尝如是思而已。

知觉的有，如视为知觉范围内之事，则在实有之中亦有其位置；然如视为离知觉而独立，则为一种幻有。思念的有，如视为关于思维之一种事，亦可谓在实有中；而如视为离思维而有其独立，则亦为一种幻有。

三、实有与存在

实幻之辨，惟在于征验。实有必是有征验之有，即可由经验而断定其独立之有。是故实有仅有二类：(一)个别感相之个别的外在所待，(二)个别感相共有之恒常的外在所待。前者谓之“事”与“物”，后者谓之“理”与“性”。

实有、凡有，亦皆可谓之存在。常识中所谓存在，乃有四项指谓：(1)与实有同指，(2)与凡有同指，(3)专指现今之实有，物之毁灭，人之死亡，常识谓之由存在变为不存在。此所谓存在，专指现今可感而无待于感者。为清晰计，此指谓之存在应称为“现存”，(4)专指个别的实有，事与物，谓之存在；而理与性则不谓之存在。

四、事[①]

凡所感皆有“现”有“逝”，其外在所待亦可谓有“起”有“过”。凡有起有过者谓之事。今有一感相现，即有一实有之事起。何谓“起”？所谓起者，可指示而不可界说。

就实有而解析之，至于无可再析，则见一切皆事。

事起而辄过，复有事起。起起不已，过过不已，事事相续。

事起则为实有。事过则由现存转为非现存，亦可谓由存在转为不存在，然而并非由实有转为非实有。已过之事，仍属实有。

五、历 程

事起起不已，谓之事之相续。事之相续，谓之“历程”，亦曰“流行”。

---

① “事”之观念乃取诸英哲怀悌海德与罗素。怀悌海德在《自然之概念》中论“事”最为明晰。在《历程与实有》中更进而讲现素(actual entities)与现起(actual occasions)，然大旨无殊。罗素在《哲学大纲》中讲“事”，甚为简明。吾取罗素的事的观念，但不同意他的中立一元论。

吾所接遇之实有，皆事事相续之历程。

孔子在川上曰："逝者如是夫，不舍昼夜。"事之流行即如川之永续的大流。

六、相

实有中之可注意者谓之"相"。此为感相之外在所待所有之相。"相"为最普泛之名称，不论其如何，凡是可注意者皆谓之相。最基本之相，有三双：一广与延，二异与同，三变与常。

凡事皆有广相，凡事皆有延相，广与延为周遍于实际者，可指示而不可界说。

事与事有异同，异同亦为最周遍者，可指示而不可界说。

事事相续为流行。事之流行中之异，谓之变；其异中之同，谓之常。凡事之流行皆有变有常。变亦曰变化，变亦曰恒常。

七、理

凡变中之常谓之理。

事与事有异，相异之事，成为多事，吾所接遇之事，不仅一事而为多事。如仅有一事，则无所谓同异，无所谓变常。有多事，然后有同异、然后有变常。理为事事相续中之恒常，亦为多事同有之共通。是故理亦曰常相，亦曰共相。

吾所接遇之事，众异纷然，种种不齐。而其异中之同，亦有种种，而非唯一。此诸事共有此常，彼诸事共有彼常。常与常不相同，是故有多理，而非仅一理。

此诸事共有此常，即此理显于此诸事；彼诸事共有彼常，即彼理显于彼诸事。此理显于此而不显于彼，彼理显于彼而不显于此。理或显或不显。不显谓之“隐”。隐止是不显之谓，非云别有所在。

方显于事之理，谓之今显之理。曾显于事而现今未显之理，谓之曾显之理。兼今显之理与曾显之理而言，谓之“凡理”。

一切曾显之理，皆在实有之中。所谓实有者，不以现存为限。一切曾起之事，虽过而仍为实有。一切曾起之事所显之理，今虽不显，而仍为实有。

然而人可设想未尝显于事之理。人所设想之未尝显于事之理，不能离人之思维而存在。

八、性

理[①]之显于事，或屡显屡隐而有间断，或虽有隐显、然恒通贯于一历程之中而无间断。凡通贯于一历程恒显无间之理，谓之性。

凡性皆是理，而理不尽是性。

有性之历程有始终，其始即其所有之性之方显；其终即其所有之性之方隐。如非指辨性之隐显，则历程无所谓始终。

于此当略说性与相之不同。性为恒常，凡非恒常则非性；相则统合恒常与不恒常而言之。虽忽然而现，忽然而逝，一现而不再，如其为可注意者，亦皆谓之相。

九、物

凡有性之历程，谓之物，亦谓之物体，亦曰物质。质与体同指。

---

① 理即怀悌海德所谓永恒物(Eternalobject)。怀悌海德将常相与物合而为一而讲之，吾则将理与物区别为二，与怀氏不同。怀氏欲完全废弃本体(Substance)观念，吾则以为本体与质体(Substantiality)，如加以适当的解释，仍为必需的观念。

物为事之所成。如未有事，则亦无所谓物。事事相续而有一性通贯于其中而无间断，则成为物。如无一性通贯于其中，则为不成物体之历程。

今日一般言语中有所谓性质。在古籍中所谓性质本指性与质，性者本性，质者实体。近代以来，性质一词已甚流行，指一物与他物相异之特征，有时亦简称为质。故今日一般言语中所谓质，乃有不同之二义：一指物之体，一指物之性。

物体为有性之历程。此所谓体，乃兼性与性所贯串之诸事而言之。

物皆有始终，物之始终即其历程之始终。

十、我

我亦在实有之中，而为实有之一成分。

我即我身与我心。我身为我之感官之总和，然我身之存在不待于感。目能见手，然手不待目之见而始存在。手可摩耳，然耳不待手之摩而始存在。诸感官未受其他感官的感之时，仍有其存在。感官相互为独立，是故身有离知而独立之实有。

心能自知，心之存在即在于其知。然心之知之存在，不复待知。纵谓心之知亦有待于知，然此即心自待于己。自待于己，即是独立。是故心为实有。

心为事事相续而有间断之历程。

身对心而言，任何感官对于其他感官而言，有其外在所待，即是身之实有。此身随时能感，随时可感。此身亦事事相续之历程，既有常性，复无间断，是故身为一物。

心居于诸感官之中央，故身实含心于内，而心在身之中。心之诸事，实为身所有之诸事之一部。由知而论，心自待于己。由物而论，心之知与不知，实有待于身之情状。身康泰而心清明；身疲殆而心茫然，心实随身之变异而变异。

我与物同在实有之中，然我有限而物无穷。事事物物，实无穷极。纵吾之目，吾之所见无穷，其存在皆不待吾之目。纵吾之耳，吾之所闻无尽，其存在皆不待吾之耳。吾可以行走游历，而随行随得新之见闻。

然就知而言，吾之心实为我所知之实有之中央。吾由感相之比勘而推断外在事物之存在及其容状，然吾心灼然自知，炯然自明，而为观照一切之中枢。

十一、关 系

于前述诸周遍之相之外，尚有一周遍之相，曰关系。关系亦为恒常之一。一事或一物所独有之恒常曰理或性，二事二物或多事多物所合有之恒常曰关系。凡言关系必涉及二事物或更多事物。

关系为最根本者之一，可指示而不可界说。如尝试为关系立界说，在界说之中不免于含括关系。如今谓二事二物或多事多物所合有之恒常曰关系，所谓合者实即一种关系。

前说周遍诸相中之异同，即一种关系。事与事有异有同，即其相互之间有关系。事事相续为历程，相续亦是一种关系。

十二、道

恒常之中，有究竟者，有未究竟者。何谓究竟？究竟犹言穷极。学问之道，以诘问为始，以解析为功，以会综为终。诘问不已，至于无可再诘；解析不已，至于无可再析；会综不已，至于无可再综；其终极所得，谓之究竟。

凡有显有隐之恒常，谓之未究竟之恒常。唯显无隐之恒常，谓之究竟恒常。

究竟恒常，恒显而无隐，即一切变化中之恒常，永显于一切事一切物之中，可谓之永显的恒常。

未究竟的恒常，在此不在彼，在彼不在此。永显的恒常，无所不在，至极周遍。

永显的恒常，谓之道，亦曰至理。道无所不在，为一切事物所共有之恒常。

凡常为变中所有之常，凡变为常所通贯之变。变函常，常亦函变。然而有别：常对于变之关系，可谓之曰统涵，亦曰统贯。变对于常之关系，可谓之曰具涵，亦曰具有。恒常统涵其变化，变化具涵其恒常。

道统贯一切事物，一切事物皆具涵道。

道为永显之恒常，故为最究竟之理，而未尝离于事。道统涵一切事与理。

十三、有待与无待[①]

事有起过，物有始终。然物非忽然而始，非忽然而终。其始有其所待，即待于他物；其终有其所待，即待于他事。凡事物皆有所待，可称之曰“有待”，亦曰“相对”。

---

① 佛家及其他唯心论者，专以无待为实在，而以有待为虚幻，遮拨一切现象，其实不免于偏执。今所谓实有，专指离心独立而言，如电露泡影，随起随过，然非心之所造，故不失其为实有。

永显之恒常，无起无过，无始无终，为无所待，可称之曰“无待”，亦曰“绝对”。

道即是此无待，至理即此绝对，而为实有中之最究竟者。

统一切有待，亦可谓之“现象”。

无待，古代哲学谓之“本体”。

是故实有有二：一有待之实有，一无待之实有。有待之事物，虽相对而亦离心独立，故与无待同为实在。现象与所谓本体有别，而皆是实有。

十四、体 用

古代哲学中有所谓体用，其所涵之指谓，实纷繁不一，而当一一厘别之。体用之指可析为四。

(一)质能。即质体与功能。质即可见可触之实在。物常有变化，由其变化而引起他物之变化。一物所可有之变化及其所可引起之变化，谓之能。唐崔憬云：“凡天地万物，皆有形质，就形质之中，有体有用。体者即形质也。用者即形质上之妙用也。假令天地圆盖方轸为体，以万物资始资生为用。动物之形躯为体，以灵识为用。植物以枝干为体，以生性为用。”(《周易探玄》)此释体用，最为明晰。此为体用之原始指谓。

(二)常变。事事相续，有变有常。其变即是事，其常谓之理。至极之恒常，谓之体；众多之变化，谓之用。

(三)本末。即本原与流行。事物之原始为体，原始之流衍为用。

(四)实幻。即实在与幻象。体用之别一指谓，指实幻之对待。唯绝对为实在，唯实在为本体，而一切现象，彼此相待，虚幻无实，为用。

中国哲人言体，多重(二)、(三)指谓；佛家及西方唯心论者谈体，专重(四)谊。唯物论者讲体，则取(一)谊。(一)、(二)、(三)诸谊，各有所当；(四)谊实无可取。

十五、无

事有起过，物有始终。事之既过，物之既终，可谓由存在转为不存在，亦可谓由有转为无。然而所谓存在或有者，乃谓现存或现有，而所谓不存或无者，乃谓“现不存”或“现无”。

“现无”非事，“现无”非理，更非物，而可谓一种关系。无某事，实即无具有某相之事；无某物，实即无具有某性之物。谓现今无某物，实乃指示现今存在者与曾经存在者之异同关系。普通所谓无，皆相对的无，亦可谓特殊的无，现有此物为有，现无此物为无。所谓无者，乃无此或无彼之无。

在思想中，可由相对之无达到绝对之无。无此无彼为相对之无。如无一切事、无一切物、亦无一切其他、即一无所有，则为绝对的无，亦可曰纯无或至无。

此所谓纯无或至无，有其名言的存在，固无问题，然于名言的存在之外，尚有其他存在否？设无人立纯无之名，无人作纯无之念，尚有所谓纯无否？亦即，此所谓一无所有之至无，究为实有否？

如谓有此一无所有之无，实为自违。如有此一无所有之无，则仍是有所有，而非一无所有。是故，有此纯无，即不得为纯无，而纯无实不可谓有之。故纯无为思维之虚构。

物皆有其始终，在一物之始之前为无此物，在一物之始之后为有此物；在一物之终之后复为无此物。如是，一物可云由无而有，复由有而无。而可谓无此物在有此物之先。然此实不过沓词而已，并无深微之谊。道家由此而认为无为一切之究竟，其实不然。

十六、真[①]

一般言语之中，与“实”指谓相近者，有所谓“真”。在过去哲学中亦常有“真”“实”联用为一词者，今当略析所谓真之指谓。

真可云有三谊。

（一）真知之真，为知识的品值（价值）之名称。知识与实有相应者为真，与实有不相应者为妄。亦可谓，曾经证实的知识为真，而被否证的知识为妄。此所谓真，以知识为适用范围。

（二）真物之真。普通言语中不仅言真知，更常言真物。如谓此为真物，彼为伪物，自然之花草为真花草，人制之花草为假花草。又有所谓真迹真古物伪迹伪古物之类。此所谓真，乃谓名实相符。真物即名副其实之物，真古物即名副其实之古物。此所谓真，虽为用以指称事物的，然实后于名言之发生，有名言之后乃有此所谓真。

普通又有所谓真理。真理犹言真的理，真的理即谓名副其实之理。真理之真与真物之真，指谓无殊。

（三）与实同指之真。一般言语中所谓真，有时即指实而言，与所谓实，可互相更易。

由以上之解析，可见“真”之指谓、除与“实”同指者外，实不及

---

① 近来冯芝生先生在《新理学》中分真与实为二。可谓彻底的理性主义的说法。冯先生书，条理清晰，斐然成一家之言。本书观点，则与冯先生不同。本书之思想与冯先生思想之不同，颇近于王船山天下唯器论、李恕谷理在事中论与程朱学派理在事先论之不同。王船山李恕谷之学说可谓一种唯物论。唯物论亦承认理之重要，不过以为理不在事物之外而已。吾之态度，可谓不舍事物而谈理道，不离现象而诠实在。近国内唯心论者乃以冯先生舍心谈理为病，其与吾说，益如冰炭之相异矣。

“实”之指谓之为基本。今唯以实为基本观念，而不以真为基本观念。

十七、大一与天

统合一切事一切物，即统合一切实有，谓之大一。惠子云：“至大无外，谓之大一。”大一即总赅一切之名称。

大一亦谓之全。

一物亦有其全，即一物之全体。然大一之全与一物之全，此两者所谓全，指谓实不同。

一物之全指一物与他物交界之边缘以内及其始终之间。而大一之全，则无边缘无始卒。

大一之全，实乃总和之谓，即一切事理之总和。

大一之全，更是尚未定成的，且永无完成之期。故大一之全可谓永远不全之全。

大一之全，乃至全之全，而亦是不全之全。

此至大无外之大一，亦谓之曰天。

自来哲学中所谓天者，指谓甚多。或以天指昭昭在上而与地相对者，即老子所谓天，亦即一般言语中之所谓天。或以天指主宰百物之上帝，即墨子所谓天。或以天指众神，即汉译佛书所谓天，泛指诸神。或以天指至高无上之理，即程朱所谓天。或以天为总括一切之名，不与地为对待而含地于内，不指谓理而含理于中，更不指上帝或百神。天之此谊，可谓始于庄子；而张横渠所谓天，亦与此谊相近。今专取天之此谊。

天即是至大无外之大一，即无所不包之绝对的全。

十八、究竟与最究竟

实有之究竟有四：即事、理、道、天。

实有之一切皆是事，而事中有理。

天为事之全而涵理于中，道为理之极而贯一切事。天与道皆可谓统乎事理。而道实在天之中。事虽为20世纪西洋哲学中之新观念，然在中国言语中，久已以事物或事理并称。今此关于事之学说，亦可谓取常识中事之观念加以新的诠说。理之观念，为中国哲学之特有观念，而含括西方思想中形式、共相、规律、理性诸谊。至于道、尤为中国历来哲学之最高范畴，兹予以新的较明晰之解释。

事理对举，自汉代既已有之。《汉书·司马迁传》赞谓"刘向扬雄皆称迁有良史之才，服其善序事理。"隋唐佛教中华严宗以讲事理著显，然其所谓事乃现象之谓；其所谓理乃本体之谓。此书所谓事理，实与华严宗所说不侔。

柏拉图理性主义，以为理超乎事之外，而唯心论者如中国之陆王与西洋之康德、黑格尔等，讲心即理，以为无心外之理。此书宗旨，则以为理在心外而在事中；心固有理，然而有心外之理；事实有理，然理不在象外。事事相续而有通贯之理者为物。事、理、物俱为实有。

关于事理与理心之关系，下列诸章当更有所析论。

事物与空时*

一、事与物

物由事成、事事相续，具有通贯之恒常而有始终者，是为一物。

凡事凡物，皆具有永显之理，而物于永显之理以外更有虽非永显而通贯于一历程之理，即一物之性。然性在事中。

如一物中为abcde诸事所成。如e为其现在之事，自物言之，固可谓甲物有e事，然究竟言之，实乃e事形成甲物之现今的存在。如无e事，即是甲物以d事为终结而成为过去。

物之存在，即其历程，即其事事相续之历程，舍事则无物可言。

二、事素、事象、事实

事有微巨之别。凡有起有过者谓之事，而其广延之相

* 本部分选自《事理论》第二章。

不相同：其广或大或小，其延或久或暂。小而暂之事，谓之谓微事；大而久之事，谓之巨事。巨事可解析为众微事，而可谓由微事合成。

最微之事，即不由他事合成者，亦即不能再解析为更微之事者，是谓事素，事素亦曰现素。

物由事成，然物与物可有交涉。何谓交涉？如一物体历程中之一事，与另一物体历程中之一事，共成为一更巨之事，而同为此更巨之事之部分，谓之两物之交涉。物之交涉亦为事。如其交涉相续不已，则其交涉之历程谓之事象。事象即含物之事。物由事成，而物亦可构成事。物所成之事，为事象。

统事素与事象而言，谓之凡事。事素可成物，而二物或多物所成之事为事象。

已起之事与正起之事，谓之事实。自事之本指言之，凡事皆是事实。但在一般言语中，所谓事者，更有一广泛的指谓，即未来之事亦谓之事。然未来之事，尚未成为实有。对于未来之事而言，已往与视今之事，谓之事实。

三、物体之层次

物体有二：一单体，二兼体。单体即内中不含物体之物体，兼体即内中含有物体之物体，即由较小之物体构成之物体。物体中含物体，可有多层，皆为兼体。兼体有简与赜之不同。

一物体之所含之物体，谓之此物体之分素。分素复可含有分素，分素含分素，有若干层次。基本的分素，可谓之元素。

普通所谓物质者，有二指谓：一指日常所见所接之物，如金石草木等。二指日常所见所接之物所由以成之元素。元素亦有其层次，而有原质、分子、原子、电子等之诸级。原质、分子、原子，实皆兼体。电子为单体与否，亦尚不可断定；然必有单体，此则为不可疑。所以谓必有单体者，物体之层次为由简而赜之层次，其赜或可赜而又赜，以至于无穷(事实上亦系有穷)，其简有其极限，而不可以简而又简，以至于无穷。然单体亦未必不可分析，但分析之余，则不复得物体。

单体即最微之物，可谓之最微质。最微质，系由事素而成，其事素起起不已，而有最简之通贯之恒常。

最微质，由最微事而成，而有最简之性。

兼体各有其性。兼体所含之分素各有其性，而兼体之性，不即是其诸分素之性之总合，而是兼体之总全所有之独特的性。所谓独特者，即兼体之性不能完全分析为其分素之性。

四、气

指最微质之每一个而言，谓之最微质；指众多最微质或一切最微质之总和而言，即中国古代哲学中所谓气。中国哲学中所谓气，即指无数之单体。所谓气聚为物、物散为气，即是单体结聚为兼体，兼体分解为单体。

在先秦及汉宋典籍中，气与质有别。可见而无定形者为气；可见而有固定之形者为质。其实所谓可见而无定形云者，实乃未作精细观察之笼统断语。所谓气者，实乃指众多或无数之最微质之集群而言。

五、机　构

凡兼体皆是一机构。

何谓机构？由多成一谓之构。其多之间彼此相应共变之关系，谓之机。所谓相应共变者，即如彼有变，则此随而有变。设如多之成

一、而众分之间无彼此相应共变之关系、则将不成其为一体。是故凡兼体皆是机构。

兼体由分素而合成。分素与分素之间必有关系；而兼体之所以成体，实有待于此诸分素之间之关系。此关系乃所以结合众分素以为一体者。此关系亦为兼体之一部分，然其为部分与分素之为部分不同。此关系对分素而言，可谓之“关素”。

机构亦有其层次。有不以其他机构为分素者，有以其他机构为分素者。而最大之区别，在于无生机构与有生机构之区别。有生机构所含之机谓之生机；无生机构所含之机可谓之质机。

六、物物之相关

一物之体内之诸分素有关系，而一物与他物亦有关系。

一物之始，有待于他物，即对他物有直接先后关系。一物已存在之后，更与他物有交互之关系。

一物与其先在及邻近之物有关系，而其先在及邻近之物，复各有其先在邻近之物，如是层层无穷，而一切物皆互有关系。然而其关系有切近与疏远之不同。

一物与他物有关系，不害各物之各为一物、各成一体。如各物皆无其体，而浑然无别，则亦无所谓互有关系。以其各有其质体，乃可言互有关系。

物各有其体，谓之互离，物各有关系，可谓之相即。物与物互离而相即。离而不害其即，即而不失其离。如非相离，则亦无所谓相即。

一物以外之诸物，对此物而言，谓之此物之环境。凡物皆在环境中，而与其环境中之诸物有关系。物与物交互为外，此物为彼物之环境中之物，而彼物亦为此物之环境中之物。一物之环境如有变，此物亦常有相应之变；而此物如有变，其环境中之诸物，亦常有相应之变。

七、功　能

物有其功能。分而言之，功与能有别；统而言之，合称功能。

何谓功？凡一物之变化及其所引起之他物变化，谓之此物之功。物与物各有变化，而其变化常相关。此物有变化，他物亦常随之而变，即是此物之变化所引起之变化。

何谓能？总一物所有之功，谓之此物之能。如一物于一时有“甲一”变，引起他物之“甲二”变，又一时有“乙一”变，引起他物之“乙二”变，又一时有“丙一”变，引起他物之“丙二”变。总三时而言，有甲一乙一丙一等变而引起甲二乙二丙二等变，谓之此物之能。

功能包含物与物之间之相随共变之关系。其相随共变，有施受两方之别。此引起彼之变化，非即彼引起此之变化。先变者谓之施，后变者谓之受。凡有所施者，谓之有功能。所引起之变化，包括生成毁灭及性相改易。一物能生成另一物，能毁灭另一物，能引起他物之性相之变更，俱谓之此物之功能。

八、事物之位置

众事众物，俱为实有。实有不仅一事一物而已，而包括极多之事、极多之物。众事众物，于实有之中，各有其所在。其所在谓之位置。

事为随起随过者，故其位置一而不易。物皆是事事相续之历程，故物所有之位置，不仅是一个位置，而各有一串位置。

位置有绝对位置与相对位置之分，一般言位置，皆系相对位置。如言此物在彼物之左、彼物在此物之右，或相对于第三物而说，此与彼一左一右。如不设定一物为标准，则无左右可说。所设定之标准，谓之位标、或参稽。凡相对于位标或参稽而言之位置，谓之相对位置。

然事物不仅有相对位置而已，更有绝对位置，绝对位置即不相对于任何事物之位置，即一事一物自有之位置。绝对位置实为相对位置之所待。如事物本无其自有之位置，则相对于他事他物、亦无从得其相对位置。凡事凡物必于实有之中有其绝对位置，然后有其相对于他事他物之相对位置。

相对位置，即是相对于其他位置之位置，故实以绝对位置为所待。

然而绝对位置却是不可说者，不可指称者。凡可说之位置，皆系相对位置。

九、天秩与天序

事物莫不有其位置，众位置共成为秩序。合而言之，谓之秩序；分而言之，秩与序不同。宋张子云："生有先后，所以为天序；小大高下，相并而相形焉，是谓天秩。天之生物也有序，物之既形也有秩。"（《正蒙》）事物之位置，有先有后，有小有大，有高有下。自其先后言之，谓之天序；自其大小高下言之，谓之天秩。

小大可析为二，即长短与宽狭。长而宽者谓之大；短而狭者谓之小。

十、空间与时间

指众事物之众位置之相互关系而言，谓之秩序。如舍事物不论，而仅思议其位置，则天秩所有之一切位置之总和，谓之空间。天序所有一切位置之总和，谓之时间。

如上章所说，广与延为事之二根本相。广与延实为空时之本原。合一切事之一切广相，即是空间。合一切事之一切延相，即是时间。

由于事与物之延相，而事与事有先后与久暂之关系。由于事与物之广相，而物与物有长短宽狭厚薄、前后左右高下之关系。先后久暂谓之时间关系。长短宽狭厚薄、前后左右高下，谓之空间关系。

西方传统几何学为空间之学，而以点线面为空间之构成分素。所谓点者，无广而非无，乃无广之有；所谓线者，无宽而有长，乃无宽之长；所谓面者，无厚而有宽长，乃无厚的宽长之量。点虽无广，而可积而为线；线虽无宽，而可积而为面；面虽无厚，而可积而为体。

在实际经验中，实无从得无广之点、无宽之线、无厚之面。今以事物之位置论空时，最微之事，亦系有广与延者。故最微之事之位置，虽最微，亦不至于无广。既非无广，故非传统几何学之点。空时实非由传统几何所谓点者构成。

传统几何学所谓点线面者，实为思想的虚构，而仅有思想中的存在，可谓人类思想内容之部分，而非实有之成分。然而其所谓点线面者，应用于测量，则颇为有用。所谓点线面者，可谓人类为测量上之实用而发明之度量标准。如至方至圆至直等，在经验上亦可谓无有，然而作为应付事物之工具，则亦为有用。

空间之实际的最后成分，可谓为最微之广，即最微事所有之广。此最微之广可谓之实点。时间之实际的最后成分，可谓最微之延，即最微之事所有之延。此最微之延，可谓之实瞬。

然吾人实际生活所经验之空间，乃浑然之广；所经验之时间乃浑然之延。不过，此浑然之广、浑然之延，可加以解析分割而已。

十一、空时一体

众事物之众位置，共成秩序。自其秩之方面而言，则为空间。自其序之方面言，则为时间。然一事仅有一位置，而非在空间有一位置，在时间另有一位置；而乃是一位置，其与其他事之位置，既有空间关系、亦有时间关系。空间与时间所由构成之位置，实乃同一群之位置。

空间即是有时间之空间，时间即是有空间之时间，空与时实唯一间，可称为空时统间。

就实际言之，一切位置之总和，乃一整个空时统间。而位置有四次第：一长的次第，二宽的次第，三高的次第，四久的次第。前三次第合为空间，后一次第为时间。故空间时间共为四度。然称前三度为空、末一度为时者，亦非无理由。四度之中，实三度相类而一度独异，亦未可径认四度齐一。是故空时有别而统一，统一而仍有别。谓时间为空时统间之第四度则可，如谓空间之第四度则未可。

十二、宇　宙[①]

空不离时，时不离空。然尚不仅此，不相离之空时，更与事物不

① 哲学书中，偶有“可能的宇宙”“另一宇宙”“任何宇宙”等名称。如所谓宇宙指大宇宙，此等名词实不可说。如说此等词，其所谓宇宙，必是实测宇宙，而另有一至大无外之大一。对于此至大无外之大一，不能加以可能、另一、任何等词。

相离。空时即是事物之空时，事物即是在空时之事物。如无空时，不能有事物；如无事物，则亦无空时可说。

今可谓事物为居于空时者，而空时为事物之所居。然此实为思维中之区别。实际中，事物未尝无空时，空时未尝离事物。实际所有者，唯是一事物空时之一体。

总所有之事物及其空时而言，谓之宇宙。宇本指全空间，宙本指全时间。宇宙本为全空时之名称。但中国哲人所说宇宙，常不仅指全空时，而乃兼指全空时与其所容之一切事物。宇宙实即是至大无外之大一，亦即是天。

然宇宙一词，有时亦指有限之星辰世界，即天文学中所谓宇宙。可谓宇宙一词乃有二指谓。一可谓之大宇宙，即大一之别名。二可谓之实测宇宙，即天文学所观测之宇宙。

无论大宇宙与实测宇宙，又各含二指。一、实有宇宙，即过去与现在之所有事物及其空时之总称。二、无穷宇宙，即更兼指将来之事物及其空时而言。宇指全空，宙指全时，可以指实有之空时之全，亦可以指实有与将有之空时之全。

事事继续不已，时间继续不已，随时间之继续，而空间亦继续不已，实有宇宙，永久继续而无已。

延续与变化*

一、过去、现在、未来

凡历程皆事事相续而成。事起起不已，过过不已，方起方过，方过方起。是谓事事之延续。

前事后事之判别，在于异相之出现。一事有一相，此相忽然消逝，而别一相异之相显出。有此别一相者，谓之别事。如此即前一事过、后一事起。

由事事之延续乃有过去、现在、未来之区分。凡事当其起之时，为现在之事；及其既过，为过去之事。尚未起之事，为未来之事。未来亦曰将来。

过去现在未来，有先后之关系。过去先于现在，未来后于现在。过去现在未来，乃不可逆转者。即其先后关系，乃非对称的关系。凡过去皆现在所转成，而不可复转为现在；凡现在皆未来所变成，而不可复转为未来。

何谓现在？所谓现在，即无在其后者，或无以之为先

* 本部分选自《事理论》第三章。

者。实际新有所增，即又有来者，则现在化为过去。过去即由现有转为曾有，然而仍在实有之中。一切过去之事物，皆仍为实有，特非现存而已。

未来即是未存在，即尚无有，实尚未在实有之中。

凡事既起，则永为实有。但其现存之时间则甚短。过此时则非现存，乃由现存转为非现存，而非由实有转为非实有。以现存言，凡事可谓一见即过；以实有言，凡事可谓一起永有。

由现在到将来，或将来之转为现在，为最平常之事，然实为最奇妙之事。

现在为现有，将来为现所未有；由现在到将来，即现所未有者之成为现有。将来为未来，将来又为必来。

宇宙便是永久无息的、由现在到将来、或未来转为现在之历程。

二、永　延

由不存转而为存，谓之生；亦可谓之出，或来，或起，或发生，或出现。《易传》曰："生生之谓易。"所谓生，亦未来转为现在。

宇宙生生不已，永有出现，更无断时。

永有未发生者发生，永有来者。事事起起不已，过过不已，续续不已。

此可谓之永延，亦曰永续。

《论语》云："子在川上曰：逝者如是夫，不舍昼夜。"宇宙实为如川之大流。就水之往者而言，可谓之逝；就水之来者而言，则亦可谓之来。吾人亦可云：来者如是夫，不舍昼夜。兼来与逝，谓之延续。延续无间断，无止息，是谓永延。

吾人所在之宇宙，即事事永延之宇宙。

实有之流，仅当时为现在。而前一事与后一事并无间断之痕迹。前后所显之相有异，而终始无毫发之间，而实为永恒的延续之流。

三、究竟之生生

唯此生生，即是永显之恒常，即是究竟周遍之恒常。

前谓实有之最永恒者为道，为至理。此道之内容之一，即是生生。

生生是变化，亦是最周遍之恒常。

宇宙全体之所有，任何一事之起，任何一物之成，莫非生生。

《易传》曰："天地之大德曰生。"又曰："日新之谓盛德，生生之谓易。"此数语者，深切著明，至矣尽矣。

四、变　化

由现在到未来之一事，实乃包含三事：

一、未来之转为现在，

二、现在之化为过去，

三、先后之相续。

此三者皆可谓之变化。

一事由未来变为现在，即由不存在成为存在。此可谓之曰生、或来。

一事由现在变为过去，即由现存转为曾存。此可谓之曰过、或逝。

不同之事之继续出现，此可专称之曰变化。

所谓过去现在之判分，在于先后相异。如一事所有之相，恒久不改，则永为现在。然其环境可有改变，以其改变之环境为标准而言，不变之物，亦可分过去与现在。

一般所谓变化，可谓有泛谊与专谊之别。泛谊兼指上述三者而言。专谊之变化，则指第三项。

第一项生与来，实为最根本者，如无此则无第二项、第三项之可说。

凡物为多事相续之历程。一物之将来，即是一物之现在之继续。此继续之中，前后相异。然一物之继续之历程中，必有一性通贯前后而不变，否则不成其为一物之继续。

物之继续中，有小异继续，即此物之小变；有大异继续，即此物之大变。如一物所有之通贯之性忽然消失，则此物毁亡。

事有起有过，物有成有毁。实有为变化不已之历程。

五、动

物之最简单的变为动，亦曰移动，亦曰运动。

凡一物对于另一物，以时间之不同而改易其空间关系，谓之动。动即一物改变其对于另一物之空间关系。两物之间之空间关系，有相远相近、在左在右、在前在后、居高居下等。此等关系，在一时间之内，可以不改变，则为相对不动。两物之间之空间关系，如有改变，即是相对运动。

六、物之多类

物各有其性，其彼此之性或相同或相异。由其性之同异，而物可区别汇归为多类。凡有相同之性之物，谓之一类。一类之物，彼此之性相同，而与异类相异。

一物之性即其事事相续之历程中之通贯无间之恒常，而亦即是一类物所共有而异于他类之共相。

实际之中，众类纷然，不可数计。物所有之性，蕃多不可数计；物所成之类，亦蕃多难于数计。物有甚多之类，彼此不同，相异交辉。就此事实而言，实际可谓为富有。《易传》云："富有之谓大业。"至大无外之大一，所包含者亦至富。

物有始有终，有成有毁。类亦有始有终，有生有灭。本来未有之类，忽然而有，谓之此类之始生。本有之类忽然断绝，为此类之终灭。

类有生灭，实有为众多物类生生灭灭之大流。类之生灭，是实有变化之大端。

就一时言，一物之性为其事事相续之历程中之通贯无间者，然而在永延之大流中，一类所属之个体所有之性，可有增减，有改易。本属某类之物，有时失其若干之性，改易若干之性。

在永延之大流中，有事之起过，有物之成毁，有类之生灭。方过方起、方毁方成、方灭方生，永延之流，永无穷竭。

七、物之等级

物与物更有等级之别。等级即是基本类别。有基本区别之大类，谓之相异等级。

荀子云："水火有气而无生，草木有生而无知，禽兽有知而无义，人有气有生有知亦且有义，故最为天下贵也。力不若牛，起不若马，而牛马为用，何也？曰人能群，彼不能群也。人何以能群？曰分。分何以能行？曰义。"此实为最早的事物等级论。分物为四等级。

近今突创进化论者如摩根等，多讲三级，即物质、生命、心识。

揆荀子之意，似谓心当别为二级、一知、二义。知为知觉，义包括道德、社会组织与文化三端。人有其道德、有其社会、有其文化，此皆人之所以异于禽兽者，故可谓另成一级。四级实皆是物。第一级为物质，第二级为有生之物质，第三级为有知之有生物质，第四级为有义与知之有生物质。生、知、义皆是性，皆是因特别机构而有之性。

物之等级，不仅称之曰类，而称之为等级者，其指有二：(一)等级可谓有上下之别。上级有下级所有之性，而下级则无上级所有之性。上级之性乃于下级之性以外增益之性。故下级为较简单，上级为较丰富。(二)上级之性，虽可谓以下级之性为底基，然实不能解析为下级之性，而不能由下级之性推绎而得之。每一级之性皆是一特异的根本性征。

八、新

现有而前所未有者，谓之新。过去即已往者，谓之旧。

一般所谓新，乃有四指。

(一)事之新。凡事起而随过。有相异之相出现，即为另一事。后一事起，前一事过。对于前一事而言，后一事可谓之新事。此所谓新，不论其相异之多少。后事所有之诸相，可与前事大异，可与前事小异。既有小异，即为方起之事，即为新事。此所谓新，可谓之今起之新。凡现在者为新，凡过去者为旧。

(二)物之新。凡物有成有毁，甫成之物不论其性相与已有之物之性相异同如何，俱可谓之新物。如一新生之草木，虽与甚多已有之草木相同，而亦可谓之为新草木。如一新生之小儿，虽非异于常儿，亦可谓之新儿。如一对新婚之夫妇，谓之新夫妇。自其为人而言之，则俱久已生存；自结婚之事而言之，则久久已有所谓结婚之事。然此二人乃新成立夫妇之关系，故可谓之新夫妇。(此段文句中所谓新生新成立之新，皆是事之新。)

(三)类之新。众物可别为多类，属于一类之物，谓之此类之一员，亦可谓此类之一例。物之新为一旧有之类之新员或新例，其所属之类则非新。然而宇宙常有前所未有之类出现，可谓之新类。新类有二：一新物类、二新事类。所谓新事类之事概指事象，即由物之交涉而成之事。

类可有大小之别，其间可判为若干层次。大约言之，小类之新较为易有，如植物常有变种出现，即小类之新。

自宇宙历程言之，凡物之类，皆尝为新类。世界当有未有人类之时，及人类出现，即为一新物类。其他物类之新俱然。

新类亦即具有前所未有之通贯恒常之物。故类之新亦即性之新。所谓新性者，即前所未有而今忽有之性，亦即以前并无表显此性之事物，而今忽有表显此性之事物。此事物可谓之自成新类。

(四)等级之新。物之基本类别，谓之等级。前所未有之等级，今突然有之，谓之新等级。等级之新，可谓之根本性之新。

约而言之，新大别为二：一个别之新，二类型之新。事之新与物之新皆个别之新。类之新与等级之新，皆类型之新。

自个别之新而言，宇宙日日新、时时新、无日不新、无时不新。

自类型之新言之，宇宙非日日新，更非时时新。亦常有新类出现、而非时时有新类出现。

理性主义者认为宇宙无新性新理可说，即性与理无所谓新旧。一切性与理，自古已然，于今不改。兹所谓类型之新，即前未有表显此性此理之事物而今有之，则可谓此性为新性，此理为新理。理性主义者认为一切性一切理不依有表显之者与否而有无，虽无表显某理之事物，而此理不失其为有，今忽有表显此理之事物，此理非由此而方有。今则认为凡理之有无，以表显此理之事物之有无为断，如自来未有表显某一理之事物，则此理即不得认为有。关于此点，后文更有详论。

九、创　造

新类与新级由未有而为有，谓之创造，亦曰创辟，亦曰开辟。创造即前所未有者之出现。宇宙历程之中常有新类发生、新级成立，故宇宙为创造的历程。

创造亦即(一)一化为多，(二)多合为一。

一化为多，可谓之别化或殊化。设原有一类浑然不异之元素、彼此之间有空隙，故为多个。然其数虽多，而彼此之性相无异、自其全体言之，亦可谓之为一。此类元素分别结合，则成较复杂之物体。何谓结合？彼此相随不舍而成一体，谓之结合。结合有其方式，诸元素在结合之中彼此之间有固定的相对位置，谓之方式。其结合取不同之方式，便形成不同之物体，而为多类。原本齐一，以其结合方式不同，而众多新类遂即生成。此亦可谓破浑沌而成文彩。

多之合为一，可谓之兼化或统化。原本浑然无异之元素，结合而成众多相异之物体，此等相异之物体彼此更相结合，遂成为新类型之物。此即合众异以为一体，而表显前所未有之新理。

一切新类与新级之创造，皆由于众元素之新结合。结合所成，复相结合，层层不已，即新类或新级层层出现。

自然中最常见之创造，为新种之生成。设已有一类物，复可分为甲乙丙丁戊己诸种。诸种各相异而同属于此类。今后生成一庚种，与乙丙丁戊己皆相异，而同属一类。此即一类中之一新种之生成。动物或植物之新种，乃比较常有之事。

新类之创造，较之新种之生成，为不常见。新级之创造，尤为罕事。然自长久言之，自然历程实乃不断的创造历程。

凡新类与新级之成立，皆系突变。每一新变或新级之成立，可谓自然中之一突进。

凡一新级之成立，亦即一新理之始显。此新等级之物所具之理，与已有等级之物所具之理，可谓不同其等级。所谓不同其等级者，即上级之理不可解析为下级之理。

十、进步与发展

变化有进步的变化，有非进步的变化。进步包括三端：

(一)出新。凡历程皆事事相续而表显性相。如有通贯无间之性，则为物体历程；如无通贯无间之性，则为泛历程。在历程之中，可有新性相出现，即有前所未有之性相出现，谓之出新。此所谓前所未有，乃就此历程而言前未表显，而不必是此历程外之其他历程之所未有。

(二)更代。新性相之出现，必有一部旧有之性相为新性相所代替而消失。

(三)积累。如止于出新代旧而已，尚不足为进步，旧有之性相，必非完全消失，而有所保留。旧有性相之一部，与新性相并存而相容。亦即在过去尝为新者，仍能与今日之新并存而不灭。于是历程之所函，乃日益增多，日益丰富。是谓积累。

《易传》云："日新之谓盛德，富有之谓大业。"由日新而富有，是谓进步。

进步亦曰发展。中文发展二字及西文发展一词，皆有本来潜藏的内容渐渐显出之谊，层层出新代旧，而所出之新实乃本来固有，如此者谓之发展。然后来所出之新是否乃本来固有，实属难征。今言发展，与进步同指，不重所谓本来固有之谊。

发展指历程而言，如一变化历程，前后可析为多段，每段有其性相。如后来之段，包容先有之段之性相之一部，而先有之段未有后来之段之新性相，即后段有先段所未有之性相而更有先段所已有之性相，亦即先段之性相简而少后段之性相丰而多。是谓发展。

十一、大 化

宇宙由事物而合成。一切事皆过而不留，一切物皆变而不居。事事更代而无已，物物流转而不穷。昨尝为新者，自今日视之，则已为旧。今日为新者，俟明日观之，亦将为故。事事之相值，物物之相遇，皆所谓交一臂而失之，及其再逢，则事非前事，物异前物。凡事皆有过有起，凡物皆有始有终。总一切之事事之过起，统一切之物物之始终，则为一无始无终永过永起之运转变易之大流，谓之大化。大化即是统括一切变化之无外的变化历程。

变为最平凡者，而亦为最奇妙者。宇宙之间，唯变为最平凡，亦唯变为最奇妙。变可谓有三方面：一变之事实，二变之规律，三变之本原。

(一)变之事实即具象之变。此实为经验之事实。不唯吾人之外的经验昭示吾人以变化，吾人之内省经验亦昭示吾人以变化。事事相续而先后相异，是即最显著之变化。

(二)变之规律。然变中亦有不变者。事事物物相续相代之流中，既有变，亦有常。唯其有常，故变乃益著；唯其有变，故常乃更显。如无常则将唯事而无物之可言。然实际有常，此亦经验之所昭示。变中有常，变有其常。变之常即是变之规律。

（三）变之本原。变何自而来、何从而有？其将自本自根而无所从出，抑或有其所待耶？自一方面言之，变可云有其所待，是谓变之本原。凡此变之本原之所在，即变之所在。然此变之本原非超于变的，实亦是变，乃一类最根本的变化。自此方面言之，变可谓自本自根。荀子云："阴阳接而变化起。"《易传云》云："刚柔相推而生变化。"张子云："两故化。"先哲故多以对待相推为变化之本原。对待相推，乃最根本的变化，而为其他变化之所本。

理与性*

一、常

一切实有皆在变化之中，然而变中有常，常即变中之不变。变即是事与事先后相异，常即是其异中之同。事逝逝不已，而亦现现不已，今事非昔事，后事非前事。然而今事与昔事、后事与前事之间，亦有其共同之点，即在事事变化相续之流中有重复而屡现者，是谓常，亦曰恒，亦可谓之恒常。

中国古代哲人中，最重常者为老子。老子云："知常曰明。"老子关于常之名词颇多，有所谓习常，有所谓楷式。习即重复之谊，习常即屡现而不仅一现者。楷式即范式之谊。

二、理

常亦曰理。理字之古谊原指玉之条理，引申而为一切

---

* 本部分选自《事理论》第五章。

器物之形式之谊，引申而为变化所遵循之规律之谊，更引申而为变化之所以然之谊，此外复有当然之标准之谊。中国哲学中之理之观念，意谊颇繁，然而大要不出此四谊，即一形式、二规律、三所以、四当然。第四谊属于人生论方面，前三谊则属宇宙论方面。兹对于前三谊略加诠释。

一、理为形式。理作形式解者，如《韩子·解老篇》云："理者成物之文也。"又云："凡理者方圆长短粗靡坚脆之分也。"又云："长短大小方圆坚脆轻重黑白之谓理。"方圆长短等即今所谓形式，文亦即形式之谓。

二、理为规律。理作规律解者，如戴东原云："分之各有其不易之则，名曰理。"理即变化中不变之规律。规律一词原于孟子。孟子云："离娄之明、公输子之巧，不以规矩，不能成方圆。师旷之聪，不以六律，不能正五音。"规律即规矩六律。事物变化纷然杂出，然有其不能逾越之范围、是即规律，此是理之主要意谊。

三、理为所以。理作所以然解者，如王辅嗣云："物无妄然，必由其理。"又朱晦庵云："穷理者欲知事物之所以然与其所当然者而已。"

理虽有此三谊，然此三谊实一以贯之。要而言之，理实即常之别名。形式、规律、所以，实皆恒常。何谓形式？目之所见谓之"形"，诸形之相互异同之"相"谓之"式"。凡形皆屡见而非仅一见，凡式皆普遍于多形而不仅具于一形。故形式为恒常。何谓规律？规律即变化不能逾越之限制。既不能逾越，即是变化中之不变者。故规律为恒常。何谓所以？事有其所以然，其所以然实即此事所归属之规律。设"子"事为"甲"律之一例证，而"甲"律为"子"事之所归属。自一般言语说之，即谓"甲"律为"子"事之所以然。一事所归属之规律即其所显示之规律，即其所不能逾越之规律。此律为多事之所归属而不能逾越者，即为此多事之恒常，故所以亦为恒常。

三、形　式

兹更对于形式加以解析。张子云："日月之形，万古不变。"王船山释之云："形者言其规模仪象也，非谓质也。质日代而形如一。"此所谓形即今所谓形式之谊。形式即规模仪象。夫形式有二：一外表形式，即显然易见之形式；二内在形式，即一物内部诸要素间固定的相互关系。内在形式即内在结构。内在形式可由解剖或透视而见之。

四、共　相

所谓形式者，常不仅具于一物，而为多物之所共。如方圆长短坚脆等，皆非仅一物之所有。宇宙非唯有一方物，非唯一圆物，非唯一长物，非唯一短物，非唯一坚物，非唯一脆物。方为众多方物之所共有，圆为众多圆物之所共有。长短坚脆等亦皆然。方圆长短坚脆等自其为多物之同具言之，谓之共相。

凡共相皆为一类物之所共。凡有同一共相之物，自共有同一共相言之，可谓为一类，而共相即为此类物所共有之相。

共相有等级之异。譬如生为一共相，世之生物甚多，共为一大类，而以生为其共相。然生物与生物可有不同，如此之生异于如彼之生。故此一大类之中又可分为若干属类，虽皆为生物，而彼此不同。每一属类各有其特殊的生，此特殊的生亦为其所统属之生物之所共，而为第二级之共相，但对于第一级之共相即一般的生而言，则可谓之别相。

荀子云："万物虽众，有时而欲遍举之，故谓之物。物也者，大共名也，推而共之，共则有共，至于无共然后止。有时而欲偏举之，故谓之鸟兽。鸟兽也者，大别名也，推而别之，别则有别，至于无别然后止。”荀子所论为共名与别名，共名与别名实以共相与别相为根据。物之共相，推而上之，共复有共，至于无复共然后止；物之别相，推而下之，别复有别，至于无复别然后止。

惠子云：“大同而与小同异，此之谓小同异。万物毕同毕异，此之谓大同异。”一物所有之“相”有与他物同者，即与他物共有之共相。其与多物同者，其共相所统之范围大；其与少物同者，其共相所统之范围小。大同即多物相同，小同即少物相同。一物所有与一切物俱同之相，可谓之绝对共相。一物所独具，与任何他物皆不同之相，可谓之绝对别相。万物毕同之相为绝对共相。万物毕异之相为绝对别相。

五、性

共相，自其为多物之所共有而言之，谓之共相；自其为一物之所有言之，则谓之性。一物之性即一物所具有之恒常。凡物皆为历程，自始至终皆在变化之中。而其变化之中有不变之恒常，即此物之性。

一物之性即一物之理。事事相续而有一贯固定之恒常，则成一物，不然不成其为物，故物皆有性。郑康成云：“理犹性也。”程伊川云：“性即理也。”就物之性与物之理言之，以性为理，要有所见矣。

然性与理亦有其区别。约而言之，理之范围大而性之范围较小。凡性皆理，而有不成为性之理。如物与物之相涉亦有其理，而具有此理之历程，不成为物，其理亦不为性。

凡性不仅为一物之性，而泛在于多物。凡物亦不仅具有一性，而同时具有多性。一物具有多性，可谓之多性之同在。如一方物，必不仅为方而已，而有其颜色、有其长短、有其坚脆、有其轻重。凡物皆同时具有多性。

有必同在之性，如凡有色之物必有其度量。所谓二性必同在者，即自古及今未尝见此二性不同在之例、未尝有无度量而有色之物。色与度量永同在。

诸性亦有必不同在者，如方与圆。方圆二性不可同在于一物。所谓必不同在者，即自古及今未尝见此二性之同在。自人类有经验以来未尝见一既方且圆之物。方圆二性永不同在。方可容圆，圆可容方；然方非圆，圆非方。

六、自性与属性

凡物皆有其变中之常，而其所有之常可析为二类：一为通贯之常，二为一时之常。一物所有通贯之常，即与物同始同终之常，一物自始至终以此为常，此常为此物之全历程之前前后后相续诸事之所共同。

物于通贯之常而外，尚有暂而不久之常，是谓一时之常，即物之历程中之一段所有之常。凡物之全历程可分为若干段，段段皆具有此物所有通贯之常，而于通贯之常以外每段各有其特殊之常。

物之通贯之常谓之自性，即一物之所以为一物者。凡物皆有其自性，否则不成其为一物。如自性消失，即其物毁灭，自性亦曰本性。

物之一时之常谓之属性，即受自性所统属之性。物之属性依时而有不同，一时有一时之属性。属性亦可谓之次性。

七、简性与赜性

凡物之性，复可分为二类：一内不涵性之性，二内中涵性之性。性可涵性。设就一性而解析之，可析成若干其他之性，是谓内中涵性之性。一性所涵之性，可复为涵性之性。然有仅可为他性所涵而不涵有他性之性，是谓内不涵性之性。

内不涵性之性谓之简性。内中涵性之性谓之赜性。赜性又有层次之不同。

所谓内中涵性者，即众性能结为一性。内中涵性之性，即为多性结合而成之性。内不涵性之性即非多性结合而成之性。

简性之例，如广袤。

赜性之例，如生。生物所具之生性实为繁赜之性。又如人，人类所具有之人性，其内容尤难详析。

较简单之赜性如方。四角为方。方性之中涵四之性，涵角之性。

八、尽 性

中国古代哲学中有尽性之说。《易传》云："穷理尽性以至于命。"《中庸》云："唯天下至诚为能尽其性，能尽其性则能尽人之性，能尽人之性则能尽物之性。"汉公孙宏云："古之歌咏盛治者，必曰物极其性，人尽其寿。"尽性亦即极其性，即尽量发展其所有之本性。

既言尽性，则必承认有未尽性之状况。未尽性即有性而未尽。如有性即无不尽，即无有性而不尽之时，则亦无所谓尽性。如此，一物之有性，乃有两种状况：一有性而未尽，二有性而尽之。有性而未尽者，虽有此性，然而未能尽之，虽未尽之而仍可言有此性。凡可云尽或不尽之性，必为赜性，即内中涵性之性，赜性涵有若干性，亦即其中涵有若干要素。凡物如有此诸要素之一二，即可谓有此性；如其具有此诸要素之全部，则谓之尽此性。设有四物皆有甲性，而甲性涵子丑寅卯辰巳午未等要素。物一兼有子丑寅卯辰巳午未等要素，物二有子丑寅卯辰巳而无午未，物三有子丑寅卯而无辰巳午未，物四有子丑而无寅卯辰巳午未，则物一可谓尽甲性，其余皆为未尽性，而其未尽之程度又各不同。

凡赜性皆多性结聚，其中涵若干要素。如一物有赜性所涵之要素之一部分，即可谓有此赜性。然虽有之而犹未尽。如有全部要素，则谓之尽性。

凡言尽性皆谓尽其性。一物之尽性即尽其自性。一物之有自性，可有之而未尽，由未尽而渐趋于尽，以至于尽性之境界。如此，一物之自性为此物存在历程中之恒常，而此恒常却非一成而无改变的，乃有其扩充，乃有其发展，故此一贯之恒常，乃有发展之恒常。

如此，一物之自性在量度上乃有变易，由微而显、而盛、而颓、而消。仅有此性所涵要素之一二为微，有此性所涵之要素之大部为显，有此性所涵之要素之全部为盛。所有之要素复有减损为颓，减损之甚为衰。然亦有自始至终未能尽其自性之物。

一物之自性亦即一类物之异乎他类者。一物之尽性亦即充分扩大其与他类不同之点。如一物失其异于他类之点，谓之失性。一物之尽性即尽其所属之类之所以为此类者。

九、性之联系

物与物有其关系，性与性有其联系。

性之联系最主要者有三：

一、性之联合，即多性之必然同在。有若干性不能独在，而必与他性同在。如有色之性必与有量之性同在；方性必与有角之性同在。

二、性之联续，即性与性之相续相随。甲性显现，必有乙性随而显现，是谓之联续。其显现不同时，故异于同在。

三、性之隔别，即同在之反，亦可谓之反同在。有若干性不能同时共现，即不能同在。所以谓之不能同在者，即自古及今无该二性同在之例。如坚与脆，如方与圆，然而相隔别之性，不必不相联续，而可以相续显现。

十、元性与大理

一切物皆有之性，即周遍于一切之性，谓之元性。一切事皆有之理，即无往而不显之理，谓之大理。元性与大理，即宇宙中周遍而永久之恒常，亦可谓之绝对恒常。

《韩子解老篇》云："道者万物之所以然也，万理之所稽也。"稽者合义。万理皆合于道。万物之所以然，万理之所稽，即大理。

元性即程伊川所谓"穷本极源之性。"

十一、性之性与理之理

物之恒常为性，性亦有其恒常，即一切性共同之点，可谓性之性。性之性即所以为性者，即性所以异于物者。

性与性之间亦有其异同，而性可分为若干类。一类之性有其异于他类之性之点。此异于他类性之点，为此类性之共同者，即此类性之特性。

一切性之共同之点，即性所以异于物者，可谓性之通性。一类性异于他类性之点，可谓为性之类性。

事之恒常为理，而理亦有其恒常，即一切理共同之点，则可谓为理之理。理之理即理之所以为理者，即理所以异于事物者。

理与理之间亦有其异同。一类理有其共同而异于他类理之点。

一切理之所同，可谓理之通理。一类理之所同而异于他类理之点，可谓理之类理。

而性与理亦有其异同，亦为性之性与理之理。

性与理皆万物之恒常。唯理之范围较性为广。前所云性之联系亦可谓理。有时性与性由其联系而结成为一性，即简性结为赜性。赜复有赜、而赜性乃有等级之不同，然亦有不成为一性的性之联系，未成性的性之联系，虽未为性，而可为理。

又关系与联系皆异于性，而亦皆可谓之为理。故理之范围较性之范围为广。

此章所论，即性之性与理之理。

然理之理更可有一意谊：凡事可谓皆理之特例，而范围较小之理可谓范围较大之理之特例。语其究竟，一切理可谓为一究竟之理之特例。此究竟之理，涵蕴其他一切众理，且涵蕴众理之间之关系。此究竟之理，亦可谓为理之理。

此所谓理之理，为众理之统会，为众理之宗极，实即前所谓大理。

两一与反复*

一、同　异

事物变化之基本规律为对立统一，亦可谓之两一。今释对立统一，须先说同异。

同异为事物之间之最基本的关系。中国古代哲学中论同异最精者为《墨经》。《墨经》论同云："同：重、体、合、类。"《经说》云："同：二名一实，重同也。不外于兼，体同也。俱处于室，合同也。有以同，类同也。"此谓同有四，即重同、体同、合同、类同。二名一实，谓之重同，共为一全体之部分，谓之体同；共处于一区域而非其部分，谓之合同；有相似谓之类同。

《墨经》所谓重同，在今日一般语言中谓之等同。《墨经》所谓体同，在惠子、庄子之哲学中则谓之一体。一体一词在后来较为流行。宋明哲学有所谓合一，有时合一即一体之谊，有时合一指《墨经》所谓合同。合一一词颇为流行，

* 本部分选自《事理论》第七章。

而谊甚含混。《墨经》所皆合同，亦可称为域同，亦可谓之同域；类同亦可曰同类。

如此同有四种：等同、一体、同域、同类。

等同亦谓之同一，一体亦谓之统一。同一有广窄二谊，窄谊指等同，广谊与“同”同指。

《墨经》论异云：“异：二、不体、不合、不类。”《经说》云：“二必异，二也。不连属，不体也。不同所，不合也。不有同，不类也。”二物非一谓之二，不相连属谓之不体；不在一处谓之不合；不相似谓之不类。此为异之四种，异亦曰区别。

二、对 立

凡一类之两极或两分，谓之对立，亦曰对待。一类之两极谓之相反，一类之两分谓之相非，亦谓之矛盾。统括相反与相非，谓之对立。

凡同类之性质或事物，其间亦有相异，且其彼此之间之相异亦复不同。设甲乙丙丁为同类之性质或事物，甲与丁甚相异，而乙与丙则不甚相异。一类之性质或事物之最相异者常为两端，可谓为此类之两极。凡一类之两极，谓之相反。如黑与白二色为相反。黑与白为颜色之两极，故为相反。一类亦可直截分判为二分，一类之二分谓之相非。如动与静，凡存在之物之状态，非动即静，非静即动。动即非静，静即非动。如男与女。或雄或雌。一类动物可分为雌雄，人分男女(虽有非男非女亦男亦女之人，但仅系偶然)。相反之性质或事物，其间有居中者，如黑白之间有灰及红黄蓝绿诸色。凡相非之性质或事物，其间无居中之性质或事物。

相反之二性即一类性之两极；相非之二性即一类性之两分。相反之二性，亦即一定范围内之诸物可兼无而不可兼有者。相非之二性亦即一定范围内之诸物或有或无者，即不可兼有亦不可兼无者。物之颜色，可黑可白，亦可非黑非白，而不可既黑且白。人或男或女，不可非男非女，亦男亦女。

相反之二物，即一类物之两极。相非之二物，即一类物之两分。如二物，其所有之性质或作用，俱为一类之两极，则此二物亦谓之相反。如水与火，水曰润下，火曰炎上，润与炎为相反，上与下为相反，故水火可谓为相反。

相非，亦谓之矛盾。矛盾一词，原出于《韩非子》。韩子云："人有鬻矛与楯者，誉其楯之坚，物莫能陷也。俄而又誉其矛曰：吾矛之利，物无不陷也。人应之曰：以子之矛陷子之楯何如？其人弗能应也。以为不可陷之楯与无不陷之矛，为名不可两立也。"矛盾即不两立之谊。所谓不两立，即有此则无彼，有彼则无此。《韩非子》之例，乃指二言不两立，即二言不并真。矛盾一词，乃由譬喻而立名，今以指客观世界中一切不两立之性质与事物。矛盾一词有广窄二谊，窄谊的矛盾指相非，广谊的矛盾泛指一切对立。

三、对立的统一关系

凡对立之二性，为一物之同一方面、对于同一所对而言、不能兼有者。所谓同一方面者，物可有多方面，各方面相异，仅指其某一方面，谓之同一方面。所谓对于同一所对者，一物可与甲物为相对，可与乙物为相对，而此物对于甲物而言，可有某性，对于乙物而言，则可有另一性。例如一物可对于甲物为动，对于乙物为静，然对于甲物则不能既动且静。凡对立之二性，一物在同一方面、对于同一所对而言，是此则非彼，是彼则非此，有此则无彼，有彼则无此，而不可兼有两者，不能并是两者。

对立为一类之两极或两分。凡可归于此类之物，如属于此极则不复属于彼极，如属于此分则不复属于彼分。否则两极失其所以为两极，而两分失其所以为两分。

然对立之事物，常有其统一关系，其统一关系可析为三：一相待或相依，二相生或互转，三交参或互函。前二者为普遍的统一关系，后一者则为非普遍的统一关系。

所谓相待或相依者，谓对立之二性相待而立。设甲乙为对立的二性，此二性不能同具于一物之对于同一所对之同一方面。然如世界中无所谓甲，则亦无所谓乙；如世界中无所谓乙，则亦无所谓甲。故自一物之同一方面对于同一所对而言，有此则无彼，有彼则无此；然自全宇宙言之，无此则无彼，无彼则无此，有此然后彼方成其为彼，有彼然后此方成其为此，故亦曰相依。

所谓相生或互转者，谓对立之二事物，常相互为其继续。对立之二性常相继续而显现，设甲乙为对待之二性或二事物，有甲物之后常即有乙物随而继之，如此时甲性显现，稍后之一时即有乙性随而显现，故可谓相生或互转。

所谓交参与互函者，谓有时表现对立之性之事物，此常包蕴彼，而以彼为其成分，彼亦常包蕴此，而以此为其成分。对待之二性，无所谓交参互函，所谓交参互函，乃自表现对立之性之事物而言之。如甲乙为对立之二性，而表现甲性之事物常以表现乙性之事物为其成分，亦即一物全体之性与其所含之一成分之性为对立之性。然此非一切事物之普遍情况，乃一部分事物所有之情况。

凡对立之统一，皆自一物之异方面、对于异所对而言之。对立之二性，乃一物在同方面对于同所对不能兼有者；然一物之异方面，对于异所对，则可兼有两者，且常兼有两者。

一物在此方面有此性，在另一方面可有一相反或相非之性；对于此所对有此性，对于另一所对可有一相反或相非之性。自一物之同一方面、对同一所对而言，对立不能两立；自一物之异方面、对于异所对而言，对立非不两立。

自对立之相待相依而言，对立可谓不可相离之两端，亦可谓不可相无之两端；既不可相无，则可谓结合为一体，而为此一体中之所含。

自对立之相生互转而言，对立常显现为一个历程之前后两段。

自对立之交参互函言之，对立亦可谓不相离，不唯两立并存，而且彼在于此中，此在于彼中。

如此，对立两方可谓有不外于兼之关系。兼即兼有对立两方之一体。对立不外于兼，即对立相互连属而不相绝离。

宇宙中对立统一之现象，可总为四句：

一、凡物有两，即凡物有其矛盾；

二、凡物有一，即凡物有其统一；

三、凡两皆一，即凡对立皆有其统一关系；

四、凡一皆两，即凡一体必有其对立。

此四句又可合并为二句：

甲、凡物皆有其两一，即凡物皆有其对立统一；

乙、两与一亦两而一，对立与统一亦对立而统一。

此为对立统一之总式。

四、宇宙中之基本对立

宇宙中有若干基本对立，其最著者为：

一、同与异。同异实为最基本的对立。唯心论者以异为虚幻而否认之，实为荒谬。异是实在，事事物物莫不相异。相同之物有其相异，相异之物有其相同，宇宙万物为同且异。

二、变与常。同中之异谓之变，变中之同谓之常。变为有常之变，常为变中之常。物莫不变，物莫无常。宇宙为变且常。

三、一与多。自其异而观之，则万物为多；自其同而观之，则万物为一。万物中之任何物为一物，合众多之一物则为多物，统合多物复成为一宇宙。合众一为多之一，可谓之分一；合多为一之一可谓之总一。宇宙为一且多。

四、离与合。自其多言之，谓之离；自其一言之，谓之合。万物各为一物，故相离；万物莫不联系，此动而彼应，故又相合。宇宙为离且合。

五、断与续。自物之异而言之，事物变化之流中有断，自物之同而言之，事物变化之流相续。物有成毁，事有终始，故可谓之断。然终则有始，毁必有成，旧物毁而新物成，故可谓之续。宇宙为断且续。

六、动与静。物之相对位置不变谓之静，物之相对位置有变谓之动。凡物莫不动，莫无静。变而有常亦即动而有静。宇宙为动且静。

七、两与一。同异、变常、一多之属莫非对立，是谓两；对立有其统一，是谓一。无对立则统一不显其为统一；无统一则对立亦不成其为对立。对立与统一，既相对立，又相统一。宇宙为两且一。

此外，如生与死(有生与无生)、物与心、新与旧，亦皆宇宙中之基本对立。

五、事物之内在矛盾

凡一体中之对立，谓之内在矛盾。

内在矛盾情况有三：

一、一物之前后属性成对立，即一个历程之先后阶段之性质相互为对立。

二、一物所具有之某一属性与此物之本性、成为对立，即一物具有一个与其本性相反或相非的属性。

三、一物所含之不同要素之性质彼此相对立，即一物之不同成分相互为对立。

凡物不仅有一方面，而常有多方面。一物之多方面所具有之性质相互之间常相互对立，自一物之全体而言之，是谓内在矛盾。

如物理学之昭示，原子乃阴电子与阳电子所构成，是即物质之基本的内在矛盾。

生物所含之内在矛盾更多，生物之生活历程中有生长与老死之矛盾，有活动与休息之矛盾，有吸收与排泄(新陈代谢)之矛盾。

人类社会所包含之内在矛盾最繁，有阶级之矛盾(贫穷富贵、劳动与剥削之对立)，有公私之矛盾(个人与集体之对立)，有不同民族之矛盾。

一物与他物常处于相互矛盾的关系中，一物之不同部分不同方面常相互矛盾，而每一部分每一方面亦且包含矛盾，矛盾的两方之每一方莫不有其矛盾，于是形成层叠的矛盾。

六、反　复

在事物变化之流中，常有反。所谓反者，即一性为其对立之性所代换，一历程本以某一性为其主性，忽转为以该性的对立之性为主性，是谓反，亦曰反转，即转化为相反。

反有二：一有始则有终之反，有盛则有衰之反。

凡事有起则有灭，凡物有存则有亡，无生之物有成有毁，有生之物有生有死。毁为成之反，死为生之反。一切事物莫非有限，皆终于否定。

物方成则坚，将毁则脆，植物有繁茂与枯萎、动物有强壮与衰弱，社会有治有乱。凡由盛而入于衰，亦谓之反。

语云：物极必反。此可谓一简括的变化公式，然稍失之于简略，更详审言之，当云：物过极之初即反转之始。

物在一方向上发展，有其一定之限度，是谓极。所谓极乃一物在一方向上不可逾越之限度。然物之演变非至于其极而即反转，实乃过极乃反转。极为不可过者，其所以为不可过者，即因如过之则不可复进，而必改易其方向。

物过极则反转，然其反转亦有渐。如盛极则衰，在实际上非盛极即大衰乃是盛之过即衰之始。故曰：物过极之初即反转之始。

凡事物必终于否定，然其否定亦必终于否定。否定之否定可谓之复。复亦有二：一终则有始之复，二衰极复盛之复。

事有始终，物有成毁，然前事既终，后事遂始，旧物毁亡，新物出生。旧往新来谓之复。后事非前事，新物非旧物。今日云始之物非昨日告终之物。自类同而言之，新物与旧物或为类同。自重同而言之，既终之物无从再始。所谓复者乃更新又始，非过去又成为现在。自个体相续之流言，有终则又有始；自个体本身言，不可能终而复始。

物在其自始至终之历程中，常屡盛而屡衰，其由盛而衰谓之反，其衰又转盛谓之复。盛之否定为反，否定又被否定，乃得再盛，谓之复。

复有简复、有丰复。

简复为简单的复始，事物演变过程，可谓一为立、二为反、三为复。如三不异于一，谓之简复，即所复归者为原始者相同，而无所谓增益。然过去不可再来，简复之所复，亦非即原立之本身。

丰复为丰富的复始。一立、二反、三复，如三在一方面与一相同，而在另一方面，亦容纳二之一部分内容，而成为一与二之综合，如此谓之丰复。不仅与原立相类似，而亦与原立相异，有较丰富之内容。

简复亦谓之循环，立而反，反而复，复而类于原初之立，如此周而复始，是谓循环、亦曰周演。物理现象多取循环之形式。

丰富亦可谓之旋转。旋转之中有否定、有积累。所谓积累者，即先时之所成就虽经否定而仍保守一部分，以为后来成就之基础。于是后来之所成乃较先前为丰富，惟其如此，故物质演化之流为由简而蕃、由粗而精，而可谓为演进。

事物演进历程非直截的，而为曲折的，其中常有表面上复归于初之现象，然非仅复归于初，而为初与其否定之结合，在一方面为复归于初，在另一方面则为前进一级，如此，可谓为旋转的演进。

在旋转的演进中，后一阶段与前一阶段之关系，为遏扬之关系。《易传》“遏恶扬善”，今借用之，遏者禁遏使不存，扬者扬举使昂进。复对于反之关系为遏扬、即同时遏止之且改变而发扬之。德语谓之“奥伏赫变”，亦译为扬异。

在事物的旋转变化中，有时有由合而分，由分而合之现象。如一为立，二则变而向左，三又变而偏右，四乃复归于立，而为左右之反；即由一而分，由分而复合为一。二与三皆为一之反，而二反而趋左，三反而趋右，至于四，为二三之反而亦为二三之合。此种演变情况，在人类思想史中时常出现。

七、变化之根源

对立之相互作用、矛盾双方之相互争胜，为事物变化之根源。

《易传》论变化，以为出于对立之相推："刚柔相推而生变化。"相推即相互作用。相推有两方面：一相互排斥，二相互吸引。张横渠云："若阴阳之气，则循环迭至，聚散相荡，升降相求，絪緼相糅，盖相兼相制，欲一之而不能，此其所以屈伸无方、运行不息，莫或使之。"所谓相荡相求、相兼相制，亦即相推之谊。

变化之根源非外于变化，其自身亦一种变化。变化之根源即事物变化之内在源泉，而非谓变化之外在根据。每一变化之原因在于另一变化。所谓变化之根源，即谓变化之一种形式为其余一切形式之所待。张横渠云："此虚实动静之机、阴阳刚柔之始。"曰机曰始，甚为精切。对立之相互作用，即变化所由以发之机、所由以起之始。

对立之相互作用，为变化之根源，亦即变化之原，其余一切变化则可谓为变化之流，原流莫非变化。"刚柔相推而生变化"，此乃宇宙中之一基本的规律。

八、乖违与和谐

对立之相互冲突谓之乖违，对立之聚合而得其平衡谓之和谐，亦简称曰和。事物变化之流，一乖一和。

中国古代哲学中有一与"同"相近而有区别之观念，曰"和"。所谓和者，指相异者或对立者之结聚而相成相济。相同之物结聚或累积，非和。和必相异者或对立者之结聚。然相异或对立之相乖相悖亦非和，相异者或对立者之相成相济，方可谓和。凡结聚有三种状况：一、相同者之结聚；二、相异者或对立者之结聚而相乖相悖；三、相异或对立者之结聚而相成相济。第一种谓之重复，第二种谓之乖违，第三种谓之和谐。

和谐为相异者或对立者之相成相济的结聚，故有丰富之内容而不杂乱。

所谓相成相济者，即相资以完成、相得而益彰。设甲乙二物，甲因与乙相聚而得到发展，乙亦因与甲相聚而得到发展，是谓甲乙相成而相济。如人类种植五谷，五谷得人力培育而丰长，人类资五谷以维生；又如男女婚嫁，彼此相得而互济。

《中庸》云："万物并育而不相害，道并行而不相悖。"此可谓广大而和谐之境界，然实为不可能的。就实际情状言之，万物并育而更相害，道并行而亦相悖。就实际言之，和谐是暂时的，冲突是经常的。《庄子》："盖师而无非、师治而无乱乎？是未明天地之理万物之情者也。是犹曰师天而无地、师阴而无阳，其不可行明矣。"有治必有乱，有阳必有阴，永恒如此。《易传》曰："一阴一阳之谓道。"一语尽之矣。

凡物之毁灭，皆由于冲突；凡物之生成，皆由于相对的和谐。

如无冲突则旧物不毁，而物物归于静止。

如无和谐则新物不成，而一切止于破碎。

《易传》云："刚柔相推而生变化。"《荀子》："阴阳接而变化起。"对立之冲突为变动所由之源。

《国语》载史伯云"和实生物"，"以他平他谓之和，故能丰长而物生之"。一切物之生成，皆由于和谐。

凡物之继续存在，皆在于其内外之冲突未能胜过其内部之和谐。

如一物失其内在的和谐，必由于内部冲突而毁灭。生命之维持，尤在于和谐。如有生机体之内部失其和谐，则必致生之破灭，而归于死亡。人群亦然，如一民族内部斗争过甚，则必亡国、灭族。

乖违为旧物破灭之由，和谐为新物生成之因，事物变化，一乖一和。

宇宙演化，层出不穷。旧旧破灭不已，新新生成不已，是谓宇宙演变永恒之流。

事理之关联*

一、理之界域

凡理莫不表现于事物，然理之表现有其界域。凡理不必表现于一切事物，而常仅表现于一些事物。表现甲理之事物不必表现乙理，同时表现甲乙之理之事物不必表现丙理。故多数之理常仅表现于有限之事物。

凡表现某一理之诸事物之统合，可谓某理所在之界域；而表现某理之诸物，自其统合言之，可称为某界。如表现生之理者，可称为生物界，或有生界；表现心之理者，可称为有心界，或意识界；而表现动物之理者，可称为动物界，表现植物之理者可称为植物界。

如白之理以一切白物为其界域，色之理以一切有色之物为其界域，变化之理以一切变化事实为其界域。有若干理，其界域与宇宙同大，即以全宇宙之一切事物为其界域，如变化之理即表现于一切。凡以宇宙为其界域之理，即所

* 本部分选自《事理论》第八章。

谓大理。

理之界域有交参之情形。如甲理之界域与乙理之界域有一部分相重叠，即一部分表现甲理之事物亦表现乙理，是谓理之界域之交参。

理之界域有包涵之情形，如凡表现乙理者亦必表现甲理，而表现甲理者不必表现乙理，可谓甲理之界域包涵乙理之界域。

理之界域之间更可有相外之关系，如表现丙理之事物皆不表现丁理，反之亦然，是则丙理之界域与丁理之界域相外。

二、理之实虚与类之有无

凡理之表现有其界域，一理之界域即一理之所在，理即在于此界域之中、而非在于此界域之外。凡理，如有事物表现之，即有表理之界域，则为实有；如未有事物表现之，即无表现之界域，则为非实有。理之为实有与否，在于其有表现界域与否。

凡实有之理，可谓为实理。凡非实有之理，可谓为虚理。然非实有之虚理，人亦可思之议之，如龟毛兔角，人可命名以名之、拟辞以谓之。然实无有毛之龟，无有角之兔。故龟毛兔角云者，实为无实之名。关于龟毛兔角之思议，可谓之为虚想。然人有虚想，却是事实，此亦可谓人心之特殊功能之一。

理之实虚，亦即类之有无。所谓类者即特殊事物之类。属于一类之诸事物为此类之特例。未有特例之类，即未有之类。人可思议未有之类。虽可思议，然无益于其为未有。如所谓空类者，不过一思想的虚构而已，而非实有之要素。

虚想之理与虚想之类，即不存在之理或类，仅存于人之思维之中，离开人之思维并无独立之存在。

三、泛 在

理之表现之界域，即其所在之界域。对于其界域之全部言之，可谓理在于其表现之界域；对于其界域中所函之诸事物言之，可谓理泛在于其界域中之诸事物。

所谓泛在者，表示其不仅在于一事一物，而乃在于多事多物。然其在于多事多物，亦有其范围，此其范围即其界域。

理之存在可谓超越于任何表现之之事物，然非超越于所有表现之之事物，即非超越于其表现界域。

凡理莫不在于其表现界域，故理之存在非超乎空时，而在空时之中。其与个别事物相异之点在于不仅在某一特殊的空时位置。

唯理论者认为事物之有为存在，理之有为潜在，潜在即超越空时之实在。此实有蔽之论。在事实上，吾人仅可云理超越某一特殊的空时位置，而不可言理超越整个空间时间。整个空间时间之域，即整个实有之域，是不可超越的。

四、理之层次

诸理，由其界域不同而有层次之分。理之层次有二：一全分之层次，二简赜之层次。

全分之层次基于诸理之界域之间的包涵关系。有以全宇宙为界域之理，有以大部事物为界域之理，有以小部事物为界域之理。以全宇宙为界域者为普遍之理，以大部事物为界域者为亚普遍之理，以小部事物为界域者为特殊之理。以其普遍与特殊，而理可分为甚多层次。

简赜之层次基于理之简赜关系。理有简赜之不同，简理即不以他理为要素之理，赜理即以他理为要素之理。简则唯简，赜复有赜。一赜理较之更赜者亦可称为较简之理。简理之表现无待于他理之表现，即可独自表现；赜理之表现则以他理之表现为基础，即待他理之表现而后表现，而不能单独表现。由简而赜，是谓简赜之层次。

五、理与无名之朴

今试以思维剥除一切事物所有之理，将一切之理剥除净尽后，实有仍然有所余。因实有非仅理而已，尚有表现理而非理者，此表现理而非理者，如剥除其所表现之一切之理，所余者，古代道家命之曰“无名之朴”。谓之朴者言其与理结合即成为万物，而为万物之本始材朴；谓之无名者，以其未有一切理，故无以名之。

既剥除一切之理，则亦消解一切之物，因有理方成为物。而无名之朴非任何物。

无名之朴无同异之别，无变常之分，无逝现之辨，无空时之畛，是故至于无名之朴，则无可言说。

统一切事物，消弭其中之一切区别，则可谓即无名之朴。

然事物所有之一切同异、变常、逝现之相，乃事物之所固有，而非从外加于事物。人之思维固可将有相之事物区别为理与朴二者，自在人之思维之外的独立的实有言之，则唯有有理之事物，而非是无名之朴。无名之朴与离朴之理，俱为人之虚想。

舍理不论，宇宙可谓为同一之朴之继续。此同一之朴中全无区别。以其无区别，故亦无所谓变、无所谓多。此同一之朴，如加以区别，则成为厘然分殊之众物。事、理、物，俱为实有。

六、事理孰为根本

自人之所经验言之，有事斯有理，未尝遇无理之事；有理斯有事，未尝睹无事之理。此乃经验之所昭示，彰然而无可疑。

人之思维能析别事与理为二，析别为二，亦无伤于事理之实然。但就在人之思维外之独立的实有言之，事理浑然共在，未尝相离。

所谓事理浑然共在，非谓任何事皆表现一切之理。除少数普遍之理而外，就一特殊之理而言之，无此理之事物常甚众多，然无此理之事常有彼理，而凡事必有一切理中之一理。

事与理孰为根本？事理二者将处于同等之位置耶？如必求一本，将一何者为本？

所谓根本，其意谊可别为三。

(一)永恒为根本，倏暂非根本。就一事言，事有起有过，非是永恒；就一切事言，事事相续无绝，实亦永恒。就一理言，时或显于此，时或显于彼，常显常不显，非是永恒；就一切理言，此理不显而彼理显，理与理更迭相随而显现，而未有无理之时，故理亦永恒。

(二)先在为根本，后出为非根本。事与事有先后，而非同时并有；理之显现亦有先后，而非同时俱显。自事与其所表现之理言之，未有此事之先，则其理无由表现，即未有表现，理未有表现即未有实在，亦即未有是理。自事而言，事与理同时俱有，非有先后。

自一切事与一切理言之，宇宙无无事之时，亦无无理之时，而在未有事之时先有理，或在未有理之时先有事，皆不可说，其间不可谓有先后。

(三)凡统赅其他者可谓所统赅者之根本。事理之诸关系中唯有一个关系为非交互的关系，即事可云函理，而理不可云函事，事可谓为能函，而理可谓为所函，事统赅理，而不可谓理统赅事。是故理可云事之理，或事中之理，而事不可言理之事，或理中之事。亦即事为表现理者，而理非表现事者，理在于事，而非事在于理。是故以事为研讨之发端，可就事而得理，如一理为发端，则终于理而已矣，而无从达事。就统赅与表现而言，事理可谓主宾之分，两者未尝相离，并无先后，然事可统理，理不能统事，如必求一本，当以能统赅之事为所统赅之理之根本。

是故崇理之论必不免于二本，就理加以辨析，实不能得事，就事加以辨析，乃可得理。如欲舍二本以达一本，唯有以事为本。

七、理在事上与理在事中

唯理论者以为理可离事而独立、先于事而本有，未有其事，先有其理，既有其理，然后有其事，其所说之事理关系可谓为理在事上。唯物论者以为理不能离事而独立，且不先于事，理即函于事中，与事浑然俱在。其所说之事理关系可谓理在事中。李恕谷云："夫事有条理曰理，即在事中。今曰理在事上，是须别为一物矣。天事曰天理，人事曰人理，物事曰物理。《诗》曰：有物有则。离事物何所为理乎？"所谓理在事上，指程朱之说。程朱虽未明白标出理在事上，然谓未有这事先有这理，可谓为理在事上。

此所谓在上与在中，非空间的在上与空间的在中。所谓在上即超越之谊，在中即寓于其内之谊。

理在事中，乃如实之论。理乃事之所函，即寓于事物之中，非离事而独立，非先事而自存。

所谓在上，原出于《易传》形而上下之分。《易传》云："形而上者谓之道，形而下者谓之器。"道即理之总极，器即有形之物。所谓形而上者，即未有形而显于形之谊。

凡未有形而为形之所显者，皆形而上，以此谊言之，事理俱可谓形上，唯物为形下。事固可感而有象，然而未有一成之定形，故亦可谓形上。

往昔中国哲学中，程朱以为理方为形上，而为物之本始材朴之气则为形而下者。张横渠与戴东原则以为气无定形，亦为形上。王船山亦以理为形上，而以为形上以形为本，而非形之本。如形上专指理，理实以形为所依。

自今观之，形上形下之分已无重要意谓。宇宙为事理浑然俱在之永恒历程，事事相续而有一定之理之固定历程谓之物。事理物俱为离心而独立的实在。

品　德　论

（节　选）

诠人(生存与理想)*

常语有云：人生之意义。常语所谓意义者有二：一名言之意义，二事物之意义。所谓人生之意义，乃指一类事物之意义。所谓事物之意义，指一类事物对于其他事物之关系，亦即其在实有之系统中、在其与其他事物共成之系统中之位置。名言之意义，谓人举一名出一言之时其意之所在，而事物非人之名言，实无意之可言，而亦谓之意义，乃就意义一词而推广之。所谓事物之意义者，乃指此事物与他事物之关系。所谓人生之意义，乃指人生与其他事物之关系，亦即人生在宇宙中之位置。

宇宙演化，由无生之物而有生物。生物演化，由非人之生物而有人类。人者可谓物类中之最卓者矣。荀子云："水火有气而无生，草木有生而无知，禽兽有知而无义，人有气有生有知亦且有义，故最为天下贵也。"人之所以为贵，以其有他物所未有之特性。禽兽可谓有知，然人之知实高出于禽兽之上。邵康节云："人之所以能灵于万物者，谓其

* 本部分选自《品德论》第二章。

目能收万物之色，耳能收万物之声，鼻能收万物之气，口能收万物之味，是知人也者物之至者也。”又曰：“唯人兼乎万物而为万物之灵。人之知能兼乎万物，而为他类之所不及。”人之有知与义，超然于禽兽之上，故人可谓物之至。

人可谓有自觉且有理想之动物。人自知其存在，且知人与他物之关系，是谓自觉。人常悬拟尽美尽善合于当然之境界，以为行动之归趋，是谓理想。此所谓理为当然之理，而理想即对于当然之想望。人有自觉，而亦觉知一切物；人有理想，而亦尝试改变他物使合于理想。物类之演进，至于人由无自觉而有自觉，乃由自然演进而有自觉演进。然人亦一物，亦自然物类之一，故人对于自然之辨别亦即自然之自己辨别，人对于自然之改造亦即自然之自己改造。

人之自觉且觉知一切物，亦可谓为宇宙之自觉，而人可谓为宇宙之心。《礼运》曰：“人者天地之心也，五行之端也，食味别声被色而生者也。”能知能觉者谓之心，人为宇宙之能知能觉者，故可谓天地之心。

人之有自觉有理想，皆有其限际。人固有自觉，而常为盲目冲动所驱；人固有理想，而屡自违反其理想。扩充自觉，实现理想，即是人生之正当途径。

人生之要谊，一言以蔽之，曰充生以达理。充生以达理，即扩充生力，克服生之矛盾，以达到理想境界。凡有生之物，皆能改变环境以遂其生，而不屈于环境。凡有生之物，皆有生力。生力即改变环境使适于生活之力。人之生活亦即人所固有之生力之显发。凡生存皆有待于争取。生存即争取生存。一切生活现象，皆由生之矛盾而展开。有生之物与非生之物有矛盾，生物与生物亦有矛盾。由生与非生之矛盾，而有生与生之矛盾，于是生活之变化遂无穷。

生存即争取生存，而人生即争取人的生存。争取人之生存，即争取异于禽兽且贵于禽兽之生存，易言之，即争取合理之生存。合理之生存，即克服生之冲突，以达于生之和谐。

生之竞争无时或息，人之所以贵于禽兽者，在于能辨争之义与不义。不义之争，不可有；合义之争不可无。义之实现，有待于不义之克服。由不平以争取平等，谓之正义之争；反是，谓之不义之争。

人生之历程，即人之竞存进德之历程。竞存则与妨害人之生存者斗争，进德则与妨害生活之合理者斗争。自然之道，有乖有和。自其乖而言之，人生亦竞争之历程。是故生与非生争，人与非人争，而善与不善争。自其和而言之，非生之物，有害生者，亦有益生者；非人之类，有害人者，亦有益人者；不善固足以妨善，而亦足为善之砥砺之资。要而言之，人生之道，在于胜乖以达和。

生之本性曰健，人之至德曰公。健者胜物而不屈于物，公者爱己而尤爱群。生而不健则近于死，人而不公则近于禽兽。健而不公者有之，公而不健者有之。人生之道，充生以达理，亦即增健而为公。人性由无而有，由微而彰，人类乃由非人之类演进而成。未有人类之时，亦无所谓人性。及人类之既有，乃有所谓人性。方人类始有之时，人性与禽兽之性，相去几希。人类日进，而人性与禽兽之性相去渐远。愈进而愈远。至于今日，人类之道德智慧固极超拔，而其凶残巧诈更非禽兽之所及。嗟呼！善恶并进，乃人生之自然；崇善胜恶，乃人生之当然。

人生之目的何在？所谓目的者有二：一曰外在目的，一事之目的在于一事之外；二曰内在目的，一事之目的即在此事之中。如所谓目的指外在目的，则人生可谓无目的。如所谓目的指内在目的，则人生可谓有目的。人生之目的，在于人生之充实与昂进。人生之归宿，即在于生活之中。生活之圆满，即人生之归宿。充生以达理，增健以为公，即是生活之圆满。

天人简论(人与自然)

一、天人本至

哲学为天人之学。天者广大自然，人者最优异之生物。哲学所研究者即自然之根本原理与人生之最高准则。哲学即根本原理与最高准则之学。

天为人之所本，人为天之所至，即自然中物类演化之所至。凡物有本有至。本者本根，至者最高成就。本为至之所本，至者本之所至。本亦谓之原，至亦谓之归。原者原始，归者归宿。辨万物之原，明人生之归，而哲学之能事毕矣。

宇宙万事万物之间最重要的基本关系有二，一曰本末，二曰高卑。有本然后有末，末待本而存在。“物之不齐，物之情也”(《孟子》)，或高或卑，或精或粗。宇宙大化，无生物演化而有生物，生物演化而有有心之生物，至于人类，可谓物类中最优异者。人居于天之中而能知天，人为物类中之一物而能宰物。故人为自然演化之所至。宇宙大化，先粗而后精，由卑以达高。然而精以粗为本，高以卑为基。

如无天地，岂有人类哉？

人类生存于广大自然之中，而能认识自然；不唯能认识自然，而且能知当然之准则，能依当然之准则以改变自然，并改变自己之生活以达到人生之理想境界。人固为物类演化之所至，然而仍须前进不已，日新无息，进复再进，新而又新，以达到更高更上之境界。

二、物统事理

凡可知而无待于知者谓之实有。知有待于实有，实有无待于知。知即对于实有之知。

实有之中有事有物，事物之内有理。凡物为多事相续之历程，多事相续而有一定之理者则为一物。

凡物为多事相续而具有一定之理之历程。凡物皆历程，指其历程中之变化而言谓之事；指其变化中之规律而言谓之理。物统事理。

事为实有，理亦实有。理即在事中。无其中无理之事，无不在事中之理。实有即有事有物有理之世界。

三、物原心流

宇宙演化之大历程是由物质(一般物质)而生物(有生命的物质)而有心物(有心知的有生物质)。物为基本，生命心知为物质演化而有之较高级的形态。

物质是自存(自己存在)，生命是自保(有自己的目的)，心知是自知而知他(有知觉与思维)。

物质为最基本存在。宇宙实为物质的宇宙，物质实为其他更复杂更精微之存在之基本。宇宙之最根本的成分为空时与事物。空时为事物之存在形式。

物有质能二相与粒波二相。质可转为能，能可转为质。粒可显为波，波可显为粒。此波粒一体之物不能无动。物之存在即其运动历程，而其运动有其规律。无物则无动，无动则无律。无不动之物，无离物之动。无无律之动，无离动之律。物之最究竟元子结集而为次究竟元子。最究竟元子亦非一型，其结聚有其构造，其构造亦即其运动所不能逾越之形式。次究竟元子非一级，次究竟元子结聚为一般元子，一般元子结聚为分子，分子结聚为常物。常物实有极赜之构造。常物所含之元子常在动中，常物之整体亦常在动中，常物所在之环境亦常在动中。

生命之特性为自己保持(动植物都力求保持自己)、自己发展(动植物都有成长发展的历程)、新陈代谢(不断吸收外物以维持自己)、自类延续(生殖，遗传)。简言之，可谓有自保性，亦可谓具内在目的性，在一定范围内能改变环境而不为环境所改变。

有生则有死，凡生物莫不由成长而趋于衰亡。有生则有杀，生物与生物之间斗争极烈。“裁非其类以养其类”(《荀子》)为生物不同种类间的基本关系。

心知为高级生物所特有之性能。心知之特性为辨别。外物有异则辨其为异，异中有同则辨其为同；外物有变则辨其为变，变中有常则辨其为常。心知实为一种辨别的反应。有心之物因能知物遂能宰物。心知不唯能知自然，而且能辨当然。生命之自然为自保，道德之当然则是利他。

物为本源，心乃物质演化而有，为支流。物源而心流。物为一本，生物，有心物为较高级之物。一本而多级。

四、永恒两一

一切事物皆在变化迁流之中。“逝者如斯，不舍书夜”(《论语》)。“运转无息，天地密移”(《列子》)。宇宙大化即是事事物物变化不息的大历程。

凡事物发展超越一定限度则转为其反面，“极寒生热，极热生寒”(《太玄》)。乐极生悲，剥极则复。是谓物极必反。

事物何以有变？物极何以必反？在于对立之相互作用。凡物莫不含有对立之两方面。对立两方面相推相摩，相攻相克，而变化以起。对立两方面，势不两立，互不相容，谓之矛盾。事物内部相互矛盾之两方面相互作用，为事物自己运动之根源。故云：“刚柔相推而生变化”(《易传》)“阴阳接而变化起”(《荀子》)。

万物莫不有对。对立两方面相待而有，相反相成，相灭相生。“有无相生，长短相形，高下相倾，前后相随”，“祸兮福所倚，福兮祸所伏”，“物或损之而益，或益之而损”(《老子》)。一切对立莫不有其统一。

“有象斯有对，对必反其为，有反斯有仇，仇必和而解”(《正蒙》)。对立之两方，如一方胜过一方而容纳之，可谓和解；如一方胜过一方而消灭之，则非和解。和解亦是暂时的。旧有矛盾和解，新生矛盾又起。如是不已。故宇宙变化无穷无息。

矛盾之出现是实际的必然；矛盾之克服是理想的当然。如无对立矛盾，则世界将成为静止的世界；如无对立之相对和解，则将无相对固定之物，而世界将成为刹那幻灭之世界。

万物皆在对立矛盾之中，事物皆内含两端，而彼此复互相为对立。内含矛盾，外复与他事物相矛盾。万物相待相依，复相刃相靡。

万物并育而实相害，道并行而复相悖。此宇宙之所以为至赜。(《中庸》“万物并育而不相害，道并行而不相悖”，非矣。)

凡物皆两，一切物皆内含对立。凡两皆一，一切对立皆有其统一。一中有二，二有其一。“两不立则一不可见，一不可见则两之用息。”“感而后有通，不有两则无一。”(《正蒙》)两与一二者亦相互为两而一。

自广宇言之，事事物物，层层两而一。对立之每一方面复含对立，统一的事物整体之外复有统一。自久宙言之，前之对立矛盾克服，后之对立矛盾又起。推陈出新，层层不穷。宇宙大化为永恒的对立错综矛盾交织的历程。

五、大化三极

宇宙大化有三极：一元极，二理极，三至极。

元极者最根本的物质存在。理极者最根本的原理，即最普遍的规律。至极者最高的价值准则。

最根本的物质存在即最究竟的物质基本粒子。一般物体由原子电子构成，原子电子由基本粒子构成，基本粒子由最究竟的基本粒子构成。最究竟的基本粒子不可能再剖别为更微细的粒子，然仍可分析为不同方面。

最根本普遍规律曰两一，即对立而统一。凡事凡物，莫非两一。物莫不两，两莫不一。凡物皆有其两，凡两皆有其一。《易传》：“生生之谓易，一阴一阳之谓道。”一阴一阳者，阴阳对立而统一。

最高的价值准则曰兼赅众异而得其平衡，简云兼和，古代谓之曰和，亦曰富有日新而一以贯之。《易传》：“富有之谓大业，日新之谓盛德。”《孟子》：“充实之谓美。”充实亦即富有之谓。《正蒙》：“久者一之纯，大者兼之富。”久亦即日新之谓，兼富而一纯，实为价值之最高准则。唯日新而后能经常得其平衡，惟日新而后能经常保其富有。

古昔哲人常言中庸，中庸易致停滞不进之弊，失富有日新之德。今应以兼易中，以兼和易中庸。

六、知通内外

知识为能知对于所知之辨别。水能映物，镜能照物，而人之感官与心知能辨物。感官与心知之辨物，有类于水镜之映照，而高于水镜之映照。感官与心知对于外物之辨别，能较其同异，别其变常，由此以至彼，由今以溯昔，有所比较，有所会综，而辨别事物之规律。故能察往以知来，由近而推远。心可谓内，物可谓外，而知乃所以通内外。

人类知识有三本：一为外物，二为感觉，三为实践。外物为感觉之来原，如无外物，则感官何所映照？有外物然后有感觉。感觉为知识之开端。外物激引感官而有感觉，感觉内容乃外物之映象。然人类感觉皆在实践之中，人类在实践中与外物交涉，于是对于外物有所认识。

人之知识始终依凭于实践。人由实践之需要而求知，由实践活动而获知，藉实践以验知。实践即身有所活动，而于物有所改易。欲深知外物之性质必于物有所改易。或剖而解之以察其内部而明其结构，或改变其形状以观其以后之变化而认识其规律。

知兼感思。知有二层：一感二思。感者感觉，由感官获得事物之印象，以认识事物之容状。思者思维，亦曰理解，凭感觉所得加以分析综合以了解事物之性质与规律。感者思之基础，无感则思无所依据。思者感之深入，无思则感止于浅尝。由感而思，由浅入深，而天下之事与理皆可得而知矣。

每人各有其所感，皆能感其所感而不能感他人之所感。然由多人对于事物之有共同反应可以推证多人对于事物实有共同感觉。由共同感觉加以分析综合而得共同的概念范畴。思维所运用的概念范畴皆系共同的，而非一人之所得而私。是故知识非一人之知识，实为多人所共有。

七、真知三表

知识有真有妄。其与外在事物之实际情况相符合者，谓之真知；否则谓之谬妄。如其为关于客观规律之真知，则此真知之内容谓之真理。

然何以辨别知之真妄，则有三表，即三个标准。(昔墨子言三表，为关于真知学说之一大贡献，今师其意而略改之。)真知三表，一曰自语贯通，二曰与感觉经验之内容相应，三曰依之实践，结果如所预期。简言之，即一言之成理，二持之有故，三行之有成。

凡知识必不可自语相违，而必自己一贯；然非谓不可指陈事物之客观矛盾。事物皆有相反相成相灭相生之两方面，不唯可指陈之，而且必指陈之，始能免于肤浅，始能免于偏蔽。

事物皆包含内在矛盾，然事物之内在矛盾必是不同方面或不同部分彼此相互矛盾，或对于不同事物而言具有相互矛盾的性质或关系，而不可能于同一方面或同一部分或对于同一事物而言自相矛盾。其相互矛盾的两方面之每一方面亦可再分析为两个方面而相互矛盾。然分析之极，在同一点之上必不可能自相矛盾。故事物是矛盾的，又是自己一致的；既包含对立而又有其短暂的统一。真知摹拟事物之实况，必自相贯通而不应自语相违。

知识必与感觉经验之所昭示者相应。对于某一事物，吾感其如此，则不可谓其如彼。感觉可有误，且常有误，然感觉之误，可由一人多次感觉之相互勘正，或多人多次感觉之相互勘正而知之。不应由感觉之有误而以感觉为不可凭信。人类感官乃通内外之具而非隔内外之具。

凡知识皆对于将来经验有所预期有所提示，必云如对于某事物采取如何行动将有如何之结果。试以此提示而尝试之，如适得所预期之结果，则证明此知为真，否则证明其为妄。此为鉴别真妄之最重要的标准。

真知必自己一致，必与感觉经验一致，更必与实践效果一致。三者一致，然后证明其为真知。真知在于认识、经验、实践三者之一致，亦可云在于认识、经验、实践之一贯。认识、经验、实践三者之一贯，区别于认识本身之一贯而言，可谓之广一贯。真知三表，会综为一，可谓真知之标准在于认识经验实践一以贯之。

八、群己一体

人生乃是群生，人类生活乃是群体生活。“鸟兽不可与同群，吾非斯人之徒与而孰与?”(《论语》)人实不能离群而生活。“力不若牛，走不若马，然而牛马为用者何也？人能群，彼不能群也。”(《荀子》)人类之所以能战胜他物，在于合群。

个人皆系群体之一员，个人实无独立之生存。任何个人，其所以维持生活之食物取之社会，其房屋取之社会，乃至知识言语，亦皆取之社会。即自食其力的劳动者，亦必须与别人交换劳动成果。个人实赖社会而存在。个人与群体之间实无对立，群己之间实无界限。群己之关系为全与分之关系。全由分会合而成，分之存在亦系于全。群己乃不可分离之一体。群之祸福即己之祸福，群之利害即己之利害，正如一身之利害即四肢之利害。

有史以来，人群恒有分裂。社会本当为共劳共享之社会，乃分为二部分，一部分劳而不享，一部分享而不劳，遂形成莫大之不平。然此不平终必废除。劳而不享者“养人”，享而不劳者“治人”，养人者受治，治人者待养。然养人者可以自治，治人者不能自养，于是治人者于养人者止有害而无利，成为赘疣，赘疣必归于消灭。

生活即是争取生活，生活的历程即是争取生活的历程。人的生活即是争取人的生活，即争取合理的生活。合理的生活即是人我平等的生活。受奴役者的第一要务乃是反对任何的奴役。

争取合理的生活莫若消除不平以臻于平。最大的不平为阶级压迫，大部分人劳而不享，小部分人享而不劳，是为最大的不平。废除阶级压迫，当是今日人生奋斗第一要务。

九、人群三事

昔《左氏春秋》以正德、利用、厚生为三事，盖有见于人生之大端矣。正德为提高精神生活，利用与厚生为改进物质生活。三事并重，可谓兼顾精神生活与物质生活而无所偏废。今亦言三事，一曰御天，二曰革制，三曰化性。御天者改变自然，革制者改变社会，化性者改变人性。三方俱改，然后可达人生之理想境界。

御天者根据自然规律以改变自然之实际情况使更适合于人类生活之需要。是谓御天，是谓宰物。《易传》云：“先天而天弗违，后天而奉天时。”先天者开导自然，后天者随顺自然。人于自然必有所随顺，必有所开导，然后可达到天人之调适。

人依靠自然而生活，尤乃依靠改造自然而生活。农工生产皆改变自然之事。至于开山浚河，制器发电，尤为改变自然之能事。近世自然科学大进，改变自然之事业亦大进。自然科学之主要作用即在于知天以御天，知物以宰物。自然之实际情况可变。自然科学之为术，在于致知穷理，精义入神，然后以利其用，以厚其生。

革制者改变社会制度以臻于理想社会，是谓革制，是谓革命。革命即变革不良的社会制度而建立优胜的社会制度。

自阶级发生以来，少数人压迫多数人，少数人居于统治地位而不劳动，多数人创造物质财富而受奴役。人间不平，莫此为甚。革制之要义即变革少数人奴役多数人之社会制度而达于大同境界。此乃理之当然，实亦势之必至。广大人民终必能主宰自己之命运而消除一切人压迫人之现象。

化性者化易人性、消恶扬善、崇义抑贪，以提高人的精神境界。

人性之实，有善有恶。善恶之分，公私之间而已。大公忘私，先公后私谓之善；因私废公，损公肥私谓之恶。人有好公之性，亦有营私之性。好公之性谓之理性，营私之性谓之贪性。人类在改造自然环境之同时亦必须改变自己性情，然后可达到理想的生活。

《易传》云："精义入神，以致用也；利用安身，以崇德也。"利用者改善物质生活，崇德者提高精神生活，二者亦相成而相济矣。

凡改变必有其方向。御天革制化性之方向唯何？曰由粗而精，由简而丰，由下而高，由乖而和。要之，变化以实现更高价值而已。然变化是曲折的，上升而间之以降，趋治而间之以乱。"万物并育而不相害，道并行而不相悖"可谓最高的理想，实际乃是万物并育而更相害，道并行而复相悖。克服相悖相害，以达到相顺相和，乃人群前进之方向。然绝对的和谐永远不能达到。人生努力，在于随时克服乖违以达到相对的和谐。

十、拟议新德

道德随时代之不同而变迁，随社会生活之改易而转移。当今之世，社会生活与往昔大异，而如仍沿用旧德之目，势必无效，甚且有害。是故当审时代之需要而建立新道德。

当今之世，为社会大变革之时，能促成社会之前进者为道德，反之即反道德。道德之标准，以最大多数人民之最大利益为依归。道德之基本原则是：凡合乎最广大人民之最大利益者，为之；凡违乎最广大人民之最大利益者，舍之。

全群体一切人之间，利益有矛盾。所谓一切人之共同利益常是虚构的。故当云最广大人民之最大利益，而不必言一切人之共同利益。

道德之根本准则唯一，曰公而已矣。

人群之中常有矛盾冲突，而有正义非正义之分。如多数人民之利益与少数人之利益有矛盾，则多数人民之利益是正义的。如受压迫者与压迫人者相斗争，则受压迫者一方是正义的。正义之原则有二，一寡应从众，二不平应消除而易之以平。

旧德之中亦有不可辄废者，亦有可借用旧名赋予新义者，夫民族语言不可断裂，则用旧名赋新义亦当然之事矣。

今试提出六达德六基德。达德：一公忠，二任恤，三信诚，四谦让，五廉立，六勇敢。基德：一孝亲，二慈幼，三勤劳，四节俭，五爱护公物，六知耻。达德为关于个人对群体或对群体中大多数人之行为之准则，基德为关于家庭生活或日常活动的准则。

公忠：爱民爱国，以群重于己，能为群忘己，必要时能为国捐躯，谓之公忠。以公共利益高于个人利益，为大众利益而献身，谓之公。爱国不贰谓之忠。古人亦多言公者，今当以公为第一德目。然古之帝王以一己之大私为天下之大公则不可。忠本为旧德之目，忠君之义自随君主政体之废而废，实无疑义。然忠字本义原非对君而言。“上思利民，忠也”(《左氏春秋》)，此乃本义。今提忠字，特取忠字之本义，凡爱国利民一心不贰谓之忠。

任恤：努力工作负责尽职谓之任，尽力助人扶危济困谓之恤。任为后期墨家特重之德。《墨经》云：“任，士损己以益所为也。”能为群体事业而牺牲自己，谓之任。《周官》六行，有任恤之目(六行孝友睦姻任恤)，今特提为主要道德。孔子言仁，仍以自己为出发点，以己推人，由近及远，差等俨然，不适于今日。且历来论仁者甚多，众说纷纭，词无定诂，其有虚名无实效，盖已久矣。

信诚：言如其实谓之信，言行一致谓之诚。“人而无信，不知其可”，虽系古语，今不可废。“朋友有信”，“与国人交止于信”，人与人共处，自非仇雠，岂可无信？正直之人，事无不可对人言。然为公众长远利益，固不必事事对人言之。如有所言，必如其实，决不可有谎语妄言。近古以来，狡诈成风，彼此相欺，尔诈我虞，此风不革，群道难成。故今特标信诚之德，以救晚世欺诈之弊。

谦让：虚心而不自满，尊重别人的平等人格，荣利不争，享乐居后，谓之谦让。个人智能实极有限，纵有所成，亦甚细渺，学问无穷，进德无止，岂容骄慢，岂可自满？前哲多重谦德，今亦重之。谦虽旧德之目，其义实随世俱新。

廉立：严辨取舍，非力不食，非所应得，一毫不取，谓之廉。独立不倚，不恃人而食，不屈其素志，谓之立。人处于群体之中，可以损己以益公，不可损公以肥私。廉亦旧德，而今应特加提倡。《孟子》“故闻伯夷之风者，顽夫廉，懦夫有立志。”廉立之操，实高尚人格所必需。

勇毅：坚持真理、坚持正义，刚强不屈，果敢不惧，谓之勇毅。非勇无以自立，非勇无以克艰，非勇无以猛进，非勇无以抗暴。舍生以维正义，杀身以卫邦国，非勇何济乎？

孝亲：敬养父母谓之孝，此乃为子女者之义务。古者以顺为孝，今应改易。父母言行有是有非，是者当从，非者当劝，岂可不加辨析，一以顺从为正？父母既老，子孙应尽赡养之责，同时应有尊敬之意。如专意自私，不顾父母，父母且不肯顾，岂能尽心为公乎？岂能利济他人乎？

慈幼：为父母者对子女有教养之责，此义易知。

勤劳：衣食资于劳动，事业待于思勉，既恃衣食而生，岂可无所用力？如专谋一己权位，岂得为劳心哉？必须努力于利济群生之工作，然后不负此生。

节俭：人生衣食之资，无非辛苦而得者，暴殄天物，罪不可逭。朴素节俭，乃为人民大众而惜物，非为一己而吝财。孔墨以来皆崇节用，亦当今之急务也。

爱护公物：爱护公共财物，注意公共卫生，维持公共秩序，此为群居必不可少之德。古无专名，简称为爱护公物。普通亦称为公德，然公之为德，其义甚深，不得以此限之，故别立此目。

知耻：人之所以异于禽兽者在于有耻，能辨是非，知其非则不为之；能辨荣辱，知其辱则避免之。“匹夫不可夺志”“士可杀不可辱”昔日昏暴之君，横挫天下人士之耻心，耻心既挫，而国无与立矣。

道德基于社会需要，道德标准乃历史的客观需要所决定，非少数人所能擅作。然生乎今之世，对当今所急，不能无所拟议。移风易俗，人人有责，吾亦勉力尽责云尔。

[附记] 1942年春，我开始将历年致思所得整理成为专论。至1944年，所成不及原初设想之半，若干重要问题俱未及论列。其后物价昂腾，生活窘迫，运思不易，竟至辍笔。1945年夏，强寇降伏，大地重光，次年复至清华，重任教事，课务较繁，遂少暇日。至1948年夏，恐久而遗忘，于是将个人对于各方面哲学问题的见解作一概括的简述，草成此篇。当时以为哲学是天人之学，故名之曰《天人简论》。此篇可以说是我四十岁前思想的概略。1981年2月记。

中国古典哲学的几个特点*

一

中国哲学是世界哲学的一部分。从对象与范围来看，中国哲学在基本上是与世界上别的国家的哲学一致的。然而，中国古典哲学有自己的独立发展的过程，因而也就表现了许多与别的国家的哲学不同的特点。对于这个复杂的问题，本文尝试提出一些初步的看法。

中国哲学的特点可以说就是中国哲学的民族特点。我们说哲学的民族特点，这应该如何了解呢？应该承认，一个民族的哲学思想是和一个民族的共同文化有密切关系的，也就是民族的共同文化的一个表现。现在所讲的中国哲学主要是汉族的哲学，这是无可讳言的事实。国内兄弟民族的哲学思想尚有待于发掘整理。我们希望再过一些年，我们讲中国哲学的时候可以广泛地讲述中国各民族的哲学。但是现在还不可能做到这一步。因而我们谈论中国哲学的

* 原载《北京大学学报》，1957 年第 3 期。

特点，也就只是谈论汉族哲学的特点了。汉族在长期发展的过程中创造了共同的文化，汉族的共同文化表现了共同的心理状态。中国哲学的特点是与汉族的共同文化所表现的共同心理状态密切结合的。

斯大林在他的早年著作《马克思主义与民族问题》中提出了关于民族的特征的学说。他认为民族的特征之一是“表现在共同文化上的共同心理状态”。他指出：“各个民族之所以各不相同，不仅是因为它们各有其不同的生活条件，而且是因为它们各有其表现于民族文化特点上的不同的精神形态。”

这所谓“共同心理状态”是不容易了解的。斯大林也说：“固然，心理状态，或——如有些人所说——民族性格，在旁观者看来是一种不可捉摸的东西；但它既然表现在一个共同的民族文化特点上，那它就是可以捉摸，而不应忽视的东西了。”这个论断是正确的，这个提法也是意味深长的。

这所谓民族的“共同心理状态”应该是一个民族中不同阶级的人们所共同具有的。彼此对抗的阶级的人们，也有一些“共同的心理状态”，这是否可以理解呢？一个民族的不同阶级的人们，因为生活在共同的地域上，使用着共同的语言，而且除了阶级利益的对抗以外也还有共同的经济生活，那么，在思想上，在精神状态上，也有一些共同的特点，这应该是可以理解的。

其次，民族的“共同心理状态”是在历史的过程中形成的，而不是固定的，不是一成不变的。这也是必须注意的事实。

中国的汉族何时形成为一个民族？这在现今还是一个尚未解决的问题。在历史上是否有先资本主义的民族？这也是一个值得争论的问题。即令说，除了社会主义民族之外，只有资产阶级民族；但是，资产阶级民族也是逐渐形成的，不是突然出现的。即令说，中国的汉族直到近代才形成为一个民族，但是也必须承认，汉族的共同的精神状态久已在逐渐形成之中了。

中国哲学的特点与这在逐渐形成之中的汉族的“共同心理状态”有密切的联系。正是在这个意义上，我们可以说：中国哲学的特点就是中国哲学的民族特点。

中国哲学的特点乃是那些反映不同的阶级利益的不同学派的思想所共同表现的特点，而且是在历史过程中形成的特点。

然而，所谓不同学派的思想的“共同”特点，也只是相对的，而不是绝对的。它不可能是各个学派毫无例外地一齐表现的，而只是大多数的哲学家所共同表现的。实际情况是复杂的，任何完全固定的格式是不存在的。其次，所谓哲学思想的民族特点是与别的民族“不同”之点，这也只是相对的，而不是绝对的。中国哲学的特点实际上乃是中国的大多数思想家所共同而与别的国家的大多数思想家不同的特殊倾向或特殊形态。

中国古代哲学有哪些相对的民族特点呢？根据实际的材料，似乎可以说，中国古代哲学表现了四个基本特点：第一，本体与现象统一的观点；第二，生活与思想一致的传统；第三，在唯物主义方面，唯物主义与辩证观念相互结合的传统；第四，生死自然的观点与无神论在哲学发展中的深刻影响。此外，中国古代哲学有自己的一套独特的基本范畴基本概念，在思想发展的过程中曾经提出并争论过一些有特殊提法的问题，也都可以说是特点，但这是比较次要的了。

二

中国古典哲学有一个显著的基本倾向，就是肯定“本根”即在事物之中。大多数提出宇宙观的哲学家都认为“本根”与事物现象是相即不离的。在西洋哲学或印度哲学中，有一个比较流行的观点，就是认为现象是不实在的虚幻的，而唯一的实在乃是超越现象的本体，本体与现象的区别就是真实与虚幻的区别。这种观点在中国固有的哲学传统中是不存在的。中国的佛教哲学当然采取了印度哲学的基本观点，大多数反对佛教哲学的思想家都提出了对于本体现象截然两分的观点的明确批判。

“本”的观念是中国古代哲学中很早就有了的。《庄子·天下篇》讲述老聃关尹之学，说他们的基本态度是“以本为精，以物为粗”。本与物相对待。物即是个体的东西，本是万物的根源。《庄子·知北游篇》：“惛然若亡而存，油然不形而神，万物畜而不知，此之谓本根。”本根是无形无状的存在，是万物生成变化的基础。老庄虽然区别了本根与万物，然而老庄认为万物与本根都是实在的。《庄子·齐物论》有云：“古之人其知有所至矣。恶乎至？有以为未始有物者。至矣尽矣，不可以加矣。其次以为有物矣，而未始有封也。其次以为有封焉，而未始有是非也。”所谓“未始有物”，从表面看来，似乎否认了物的存在。其实不是的。所谓“未始有物”乃是泯除物我之对立，即是“万物与我为一”的意思。其实质是反对划分物我彼此的界限。这虽然是一种神秘主义，却并非否认外物的实在。

魏晋玄学提出“贵无”的学说，以“无”为天地万物的根源。何晏所著《道论》说：“有之为有，恃无以生；事而为事，由无以成。夫道之而无语，名之而无名，视之而无形，听之而无声，则道之全焉。故能昭音响而出气物，色形神而彰光影。”（《列子》张湛注引）他断言“无”是最根本的，而“有”是依靠“无”而存在的。但何晏并不否认“有”之为存在。“事”与“气物”都是实在的，不过不是根本的而已。玄学家“贵无”的学说是一种唯心主义，然而并没有否认事物的存在。这里他们还部分地保持了老庄的传统。

佛教传入中国以后，佛教徒宣扬了“心作万有，诸法皆空”(宗炳《明佛论》)的观点。这是与中国固有的传统相违背的。这个观点在南北朝隋唐时代没有受到明确的反驳。直到宋代的道学家，才比较彻底地批判了佛教唯心主义，发扬了中国固有哲学的基本观点。

宋代唯物主义哲学家张横渠(载)首先明确地批判了以世界为虚幻的唯心主义学说。他在《正蒙》中写道：“若谓万象为太虚中所见之物，则物与虚不相资，形自形，性自性，形性天人不相待而有，陷于浮屠以山河大地为见病之说。此道不明，正由懵者略知体虚空为性，不知本天道为用，反以人见之小因缘天地，明有不尽，则诬世界乾坤为幻化。”(《太和篇》)假如认为“形”“性”不相依靠，于是认定“性”是唯一真实，而把天地万象都看作假相，便铸成绝大的错误了。张横渠认为形性虽然有区别但也是相互依存的；他坚决地肯定物质世界的客观实在。

二程提出一种与佛教不同的唯心主义体系，虽然仍是讲唯心，却坚决反对以事物为虚幻的观点。《程氏遗书》中有云：“学禅者曰：草木鸟兽之生亦皆是幻。曰：子以为生息于春夏及至秋冬便都变坏，便以为幻，故亦以人生为幻，何不付与他？物生死成坏自有此理，何者为幻？”(《遗书》第一)二程认为万物的运动变化都是有理的，都是实在的。程伊川在中国哲学史上第一次提出了表明本体现象的内在联系的“体用一原”的命题。他在《周易传序》中说：“至微者理也，至著者象也。体用一源，显微无间。”他又说过：“至显者莫如事，至微者莫如理，而事理一致，微显一源。古之君子所谓善学者，以其能通于此而已。”(《遗书》第二十五)二程认为理是事物的根源，理是深微的，是体；事物是显著的，是用。而事与理，体与用，是相互统一的。体用不是截然对立的，没有实在与虚幻的分别。

南宋初年的哲学家胡五峰（宏）更明确地批判了佛教把现象与实在分为二事的观点。他在所著《知言》中说："释氏见理而不穷理，见性而不尽性，故于一天之中分别幻华真实，不能合一，与道不相似也。"本根固是真实的，现象也不是虚假的。把整个的自然世界分成幻华与真实，是不应该的。整个的自然世界都是实在的。这是大多数中国哲学家共同的基本观点。

从南宋起，许多的哲学家都接受、继承了程伊川"体用一原"的命题，并且加以发挥。朱晦庵（熹）说："盖自理而言，则即体而用在其中，所谓一原也。自象而言，则即显而微不能外，所谓无间也。"（《答汪尚书》）王阳明（守仁）说："即体而言，用在体；即用而言，体在用。是谓体用一原。"（《传习录》卷上）这都是对于体用关系的说明。

程朱学派与王阳明所讲的"体用一原"，在本质上是唯心主义的思想。程朱以为"体"是理，王阳明以为"体"是心，都认为本体是非物质性的。然后他们都强调了本体与事物的密切联系。他们虽然以为本体是理或心，却又肯定了理或心与事物现象之间的联系。我们可以说，他们在这一点上对于唯物主义作了一定程度的让步。

明清之际的唯物主义哲学家王船山（夫之）从唯物主义的观点发挥了体用统一的学说。王船山认为，体与用都是实际存在的。他说："天下之用皆其有者也，吾从其用而知其体之有，岂待疑哉？用有以为功效，体有以为性情。体用胥有而相需以实。"（《周易外传》卷二）王船山所谓体用与程朱及王阳明所谓体用，意义不同。王船山所谓体基本上就是我们今日所谓本质；他所谓用是本质的表现，也就是现象。他指出，本质就在现象之中，寻求本质应该求之于现象。他有一段很透彻的言论道："故善言道者由用以得体，不善言道者妄立一体而消用以从之。人生而静以上既非彼所得见矣，偶乘其聪明之变，施丹垩于空虚，而强命之曰体。聪明给予所求，测万物而得其影响，则亦可以消归其用而无余，其邪说自此始矣。则何如求之感而遂通者日观化而渐得其原也?”(同上)应该在现象变化的过程中发现变化的根源，而不应该从头脑中随意臆造一个本质。王船山这样明确地从唯物主义观点说明了“体用”的关系。

在中国古典哲学中，所谓“本”，所谓“本根”，所谓“体”，所谓“本体”，都含有复杂的意义。我们现在研讨哲学问题，基本上已经不采取这些概念或范畴了。我们现在还保留了“根源”的概念，还要运用“实体”与“作用”的范畴，“本质”与“现象”的范畴。这些概念范畴的意义都比较明确多了。然而，在历史上，“本”，“本根”，“体”，“本体”的范畴都曾经起过显著的作用，本体与事物现象的关系的问题曾经是一个重要的问题，这都是事实。而中国古代哲学，在这一方面，表现了显著的特点，这是在研究中国哲学史的时候必须注意的。

三

中国古典哲学有一个显著的倾向，就是着重生活与思想的一致。生活与思想的一致，用旧有的名词来说，就是“言行”的相顾，或“知行”的相互为用。“言”即是议论，学说；“知”即是认识，理解；“行”即是活动，作为。中国大多数的哲学家都重视言行或者知行的统一关系。中国古典哲学家所讲的言行或者知行的统一关系，主要包括三方面：(1)学说应该以生活中的实际情况为依据；(2)学说应该有提高生活改善行为的作用；(3)生活行动应该是学说信念的体现。各个思想家所着重的方面不同，然而基本的倾向是一致的。

孔子曾经讲到言行的关系，他说：“君子名之必可言也，言之必可行也。君子于其言，无所苟而已矣。”(《论语·子路》)他以“可行”为言的标准。所谓“可行”的言论就是从现实生活出发的，而不是全然脱离实际可能的空谈。

墨子着重行为，更甚于孔子。墨子说：“言足以复行者常之，不足以举行者勿常。不足以举行而常之，是荡口也。”(《耕柱》)“言足以迁行者常之，不足以迁行者勿常。不足以迁行而常之，是荡口也。”(《贵义》)所谓“举行”即是提高行为，所谓“迁行”即是改善行为。一切言论都必须有改善提高行为的作用。

荀子尝讲所谓“学”的意义道：“君子之学也，入乎耳，著于心，布乎四体，形乎动静，端而言，蠕而动，一可以为法则。君子之学也以美其身。”(《劝学》)所学必须贯彻到生活中，必须在行动上表现出来。

宋代的周濂溪(敦颐)在所著《通书》中说过：“圣人之道，入乎耳，存乎心，蕴之为德行，行之为事业。”所怀抱的信念要在生活实际中体现出来。

张横渠曾经讲论学问的目的道：“为天地立心，为生民立命，为往圣继绝学，为万世开太平。”(《语录》)天地本来“无心”，人有心而能认识天地，人对于天地的认识也可以说即是天地的心，正确地理解天地便是为天地立心。有了正确的认识，然后能够为人民来掌握人民自己的命运，同时为将来的人类开辟太平的道路。学问的目的主要在于解决人民生活中的重要问题。

以上所举虽然只是几个哲学家的话，但是他们这些话在实际上代表了大多数哲学家的共同态度。

从程伊川起，许多哲学家着重地讨论了“知行”的问题。北宋到明清之际，关于知行问题，主要有三个学说：程伊川朱晦庵主张知先行后(陆象山亦讲知先行后)，王阳明讲“知行合一”，王船山提出了行先知后的学说。然而他们都认为知行有密切关系，却是一致的。程朱学派，陆王学派，与批判了程朱陆王的王船山，都强调了“身心实践”的重要。程朱陆王都是唯心主义者，王船山是唯物主义者。但是，他们讲学，基本上都是“讲之以身心”。(王阳明《答罗整庵少宰书》)在这一方面，有其共同之点。

中国古典哲学家大都着重思想与生活的一致，这应该说是一个优良传统。

古典哲学家所谓言，所谓知，所谓行，都有其阶级局限性。他们的行动基本上是维持统治阶级的利益的行动，他们的生活是具有阶级特点的生活；他们的学说言论基本上反映了统治阶级的要求。然而，我们是否可以因此就否认其知行统一观点有积极的意义呢？显然不可以的。假如因为过去哲学家的学说观点具有阶级局限性就一律否认其中包含有价值的东西，那就要走向对于民族文化的虚无主义了。

中国古典哲学家着重言的“可行”，于是就注意生活的实际；因为注意生活的实际，就有可能观察到民间的疾苦；于是在一定条件之下也就有可能突破统治阶级特殊利益的圈子，而能够领会到人民的一些迫切要求；于是就有可能提出一些相对地反映人民愿望的主张来。从这一点来说，言行一致与知行相关的观点就更有其深刻的积极意义了。

四

在中国古典哲学中，有一个长久的唯物主义的传统，而且唯物主义观点与辩证观点经常是密切结合的。在西洋古典哲学中，也有唯物主义与辩证观念互相结合的思想，那就是赫拉克利特的学说；但在赫拉克利特以后的西方唯物主义哲学中，辩证的因素就比较淡薄了。在中国哲学中，从周秦一直到明清，许多卓越的唯物主义者都同时也是辩证思想家。所以，在中国哲学史中，辩证观念不是由唯心主义哲学家阐发出来的，而主要是由唯物主义哲学家阐发出来的。

《老子》以“有物混成”的“道”为天地之所从出，建立了唯物主义的宇宙观，他所谓道的观念包含了存在与过程相互统一的辩证观点。老子更提出“反者道之动”的学说，他敏锐地指陈了“有无相生，难易相成”，“物或损之而益，或益之而损”等等客观辩证规律。《易传》对于阴阳变化作了深刻的说明，以正反两方面的相互作用为变化的源泉；同时以太极（元气）两仪（天地）为世界的根源。《易传》中的宇宙观既是辩证的，又是唯物主义的。

王充承认种类不变，他的唯物主义学说含有形而上学的成分；但同时他也承认天地阴阳的交互作用，他的唯物主义学说也含有辩证的观点。范缜正确地解决了形神问题，同时他也提出了关于变化的不同形式的学说。刘禹锡在《天论》中所发挥的“天人交相胜”的学说，既是唯物主义的，又是辩证的。

张载深刻地论证了世界的物质性，透辟地阐明了物质的自己运动，同时又指出了事物之间的相互联系，事物之间的对立与斗争。他把唯物主义与辩证学说都提到新的高度。王夫之继承并且发展了张载的学说，既敏锐地反驳了陆王学派“心外无物”的学说，又明确地批判了程朱学派“理在物先”的学说，同时更阐明了运动的绝对性以及变化日新的复杂情况，他对于唯物主义与辩证学说都作出了巨大的贡献。

戴震也承认种类不变，他的唯物主义学说也含有形而上学的因素；然而他同时也阐明了“生生不息”以及“生则有息，息则有生”的现象，他的唯物主义也显示了辩证的本质。

所以，我们应该承认，在中国古典哲学中唯物主义与辩证观念经常是相互结合的。

在西方哲学史中，主体的能动作用这个问题主要是由唯心主义者阐发了的。在中国古典哲学中，也有完全忽视人类的能动作用的唯物主义思想，这就是老子庄子的学说。但是，一部分卓越的唯物主义者也肯定并且阐发了主体的能动作用。这就是荀子关于心的学说与改造自然的学说。荀子强调了心的自主能力，论证了改造自然的必要与可能。荀子是一个肯定了主体的能动作用的唯物主义哲学家。后来的唯物主义者中，刘禹锡、张载、王夫之、戴震也都阐明了积极有为的必要，这与他们的辩证观点是密切联系的。

中国古代唯物主义哲学以“气”为表示物质现象的概念，这也有其特殊的意义。“物质”这个名词是一个翻译名词，不是中国旧有的。中国古代哲学中表示物质存在的名词也很多，这些名词是：“有”、“实”、“物”、“象”、“气”、“形”、“质”、“器”。“有”与“实”指客观的存在。“物”与“器”指个别的具体的东西。“象”指客观的现象。“形”指有固定形状的东西。“质”指有坚固的形体的东西。在这些观念之中，“物”、“器”、“形”、“质”的意义都比较狭窄。“物”、“器”指一件一件的东西；“形”、“质”指有形状或有坚固性的存在。假如不是一件一件的，或者不是有形的，不是坚硬的，就不能叫作“物”、“器”或者“形”、“质”了。“有”、“实”、“象”是泛泛的概念，因为过于广泛了，有时不一定指物质性的存在。唯心主义者也常常用这些名词来表示精神性的或者任何非物质性的东西。所以，在中国哲学中，意义相当广泛而又相当明确的、表示物质存在的基本概念乃是“气”。

“气”这个名词有不同的意义，也可以说，它表示不同的观念。“气”字可以说主要有三项意义，即表示三个不同的观念。“气”字的第一个意义是气体状态，即气状的物质存在。例如，空气、水蒸气、人所呼吸的气，都叫作气。这是气字的原始意义。这个意义的气字只是指物质存在的一种状态，而不是指一般的物质："气"字的第二个意义是一般的物质存在。这是作为哲学范畴的"气"的概念，指示那与生命有区别、与意识相对立、具有深广的特征、以运动为本性的客观实在。"气"字的第三个意义是一切可以看到的状态。凡似乎可以感到的，没有固定形状的，漠漠忽忽的状态，都叫作气。一个唯心主义哲学家自己感到的精神状态也叫作气，如孟子所谓"浩然之气"。可以漠忽感到的别人所表现的神色态度，也叫作气，如宋儒所谓"圣贤气象"以及普通所谓"气度""神气"等等。这是"气"字的最广泛的意义，这是与作为唯物主义基本范畴的"气"有根本区别的。

关于作为哲学的一个基本范畴的"气"的观念之意义，可以引证古代哲学著作中一些文句来说明。(1)《庄子·知北游篇》："人之生也，气之聚也。聚则为生，散则为死。……故曰通天下一气耳。"这表明气是构成人物的形体的东西。(2)《荀子·王制篇》："水火有气而无生，草木有生而无知，禽兽有知而无义，人生气有生有知亦且有义，故最为天下贵也。"气是"无生"、"无知"、"无义"的，而"有生"的，"有知"的，以及"有义"的东西都"有气"，气是"生"与"知"的基础。这表示气就是一般的物质。三国时钟会在《与蒋斌书》中说："譬诸草木，吾气类也。"草木与人都是气类。这也表明气是一般的物质。(3)张横渠《正蒙》："所谓气也者，非待其蒸郁凝聚，接于目而后知之。苟健顺动止，浩然湛然之得言，皆可名之象尔。"(《神化篇》)这表明凡是有运动静止，有深广的特征的，都是气。(4)朱晦庵说："天地之间，有理有气。理也者，形而上之道也，生物之本也。气也者，形而下之器也，生物之具也。是以人物之生，必禀此理，然后有性；必禀此气，然后有形。”(《答黄道夫》)这认为气即是器，也就是形，而是与理相互对待的。一件一件的东西是器，而所有的器都是气。气就是一般的物质存在。

从这些文句来看，应该承认，中国古典哲学所谓气，就是表示物质存在的哲学范畴。可以说，假如把一切具体物的特殊性都忽略了，只注意其一般的内容，这一般的内容就是气。这种东西与那种东西有区别，而都是气，则彼此相同。水火是气，草木是气，人也是气。液状的东西，固体的东西，也都是气。气就是一般的物质。

中国哲学以气作为表示物质存在的范畴，也有其特殊的意义。作为哲学范畴的气是从那表示气体状态的气的观念抽绎出来的。这气的范畴之中含有存在与变化之统一的观点。中国哲学中关于气的学说都肯定气是运动变化的。唯物主义肯定气的自己运动，唯心主义虽然不承认气是第一性的，但在讲到气的时候，也承认气与运动的关系。这就是肯定物质与运动的密切联系，肯定运动是物质的本质。所以，气的范畴本身也是唯物主义与辩证思想的结合的一个表现。

五

在印度哲学中，生死轮回的观念很流行；在西方哲学中，灵魂不灭的观念也很有势力。但是中国哲学中的情况却迥然不同。中国哲学家向来不看重生死问题，而且宋代以后，在哲学范围内，无神论取得极大的优势，唯心主义学说也容纳了无神论的一些基本观点。在西方哲学中，唯心主义经常是和有神论相互结合的。在中国哲学中，唯心主义却与无神论在一定限度内结合起来。这也是一个特点。

孔子不看重生死问题，他认为生死是不必留心的。子路问死，孔子答道：“未知生，焉知死?”(《论语·先进》)孔子又讲过：“朝闻道，夕死可矣。”(同书《里仁》)又说：“志士仁人，无求生以害仁，有杀身以成仁。”(《卫灵公》)在他看来，实现道德理想，比维持生命更为重要。孔子反对追问死后的事情，他虽然没有明确地提出无神论，然而已经接近无神论了。孔子的后学，代表儒者与墨子争辩的公孟子(从年代推算，应该是孔子再传弟子)，公开地提出“无鬼神”的学说(见《墨子·公孟篇》)。这是中国无神论的开端。后来儒家之中，也有讲有鬼神的，也有讲无鬼神的，但都不赞成谈论生死问题。儒家决不讲“来世”，决不追求死后的“极乐世界”，而明确地重视现世，要求解决现实生活中的问题。这是儒家一贯的态度。

道家提出了生死自然的学说。讲得最显豁的是庄子。庄子谈论生死的推移道：“察其始，而本无生；非徒无生也，而本无气。杂乎芒芴之间，变而有气，气变而有形，形变而有生。今又变而之死，是相与为春秋冬夏四时行也。”(《至乐》)在庄子看来，由无生而有生，由生而死，都是自然而然的过程。庄子也不承认灵魂不灭。“其形化，其心与之然，可不谓大哀乎？人之生也，固若是芒乎？其我独芒而人亦有不芒者乎?”(《齐物论》)他是肯定形神俱化的。

汉代的扬雄继承了儒道的观点，排斥了追求长生的幻想。他说：“有生者必有死，有始者必有终。自然之道也。”(《法言·君子》)东晋的陶渊明更用诗的言语表达了儒道二家关于生死的态度：“纵浪大化中，不喜亦不惧。应尽便须尽，无复独多虑。”(《形影神》诗)这是中国哲学家的一般的态度。

在宋代哲学中，张横渠首先表明这种对于生死的基本态度。《西铭》的结语说：“存吾顺事，没吾宁也。”生存时努力不懈，死则安然而死，无所畏怖，无所厌憎。把从生到死看作自然而必然的过程。这正是与佛教不同的态度。

二程批评佛教说："佛学只是以生死恐动人。……圣贤以生死为本分事，无可惧，故不论死生。佛之学，为怕死生，故只管说不休。下俗之人固多惧，易以利动。至如禅学者，虽自曰异此，然要之只是此个意见，皆利心也。"(《程氏遗书》第一)二程的哲学体系虽然是唯心主义的，但他们继承并且发挥了生死自然的观点，认为生死问题是不必考虑的。二程反对把生死问题当作一个重要的理论问题，这点表现了中国传统哲学的固有的态度。

张横渠是一个唯物主义者，同时也是一个无神论者，他坚决地否认了宗教思想中所谓鬼神的存在。在张横渠的哲学体系中，唯物主义与无神论是密切结合的。二程提出了客观唯心主义的体系，但也容纳了无神论的成分。《程氏遗书》有云："尝问好说鬼神者，皆所未曾闻见，皆是见说，烛理不明，便传以为信也。假使实所闻见，亦未足信。或是心病，或是目病。如孔子言人之所信者目，目亦有不足信者耶？此言极善。"(《遗书》第二下)这是明确的无神论见解。但关于这个问题，二程有时表现了动摇。《遗书》又有云："问鬼神有无。曰：'待说与贤道没时，古人却因甚如此道。待说与贤道有时，又却恐贤问某寻。'"(《遗书》第三)他们不敢直截了当地贯彻无神论的主张。在这一点上，二程与张横渠之间存在着鲜明的区别。不过，二程的思想中有无鬼论的倾向，还是显然的。

程朱以"理"为天地万物的基础，所以程朱的哲学是一种客观唯心主义。程朱所谓"理"是在事物之先的，超乎物质之上的。我们可以说这所谓"理"在实际上就是人的观念，然而却不能说这所谓"理"就是人的精神或认识作用。朱晦庵曾经明确地区别了"理"与"心"，所以后来王阳明批评他是"析心与理而为二矣"(《答顾东桥书》)。在这一点上，程朱学派的客观唯心主义与西洋哲学中的客观唯心主义例如黑格尔的学说有显著的不同。

程朱“析心与理而为二”，陆王则合心与理而为一。但是陆王学派却也不讲灵魂不灭。王阳明说：“今看死的人，他这些精灵游散了，他的天地万物尚在何处?”(《传习录》卷下)这是认为，人死以后，他的精神没有了，他所认识的世界也随而消灭了。王阳明断言世界随人的意识的消逝而消逝，这是主观唯心主义的荒谬说法，但是他也承认人死神灭。所以，王阳明的思想中也含有无神论的成分。王阳明讲“心外无物”，英国的贝克莱讲“存在即是被感知”，都是主观唯心主义。但他们立论的目的却不相同。王阳明讲心外无物，主要是借以宣扬他所谓良知；贝克莱讲存在即是被感知，主要是为了证明上帝的存在。一个是为了阐明道德(封建统治阶级的道德)，一个是为了巩固宗教(基督教)。两者的区别是非常显然的。宋明哲学中，唯心主义与无神论有一定程度的结合，这也是中国哲学史的一个特殊现象。

中国哲学中也有“不朽”的观念。中国哲学中所谓“不朽”主要是指伟大人物的道德事业言论的长久影响而言。在孔子以前的贵族学者叔孙豹曾经阐明了“三不朽”的学说：“太上有立德，其次有立功，其次有立言。虽久不废，此之谓不朽。”(《左传》襄公二十四年)这是后来大多数哲学家所承认的。汉末徐干所著《中论》记述荀爽的言论道：“古人有言，死而不朽。其身殁矣，其道犹存，故谓之不朽。夫形体固自朽弊消亡之物，寿与不寿，不过数十岁。德义立与不立，差数千岁，岂可同日言也哉?”(《夭寿篇》)这是对于叔孙氏三不朽学说的阐发。专从一个人的实际贡献与影响讲不朽，这也是中国古典哲学的特色。

在西洋哲学史中，许多唯心主义者都把论证“上帝存在”，“灵魂不死”当作哲学的重要课题。西洋的唯心主义哲学是为宗教服务的。在中国哲字中，尤其在宋明时代的哲学中，唯心主义却与无神论在一定限度内结合起来。这是由于宗教在中国社会中不像在西洋社会中那样有势力，但同时这也表明了中国哲学思想中唯物主义的巨大成就与无神论的深刻影响。

六

前面说过，所谓中国哲学的特点在实际上就是汉族哲学的民族特点，而汉族哲学的民族特点是与汉族的文化中所表现的共同心理状态有密切关联的。然而这些特点还不等于汉族文化中的共同心理状态。因为这些特点只是专门学术领域中的特点，而不是一般人的心理状态的共同特征。但是，这些特点也可以说是一般人的心理状态的共同特征在哲学领域中的反映。

汉族的共同文化中的共同心理状态包括哪些内容呢？这也是一个极其复杂而需要深入研究的问题。然而，似乎可以说，汉族的民族文化中所表现的共同心理状态有一个相当显著的特点，就是具有一种朴素的辩证意识或辩证智慧。

这种辩证意识还不是辩证学说或辩证的方法，而是一种由经验累积而达到的智慧。这种辩证智慧在哲学中有两个表现，一个是儒家的“中和”观念，一个是道家的“反衍”观念。

孔子曾提出“中庸”的观念，他又说过：“过犹不及。”(《论语·先进》)“中”就是无过无不及。《中庸》一书中又提出“时中”的观念。“时中”即是随时取中。“中”不是固定的，而是变动的；随时间情况之不同而作得恰到好处，就是“时中”。《中庸》一书中又提出“中和”的观念：“喜怒哀乐之未发，谓之中；发而皆中节，谓之和。”所谓中即是不陷于任何一偏；所谓和即是合乎节度。“和”的观点也是儒家伦理学说中一个重要观念。孔子说：“君子和而不同”(《论语·子路》)，他区别了和与同。关于和同之分，《左传》中有详细的解说。《左传》昭公二十年：“齐侯至自田，晏子侍于遄台，子犹驰而造焉。公曰：唯据与我和夫！晏子对曰：据亦同也，焉得为和？公曰：和与同异乎？对曰：异。和如羹焉，水火醯醢盐梅，以烹鱼肉，燀之以薪，宰夫和之，齐之以味，济其不及，以泄其过。君子食之，以平其心。君臣亦然。君所谓可，而有否焉，臣献其否，以成其可。君所谓否，而有可焉，臣献其可，以去其否。是以致平而不干，民无争心。……今据不然。君所谓可，据亦曰可。君所谓否，据亦曰否。若以水济水，谁能食之？若琴瑟之专一，谁能听之？同之不可也如是。”同是重复同样的东西，和是会合不同的东西而达到一种平衡。和的观念含有否定之否定的意义。《国语》郑语中记载史伯的言论道：“夫和实生物，同则不继。以他平他谓之和，故能丰长而物生之。若以同裨同，尽乃弃矣。故先王以土与金木水火杂以成百物。……于是乎先王聘后于异姓，求财于有方，择臣取谏工，而讲以多物，务和同也。声一无听，物一无文，味一无果，物一不讲。”和即是“以他平他”，即会合不同的东西而达到一种平衡；如此才会有新事物发生，所以说“和实生物”。假如把同一种东西加在一起，所得仍然是那一种东西，所以说“同则不继”。“同”只是同，“和”包含了同与不同，把同与不同结合起来。儒家分别“和”“同”，就是认为，不应该专求同，而应该重视不同。这是一种辩证的态度。

儒家的中庸中和的观念发生了深远的影响。一般人都不赞成走极端，而要求适可而止，恰如其分；都不赞成强制专断，而容许“同归而殊途”。这种态度是与儒家思想有关的。中和观念闪耀着辩证的光辉。中庸的观念却含有不良的因素。历史上的绅士者流都表现了得过且过不痛不痒的态度。

道家不赞成儒家的中庸，而主张把物极必反的客观辩证规律运用于生活之中。《老子》讲“正言若反”（七十八章）。《庄子·秋水篇》提出了“反衍”的观念：“以道观之，何贵何贱？是谓反衍。”反衍即是相反相生，这是道家思想中辩证观念的简明概括。反衍含有从反面看问题的观点，此种观点也发生了深远的影响。道家的思想有批判现实的倾向，同时也表现了消极逃避的倾向，因而也发生了一些不良的作用。

儒家的“中和”，道家的“反衍”，一方面反映了，一方面又影响了一般人的辩证智慧。这种辩证智慧可以说是汉族的共同文化中所表现的共同心理状态的内容之一。以上所提出的中国哲学的四个特点，也可以说都是辩证智慧的表现。“体用一原”即着重体用两方面的统一，“知行”相互为用即着重思想与生活的统一，唯物主义与辩证法的结合更证明了唯物主义者都发挥了辩证的智慧，生死自然的观点是对于生死的辩证理解。中国哲学中当然也有辩证法与形而上学的斗争，但辩证法是占优势的。

中国哲学的基本特点的产生，有其社会物质生活方面的根源。但这个问题尚有待于进一步的研究，现在姑且存而不论。

研究中国古典哲学的特点，可以从不同方面着手。本文是专从中国古代哲学的若干基本观点基本倾向来讲的。此外也可以从中国古典哲学的特殊概念或独有的范畴来讲，还可以从中国古典哲学发展的特殊规律来讲。但是中国哲学发展的规律是一个十分复杂的问题，尚有待于更深入的研究。本文所提出的第二、第三、第四诸特点都与中国古典哲学的发展规律有关，不过在本文中都是仅仅作为特殊观点或基本倾向来说明的。

中国哲学有许多特点，也有许多与西方哲学印度哲学相同的共同之点。假如夸大了特点，那是不应该的；假如否认特点，也是不适当的。本文仅仅说明了中国哲学的几个特点，这当然是远远不够全面的，好像“用管窥天，用锥指地”，不过是企图揭示出一部分事实而已。然而，仅仅就本文所说明的看来，中国哲学有其独特的精神面貌，也就很显然了。

孔子哲学解析*

孔子是中国古代最有影响的哲学家，在五四运动以前，就影响而论，没有别的历史人物能和他相比。过去封建统治阶级藉“尊孔”来维护其封建统治；而在前些年，“四人帮”又藉“反孔”来推行他们的封建法西斯主义。时至今日，历史在发展，时代在前进，现在已经达到这样一个时代：“尊孔”固不足以骗取人心；“反孔”亦不足以伪装革命，因而有可能对于孔子进行科学的实事求是的讨论了。我们现在哲学史工作者的任务之一是全面地客观地评论孔子。孔子的学说在历史上确曾起过严重的消极作用，而在若干方面也未尝没有显著的积极意义。对于孔子，应该进行全面的辩证的解析。

关于孔子的资料，有《论语》和《左传》、《国语》以及《礼记·檀弓》中关于孔子言行的记载。过去传统的看法，认为《易大传》是孔子撰作的，《礼运》的大同理想是孔子倡导的。但仔细考察起来，《易大传》和《礼运》应是孔门后学的著作，

---

* 本文选自《中国哲学史论》，太原，山西人民出版社，1981。

都不能代表孔子的思想。现在来研究孔子，仍以《论语》、《左传》、《国语》和《檀弓》为最可信的材料。

孔子在汉代以后二千多年中，被崇奉为偶像，在那个时代，人们“以孔子之是非为是非”。这种传统态度，当然必须首先打破。唯有推倒了孔子的偶像，然后才有可能对孔子进行实事求是的科学讨论。

从《论语》看，孔子确有一个简单的哲学体系，至少有一个伦理学的体系。这个体系并不特别深奥。在先秦时代，孔子的学说，与老庄孟荀对照，还是比较简单的。虽然如此，孔子的学说中，也还有一些深微曲折之处，也并非易于理解。有许多问题，众说纷纭，迄无定论。现在仅就孔子学说的主要内容，举出孔子思想的十个特点，略述管见。这十个特点是：一、述古而非复古；二、尊君而不主独裁；三、信天而怀疑鬼神；四、言命而超脱生死；五、标仁智以统礼乐；六、道中庸而疾必固；七、悬生知而重闻见；八、宣正名以不苟言；九、重德教而卑农稼；十、综旧典而开新风。分别评述如下。

一、述古而非复古

多年以来，人们认为孔子是复古主义者，认为孔子绝对拥护周礼，主张恢复西周制度。其实这种看法并不合乎事实。孔子说：“殷因于复礼，所损益可知也；周因于殷礼，所损益可知也。其或继周者，虽百世可知也。”(《论语·为政》，以下凡引《论语》，只注篇名)这里有三层意思：(1)肯定有“继周者”，即认为周代不可能永存。(2)肯定“继周者”对于周礼亦有所损益。(3)认为“百世”的历史，后代对于前代，都有所损益，但不过有所损益而已，不会有根本的改变。这种观点，可称为“损益”观点，承认历史有变化，但不承认有根本的变化。这种观点，不是复古主义。后来荀子讲“百王之无变，足以为道贯”(《荀子·天论》)，正是从孔子“百世可知”引申出来的。孔子又说：“周监于二代，郁郁乎文哉！吾从周。”(《八佾》)这里明确宣称“从周”，但应注意，这里所讲“从周”，乃是以周代与夏殷二代比较而言，乃是认为周代的文化比夏殷二代优胜，所以主张从周。在春秋时代，周制已坏，孔子宣称“从周”，确有保守的意义，但也有在三代之中取其最近的意义。孔子从周，也是相对的，他又说：“行夏之时，乘殷之辂，服周之冕，乐则韶舞。”(《卫灵公》)对于夏殷也还是有所取。孔子反对“铸刑鼎”，不同意“用田赋”，表现了在政治上的保守倾向；但他赞同“举贤”，主张知识分子(士君子)参政，宣称他的弟子仲由、端木赐、冉求都有“从政”的才能(《雍也》)，并且说：“雍也可使南面”(同上)，即以为冉雍可以治国。这种士人参政的主张，显然是与西周制度不合的。

孔子自称“述而不作，信而好古”(《述而》)，即强调继承前人的传统，不必致力于新的创造，可以说有尊重传统而轻视创新的倾向。这种态度，对于保持传统有积极的作用，而对新事物的创造重视不够，在中国历史上确实起了消极的作用。后来的墨子，主张述而且作，就比孔子进步了。

二、尊君而不主独裁

儒家主张尊君(法家也是如此)，这是从孔子开始的。子路批评荷蒸丈人说：“长幼之节不可废也，君臣之义，如之何其废之？”(《微子》)正是因为孔门强调“君臣之义”，所以后来受到历代封建统治者的尊崇。但是，应该注意，孔子并不主张君主个人独裁。《论语》中有这样一段对话：

定公问："一言而可以兴邦，有诸?"孔子对曰："言不可以若是，其几也，人之言曰：'为君难，为臣不易。'如知为君之难也，不几乎一言而兴邦乎?"曰："一言而丧邦，有诸?"孔子对曰："言不可以若是，其几也，人之言曰：'予无乐乎为君，唯其言而莫予违也。'如其善而莫之违也，不亦善乎？如不善而莫之违也，不几乎一言而丧邦乎?"(《子路》)

非常明显，孔子是反对"言莫予违"的，以为不辨是非的"言莫予违"足以丧邦。这也就是，孔子虽然主张尊君，却不同意一人独裁。

孔子认为，人臣事君，要有一定的原则，他说："所谓大臣者，以道事君，不可则止。"(《先进》)人君如有过失，应该进行谏诤。《论语》记载：子路问事君，子曰："勿欺也，而犯之。"(《宪问》)"犯之"即犯颜直谏。中国古代有"纳谏"的传统，虽然真能纳谏者不多，而表面上还要鼓励直谏。这个传统也与孔子有关。

孔子也要求君主遵守一定的原则，他说："君使臣以礼，臣事君以忠。"(《八佾》)君对于臣，也要遵守一定的制度。所谓礼，当然是有利于君的，但对君的行为也有一定的约束。

三、信天而怀疑鬼神

在孔子的哲学中，最高范畴是天，天是人事的最高决定者。孔子说："天之将丧斯文也，后死者不得与于斯文也。天之未丧斯文也，匡人其如予何!"(《子罕》)又说："知我者，其天乎!"(《宪问》)天是有意志、有智慧的。从孔子所谓天的这一意义来说，孔子的哲学是唯心主义。

但孔子所谓天已不同于商周传统观念的天，有时又接近于自然之天。孔子说："大哉尧之为君也，巍巍乎！唯天为大，唯尧则之。"(《泰伯》)所谓"唯天为大"。恐不能理解为唯有上帝最伟大，而是说天是最广大的，这天就是广大的自然了。孔子又说："天何言哉？四时行焉，百物生焉，天何言哉！"(《阳货》)这所谓天，可以有不同的理解，有人解释为主宰之天，有人解释为自然之天。无论如何，这所谓天不同于商周传统观念中的天。在商周传统观念中，天是要发号施令的。孔子所谓天，可以说是由主宰之天到自然之天的过渡形态。

孔子没有多讲天道问题，子贡说："夫子之言性与天道，不可得而闻也。"(《公冶长》)但并非完全未讲，"四时行焉，百物生焉"，一个"行"字，一个"生"字，都可以说有相当深刻的意义。《论语》记载："子在川上曰：逝者如斯夫，不舍昼夜。"(《子罕》)万事如川流，动转不息。孔子强调"行"、"生"、"逝"，这就是孔子的天道观。这个天道观包含着辩证法。

孔子虽然承认天，而对于鬼神则持怀疑态度。他曾说："祭如在，祭神如神在。"(《八佾》)两个"如"字，表示并非真有鬼神存在。孔子又说："务民之义，敬鬼神而远之，可谓知矣。"(《雍也》)对于鬼神，虽仍要敬，却须"远之"，这样才算是明智。《论语》记载："子不语怪力乱神"(《述而》)。又："季路问事鬼神，子曰：未能事人，焉能事鬼！"(《先进》)可见孔子是不愿谈论鬼神。《论语》又载："子疾病，子路请祷。子曰：有诸？子路对曰：有之。诔曰：祷尔于上下神祇。子曰：丘之祷久矣。"(《述而》)由这段故事看，孔子是不赞同祈祷的。所谓"丘之祷久矣"，乃是拒绝祈祷的委婉的说法。

孔子对于鬼神持怀疑态度，这在当时是有进步意义的。到孔门后学公孟子，就明确宣称"无鬼神"了。(《墨子·公孟篇》记载墨子和公孟子的辩论)据考证，公孟子即曾子弟子公明高，是孔子再传弟子。

四、言命而超脱生死

孔子肯定天命，强调“知命”，他说：“道之将行也与，命也；道之将废也与，命也。”(《宪问》)一切都是命所决定的。他自称“五十而知天命”(《为政》)，又说：“不知命，无以为君子也”(《尧曰》)。认为知命是重要的。孔子既尊天，又讲命，这在理论上是一致的。

但孔子虽讲天命，却又非常重视人为，在生活上采取积极的态度。他曾自述道：“若圣与仁，则吾岂敢！抑为之不厌，诲人不倦，则可以云尔已矣！”(《述而》)《论语》又载：“叶公问孔子于子路，子路不对。子曰：汝奚不曰：其为人也，发愤忘食，乐以忘忧，不知老之将至云尔！”(《述而》)孔子所谓“为之”，不过是学习传统文化，传授文化知识，但这种积极有为的态度，这种乐观的精神，对于中国民族文化的发展，确实起了积极的作用。

孔子还有一个值得注意的人生态度，即超脱生死，主张为道德理想而献出生命，不把死看作重要问题。“不知老之将至”，当然更不知死之将至了。子路对孔子说：“敢问死”，孔子回答说：“未知生，焉知死？”(《先进》)止应知生，何必知死？不应该考虑死后问题。而且生也是可以舍弃的。孔子曾说：“志士仁人，无求生以害仁，有杀身以成仁。”(《卫灵公》)为了实现仁的品德，可以牺牲自己的生命。这种自我牺牲的精神，是任何阶级的道德所必然要求的。前一些年，有些人把“杀身成仁”当作反动的口号。事实上，我们不应因为反动派曾经利用这个口号而将这个口号本身也看成反动的。在中华民族的悠久历史上，许多民族英雄正是在这种精神的鼓舞之下而进行艰苦卓绝的斗争以至献出自己生命的。

孔子不看重死后问题，这是孔子与宗教家不同的显著特点，这和中国古代无神论传统的形成有密切的联系。

五、标仁智以统礼乐

《吕氏春秋》说："孔子贵仁。"(《不二》)仁是孔子哲学的中心观念，这是大家公认的。孔子固然贵仁，而亦贵智，《论语》中经常以仁智并举，并说明了仁智的区别。孔子说："仁者安仁，知者利仁。"(《里仁》)仁者心安于仁而行之，智者以仁为有利而行之。所谓安是无所为而为，所谓利是有所为而为。韩非曾解释仁说："仁者谓其中心欣然爱人也，其喜人之有福而恶人之有祸也，生心之所不能已，非求其报也。"(《解老》)韩非虽然非薄仁义，而这句对仁的解释却是深切的。孔子虽以为仁者的境界较智者为高，智者次于仁者，但他兼重仁智，这还是值得注意的。孔子也一再以仁智勇三者并举，如云："知者不惑，仁者不忧，勇者不惧。"(《子罕》)又云："君子道者三，我无能焉，仁者不忧，知者不惑，勇者不惧"(《宪问》)。后来《中庸》以知仁勇为三达德。兼言三德是儒家伦理学说特点之一。

《论语》中关于仁的问答不少，最重要者有四条：

(1)子贡曰："如有博施于民，而能济众，何如？可谓仁乎？"子曰："何事于仁，必也圣乎？尧舜其犹病诸！夫仁者，己欲立而立人，己欲达而达人。能近取譬，可谓仁之方也已。"(《雍也》)

(2)颜渊问仁。子曰："克己复礼为仁，一日克己复礼，天下归仁焉。为仁由己，而由人乎哉？"颜渊曰："请问其目。"子曰："非礼勿视，非礼勿听，非礼勿言，非礼勿动。"(《颜渊》)

(3)樊迟问仁。子曰："爱人。"(《颜渊》)

(4)子张问仁于孔子。孔子曰："能行五者于天下，为仁矣。"

请问之。曰："恭、宽、信、敏、惠。恭则不侮，宽则得众，信则人任焉，敏则有功，惠则足以使人。"(《阳货》)

这四条中，"爱人"之训最为简明。"立人"、"达人"之训，最为完备。"克己复礼"之训则说明仁与礼的联系，其义仍由"立人"、"达人"而来。孔子曾说"立于礼"(《泰伯》)，所以"己立而立人"，必须视听言动合乎礼。"恭宽信敏惠"则是爱人的详细解说。

清人阮元《论语论仁论》说：

子贡视仁过高，误入圣域，故孔子分别圣字，将仁字论之曰：所谓仁者，己之身欲立，则亦立人；己之身欲达，则亦达人。……立者如三十而立之立，达者如在邦必达、在家必达之达。

立是有所成就，达是处事接物顺通无阻。所谓"己欲立而立人，己欲达而达人"，表现出仁的阶级性。在奴隶制时代或封建制时代，统治阶级内部才有所谓立达，被压迫阶级，在一般情况之下，是无所谓立达的。孔子虽讲爱人，对于不同的阶级还要区别对待。在统治阶级内部，要立人达人；对于劳动人民，则要求实行"宽"、"惠"。仁不可能要求消灭剥削和压迫，但是要求减轻剥削和压迫。

孔子宣扬"爱人"，表现了对于一般人民的重视。他以"博施于民而能济众"为最高理想，又以"泛爱众"为子弟的修养条目(《学而》)。孔子肯定了一般人的独立意志，他说："三军可夺帅也，匹夫不可夺志也。"(《子罕》)匹夫即是庶民，庶民各有自己的意志，是"不可夺"的。孔子重视一般人的独立意志，这有重要历史意义。《论语》记载：

“厩焚，子退朝，曰：伤人乎？不问马。”(《乡党》)郑玄注：“重人贱畜。”这重人贱畜的态度，确是有进步意义的。

前些年有一种流行的说法，认为《论语》中“人”和“民”是截然区分的，人不包括民，民不属于人。这种说法，看起来很新颖，其实缺乏科学的论证，没有确实的依据。《论语》中以伯夷、叔齐、柳下惠等为逸民(《微子》)，显然，贵族也称为民。孔子称赞管仲说：“民到于今受其赐，微管仲，吾其被发左衽矣”(《宪问》)，显然孔子自己也在受赐之民中。在《论语》中，所谓小人、庶人、野人，显然都属于民。在孔子心目中，民也是人。民是对“上”而言的，人是对己而言的。如说：“上失其道，民散久矣”(《子张》)，“为仁由己，而由人乎？”(《颜渊》)如认为人指贵族，民指奴隶，那是全然缺乏客观根据的。

孔子所谓仁是有阶级性的，但其阶级性并不表现于在语言中把人与民区别开来。

孔子是当时礼乐专家，强调礼乐，他的思想的特点是以仁统帅礼乐，使礼乐从属于仁。他说：“人而不仁，如礼何？人而不仁，如乐何？”(《八佾》)又说：“礼云礼云，玉帛云乎哉！乐云乐云，钟鼓云乎哉！”(《阳货》)孔子以仁统礼，使礼乐服从仁的指导，这在当时也有进步意义。

六、道中庸而疾必固

孔子非常崇尚中庸，他说：“中庸之为德也，其至矣乎！民鲜久矣”(《雍也》)。对于中庸，《论语》中没有更详细的说明，与中庸有关的有下列诸节：

子贡问师与商也孰贤。子曰：“师也过；商也不及。”曰：“然

则师愈与？"子曰："过犹不及。"(《先进》)

子曰：不得中行而与之，必也狂狷乎！狂者进取，狷者有所不为也。(《子路》)

尧曰：咨尔舜！天之历数在尔躬，允执其中，四海困穷，天禄永终。舜亦以命禹。(《尧曰》)

事情有一个适当的标准，叫作中；超过这标准，就是过；没有达到这标准，就是不及。处理许多事情，要合乎这个标准，这就是执中。这标准是经常性的，故称为中庸。

中庸有两层意思，第一，肯定事物的变化超过一定限度就要转向反面。第二，要求坚守这个限度，以免转向反面。这第一层意思合乎辩证法；第二层意思就是反辩证法的了。无论在自然界或在社会历史里，事物的发展过程中，在一定条件下，必须保持平衡，才能维持事物的存在；在另一条件下，必须打破平衡，才能继续向前发展。如果不论在什么条件下都要保持平衡，那就难以进步了。

孔子讲中庸，要求遵守一定标准，但他又反对"必"、"固"，以为不宜不顾条件专守某一固定标准。《论语》记载："子绝四：毋意，毋必，毋固，毋我。"(《子罕》)又载："微生亩谓孔子曰：'丘何为是栖栖者与？无乃为佞乎？'孔子曰：'非敢为佞也，疾固也'。"(《宪问》)孔子又自称"无可无不可"(《微子》)。所谓"毋必毋固"，所谓"疾固"，所谓"无可无不可"，都是表示处事接物要看实际情况，要有一定的灵活性。

孔子一方面讲"过犹不及"，一方面又着重"毋必毋固"，这些思想中包涵着辩证法。

七、悬生知而重闻见

孔子区别了“生而知之”与“学而知之”，以为生而知之的人高于学而知之的人。他说：“生而知之者上也，学而知之者次也，困而学之，又其次也”(《季氏》)。谁是生而知之者呢？孔子没有讲过，他断言自己不是生而知之者，止是学而知之者。他说：“我非生而知之者，好古，敏以求之者也”(《述而》)。孔子自称非生而知之，这不是谦词，乃是实语。他所谓“生而知之者上也”不过是虚悬一格而已。

孔子自负“好学”，他注重多见多闻。他说：“盖有不知而作之者，我无是也，多闻，择其善者而从之；多见而识之，知之次也。”(《述而》)他所谓多闻多见，即是所谓“好古敏求”。但他又不以多闻多见为满足，更要求贯通。《论语》载：“子曰：赐也！汝以予为多学而识之者与？对曰：然，非与？曰：非也。予一以贯之。”(《卫灵公》)“一以贯之”即用一个原则把多闻多见的内容贯通起来。

多闻多见是学，一以贯之是思。孔子揭示学与思的关系，兼重学思。他说：“学而不思，则罔；思而不学则殆。”(《为政》)学而不思，则茫然无所得；思而不学，则将陷于迷妄。在学与思之中，他认为学是基础。他说：“吾尝终日不食，终夜不寝，以思，无益，不如学也。”(《卫灵公》)必须学而后思，才能有所得。孔子所讲学与思的关系，是完全正确的。

孔子以生而知之为最上，这是唯心主义观点；但他又强调多闻多见的重要，这是唯物主义倾向。孔子的认识论可谓动摇于唯物论与唯心论之间。在后来的思想发展史上，他也有两方面的影响。

八、宜正名以不苟言

孔子提出正名的主张，《论语》记载：

子路曰："卫君待子而为政，子将奚先？"子曰："必也正名乎！"子路曰："有是哉？子之迂也！奚其正？"子曰："野哉由也！君子于其所不知，盖阙如也。名不正则言不顺，言不顺则事不成，事不成则礼乐不兴，礼乐不兴则刑罚不中，刑罚不中则民无所措手足。故君子名之必可言也；言之必可行也。君子于其言，无所苟而已矣。"（《子路》）

以前，很多人（包括我在内）解释正名，都以"君君、臣臣、父父、子子"为正名的主要内容，这在事实上恐怕并不切合于正名的本义。"君君、臣臣、父父、子子"，可以说是"循名责实"，而正名是纠正名义，并不是一回事。在《论语》中，不乏纠正名义的例证：

(1)冉子退朝。子曰："何晏也？"对曰："有政。"子曰："其事也。如有政，虽不吾以，吾其与闻之。"（《子路》）

这是分别政与事之名。

(2)子张问：士何如斯可谓之达矣。子曰："何哉尔所谓达者。"子张对曰："在邦必闻，在家必闻。"子曰："是闻也，非达也。夫达也者，质直而好义，察言而观色，虑以下人，在邦必达，在家必达。夫闻也者，色取仁而行违，居之不疑，在邦必

闻，在家必闻。”(《颜渊》)

这是分别闻达之名。

(3)宪问……“克伐怨欲不行焉，可以为仁矣?”子曰：“可以为难矣，仁则吾不知也。”(《宪问》)

这是讨论仁的名义。

正名应是确定名词概念的涵义，分别不同的名词的不同的涵义。《论语》正名一节最后结语是：“故君子名之必可言也；言之必可行也。君子于其言，无所苟而已矣”，正说明了正名的意义所在。孔子把名与言联系起来，把言与行联系起来。正名的作用在于言之不苟。孔子提出正名的主张，是对于哲学的一个重大贡献，表现了他作为哲学家的特色。以后公孙龙和荀子讲正名，都是受了孔子的启发。以往哲学史工作者都过于重视正名的政治意义，忽视其逻辑意义。我们现在应该求得对于这个问题的正确理解。

九、重德教而卑农稼

孔子论政治，着重道德教化，主张“道之以德、齐之以礼”(《为政》)，把道德教化置于首位。这是儒家的特点，孔子、孟子、荀子，都是如此。法家商鞅、韩非专重刑罚，以道德教化为无用，与儒家正相反。商韩讲究法治，有其进步意义，但完全忽视道德教化，甚至以人民为敌，就陷于谬妄了。事实上，道德和法律是相辅相成的。孔子的德治学说仍有值得借鉴之处。

《论语》中有两条问答值得注意：

季康子患盗，问于孔子。孔子对曰："苟子之不欲，虽赏之不窃。"(《颜渊》)

季康子问政于孔子曰："如杀无道以就有道，何如?"孔子对曰："子为政，焉用杀？子欲善，而民善矣。君子之德风，小人之德草，草上之风必偃"。(《颜渊》)

所谓盗，包括受压迫者对于统治者的反抗。季康子所谓无道，显然是指人民对于统治者的反抗。对于这些问题，孔子反对"用杀"，主张进行道德教化。这种对于人民的态度，不无可取之处。

孔子曾说："天下有道，则庶人不议"(《季氏》)，这是反对庶人议政。《左传》记载：

郑人游于乡校，以论执政。然明谓子产曰："毁乡校何如?"子产曰："何为？夫人朝夕退而游焉，以议执政之善否。其所善者，吾则行之；其所恶者，吾则改之。是吾师也。若之何毁之？……"仲尼闻是语也，曰："以是观之，人谓子产不仁，吾不信也。"(《襄公三十一年》)

子产不毁乡校，孔子加以赞扬，可见孔子也同意庶人议政。朱熹解释"庶人不议"说："上无失政，则下无私议，非箝其口使不言也。"这可能符合孔子的本意。

孔子重视道德教化，却看不起生产劳动。《论语》载：

樊迟请学稼。子曰："吾不如老农"。请学为圃，曰："吾不如老圃”。樊迟出。子曰：“小人哉！樊须也。上好礼，则民莫敢不敬。上好义，则民莫敢不服。上好信，则民莫敢不用情。夫如是，则四方之民，襁负其子而至矣。焉用稼？”(《子路》)

这里把知识分子与劳动人民对立起来，劳动人民从事农稼，为统治阶级服务的知识分子只讲究礼义就行了。战国时代，“为神农之言者”许行，已经批判这种观点。这是儒家的传统观点，是儒家思想的非常严重的缺陷。

十、综旧典而开新风

旧说：孔子删《诗》《书》，定礼乐，序《易传》，修《春秋》。孔子确实是以《诗》、《书》、礼乐教弟子，这有《论语》可证，至于是如何删定的，就难以详考了。《易大传》出于孔门后学，但孔子确曾研究过《周易》。孔子作《春秋》之说，始见于《孟子》，还没有别的证据足以推翻孟子此说。而《春秋》之中，那些文句是孔子改定的，又不可考。总之，孔子确曾整理过上古时代的文献，这是确定无疑的。

孔子对于古代的文化典籍作了第一次的系统的整理。在整理文化典籍的过程中，孔子总结了尧、舜、禹、汤、文、武的统治经验，即原始社会末期以来的统治经验，并且总结了古代积累下来的文化知识，第一次提出了一个简单的认识论学说，第一次提出了一个比较系统的伦理学说。在政治上，孔子的态度虽然是比较保守的，但他总结了古代的统治经验，这本身也是一个贡献。

道德起源于原始社会，自从阶级出现以后，剥削阶级利用并改造了原始的纯朴道德，使之为占统治地位的剥削阶级服务。在阶级社会中，仍然流传着一些揭示公共生活规则的处世格言。列宁曾经指出：

"只有在共产主义社会中，……人们既然摆脱了资本主义奴隶制……也就会逐渐习惯于遵守数百年来人们就知道的、数千年来在一切处世格言上反复谈到的、起码的公共生活规则，自动地遵守这些规则，……"①在中国，孔子对于古代流传下来的处世格言，进行了一次总结，这些格言在他的伦理学说中占了重要位置。宣述了若干关于公共生活规则的格言，这是他的一项重大贡献。

西周时代，学在官府，祝史掌握了全部知识。孔子在当时努力学习了这些知识，把这些知识传授于一般平民。在主观愿望上，他想保持周制，仅作部分的损益；在客观效果上，他的活动却进一步破坏了周制。他反对大夫专权，却倡导士人参政。战国时代，知识分子空前活跃，展开百家争鸣，这种新风实导源于孔子。

春秋时代是一个社会大转变的时代。这个转变时代是由领主所有制转向地主所有制，还是由奴隶制转向封建制，目前史学界尚无定论，而且在短期内不可能得到定论。但春秋时代是一个转变时代，则是确然无疑的。在这个转变时代中，孔子在政治方面比较保守，而在文化方面却是起了巨大的促进作用。

孔子的学说，对于中国的民族文化的形成有重要的积极作用。斯大林在《马克思主义和民族问题》中指出，民族的特征之一是"表现在共同文化上的共同心理素质"。他说："各个民族之所以不同，不仅在于他们的生活条件不同，而且在于表现在民族文化特点上的精神形态不同。"②中国的传统文化，也表现了共同的心理素质，中华民族的共同心理素质与孔子思想有密切的关系。孔子对中国传统文化的影响，

① 《列宁选集》，第3卷，247页。
② 《斯大林全集》，第2卷，294页。

有不好的一面，也有良好的一面。孔子宣扬“述而不作”，过于尊崇传统，不鼓励创新，在一定程度上起了阻碍新事物创造的不良作用。而孔子怀疑鬼神、超脱生死的观点，又促进了无神论的传播，使中华民族的宗教意识比较淡薄，这又有利于文化科学的发展。

我们现在正在进行社会主义现代化建设，必须进行反对剥削阶级思想意识的斗争。对于孔子学说中的糟粕，必须予以彻底的批判。然而，孔子的学说，在人类认识史中，确有一定的贡献，对此也应该有充分的认识。

论《易大传》的著作年代与哲学思想*

一、《易大传》著作年代新考

汉代以来流传的《周易》一书，包括两部分，一部分是《上下经》二篇，另一部分是《彖》上下、《象》上下、《系辞》上下、《文言》、《说卦》、《序卦》、《杂卦》共十篇。《汉书·艺文志》著录"《易经》十二篇，施、孟、梁丘三家。"颜师古注："上下经及十翼，故十二篇。"《彖》、《象》等十篇，历来称为十翼，现在许多学者称之为《易传》。但在汉代，这十篇并不是简单地称为《易传》；在汉代，《易传》一词实别有所指。《汉书·儒林传》说："汉兴，田何以齐田徙杜陵，号杜田生，授东武王同子中、洛阳周王孙、丁宽、齐服生，皆著《易传》数篇。……要言《易》者本之田何。"《汉书·艺文志》著录："《易传》：周氏二篇（字王孙也），服氏二篇，杨氏二篇（名何），蔡公二篇，韩氏二篇（名婴），王氏二篇（名同），丁氏八篇（名宽）。"可见汉代是把汉儒所著对于《周易》

* 原载《中国哲学》第一辑，北京：三联书店，1979。

的解说称为“易传”。(到宋代，程颐、苏轼的易注也称“易传”，南宋朱震著《汉上易传》，杨万里著《诚斋易传》，亦把自己的注解称为“易传”。)而所谓十翼，在汉代并不称为“易传”。

汉初陆贾所著《新语》多次引述《周易》，《辩惑》篇中说：“《易》曰：二人同心，其义断金”。这是引《系辞》的文句(《系辞上》：“二人同心，其利断金。”)直称“《易》曰”。《淮南子·缪称训》说：“故《易》曰：剥之不可遂尽也，故受之以复。”这是引《序卦》的文句，(《序卦》：“物不可以终尽，剥穷上反下，故受之以复。”)也是直称“《易》曰”。司马谈《论六家要旨》说：“《易大传》：天下一致而百虑，同归而殊涂。”这是引《系辞》的文句，(《系辞下》：“天下同归而殊涂，一致而百虑。”)称为《易大传》。所谓《易大传》，是专指《系辞》，还是泛指《彖》、《象》等篇，文献不足，无从断定。但司马迁认为《彖》、《象》等都是孔子所作。司马氏父子很可能是把传说孔子作的《彖》、《象》、《系辞》、《文言》、《说卦》等篇都称为《易大传》，以别于当时人所著“易传”。

汉代施、孟、梁丘三家所传的《周易》共十二篇，《汉书·儒林传》说：“费直字长翁，东莱人也，治《易》，……亡章句，徒以《彖》、《象》、《系辞》十篇《文言》解说上下经。”可见费氏《易》也是十二篇。王充《论衡·正说篇》说：“孝宣皇帝之时，河内女子发老屋，得逸《易》、《礼》、《尚书》各一篇，奏之。宣帝示博士，然后《易》、《礼》、《尚书》各益一篇。”施、孟、梁丘三家讲学，正是在宣帝时，三家的十二篇中有一篇是当时才发现的。《隋书·经籍志》说：“及秦焚书，《周易》独以卜筮得存，唯失《说卦》三篇，后河内女子得之。”这又认为《说卦》、《序卦》、《杂卦》都是宣帝时发现的。但是，《淮南子》已引过《序卦》，司马迁已提到《说卦》，近年马王堆出土帛书《周易》，有《系辞》，那《系辞》中包括通行本《说卦》的一段。这都可证《隋书·经籍志》之说是不可凭信的。王充所说增益“一篇”是正确的。这一篇当是《杂卦》。

施、孟、梁丘三家所传十二篇，除《杂卦》是宣帝时发现的以外，其余上下经二篇，《彖》、《象》等九篇，当是汉初《易》学大师田何的传本。《汉书·儒林传》说：“汉兴，言《易》自淄川田生”；又说：“要言《易》者本之田何。”田何是战国末前汉初讲授《周易》的重要人物。

《晋书·束皙传》说：“初，太康二年，汲郡人不准盗发魏襄王墓，或言安厘王冢，得竹书数十车，……其《易经》二篇，与《周易》上下经同。……《卦下易经》一篇，似《说卦》而异。”杜预《左氏经传集解后序》说：“汲郡汲县有发其界内旧冢者，大得古书，……《周易》上下篇与今正同，别有《阴阳说》，而无《彖》、《象》、《文言》、《系辞》，疑于时仲尼造之于鲁，尚未播之于远国也。”魏襄王墓中所藏《周易》上下经与通行本内容相同，可见田何所传上下经是战国时代旧本之一。近年马王堆出土的帛书《周易》不分上下经，六十四卦次序亦完全不同，当是另外一种传本。帛书《周易》的《系辞》，与通行本《系辞》内容颇有出入，也不尽同，足证汉初《系辞》也有不同的传本。今本的《系辞》和《彖》、《象》等篇当也是田何传下来的，田何的传本必然有其一定的师承关系。

汉代人都认为《彖》、《象》、《系辞》等篇是孔子所作。《汉书·艺文志》说：“文王……作上下篇，孔氏为之《彖》、《象》、《系辞》、《文言》、《序卦》之属十篇。”这是传统的说法。宋代欧阳修作《易童子问》，开始怀疑《系辞》非孔子作，叶适继之，清代史学家崔述等又加以论证。现在多数学者都认为所谓十翼确非孔子所作，这已成为定论。这十篇的作者究竟是谁，已无可考。这十篇的著作年代，却还可以考定。这十篇作于何时呢？多数同志认为成书于战国时期，也有些同志认为作于秦汉之际。郭沫若《周易之制作时代》说：“我相信《说卦传》

以下三篇应该是秦以前的作品，但是《彖》、《象》、《系辞》、《文言》则不能出于秦前。大抵《彖》、《系辞》、《文言》的三种是荀子的门徒在秦的统治期间所写出来的东西，《象》在《彖》之后。”也有些同志认为是秦汉间至汉代中期的作品。李镜池《周易探源》说：“《彖传》与《象传》——其年代当在秦汉间；《系辞》与《文言》——年代当在史迁之后，昭宣之间。《说卦》、《序卦》与《杂卦》——在昭宣后”。又说：“现在我的推断是：一，《彖传》和《象传》的《大象》，写于秦朝。《彖》、《象》二传是秦汉间作品。二，《系辞》、《文言》是经师传《易》的语录遗说的辑录，即从田何到田王孙的口传易说。三，《说卦》以下三篇，约在宣元之间。”对于这个问题还须作全面的深入的考察。

司马迁说：“孔子晚而喜《易》、序《彖》、《系》、《象》、《说卦》、《文言》。”可见司马迁见过《彖》、《系辞》、《象》、《说卦》、《文言》等篇。对于司马迁这句话随意否认或随意曲解，都是不对的。《淮南子·缪称训》引述过《序卦》的文句。陆贾《新语》的《道基篇》说：“于是先圣乃仰观天文，俯察地理，图画乾坤以定人道。……天下人民野居穴处，未有室屋，则与禽兽同域，于是黄帝乃伐木构材，筑作宫室，上栋下宇，以辟风雨。”这显然是引述《系辞下》“古者包牺氏之王天下也”一般的语意。又《辩惑篇》引述《系辞上》的“二人同心”二句。这些都足以证明《系辞》、《序卦》在汉初已有。如果认为《系辞》的年代“在史迁之后，昭宣之间”，《序卦》“在昭宣后”，恐怕是疑古太勇，未免主观武断了。

《礼记·乐记》有这样一段话：“天尊地卑，君臣定矣。卑高已陈，贵贱位矣。动静有常，大小殊矣。方以类聚，物以群分，则性命不同矣。在天成象，在地成形，如此则礼者天地之别也。地气上齐，天气下降，阴阳相摩，天地相荡，鼓之以雷霆，奋之以风雨，动之以四时，暖之以日月，而百化兴焉，如此则乐者天地之和也。”这和《系辞上》首段大体相同。《系辞上》说：“天尊地卑，乾坤定矣。卑高以陈，贵贱位矣。动静有常，刚柔断矣，方以类聚，物以群分，吉凶生矣。在天成象，在地成形，变化见矣。是故刚柔相摩，八卦相荡，鼓之以雷霆，润之以风雨，日月运行，一寒一暑。”《系辞》在这里是讲天地和万物的秩序和变化，写得比较自然。《乐记》此段从天地讲到礼乐，讲得比较牵强，看来是《乐记》引用《系辞》的文句而稍加改变。《隋书·音乐志》引沈约说：“《乐记》取《公孙尼子》。”《公孙尼子》的年代也难以确定，但总是战国时代的作品。《系辞》必在《公孙尼子》之前，是没有疑问的。

宋玉《小言赋》有这样几句：“且一阴一阳，道之所贵；小往大来，剥复之类也。是故卑高相配而天地位，三光并照则小大备。”这显然是引述《系辞上》“一阴一阳之谓道”和“卑高以陈，贵贱位矣”的语意。《汉书·艺文志》著录《宋玉赋》十六篇，《隋书·经籍志》著录《宋玉集》三卷，宋代以后《宋玉集》散失了。《小言赋》见于《古文苑》。传说《古文苑》编于唐代，据考证当系宋初编定的，所以《古文苑》的材料不尽可信，但也不失为一个旁证。如果《宋玉赋》引用过《系辞》的文句，更足以证明《系辞》的年代不可能晚于战国。

《荀子·大略篇》说：“易之咸，见夫妇。夫妇之道不可不正也。君臣父子之本也。咸，感也。以高下下，以男下女，柔上而刚下。”这和《周易》中《咸》卦的《彖》很相类似。《咸》卦的《彖》说：“咸，感也。柔上而刚下，二气感应以相与，止而说，男下女。”这是《大略篇》选录了《彖传》的文句呢，还是《彖传》抄录了《荀子》？我认为，这首先要看看《荀子·大略篇》的体裁。《大略篇》不是一篇系统的论文，而是一篇资料摘录，它摘抄了《荀子》一些篇章中的要语和其他材料。郭沫若同志曾说："以荀子那样富于独创性的人，我们可以断定他的话绝不会是出于《易传》之剽窃"(《周易之制作时代》)。但这里需要作具体分析。从内容看，《大略篇》只是一篇资料摘录，可能是荀子门徒所编，我们不能因为荀子是一个富于独创性的思想家，就断定《荀子》全书各篇都不会引用旧文。这条开端三字是"易之咸"，这就足以表明，这条正是引述《周易》中《彖传》的文句而加以发挥。

根据以上的论证，可以断定：《系辞》和《彖传》基本上是战国时代的作品。但究竟是战国时代那个时期的作品呢？这还须作进一步的考察。

如何作进一步的考察呢？我们可以从基本概念范畴的提出与演变，从基本哲学命题的肯定与否定，来考察哲学著作的年代先后。一般的情况是：先有人提出一些概念范畴，然后才有人加以评论或否定。先有正命题，然后才会有反命题。这是思想发展的必然的程序。

战国时代思想发展中，有两件事实与《易大传》有重要联系，值得注意。第一，《系辞上》说："天尊地卑，乾坤定矣；卑高以陈，贵贱位矣"，肯定了天地的尊卑高下的关系。而《庄子·天下篇》所载惠施《历物》之意十事，第三条是："天与地卑，山与泽平"，指出天地的高下关系是相对的。从思想演变来看，惠子的"天与地卑"正是《系辞上》"天尊地卑"的反命题。所以，应该肯定，《系辞》的基本部分在惠子以前就有了。

第二，《系辞上》又说："易有太极，是生两仪"，以太极为最高的实体。而《庄子·大宗师篇》说："夫道有情有信，无为无形，可传而不可受，可得而不可见。自本自根，未有天地自古以固存；神鬼神帝，生天生地，在太极之先而不为高，在六极之下而不为深。"这显然是不承认太极是最根本的，而把道凌驾于太极之上。这是对于"易有太极”的反命题。所以,《系辞》的这部分文字应在《庄子·大宗师篇》之前。

关于天地起源问题,儒家和道家有一段斗争的历史。老子最先提出了“道”的范畴,认为道“先天地生”、“可以为天下母”,又说:“吾不知其名,字之曰道,强为之名曰大。”这个大字应读为太。《庄子·天下篇》述关尹老聃的学说云:“建之以常、无、有,主之以太、一。”常、无、有是三个观念,太、一是两个观念;指太与一。太即道,一即“道生一”之一。《易大传》的太极,当是受老子影响而略变其说。太极之太是从老子所谓太来的,而添上一个极字,创立了另一个最高范畴。庄子则认为太极只相当于“道生一”之一,道还是在太极之先。这表现了儒道两家的争议。《易大传》的年代应在老子之后,庄子之前。

杜预《左传集解·后序》叙述汲冢竹书说:“《周易》上下篇,与今正同,别有《阴阳说》而无《彖》、《象》、《文言》、《系辞》。”晋代汲冢出土的竹书中没有《易大传》,我们能不能据此断定当时的魏国一定没有《系辞》等篇呢?我认为不能。因为当时的魏国并不是把所有与《周易》有关的书籍都埋藏在魏襄王冢中。所以,这决不能证明当时魏国没有《系辞》等篇,更不能证明当时齐鲁等国没有《系辞》等篇了。

马王堆出土的帛书中有《周易·系辞》,而内容与通行本不尽同;又有别种《周易》解说。这说明汉代初年《系辞》有不同的传本,而解说《周易》的书也不止一二种。汉代以后流行的《易大传》当是田何或田何的先师们所编定的,而田何或他的先师们所不采用的部分,后来都失传了,今日才有所发现。但在历史上发生重大影响的还是田何的传本。

如上所述,我们可以断定,《系辞》的基本部分是战国中期的作品,著作年代在老子以后,惠子、庄子以前。《彖传》应在荀子以前。

关于《文言》和《象传》，没有直接材料。《文言》与《系辞》相类，《象传》与《彖传》相类，应当是战国中后期的作品。从《象传》的内容看，可能较《彖传》晚些。

总之，《易大传》的基本部分是战国中期至战国晚期的著作。

二、《易大传》的本体论学说

《易大传》是《周易》上下经的解说，但它的解说却不一定合乎《周易》古经的原意。《易大传》在解说古经时提出了若干关于宇宙人生的创造性见解，就思想的深度而论，可以说达到了先秦哲学的最高水平。《大传》十篇，不是一个人写的，亦非一个时期写成；但各篇的观点还是互相协调的，并无彼此冲突之处。因而十篇的哲学学说构成了一个宏阔的体系。今将《易大传》中比较精深的思想择要列举出来略加诠释。

《易大传》的哲学是唯物论还是唯心论呢？这个问题在学术界还有不同看法，今试就三个方面分别加以考察。

(1)太极、乾元、坤元的意义

《系辞上》说："是故易有太极，是生两仪，两仪生四象，四象生八卦。"对于这几句，历来有不同的解释，众说纷纭，迄无定论。简单说来，有四种不同的解释：第一，天地起源说，以郑玄、虞翻为代表。第二，画卦说，以朱熹为代表。第三，揲蓍说，以胡渭、李塨为代表。第四，大中说，以焦循为代表。

郑玄解释"太极"说："极中之道、淳和未分之气也。"虞翻说："太极，太一也。分为天地，故生两仪也。四象，四时也。两仪谓乾坤也。"所谓"淳和未分之气"，所谓"太一"，指天地未分的统一体。《庄子·天下篇》论关尹老聃之学云："主之以太一"，太一是太与一。《吕氏春秋·大乐篇》:“音乐本于太一,太一出两仪,两仪出阴阳。”《礼记·礼运篇》:“是故礼必本于太一,分而为天地,转而为阴阳,变而为四时。”这所谓太一不是两个观念,而是一个范畴,指最原始的统一体。这些是“太一”一词的由来。郑玄和虞翻的注解即认为这四句是讲天地的起源。

朱熹《周易本义》说:“一每生二,自然之理也。易者,阴阳之变。太极者,其理也。两仪者,始为一画以分阴阳。四象者,次为二画以分太少。八卦者,次为三画,而三才之象始备。此数言者,实圣人作《易》自然之次第,有不假丝毫智力而成者。画卦揲蓍,其序皆然。”这就是说,作卦次序,先设想一个无形的太极,然后画一奇一偶为两仪,一奇一偶之上又各加一奇一偶为四象(即太阳少阴少阳太阴),四之上又各加一奇一偶为八卦。朱氏虽也提到揲蓍,而以画卦为主。此说虽然新颖,实不可通。李塨批评画卦说道:“庖牺始作八卦,是《易》自作卦起,未闻始作太极也。且作卦奇偶画也,太极图圈非画矣。……成象之谓乾,则先画乾,效法之谓坤,则次画坤。皆三画卦,以象三才,未闻有一画两画止而谓之阳仪阴仪太阳少阴少阳太阴者”(《周易传注》)。这个批评可谓是非常切当的。

李塨反对画卦说,认为“易有太极”四句是讲揲蓍的次序。何谓揲蓍?《易系辞上》说:“大衍之数五十,其用四十有九,分而为二以象两,挂一以象三,揲之以四以象四时,归奇于扐以象闰,五岁再闰,故再扐而后挂。”这是占筮时数蓍布蓍的方法。唐崔憬曾解释说:“舍一不用者,以象太极,虚而不用也。”崔氏只说舍一不用是象太极,并未说太极即是舍一不用之一。李塨《周易传注》据崔憬之说又加以引申说:“易变也,然必有不变者而变者以生。崔憬曰:五十有一不用,太极也,不变者也。有太极之一,乃可用四十九策,分而为二,有奇有偶也。”胡渭《易图明辩》引李塨《讯易书》说：“太极者，大衍之余一不用者也。两仪者，分而为二以象两也。四象者，揲之以四以象四时也。”胡氏又参酌李氏之说提出自己的解释，他说：“所谓太极者，一而已矣。命筮之初，奇偶未形，即是太极。”认为大衍之数五十未分奇偶之全体即是太极。李氏答胡氏书说：“拙解虽成，然清夜思之，尚未自信，以舍一分二揲四，是相连之事，非相生之物也。今得妙解豁然，真是相生之序矣”(《易图明辩》引)。按此说实亦难通。诚如李氏所说，以舍一不用为太极，以分而为二为两仪，以揲之以四为四时，而实际上舍一、分二、揲四只是“相连之事”，并非“相生之物”。胡渭以未分奇偶为太极，从未分奇偶到分为奇偶，也只是相连之事，仍非相生之序。而且《系辞上》明说：“分而为二以象两”，“揲之以四以象四时”，只是“象两”、“象四时”而已，并未说这就是两仪四象的本身。所以，筮蓍说也是不可取的。

焦循《易章句》说：“易谓变而通之也。太极犹言大中也。民虽不知，变而通之，皆有大中之道。”他认为这四句是讲《周易》各卦旁通的道理。此说更是支离不切。焦循在《易话》中引《礼运》“是故夫礼必本于太一”几句而说：“此本《上系传》”；又引《吕氏春秋·大乐篇》“音乐本于太一”几句而说：“此亦本《易传》为说”，并且讲：“晚周人剌取《易》义以著书，尚可迹而求之。”焦氏既承认晚周人所谓太一即是《系辞上》所谓太极，而又坚持太极即大中，就不能自圆其说了。

我认为，关于《系辞上》“易有太极”四句，历代注家的解说中，仍以郑玄、虞翻的解说比较正确，最为可取。太极即是天地未分的原始统一体。《系辞上》以太极为天地的根源，这是一种朴素的唯物论观点。

《彖上》提出“乾元”、“坤元”的学说。《彖上》说：“大哉乾元，万物资始，乃统天。云行雨施，品物流形，大明终始，六位时成，时乘六龙以御天。”又说：“至哉坤元，万物资生，乃顺承天，坤厚载物，德合无疆，含弘光大，品物咸亨。”所谓元，是始的意思(《子夏易传》：“元，始也。”据清代学者考证，《子夏易传》即《汉书·艺文志》所载的《韩氏易传》)。乾元即乾之始，坤元即坤之始。乾坤是什么?《系辞下》说：“乾阳物也，坤阴物也。阴阳合德而刚柔有体。”《说卦》说：“乾健也，坤顺也。”乾坤即阳与阴、刚与柔。《咸卦》的《彖》说：“咸感也，柔上而刚下，二气感应以相应。”所谓二气即指阴阳，这也就是认为阴阳是二气。乾元可解为阳气之始，坤元可解为阴气之始(《九家易》说：“元者气之始也。”这是汉儒旧说)。《彖上》以乾元、坤元即阳气、阴气为万物“资始”、“资生”的根源，这也是唯物论的观点。

《序卦》说：“有天地，然后万物生焉，盈天地之间者唯万物。”又说：“有天地，然后有万物；有万物，然后有男女；有男女，然后有夫妇；有夫妇，然后有父子；有父子，然后有君臣；有君臣，然后有上下；有上下，然后礼义有所错。”这认为天地是万物的根源，有万物，然后才有男女的分别，才有夫妇的关系，有了夫妇的关系，才有父子、君臣、上下的关系，然后才有道德规范。父子君臣上下的关系是后起的，不是本来就有的。这也是一种唯物论的观点。

《系辞上》讲“易有太极，是生两仪”。《彖上》说：“大哉乾元，万物资始。”“至哉坤元，万物资生。”《序卦》说：“有天地：然后万物生焉。”三说的不同，是层次的不同，基本是一贯的。应该肯定，《易大传》中的天地万物起源论是一种简单朴素的唯物论。

(2)易，道，神，天

《系辞》中多次谈“易”。《系辞》中的易字有三种不同的意义：一指自然变化，一指易卦或易象，即《周易》上下经一书，另一意义是简易之易。(i)如“生生之谓易”，“故神无方而易无体”，“天地设位而易行乎其中矣”，都是指自然变化的过程。“易有太极”之易，也是指自然变化的过程而言。(ii)如说“《易》与天地准”，“《易》有圣人之道四焉”，“《易》无思也，无为也”，则是指《周易》上下经而言。(iii)“易简而天下之理得矣”，“易简之善配至德”，则是指简易。这三项意义中，第一项是最重要的。《系辞》肯定自然世界是一个运动变化的过程，这有深刻的意义。这一方面肯定客观世界是运动变化的，另一方面又肯定运动变化的客观实在性。世界是无穷无尽的变化，而运动变化不是虚幻的，乃是世界的真实情况。这个观点与唯心论者以变化为空幻是截然对立的，乃是一种重要的唯物论观点。

“道”也是《系辞》中的一个重要范畴。《系辞上》说：“通乎昼夜之道而知”，“一阴一阳之谓道”。又说：“知变化之道者其知神之所为乎!”所谓道指事物变化的规律，而这规律的基本内容是一阴一阳即对立两方面的相互推移、相互转化。对立两方面的最浅显的例子是昼夜，所以说“通乎昼夜之道”。

这“道”的范畴在《易大传》的理论体系中居于何种地位？老子以道为最高范畴，《易大传》是否也与此相同呢？这个问题必须考察清楚。《系辞上》说：“形而上者谓之道，形而下者谓之器。”这是对后来哲学发展有重要影响的命题。关于“形而上”、“形而下”的含义，历来有不同的理解。我认为，唐代崔憬的解释最有价值。崔憬说：“凡天地万物皆有形质，就形质之中有体有用。体者即形质也，用者即形质上之妙用也。言有妙理之用以扶其体，则是道也。其体比用，若器之于物，则是体为形之下，谓之为器也。假令天地圆盖方轸为体为器，以万物资始资生为用为道；动物以形躯为体为器，以灵识为用为道。植物以枝干为器为体，以生性为道为用”(《周易集解》引)。崔憬的解释深刻而明晰。宋代以来许多学者都以为“形而上者”是根本的，“形而下者”是从属的，其实并非《系辞》原意。崔憬则以“形而下者”为体，“形而上者”为用。在这里，把体用与器道完全等同起来固然不一定完全恰当，但却能表明“形而上者”之所谓上并不是根本之义。《系辞下》说过：“六爻相杂，唯其时物也，其初难知，其上易知，本末也。”初上指爻位，这以初为本，以上为末。这也可证在《易大传》中所谓“上”并不是根本之义。而且，“一阴一阳之谓道”，道的内容是一阴一阳，有阴有阳才有所谓道；阴阳未分的统一体“太极”应比道更为根本。所以，在《易大传》的理论体系中，最高范畴应该是“易”是“太极”，其次才是道。这样的理论体系应属于唯物论。

《易大传》改造了神的概念，提出了关于神的新界说。《系辞上》说：“阴阳不测之谓神。”《说卦》说：“神也者，妙万物而为言者也。”阴阳转化，微妙不测，叫作神。所谓不测是表示变化的极端复杂性与不可穷尽性。事物变化，错综复杂，难以穷尽，故称为不测。

《易大传》中的神字有不同的意义。一是指万物的微妙变化，即阴阳不测之谓神。二是指人的智慧、德行的最高境界，如说：“神而明之，存乎其人”(《系辞上》)，“神而化之，使民宜之”(《系辞下》)。三是指易卦预知未来的奇妙作用，如说：“《易》无思也，无为也，寂然不动，感而遂通天下之故，非天下之至神，其孰能与于此？……唯神也，故不疾而速，不行而至。”《系辞》极力赞颂易卦的神妙。这三项意义中，第一项意义是根本的。

《系辞》常以神与明并举，两次讲“神明之德”。《系辞下》说：“古者庖牺氏之王天下也，仰则观象于天，俯则观法于地，……于是始作八卦，以通神明之德，以类万物之情。”又说：“阴阳合德而刚柔有体，以体天地之撰，以通神明之德。”所谓神明是什么意思呢？神即阴阳不测之神，明指日月的光照万物。《系辞上》说："悬象著明，莫大乎日月。"《系辞下》说："日往则月来，月往则日来，日月相推而明生焉。"《易大传》很重视日月的光明。所谓神明即指自然界的微妙变化与光明。

《易大传》有时也谈到鬼神，如《谦》卦《彖》说："鬼神害盈而福谦。"《文言》说："夫大人者与天地合其德，与日月合其明，与四时合其序，与鬼神合其吉凶。"这似乎承认鬼神存在。《系辞上》说："原始反终，故知死生之说。精气为物，游魂为变，是故知鬼神之情状。"这里以"精气为物"说明神，以"游魂为变"说明鬼，对于鬼神提出了新的解释。何谓游魂？这可以参考《礼记·檀弓》所记延陵季子(吴季札)的话。季子说："骨肉归复于土，命也。若魂气则无不之也。"游魂即指无所不至的魂气。这样的解释是不同于古代宗教的思想的。

《彖传》又有神道设教之说，《观》卦《彖》说："观天之神道而四时不忒，圣人以神道设教而天下服矣。"所谓神道设教，就是说，肯定鬼神不过是为了立教以使民服而已。《易大传》对于鬼神的态度是游移的，可以说摇摆于无神论与有神论之间，这和《论语》中所记孔子的态度却是一致的。在《易大传》的天地起源论中，没有上帝的位置，《易大传》不承认上帝创造世界。但《易大传》中仍然保留了上帝的观念。《鼎》卦《彖》说："圣人亨以享上帝，而大亨以养圣贤。"《豫》卦《象》说："先王以作乐崇德，殷荐之上帝，以配祖考。"《涣》卦《象》说："先王以享于帝，立庙。"值得注意的是，这些都是讲"享上帝"，即宗教祭祀的事情。祭祀上帝，就是所谓"神道设教"吧。《易大传》并没有把上帝纳入它的理论体系中。

在《易大传》中，天字屡见。多数的天字指自然之天；少数的天字表示有意志的天。如说："天尊地卑，乾坤定矣。""在天成象，在地成形。”又说：“法象莫大乎天地”。其所谓天都是自然之天。《系辞上》又说：“易曰：自天佑之，吉无不利。子曰：佑者助也。天之所助者顺也，人之所助者信也。履信思乎顺，又以尚贤也。是以自天佑之，吉无不利也。”这肯定了《易经》中“自天佑之”的文句而加以说明，这所谓天是有意志的天即主宰之天。《系辞上》又说：“天垂象，见吉凶，圣人象之。”这垂象见吉凶之天，既是昭昭在上之天，又似乎是主宰之天。总起来说，《易大传》谈天，可以说是摇摆于自然之天与主宰之天二者之间，既表现了唯物论的倾向，又保留了古代原始宗教天降祸福的思想。

如上所述，《易大传》关于“易”、“道”、“神”的思想基本上是唯物主义的，而且有深刻的内容；关于“天”与“鬼神”的问题，则未能摆脱原始宗教的影响，可以说徘徊于唯物论与唯心论之间。这种情况，在当时的历史条件下也是很自然的。

(3)“易与天地准”的世界图式论思想

《易大传》是解说《易经》的，对于《易经》的卦象作了许多说明，并且写了不少的赞美之词。在对于《易经》的赞美之词中表现了唯心主义观点。

《系辞》中对于《易经》的说明，主要有两点：第一，肯定《易经》的卦象是仿效、摹写天地万物的实际情况的；第二，强调《易经》的卦爻体系(六十四卦、三百八十四爻)包罗万象，包括了天地万物的一切道理而无所遗漏。这第一点是从朴素的唯物主义反映论出发的；第二点就是认为《易经》的卦爻体系是天地万物运动变化不可违离的图式，可以说是一种世界图式论，因而也就完全陷入于唯心论之中了。

《易大传》讲八卦的缘起说：“古者包羲氏之王天下也，仰则观象于天，俯则观法于地，观鸟兽之文与地之宜、近取诸身，远取诸物，于是始作八卦。”(《系辞下》)这就是说，八卦的创作基于观察。仰观俯察，近取于自己的身体，远取于外在的事物，然后画出八卦。八卦是八种基本事物。从自然发生次序说，八卦生于四象；从人类的认识说，八卦基于观察。

《系辞》论易象的性质说：“圣人有以见天下之赜，而拟诸其形容，象其物宜，是故谓之象。圣人有以见天下之动，而观其会通，……是故谓之爻。”又说：“彖者，言乎象者也；爻者，言乎变者也。”(《系辞上》)又说：“易者象也。象也者，象也。……爻也者，效天之动者也。”(《系辞下》)这就是说，《易经》中的卦象都是反映天下万物的复杂情况的；而每卦的六爻都是反映天下万物的变动的。这是一种朴素的唯物主义反映论的观点。

《易大传》充分肯定世界的可知性，以为圣人凭借仰观俯察可以认识天下之理。但《易大传》把所谓圣人的认识过分夸大了，以为所谓圣人可以无所不知、无所不晓：“仰以观于天文，俯以察于地理，是故知幽明之故。……与天地相似，故不违，知周乎万物而道济天下，故不过”(《系辞上》)。《易大传》以为《周易》上下经的内容就是圣人的最高认识的成就。《周易》上下经包容了天下之道：“《易》与天地准，故能弥纶天地之道。”(虞翻注：“准，同也。弥，大；纶，络；谓易在天地包络万物。”)“夫《易》何为者也？夫《易》开物成务，冒天下之道，如斯而已者也”。(韩康伯注“冒，覆也。”)又说：“《易》之为书也，广大悉备。有天道焉，有人道焉，有地道焉。”这就是说，《易经》一书总括了天地人的一切道理。

《周易》六十四卦既然包括了天地人物的一切道理，于是就会有奇妙的作用。《系辞上》称赞《周易》的神妙说：“君子将有为也，将有行也，问焉而以言，其受命也如响，无有远近幽深，遂知来物。非天下之至精，其孰能与于此？参伍以变，错综其数。通其变，遂成天地之文；极其数，遂定天下之象。非天下之至变，其孰能与于此？《易》无思也，无为也，寂然不动，感而遂通天下之故，非天下之至神，其孰能与于此?”易卦是“至精”、“至变”、“至神”的，能预知未来，能“定天下之象”，“通天下之故”。在《易大传》的作者看来，《周易》便是这样一本至极神妙的书。

《易大传》对于《易经》的赞述，本质上是一种世界图式论，这是一种唯心论的说教。事实上，所谓圣人既不可能无所不知，而《周易》一书也绝不可能包罗万象。

三、《易大传》中的辩证法思想

《易大传》的最重要的贡献是提出了一些比较精湛的辩证观点。《易大传》的辩证思想在先秦哲学中可以说是最丰富的最深刻的，对于后来辩证思想的发展有巨大的影响。30年代以来学术界对《易大传》的辩证思想已经有过许多论述，这里不需要作全面的阐释，仅选择其中在当时有独创性的观念作一些分析。

《易大传》辩证思想的最简要的命题是：“刚柔相推而生变化”，“一阴一阳之谓道”，“日新之谓盛德，生生之谓易”(《系辞上》)。这些命题肯定了变化的普遍性永恒性，肯定了对立面的相互转化是最根本的规律，并深刻地说明了变化的根源就在于对立面的相互作用。

《易大传》首先肯定了变化的普遍性。《系辞上》说：“在天成象，在地成形，变化见矣。”天空中可见之象，大地上众物之形，都显现出变化。《系辞上》又解释变化的情况说：“变化者进退之象也。”有进有退就是变化。《易大传》认为，变化的根本要义是“生生”。《系辞上》赞美天地的伟大说：“盛德大业至矣哉富有之谓大业，日新之谓盛德，生生之谓易。”世界是富有而日新的，万物生生不息。“生”即创造，“生生”即不断出现新事物。新的不断代替旧的，新旧交替，继续不已，这就是生生，这就是易。“日新之谓盛德，生生之谓易”，这两句话虽然简单，但包括了非常深刻的思想。

《易大传》讲变，又讲通。《系辞上》说：“阖户谓之坤，辟户谓之乾，一阖一辟谓变，往来不穷谓之通。”《系辞下》说：“易穷则变，变则通，通则久。”由此到彼叫作通。通表示变化过程的连续性和对立事物的联系性。

《易大传》探究了变化的根源的问题，提出了“刚柔相推而生变化”的命题。何以有变化？变化的根源何在？在于对立面的相互作用。《系辞上》说：“刚柔相推而生变化。……刚柔者昼夜之象也”。《系辞下》说：“刚柔相推，变在其中矣。……刚柔者立本者也。”《系辞》的这些话都有双重的意义，一层意义指自然的变化，一层意义指卦爻的变化。刚柔即阳和阴。相推即互转，指相互作用。阴阳的对立是变化的根本，所以说“刚柔者立本者也”。

关于对立引起变化，变化原于对立，《易大传》曾再三加以阐明。《系辞上》说：“乾坤其易之緼耶！乾坤成列，而易立乎其中矣。乾坤毁，则无以见易；易不可见，则乾坤或几乎息矣。”乾坤即阴阳，指对立的两方面。有对立即有变化；无对立即无变化，如无变化，对立也就不存在了。《系辞下》说：“乾坤其易之门耶！乾，阳物也；坤，阴物也。阴阳合德，而刚柔有体。”阴阳的对立是变化之所从出，故云易之门。阴阳是对立的，又是相互统一的，故云阴阳合德。

《易大传》的作者，广泛观察了天地万物的变化，于是提出了“一阴一阳之谓道”的精湛命题。一阴一阳，相互对立、相互推移，这就是最根本的规律。所谓一一，指对立两方面既相互对立又相互联系，既相互违异又相互转化。《说卦》说：“立天之道曰阴与阳，立地之道曰柔与刚，立人之道曰仁与义。……分阴分阳，迭用柔刚。”天道、地道、人道都是对立两方面的统一，阴阳是彼此分别的，而有交迭的关系。

“一阴一阳之谓道”可以说是中国哲学史中关于对立统一原理的最早的表述。

《易大传》运用对立转化的观点说明了一些实际问题。《系辞下》说：“危者安其位者也，亡者保其存者也，乱者有其治者也。是故君子安而不忘危，存而不忘亡，治而不忘乱，是以身安而国家可保也。”安危、存亡、治乱，都是相互转化的，必须提高警惕，才能保持其安、其存、其治。

《易大传》更提出关于“健顺险阻”的深刻思想。《系辞下》说：“夫乾，天下之至健也，德行恒易以知险；夫坤，天下之至顺也，德行恒简以知阻。”(朱熹《本义》说：“至健，则所行无难，故易；至顺，则所行不烦，故简。然其于事，皆有以知其难，而不敢易以处之也。……盖虽易而能知险，则不陷于险矣；既简而又知阻，则不困于阻矣。”)这就是说，必须知险而能克服其险，然后为至健。必须知阻而能克服其阻，然后为至顺。这些都是深刻的辩证思想。

《易大传》阐明了对立的转化，但不能贯彻到底，而认为尊卑上下的对立是不可能转化的。《系辞上》首段说：“天尊地卑，乾坤定矣。卑高以陈，贵贱位矣。”天尊于上，地卑于下，这种高卑的秩序是不能改变的，社会上贵贱的秩序也是不能改变的。这充分反映了地主阶级的阶级偏见。但《易大传》中的辩证思想还是比较丰富的。

为什么《易大传》能有丰富而深刻的辩证思想呢？这主要是由于《易大传》的作者所处时代的社会生活中充满了复杂的矛盾。《易大传》

的文句中也能见到些有关的透露。《易大传》曾讲到忧患，《系辞下》说："作《易》者其有忧患乎！……《易》之为书不可远，……又明于忧患与故。"又说："是故其辞危，危者使平，易者使倾，其道甚大，百物不废，惧以终始，其要无咎，此之谓《易》之道也。"《易大传》强调忧患，这正是当时社会矛盾激化的反映。因为见到忧患，所以要求改变当时的现状，于是重视变化，重视对立的转化，于是阐发了关于变化日新与对立统一的精湛学说。《易大传》中的辩证思想是中国古代哲学中的宝贵遗产。

四、《易大传》的人生理想与政治观点

《易大传》的人生理想论也有其特色。《易大传》宣扬刚健有为的人生观，以天人协调为最高理想，把扩充知识（"精义"），改进物质生活（"利用安身"）与提高品德（"崇德"）三个方面结合起来。

《易大传》认为，天的本性是健，人应效法天的健。《象上》说："天行健，君子以自强不息。"天体运转不息，故称为健，健是刚强不屈的意思，人应该自强不息，永远努力前进。《文言》赞美乾说："大哉乾乎！刚健中正，纯粹精也。"刚强而又不过于刚，是理想的品德。《易大传》以为，处事接物，必须知柔知刚。《系辞下》说："君子知微知彰，知柔知刚，万夫之望。"既应知柔，又应知刚，刚是主要的，柔是次要的。《易大传》的刚健学说是老子守柔学说的反响，是对于老子守柔学说的纠正。

《易大传》提出"裁成天地之道，辅相天地之宜"的命题。《象上》说："天地交，泰，后以裁成天地之道，辅相天地之宜，以左右民。"（裁成，通行本作财成，荀爽注本作裁成）裁成是节制完成，辅相是帮助。"裁成天地之道，辅相天地之宜"，就是对自然加以适当的调整，

使自然更符合人类的要求。《系辞上》说："范围天地之化而不过，曲成万物而不遗。"这是讲所谓圣人的作用，"范围"也是裁制的意思。

《文言》说："夫大人者，与天地合其德，与日月合其明，与四时合其序，与鬼神合其吉凶。先天而天弗违，后天而奉天时。天且弗违，而况于人乎？况于鬼神乎？"这里"先天"、"后天"不是后来哲学中所谓先天后天的意思。这里所谓先天指引导自然，所谓后天指适应自然。在自然变化尚未发生之前先加以引导、开发，在自然变化既发生之后又注意适应。这也就是裁成辅相之意。这裁成辅相论可以说是一种天人协调论，一方面要适应自然，一方面又要加以引导开发，使人类与自然界相互协调起来。所谓裁成辅相，实际上主要是指农业生产及礼乐刑政的措施而言。这种学说在一定程度上肯定了人的主观能动性，但主要是肯定"大人"、"君子"的主动作用，并没有认识人民群众的力量。

这裁成辅相论也可以说是对于老子思想的改造。老子曾说："以辅万物之自然而不敢为。"《易大传》的态度则是辅万物之自然而有所为。战国后期，荀子提出"制天命"的思想，在先秦是非常突出的。但荀子的这种思想也不可能完全是异论突起、前无所承。我推测荀子可能是受了《易大传》的启发。荀子说："从天而颂之，孰与制天命而用之？"(《天论》)《系辞上》说："见乃谓之象，形乃谓之器，制而用之谓之法。"(荀爽注："观象于天，观形于地，制而用之，可以为法。")"制天命而用之"与"制而用之"，文句有相同之处。这或者是偶合，或者也有一定联系。总之，《易大传》的天人协调学说在先秦哲学中有重要地位，对于后来思想也有深刻的影响。

《系辞下》阐明了知、德、用三者的联系："精义入神，以致用也；利用安身，以崇德也；过此以往未之或知也；穷神知化，德之盛也。"

(朱熹《本义》:“精研其义,至于入神,……乃所以为出而致用之本。利其施用,无适不安,……乃所以为入而崇德之资。内外交相养,互相发也。”)精义是精研事理,即扩充知识;利用是便利实用,即改进物质生活;崇德即提高品德。精义是为了致用,利用是为了崇德,品德提高就能穷神知化了。三者是统一的。

《系辞上》很重视致用,如说:“利用出入,民咸用之,谓之神。”(陆绩注:“圣人制器,以周民用,用之不遗,故曰利用出入也。民皆用之,而不知其由来,故谓之神也。”)又说:“备物致用,立成器以为天下利,莫大乎圣人。”(虞翻注:“神农黄帝尧舜也。”惠栋云:“成器谓网罟耒耜之属。”)《系辞下》高度赞扬了各种器具的创造:“斲木为耜,揉木为耒,耒耨之利,以教天下。……刳木为舟,剡木为楫,舟楫之利,以济不通,致远以利天下。……断木为杵,掘地为臼,臼杵之利,万民以济。”《易大传》对于生产工具的价值是充分肯定的,这反映了《易大传》作者对于发展生产的兴趣。

《易大传》的政治思想有两点值得注意,一是强调上下分别而主张“损上益下”,二是重视“变通”,赞扬“汤武革命”。《履》卦《象》说:“上天下泽履,君子以辩上下,定民志。”(程颐《易传》:“君子观履之象,而分辩上下,使各当其分,以定民之心志也。”)这是认为必须确定上下的等级秩序。但是,上下之分固须坚持,而也要使上下通气。《泰》卦《彖》说:“泰,小往大来吉亨,则是天地交而万物通也,上下交而其志同也。”事实上,统治阶级与被统治阶级是不可能“志同”的。为了缓和统治阶级与被统治阶级的矛盾,《易大传》宣扬“损上益下”的好处。《益》卦《彖》说:“益,损上益下,民说无疆;自上下下,其道大光。”《屯》卦《象》说:“以贵下贱,大得民也。”以贵下贱,才能得民心。实际上,所谓“损上益下”不过是在上者将对于在下的剥削压迫略加节制而已。《节》卦《彖》说："节以制度，不伤财，不害民。"不伤财，不害民，就是损上益下了，这实际上还是为统治阶级的长久利益设想的。

《易大传》重视变革。《系辞上》说："变而通之以尽利"。《系辞下》说："功业见乎变。"必须变而通之，方能尽利。必须有所变动，才可以称为功业。《革》卦《彖》说："革，水火相息。……天地革而四时成。汤武革命，顺乎天而应乎人，革之时大矣哉！"（郑玄注："革改也。水火相息，而更用事，犹王者受命，改正朔，易服色，故谓之革也。"）四时的交替是变革，政权的转移也是变革。汤武是用武力取得政权的，所以称为革命。《易大传》肯定，汤武革命，顺乎天时，合乎人心。这里所谓革命不是根本制度的变革，而是指以武力取得政权，改变礼节仪式。这所谓革命虽然有别于我们今天所谓革命，但《易大传》重视变革，还是显著的。这是进步的政治思想。

《易大传》重视变通，颂扬汤武革命。应该承认，《易大传》的思想反映了战国时期新兴地主阶级的要求。

《易大传》的思想是复杂的，有许多方面。本文所讲，不过是《易大传》哲学思想的荦荦大端而已。至于其他细节，这里就不多谈了。《易大传》对于后来哲学思想发展的影响是非常巨大的。以后的唯物主义思想家与唯心主义思想家都从《易大传》中吸取思想营养。应该肯定：《易大传》对于中国哲学思想的发展确实有其不可磨灭的贡献。

1979年1月23日—2月5日

论庄子

《庄子》是一部希有的奇书，其中包含很多非常深刻的议论，又有很多非常荒唐的言辞，读起来既可以引人进入瑰丽的奇境，又会引人走向沉睡的梦乡；它使人超脱，又使人萎靡。在漫长的封建社会里，《庄子》对于不得志的知识分子起着慰藉的作用；同时也使一些人忘掉了对社会对民族应尽的责任。书中探讨了很多深邃的理论问题，却是用形象的语言写成的。它具有奇异的感染力，而又是令人消沉的麻醉剂。《庄子》书中的思想体系，确实是“一朵不结果实的花”。对于这部书中的思想，应当进行深入的解析。

一、一个愤世疾俗的隐士

《汉书·艺文志》著录《庄子》五十二篇。陆德明记载：司马彪注五十二篇，崔譔注二十七篇，向秀注二十六篇，郭象注三十三篇。今本《庄子》是郭象编定的。陆德明考察了各本，他说：“其内篇众家并同。”可证郭本内篇基本上是和司马彪本一致的。宋代以后传统的见解认为内篇是庄子自著，外、杂篇可能是庄子弟子或后学所作。近年来许多同志怀疑此说，或主张破除内外篇的划分，或认定内篇较外篇为晚出。但是，如果进行比较深入的考察，就可以发现，传统的见解还是有较充足的理由的。从内容、思想、语句、文风来看，内篇和书末《天下篇》关于庄周学说的叙述是一致的。而外篇之中，《胠箧》篇不能早于战国之末，《天道》、《天运》或出于汉人之手。所以我认为，内篇年代确实较外杂篇为早，其中大部分章节应是庄周的著作，而外、杂篇当是庄周弟子、再传弟子或汉代道家学者所写。（关于这个问题，拙著，《中国哲学史史料学》中论述较详，兹不多赘。）

现在来研究庄子哲学，应是研究庄周及其弟子的哲学，当以内篇为主，以外、杂篇作为参考。外杂篇是庄周学说的发展，在哲学史上也有一定意义。

《庄子》书中，"寓言十九"，关于孔子、老子的故事都不是历史事实。外、杂篇中有许多关于庄周的故事，除了《田子方》篇"庄子见鲁哀公"显然不是事实以外，其余大部分应是关于庄子言行的记载，不应仅仅看作寓言。这些都可以作为研究庄子哲学的参考。

从《庄子》外、杂篇中关于庄子的故事来看，庄子是一个贫苦的知识分子。有这样一些故事：

> 庄子衣大布而补之，正緳系履而过魏王。魏王曰："何先生之惫耶？"庄子曰："贫也，非惫也。"（《山木》）
>
> 庄周家贫，故往贷粟于监河侯。……（《外物》）
>
> 宋人有曹商者，……见庄子曰："夫处穷闾阨巷，困窘织屦，槁项黄馘者，商之所短也。一悟万乘之主而从车百乘者，商之所长也。……"（《列御寇》）

这所谓"困窘织屦，槁项黄馘"，当是曹商对庄子的讥讽。庄子可能从事于"织屦"的劳动。

在战国时期，像庄子那样贫穷而不肯出仕的知识分子不少，著名的例子还有陈仲和许行。《孟子》云：

> 仲子，齐之世家也，兄戴，盖禄万钟。以兄之禄为不义之禄而不食也，以兄之室为不义之室而不居也，辟兄离母，处于於陵。(《滕文公》下)

又引匡章说陈仲子"身织履，妻辟纑"。《韩非子·外储说右上》说，田仲"不恃人而食"。可见陈仲是自食其力、靠劳动维持生活的特立独行之士。《孟子》又云：

> 有为神农之言者许行，自楚之滕，踵门而告文公曰："远方之人，闻君行仁政，愿受一廛而为氓。"文公与之处。其徒数十人，皆衣褐，捆屦，织席以为食。……陈相见孟子，……孟子曰："许子必种粟而后食乎?"曰："然。"(《滕文公》上)

许行参加农业劳动，同时也"捆屦织席"以维持生活。许行主张君民并耕，反映了农民的观点。

陈仲出身于当权的贵族家庭，但是他鄙弃贵族生活，坚持自食其力。庄周"困窘织屦"，与陈仲有类似之处。

《庄子》常引述一些工匠的故事，值得注意。如《养生主》篇"庖丁解牛"，《人间世》"匠石之齐，……见栎社树"，《达生》篇"梓庆削木为鐻"等等，这说明庄子及其弟子是比较熟悉当时工匠情况的。《庄子》

还引述了一些残废人的故事，如《人间世》篇的“支离疏”，《德充符》篇的“兀者王骀”，“兀者叔山无趾”等。这些都表现了庄子对社会中下层劳动者的同情。

庄子本人虽然不一定是一个完全自食其力的人，但他是比较接近劳动人民的。他的思想，在一定程度上反映了部分劳动者的情绪和愿望，既反映了个体小生产者对统治阶级的愤恨，又反映了个体小生产者消沉悲观的情绪。

庄子严厉地抨击了当时诸侯国君的残暴，如《人间世》篇说：“卫君，其年壮，其行独，轻用其国，而不见其过，轻用民死。”指陈任太子师傅的难处：“与之为无方，则危吾国；与之为有方，则危吾身。”他慨叹当时的情况是：“方今之时，仅免刑焉。”(《人间世》)在“庄子衣大布而补之”的故事中，庄子说“今处昏上乱相之间，而欲无惫，奚可得邪?”(《山木》)，可见他对政治活动是非常厌恶的，庄子更悲叹人与人之间的矛盾斗争，如《齐物论》说：“与接为构，日以心斗”，“与物相刃相靡，其行尽如驰而莫之能止，不亦悲乎!”他厌倦世俗的钩心斗角的生活，企图摆脱而又找不到真正的出路，最后只能陶醉于自己虚构的幻境之中。

二、相对与绝对——“物”与“道”

庄子在中华民族认识史上的理论贡献，在于揭示了事物、认识、伦理等等的相对性。他企图超越一切相对的事物而达到绝对。他不了解绝对即在相对之中、不能脱离相对而存在，于是虚构了一空虚的绝对，因而陷于失误。

今所谓相对，庄子谓之“相待”。(《齐物论》：“化声之相待，若其不相待。”)今所谓绝对，庄子谓之“独”。(《大宗师》：“朝彻而后能见独。”)

庄子认为，万物之间的区别是相对的，事物的成毁(存在与不存在)也是相对的。他说：

物固有所然，物因有所可。无物不然，无物不可。故为是举莛与楹、厉与西施，恢诡憰怪，道通为一。其分也成也，其成也毁也。凡物无成与毁，复通为一。(《齐物论》)

“自其异者视之，肝胆楚越也；自其同者视之，万物皆一也。”(《德充符》)

万物之间的差别都是相对的，万物有其统一性。庄子指出万物差别的相对性，这是正确的；但又倾向于否认差别的实在性，这就不正确了。

老子说：“天下有始。”(五十二章)庄子认为所谓“始”也是相对的。他说：

有始也者，有未始有始也者，有未始有夫未始有始也者。(《齐物论》)

所谓始并非确定的始。老子说：“有生于无”(四十章)。庄子认为所谓有、无，也都是相对的。他说：

有有也者，有无也者，有未始有无也者。有未始有夫未始有无也者。俄而有无矣，而未知有无之果孰有孰无也。(四十章)

无亦非确定的无。万物的差异，所谓始，所谓有、无，都是相对的。但是还有一个绝对，这就是道。以道为绝对，始于老子，庄子加以发挥，他说：

> 又况万物之所系，而一化之所待乎？夫道，有情有信，无为无形；可传而不可受，可得而不可见。自本自根，未有天地，自古以固存；神鬼神帝，生天生地。在太极之先，而不为高；在六极之下，而不为深，先天地生而不为久，长于上古而不为老。（《大宗师》）

道是"万物之所系而一化之所待"，即宇宙变化过程的总根据。道"有情有信"，是客观实在的；而"无为无形"，没有意志，超乎感觉。道"自本自根"，自己以自己为根据，自己以自己为原因。道在天地之先，是永恒的。总之，道是世界的最高的根源，是绝对的。

在《庄子·内篇》中，庄子尝以心与道对举，他说："不以心捐道，不以人助天。"（《大宗师》，按捐是背弃之义，或疑捐应作偝，非是。）这就是说，道是不依靠心而存在的，是不以人的意志为转移的。庄子又以道与"封"（界限）对立起来，他说："夫道未始有封"（《齐物论》），这即是说，道是普遍性的，超越于事物的各种界限。

庄子肯定道是万物的最高根源，是世界的最高实体。这道是超越于一切事物之上的，是超越于一切感官经验的。这所谓道，可以说是一个观念性的绝对，是一个虚构的实体。从这个意义上说，庄子的哲学是一种客观唯心论。

《庄子》书中强调道非万物中之一物。《齐物论》说：

古之人，其知有所至矣。恶乎至？有以为未始有物者至矣尽矣，不可以加矣。其次以为有物矣，而未始有封也。其次以为有封焉，而未始有是非也。是非之彰也，道之所以亏也。

“未始有物”，意谓唯有一道而已。中国古代所谓物，都是指个体的实物而言，不是指今日所谓物质。如《秋水》篇云：“号物之数谓之万，人处一焉。”“未始有物”不是说惟有我在，或唯有此心。《齐物论》又云：

天下莫大于秋毫之末，而太山为小；莫寿乎殇子，而彭祖为夭。天地与我并生，万物与我为一。

大小、久暂都是相对的。天地虽大，也可以说与我并生；万物虽多，也可以说与我为一。实际上，天地长久，人生短暂，实不能说天地与我并生。万物繁多，人仅一物，实不能说万物与我为一。庄子否认事物之间的差别，实乃诡辩。但是所谓“天地与我并生，万物与我为一”，涵蕴着与我同时存在的还有天地万物，这还是明确的。如果把庄子的观点解释为主观唯心论，那是没有根据的。

《庄子·外篇》中也断言天地的本原不是一物。如说：

凡有貌象声色者，皆物也。物与物何以相远？夫奚足以至乎先？是色而已。（《达生》）

有先天地生者物耶？物物者非物，物出不得先物也。（《知北游》）

万物中任何一物都不足以为先在的物物者。物物者即使物成为物者，是道而非物。

这道究竟是什么呢？《庄子》外、杂篇中有比较明确的解释，如说：

> 道，理也。（《缮性》）
>
> 万物殊理，道不私，故无名。（《则阳》）
>
> 天地者，形之大者也；阴阳者，气之大者也，道者为之公。（《则阳》）
>
> 天不得不高，地不得不广，日月不得不行，万物不得不昌，此其道与。（《知北游》）

道就是天地万物公共的理，也就是天地万物的必然规律。不得不然即是必然。庄子及其弟子肯定天地万物具有普遍规律，这是深刻的思想；但他们又认为这普遍规律是先于天地万物的，这就陷于失误了。

庄子认为道是先于天地的，但是同时也肯定，在天地万物生成之后，道即在天地万物之中。《知北游》记载：

> 东郭子问于庄子曰："所谓道，恶乎在？"庄子曰："无所不在。"东郭子曰："期而后可。"庄子曰："在蝼蚁。"曰："何其下耶？"曰："在稊稗。"曰："何其愈下耶？"曰："在瓦甓"。曰："何其愈甚耶？"曰："在屎溺。"东郭子不应。庄子曰："夫子之问也，固不及质。正获之问于监市履狶也，每下愈况。汝唯莫必，无乎逃物。"

道即在一切事物之中。《天地》篇说："夫道，覆载万物者也，洋洋乎大哉!"道又包容一切，万物都在道之中。总之，道是普遍性的，庄子以无所不包、无所不在的普遍性作为世界的本原。他认为这个普遍性是先于物质世界而存在的。显然，这是一种客观唯心论。

关于道与天的关系，内篇明言道先于天地，但外篇中却提出了道从属于天的观点。《天地》篇说：

> 故通于天地者德也，行于万物者道也。……德兼于道，道兼于天。

又《天道篇》说：

> 古之明大道者，先明天而道德次之。

肯定"道兼于天"，即是说自然的普遍规律是寓于物质世界之中的，这是唯物论的观点。庄门后学之中有人转向唯物论，这可以说是庄子学派的分化。

《外篇》中又有"通天下一气"的观点，《知北游》篇说：

> 人之生，气之聚也，聚则为生，散则为死。若死生为徒，吾又何患？故万物一也。是其所美者为神奇，其所恶者为臭腐。臭腐复化为神奇，神奇复化为臭腐。故曰：通天下一气耳。圣人故贵一。

这就是说，世界是一气的变化，万物统一于气。这也是唯物论的观点。应该承认，庄子的后学之中，确有一些唯物论者，他们对于唯物论的发展，做出了一定的贡献。

关于庄子的本体论，还有一个问题，即精神在庄学体系中的位置问题。《齐物论》所说“劳神明为一，而不知其同也”，《养生主》所说“臣以神遇而不以目视”，其所谓神，都是指人的精神作用而言。《刻意》篇云：

> 纯粹而不杂，静而不变，淡而无为，动而以天行，此养神之道也。……精神四达并流，无所不极，上际于天，下蟠于地，化育万物，不可为象，其名同帝。纯素之道，唯神是守，守而勿失，与神为一。

所谓“养神”之神，指人的精神作用而言。这认为精神能够充满于天地之间，有化育万物的效果，这是对精神作用的极端夸张。又《知北游》篇云：

> 澡雪而精神，掊击而知。……夫昭昭生于冥冥，有伦生于无形，精神生于道，形本生于精，而万物以形相生。

所谓“澡雪而精神”，这所谓精神亦指人的精神作用而言。“形体生于精”，这精与精神是否同一，文义不明。“精神生于道”，意义却是明显的，肯定道是精神的来源。

《庄子·外篇》中关于精神的言论，虽然夸大了精神的作用，但仍承认精神来源于道，还是客观唯心论的观点。

三、怀疑与直觉——“知有所待”与“体道”

在认识论方面，庄子揭示了人类认识中的一些矛盾，揭示了真理的相对性。这在人类认识史也有重要意义。他看到了感官经验与思维的局限，但又不适当地夸大了这局限，认为通过感官经验和思维不可能达到“真知”，只有摆脱了感官经验和思维，才可能获得“真知”。这样，就陷入了反理智的神秘主义的泥潭。

庄子提出了关于认识的有限与无穷的问题。人的智力是有限的，而认识的对象却是无穷的。《养生主》篇说：

> 吾生也有涯，而知也无涯。以有涯随无涯，殆已。已而为知者，殆而已矣。

生命是有限的，而可知的对象则是无穷的。对此，《秋水》篇有更明晰的解释：

> 计人之所知，不若其所不知；其生之时，不若未生之时。以其至小，求穷其至大之域，是故迷乱而不能自得也。

个人的认识能力是有限的，而客观事物却是无穷的。这确实是一个矛盾，这个矛盾只有在漫长的历史发展过程中才能逐步解决，庄子是看不到解决的途径的。

庄子对于当时不同学派的各自坚持其“是非”，很有反感，因而对所谓“是非”发生了果为真是或真非的怀疑。他论儒、墨的是非道：

> 道恶乎隐而有真、伪，言恶乎隐而有是、非？道恶乎往而不存，言恶乎存而不可？道隐于小成，言隐于荣华，故有儒、墨之是、非，以是其所非，而非其所是。(《齐物论》)

儒、墨两家之所以有真伪、是非之争，乃由于双方都是“小成”，即小有成就，各执偏见，再加上各有一些“荣华”的言词，因此就争论不休了。儒、墨的是、非，乃“是其所非而非其所是”，即相互以所非为是，以所是为非。

庄子又说：

> 欲是其所非而非其所是，则莫若以明。物无非彼，物无非是。自彼则不见，自知则知之。故曰：彼出于是，是亦同彼。彼是，方生之说也。虽然，方生方死，方死方生。方可方不可，方不可方可。因是因非，因非因是。是以圣人不由，而照之于天，亦因是也。是亦彼也，彼亦是也。彼亦一是非，此亦一是非，果且有彼是乎哉？果且无彼是乎哉？彼是莫得其偶，谓之道枢。(《齐物论》)

指出儒墨所非之是、所是之非，莫若以明。何谓“以明”？“明”对“隐”而言，“以明”即消除隐蔽，亦即“照之于天”，是、非之争由于彼、此对立，而彼、此是相互依存的。彼、此双方，都自是而相非，综合起来看，彼既又是又非，此亦又是又非。超出了彼此的对立，然后能认识真理。

庄子指出了“是非”的相对性，这是深刻的。他要求消除偏见，这也是正确的。但是庄子进而认为真正的是非是无法确定的，于是主张消弭一切是非，就陷于偏谬了。庄子又说：

> 既使我与若辩矣，若胜我，我不若胜，若果是也，我果非也耶？我胜若，若不吾胜，我果是也，而果非也耶？其或是也，其或非也耶？其俱是也，其俱非也耶？我与若不能相知也，则人固受其黮暗，吾谁使正之？使同乎若者正之，既与若同矣，恶能正之？使同乎我者正之，既同乎我矣，恶能正之？使异乎我与若者正之，既异乎我与若矣，恶能正之？使同乎我与若者正之，既同乎我与若矣，恶能正之？然则我与若与人，俱不能相知也，而待彼也耶？……是不是，然不然。是若果是也，则是之异乎不是也，亦无辩；然若果然也，则然之异乎不然也，亦无辩。(《齐物论》)

庄子认为专靠辩论，并不能决定是非，这种看法是深刻的。但他由此断定是非既不能确定，也就无所谓是非，这却大谬不然。检验是非真伪的唯一标准乃是社会实践，这是庄子不可能理解的。

是非既难以确定，于是庄子怀疑所谓知识究竟是不是知识。他假托古人的问答指出：

> 啮缺问乎王倪曰："子知物之所同是乎？"曰："吾恶乎知之！""子知子之所不知耶？"曰："吾恶乎知之！""然则物无知耶？"曰："吾恶乎知之。"虽然，尝试言之。庸讵知吾所谓知之非不知耶？庸讵知吾所谓不知之非知耶？(《齐物论》)

"同是"即公认的是，庄子认为这是难以肯定的，而知与不知的区别，也难以肯定。庄子甚至以为梦、觉也难以分辨。他说：

> 梦饮酒者，旦而哭泣；梦器泣者，旦而田猎。方其梦也，不知其梦也，梦之中又占其梦焉。觉而后知其梦也；且有大觉，而后知此其大梦也。而愚者自以为觉，窃窃然知之，君乎牧乎？固哉！（《齐物论》）
>
> 吾特与汝其梦未始觉者耶？……不识今之言者，其觉者乎？梦者乎？（《大宗师》）

实际上，觉与梦的区别是明显的。如果现实生活是大梦，就必须假定另有一个真我在另一世界中作梦，这是不可能的。庄子对觉、梦提出疑问，但只是作为一个疑问提出来的，还没有断言人生是梦。

庄子对于普通所谓知识表示怀疑，但是他肯定有所谓真知。他说：

> 知天之所为、知人之所为者，至矣。知天之所为者，天而生也；知人之所为者，以其知之所知，以养其知之所不知，终其天年，而不中道夭者，是知之盛也。虽然，有患。夫知有所待，而后当其所待者，特未定也。庸讵知吾所谓天之非人乎？所谓人之非天乎？且有真人而后有真知。何谓真人？古之真人，不逆寡，不雄成，不谟士，若然者，过而弗悔，当而不自得也。若然者，登高不慄，入水不濡，入火不热。是知之能登假于道也若此。（《大宗师》）

知天而又知人，这是“知之盛”，但是这还不一定是真知。真知是“有所待”的，即有一定条件的。何所待？待于有真人的修养。真人就是超脱了普通情感的人。能达到真人的境界，则其知就“登假于道”，即上达于道了。

内篇《大宗师》篇有自称“吾闻道矣”的故事，外篇《知北游》篇有所谓“知道”、“安道”、“得道”，又有所谓“体道者”，（“夫体道者，天下之君子所系焉”。）杂篇《则阳》篇又有所谓“觏道之人”。庄子及其弟子肯定道是可以认识的。“闻道”、“体道”、“觏道”，就是认识的最高境界。

如何才能“闻道”呢？必须有特殊的修养。《大宗师》篇阐述这种修养的过程说：

> 参日而后能外天下。已外天下矣，吾又守之七日，而后能外物。已外物矣，吾又守之九日，而后能外生。已外生矣，而后能朝彻，朝彻而后能见独。

既遗忘了天下万物，又遗忘了自己的生命，然后能大彻大悟，能“见独”，即直接认识绝对。这种境界，也称为“坐忘。”《大宗师》篇又云：

> 仲尼蹴然曰：“何谓坐忘?”颜回曰：“堕肢体，黜聪明，离形去知，同于大通，此谓坐忘。”

这种境界，用现在的名词来说，就是直觉。外篇《知北游》说：“无思无虑始知道，无处无服始安道，无从无道始得道。”所谓无思无虑的知，就是一种神秘的直觉。这种超越思维的直觉，是一种唯心主义的虚构。

庄子的认识论从揭示人类认识的一些矛盾现象开始，以宣扬超越思维的直觉为归结。庄子既没有否认天地万物的实在性，又充分肯定道的客观性，所以不是主观唯心论。庄子肯定了“闻道”、“覩道”的可能性，所以也不是不可知论。庄子提出了关于人类认识的一些深刻问题，这是他在认识史上的贡献。但是他找不到正确解决这些问题的途径，终于陷入失误。在中外哲学史上宣扬直觉的哲学家很多，庄子的学说也有一定的典型意义。

四、辩证法与诡辩论——“以明”与“两忘”

庄子在《齐物论》篇主张“莫若以明”。“明”对“隐”而言，“道隐于小成，言隐于荣华”，隐即有所障蔽。“以明”即消除障蔽，亦即“照之于天”，这样就可以摆脱一偏之见。《齐物论》又云：“昔者十日并出，万物皆照，而况德之进乎日者乎！”十日并出，无所不照，就排除一切障蔽了。“以明”是一种全面观点。“以明”之说可能受到宋钘“别宥”的影响。《天下篇》曾说：宋钘、尹文之学“接万物以别宥为始。”《逍遥游》篇曾赞扬宋荣子“举世誉之而不加劝，举世非之而不加沮，定乎内外之分，辨乎荣辱之境”。可见庄子对宋钘是有所了解的。

庄子讲“以明”，谈到许多对立面的相互依存和相互转化。“彼出于是，是亦因彼。”“方生方死，方死方生。”“因是因非，因非因是。”彼此、生死，是非，都是相互依存、相互转化的。《齐物论》又说：“天下莫大于秋毫之末，而太山为小；莫寿于殇子，而彭祖为夭。”大小、寿夭都是相对的，是可以相互转化的。大的也可谓之小，寿者也可谓之夭，因为这些都是比较而言的。

庄子要求全面，揭示了一些对立面的相互依存和相互转化，用现在的名词来说，这可以说是他的辩证法观点。但是，庄子又认为，这些对立面既然相互依存又相互转化，因而也就彼此无别，可以忘掉其间的对立。于是他提出“两忘”之说：“与其誉尧而非桀，不如两忘而化其道。”(《大宗师》)这就是否认对立之为对立，当然陷于诡辩了。

关于对立面的相互关系，外篇《秋水》中有比较详细的论述。《秋水》篇说：

> 以道观之，物无贵贱。以物观之，自贵而相贱。以俗观之，贵贱不在己。以差观之，因其所大而大之，则万物莫不大；因其所小而小之，则万物莫不小。知天地之为稊米也，知毫末之为丘山也，则差数等矣。以功观之，因其所有而有之，则万物莫不有；因其无而无之，则万物莫不无。知东西之相反而不可以相无，则功分定矣。以趣观之，因其所然而然之，则万物莫不然；因其所非而非之，则万物莫不非。知尧、桀之自然而相非，则趣操睹矣。……以道观之，何贵何贱，是谓反衍。……万物一齐，孰短孰长？……消息盈虚，终则有始，是所以语大义之方、论万物之理也。

从贵贱来说，每一物都自以为贵而鄙视其他各物为低贱。从量来说，大小是相对的，大的较之更大的则为小，小的较之更小的则为大。从功能来说，万物各有其一定功能而无别的功能。从趋向来说，人们的取舍不同，各有其所然，各有其所非。所然未必然，所非未必非。一切差别都是相对的。但是，在实际上，差别虽然是相对的，也都有其确定性。庄子及其弟子，夸大差别的相对性，而否认差别的确定性，得出“万物一齐”的结论，这就陷于诡辩了。《秋水》篇提出“反衍”一词，颇有深刻的意义。“反衍”具有两层含义：(一)事物变化都转向反面；(二)既然事物都转向反面，则彼此没有差别。前一含义是辩证的，后一含义就是诡辩论了。

庄子鼓吹“齐物”，主要是针对“贵贱”、“美丑”等价值差别而言。《齐物论》说：

> 民湿寝则腰疾偏死，鳝然乎哉？木处则惴慄恂惧，猿猴然乎哉？三者孰知正处？民食刍豢，麋鹿食荐，蝍且甘带，鸱鸦嗜鼠，四者孰知正味？猿，猵狙以为雌；麋与鹿交，鳝与鱼游。毛嫱丽姬，人之所美也，鱼见之深入，鸟见之高飞，麋鹿见之决骤，四者孰知天下之正色哉？

这里所举的事例，只能证明不同类的生物有其不同的选择标准，不同类的生物有其不同的正处、正味、正色；并不能否认每一类生物有其一定的选择标准。庄子要求超越一切相对差别的绝对标准，就陷于虚妄了。

五、必然与自由——“安命”与“自适”

在人生观方面，庄子鄙弃世俗追求名誉地位、声色货利的生活，要求达到精神自由的境界。现在我们讲的自由，庄子谓之“自适”(《大宗师》：“是役人之役，适人之适，而不自适其适者也。”)，亦谓之“适志”。(《齐物论》：“自喻适志与。”)庄子认为，人们应当了解一切事物的变化都是自然而然的，不得不然的，从而“安之若命”，而不必有所爱憎喜怒于其间，这样就可以摆脱外物的干扰，获得最大的精神自由。庄子说：

> 死生存亡，穷达贫富、贤与不肖、毁誉饥渴寒暑，是事之变，命之行也，日夜相代乎前，而知不能规乎其始者也，故不足

以滑和，不可入于灵府。(《德充符》)

知不可奈何而安之若命，唯有德者能之。(《德充符》)

生死、贫富、贤与不肖、毁誉，皆由于命，不必措意。儒家宣扬“生死有命、富贵在天”，但是认为“为仁由己”，贤与不肖在于自己的勉力与否；庄子则以为一切都是命。

儒家不多谈生、死问题，庄子则大谈生、死问题，认为对于生与死应该等量齐观，不必悦生而恶死。他说：

予恶乎知悦生之非惑耶？予恶乎知恶死之非弱丧，而不知归者耶？(《齐物论》)

古之真人，不知悦生，不知恶死。(《大宗师》)

死生，命也，其有夜旦之常，天也。人之有所不得与，皆物之情也。(《大宗师》)

生则有死，犹如昼、夜之变化一样，是人力所不能改变的，因而不必悦生而恶死。庄子又说：

死生亦大矣，而不得与之变；虽天地覆坠，亦将不与之遗，审乎无假，而不与物迁，命物之化，而守其宗也。(《德充符》)

夫大块载我以形，劳我以生，佚我以老，息我以死。故善吾生者乃所以善吾死也。(《大宗师》)

庄子讲“死生无变于己”(《齐物论》)，即是对于死无所畏惧，完全任其自然。“善生善死”即是对于生死有一个正确的态度。庄子肯定了生则有死的必然性，强调对于死不必憎恶、不必畏惧，这是正确的。但他否认了生的价值，认为对于生死应等量齐观，这就陷于偏谬了。事实上，庄子虽然宣称“生死存亡之一体”(《大宗师》)，但是还是要求“保身”、“全生”(《养生主》)的。他所以鼓吹“死生无变于己”，不过是为了“善吾生”罢了。

“死生”既然不必介意，则喜、怒、哀、乐等情感也就可以消除了。这种境界，庄子称之为“悬解”，他说：

> 且夫得者时也，失者顺也。安时而处顺，哀乐不能入也，此古之所谓悬解也。(《大宗师》)

人们受情感的束缚，有如倒悬；而解除了哀乐等情绪的束缚，则如倒悬之解。悬解即得到自由。所谓“哀乐不能入”，也就是无情。《德充符》篇云：

> 惠子谓庄子曰：“人故无情乎?”庄子曰：“然。”惠子曰：“人而无情，何以谓之人?”庄子曰：“道与之貌，天与之形，恶得不谓之人?”惠子曰：“既谓之人，恶得无情?”庄子曰：“是非吾所谓无情也，吾所谓无情者，言人之不以好恶内伤其身，常因自然而不益生也。”

无情即“不以好恶内伤其身”。这“无情”的人，也就是所谓“畸人”：

> 畸人者，畸于人而侔于天。(《大宗师》)

“侔于天”即是“与天为一”(《达生》)，也就是与万物为一体。外篇《田子方》云：

> 喜、怒、哀、乐不入于胸次，夫天下也者，万物之所一也。得其所一而同焉，则四肢、百体将为尘垢，而死生、终始将为昼夜，而莫之能滑，而况得丧、祸福之所介乎？

庄子以为，如达到这种境界，就可以做到“物莫之伤”(《逍遥游》)，获得最大的自由了。

这样的自由，只是幻想中的自由。庄子常说“游乎四海之外”(《逍遥游》)，“游乎尘垢之外”(《齐物论》)，“体尽无穷而游无朕”(《应帝王》)，这都不过是驰骋浪漫的想象力，飘飘然自以为超出了物质世界，其实依然处于物质世界之中。

庄子肯定客观规律性，但是完全忽视人的主观能动性。他以为，承认一切“事之变”都是不得不然的，就可以不动感情，泰然自若，就能“自适其适”了。这种自由只是一种消极的适应而已。庄子向往自由，实际上只是用虚幻的想象来自我安慰而已。

六、无君论与返于自然

在政治方面，庄子对等级制度提出了批评，认为一切政治制度都是多余的。《齐物论》说：

> 而愚者自以为觉，窃窃然知之，君乎牧乎，固哉！

世俗之见，以为君贵而牧贱，其实是固陋。《应帝王》篇设为寓言说：

> 肩吾见狂接舆，狂接舆曰："日中始何以语汝?"肩吾曰："告我君人者以己出经式仪度，人孰敢不听而化诸?"狂接舆曰："是欺德也！其于治天下也，犹涉海凿河，而使蚊负山也。夫圣人之知也，治外乎？正而后行，确乎能其事而已矣。且鸟高飞以辟矰弋之害，鼷鼠深穴乎神丘之下，以辟熏凿之患，而曾二虫之无知?"

设立一些规则法度，都不过是欺骗。飞鸟鼷鼠尚能逃避迫害，何况人民？人民是不会受欺的。

《庄子》外篇中明确地揭示了无君思想。《至乐》篇"庄子之楚，见空髑髅"的故事中，髑髅以"无君于上、无臣于下"为乐，即认为有君、臣之分是苦的。《马蹄》篇更可以说是批判等级制度的宣言。《马蹄》篇以没有等级区分的原始社会为理想境界，它说：

> 彼民有常性，织而衣，耕而食，是谓同德。一而不党，命曰天放。故至德之世，其行填填，其视颠颠。当是时也，山无蹊隧，泽无舟梁，万物群生，连属其乡；禽兽成群，草木遂长。是故禽兽可系羁而游，乌鹊之巢可攀援而窥。夫至德之世，同与禽兽居，族与乃物并，恶乎知君子小人哉？同乎无知，其德不离；同乎无欲，是谓素朴，素朴而民性得矣。

"素朴"指原始的自然状态。肯定"素朴"，就是要求返于自然状态。这里反对君子小人的等级区分，是有进步意义的；但赞美"同与禽兽居，族与万物并"的原始生活，不承认人类文化进步的价值，却是反动的。要求"无知"、"无欲"，也是不切实际的。

儒家重视文化的发展。孔子说："博学于文，约之以礼，亦可以弗畔矣夫。"（《论语·颜渊》）与此相反，《庄子》外篇《缮性》云："文灭质，博溺心。"完全否定了"博学于文"的价值。《庄子》外篇更把仁义同道德对立起来。《马蹄》篇说：

及至圣人，蹩躠为仁，踶跂为义，而天下始疑矣；澶漫为乐，摘僻为礼，而天下始分矣。故纯朴不残，孰为牺尊？白玉不毁，孰为珪璋？道德不废，安取仁义？性情不离，安用礼乐？……夫残朴以为器，工匠之罪也；毁道德以为仁、义，圣人之过也！

儒家把仁、义作为道德的内容，道家则以为仁义是对道德的破坏。这所谓道德是什么意义呢？道家所讲的道，指宇宙的本原、超越一切形象的绝对。道家所讲的德，指自然的本性和最高的修养境界。《庄子》内篇所谓德，具有两层含义。《人间世》篇云："德荡乎名，知出乎争。"这里的德，指自然本性而言。《人间世》又云："知其不可奈何而安之若命，德之至也"。《德充符》篇云："是必才全而德不形者也"，又云："故德有所长而形有所忘。"这里的德，指修养境界而言。而"毁道德以为仁义"的"德"，则指朴素的本性而言。孟子认为仁义是人的本性，道家则认为仁义不是人的本性。

《庄子》外篇揭示了仁、义的相对性。《胠箧》篇说：

彼窃钩者诛，窃国者为诸侯。诸侯之门，而仁义存焉。则是非窃仁义圣知耶？

仁义是可窃取的，有权有势者可假借仁义以欺骗人民。《秋水》篇云：

> 昔者尧、舜让而帝，之、哙让而绝；汤、武争而王，白公争而灭。由此观之，争、让之礼，尧、桀之行，贵、贱有时，未可以为常也。……帝王殊禅，三代殊继，差其时，逆其俗者，谓之篡夫；当其时，顺其俗者，谓之义徒。

所谓“义”者，只是随时代的变迁而转移，并不是恒常的。《庄子》外篇见到了所谓仁义的相对性。

《庄子》外篇赞美远古时代的原始社会生活，含有批判等级制度的意义。庄学指斥儒家的仁义、礼乐，确实揭示了仁义、礼乐的缺点。但这只是消极的批评，不能提出积极的意见。庄子鼓吹“不从事于务”(《齐物论》)，使人逃避现实的斗争，放弃改造社会的积极努力。特别是在民族矛盾激化的时期，这种思想实际上起着一种消极有害的作用。对于保卫民族的独立，对于促进民族的发展，是无所裨益的。道家学说，虽然在二千年中影响不绝，但始终不能成为中国文化学术的主流，是有其必然的原因的。

庄子哲学是中国古代哲学发展过程中的一个重要环节。庄子提出了许多深邃玄奥的理论问题，足以促进哲学思想的深刻化和丰富化，但是他对许多问题都做不出正确的解答，而其观点却易于把人引入歧途。因此，正确地评价庄子哲学，实在具有重要的意义。本篇仅就《庄子》中的一些根本问题，进行了简要的剖析，至于另外一些细节的问题，就不能一一论及了。

1982 年 10 月 31 日

王船山的唯物论思想*

王船山，名夫之，生于1619年，卒于1692年。他是17世纪中国的杰出的唯物论者，对于唯物论的发展曾经有过卓越的贡献。

一、王船山唯物论思想的历史背景

王船山的哲学思想是明清之际唯物论的最高成就。何以明清之际会产生唯物论思想呢？何以王船山能达到唯物论的世界观呢？这从当时的社会历史条件、当时的阶级斗争与民族斗争的情况来看，是不难理解的。

明代末年，统治阶级与农民的矛盾达到了极其深刻的程度，因而爆发了农民革命。但清兵入关以后，情势起了重大的变化。汉满之间的民族矛盾特别激化了，成为当时的主要矛盾。当时汉族人民反抗满清的斗争极其炽烈，表现了雄壮英勇刚毅不屈的气概。在反清的义军中，有农民手工业者小商人，也有中小地主。当时的豪族大地主，除

* 原载《光明日报》《哲学研究》专刊，1954年10月6日。

了少数也参加了民族抗争以外，大部分投降了满清，企图与满清勾结起来，共同盘踞在汉族人民的头上。汉族人民反清的斗争是正义的。这个斗争后来虽然失败了，但迫使清朝统治集团不得不减轻其对于人民的剥削，以图缓和阶级的矛盾。这个斗争不是徒然的。

清兵入关以后的情势就是这样：一方面是中小地主与农民，一方面是清朝统治集团和投降的大地主，两者之间展开了激烈的斗争。在这场斗争中，中小地主阶层的一部分思想代表，不得不面对现实，不得不放弃唯心论的幻想，因而达到了唯物论。

王船山是属于中小地主阶层的，他的思想基本上是代表了中小地主阶层的利益。而他的唯物论便是他用来反对清朝统治集团及豪族大地主的战斗武器。

何以说王船山是代表中小地主阶层的利益的呢？这从他对于当时社会各阶级的态度就可以看出。王船山的政治观点没有超越过封建制度，他是拥护封建制度的。他强调了统治阶级与被统治的农民阶级的区别，对于农民起义也持不赞成的态度。他更看不起商人，强调农与商的利益的冲突。但这只是他的政治观点的一方面。在另一方面，他又反对豪族大地主欺压人民，反对统治集团的聚敛，要求照顾农民的生活，他慨叹劳动人民的生活的艰难困苦，又强调通商的重要。所有这些，都表现了他是站在中小地主阶层的立场。

先看王船山对于农民的态度。他不止一次地称述孟子所说的“人之所以异于禽兽者几希，庶民去之，君子存之”的话，而认为“学者但取十姓百家之言行而勘之，其异于禽兽者百不得一也”(《俟解》)。他认为“农圃箪豆”等农业生产劳动是鄙不足道的。但他毕竟看到了农民生活的艰苦景况。他说：“今夫农夫泞耕，红女寒织，渔凌曾波，猎犯鸷兽，行旅履霜，酸悲乡土，淘金采珠，罗翠羽，探珊象，生死出入，童年皓发，以获赢余者，岂不顾父母，拊妻子，慰终天之思，邀须臾之乐哉？而刷玄鬓长指爪，宴安谐笑于其上者，密布毕网，巧为射弋，甚或鞭楚斩杀，以继其后，乃使悬罄在堂，肌肤剟削，含声陨涕，郁闷宛转于老母弱子之侧，此亦可寒心而栗体矣。”(《黄书·大正》)对于农民的劳苦而遭受迫害，他寄以深厚的同情。

王船山对于豪强大地主持反对的态度。他虽然主张维持士大夫的“世胄”、“清流”与“耕商驵侩胥史之徒”的区别(《读通鉴论》卷十五)，但他所谓“世胄”、“清流”包含了封建的道德标准在内。他对于没有道德品格的豪强大地主是极端鄙视的。他说：“利者公之在下而制之在上。非制之于豪强而可云公也。”(《读通鉴论》卷二)又说：“未闻割利以授之豪右大贾而可云仁义也。……割利以与豪民大贾而民益困。”(《读通鉴论》卷九)这就是说，不要让豪强大地主大商人专擅利权。王船山看出了豪强与农民及小地主的矛盾：“强豪兼并之家，皆能渔猎小民而使之流离失所”(《读四书大全说》卷一)。在豪强大地主与小地主及农民的斗争中，他是站在小地主和农民方面来反对大地主的。他既反对豪强大地主，更反对当权的统治集团的聚敛。他说：“天子而斤斤然以积聚贻子孙，则贫必在国。”(《读通鉴论》卷一)又说：“夫大损于民而大伤于国者，莫甚于聚财于天子之藏而枵其外”(《读通鉴论》卷二十二)。这些思想反映了中小地主及广大人民的要求。王船山反对豪强，更提出了分别自种与佃耕的办法：“处三代以下，欲抑强豪富贾也难，而限田又不可猝行。则莫若分别自种与佃耕，而差等以为赋役之制。人所自占为自耕者，有力不得过三百亩，审其子姓丁夫之数以为自耕之实，过是者皆佃耕之科。轻自耕之赋而佃耕者倍之，以互相损益而协于什一之数。水旱则尽蠲自耕之税，而佃耕者非极荒不得辄减。若其果能躬亲勤力分任丁壮多垦厚收，饶有赢余，乃听输粟人边拜爵免罪。而富商大贾居金钱以敛粟、及强豪滥占佃耕厚敛多畜者不得与。”(《读通鉴论》卷二)他所提议的这个办法是维护小地主及农民的利益的。

王船山很鄙视商人。他认为:“生民者农,而戕民者贾”(《读通鉴论》卷三)。他更畅论商贾与统治集团互相勾结的情况道:“贾人者,暴君污吏所亟进而宠之者也。暴君非贾人无以供其声色之玩,污吏非贾人无以供其不急之求。假之以颜色而听其辉煌,复何忌哉?贾人之富也,贫人以自富者也,牟利易则用财也轻,志小而不知裁,智昏而不恤其安,欺贫懦以矜夸,而国安得不贫,民安得而不靡?”(《读通鉴论》卷二)商人与当权的统治集团勾结起来欺压人民,是与人民利害相反的。王船山以为应该减轻农税而酌征商税。他说:“古者以九赋作民奉国,农一而已。其他皆以人为率,夫家之征,无职事者不得而逸,马牛车器一取之商贾。”(《读通鉴论》卷三十)他又批评当时“概责之地亩”的税法道:“议法于廷者皆不耕而食,居近市而多求于市贾,利商贾以自利,习闻商贾之言而不知稼穑之艰难者也。孰能通四民之有余不足,劳逸强懦,而酌其平乎?杂派分责之商税,则田亩之科征可减,而国用自处于优”(《噩梦》)。王船山基本上主张重农抑商,但他也见到商人的作用,认为:“商贾贸贩之不可缺也,民非是无以通有无而赡生理,虽过徼民利而民亦待命焉。”(《宋论》卷二)商人也是不可无的。王船山更肯定了通商的重要:“夫可以出市于人者,必其裕于己者也。此之有余则彼固有所不足矣。而彼抑有其有余,又此之所不足也。天下交相灌输而后生人之用全,立国之备裕。”(《读通鉴论》卷二十七)他更肯定“大贾富民”的存在,在一定条件下也于人民有利:“千户之邑,极于瘠薄,亦莫不有素封巨族,冠其乡焉。此盖以流金粟通贫弱之有无。田夫畦叟,监鲑布褐,伏腊酒浆所自给也,卒有旱涝，长吏请蠲赈，卒不得报，稍需日月，道殣相望。而怀百钱挟空券，要豪右之门，则晨户叩而夕炊举矣。故大贾富民者国之司命也。”(《黄书·大正》)商贾在平日可以通有无，遇荒年可以量力帮助人民，这是商人的作用。王船山虽然在基本上看不起商人，但也不忽视商人的作用。

在此，应该提到明代末年中国社会资本主义萌芽的问题。明代末年，中国社会中已经有了资本主义生产关系的微弱的萌芽。这种萌芽是不是在王船山的思想中也得到了反映呢？如上所述，他所关心的主要是中小地主阶层的利益，在基本上他不是代表商人阶级的。我们不容易肯定他的思想与明末的资本主义萌芽有多少关联。但他在接受传统的重农抑商的思想之余，也看到商人的重要，同时更强调金钱的功用(《宋论》卷四，《噩梦》)。这也未始不可以说是反映了明末以来资本主义因素发展的要求。然而这不是王船山思想的主要方面。明代末年中国社会有了资本主义的萌芽，但当时中国社会的发展是不平衡的，所谓新生产关系萌芽的出现主要是在东南沿海一带，而内地的情况似乎很少变化。王船山生长在湖南内地，他的思想与当时资本主义萌芽没有太多的关联，这也是可以理解的。

明朝的灭亡，清兵的入关，对于人民是一个绝大的刺激。而中小地主阶层，在清朝统治集团及豪强大地主的压迫之下，也不得不深刻反省，不得不抛弃主观的幻想，转而注意客观的现实。几次的反清起义虽然失败了，但有志之士始终保持着民族复兴的信心，作了一切的努力，为将来的复兴奠定初步的基础。王船山唯物论的世界观，便是在这种情况之下建立起来的。他以唯物论作为反异族压迫、反豪强特权的武器，同时也是为将来的民族复兴奠定思想的基础。

王船山唯物论世界观的产生，与明末科学的发展也有一定的联系。明朝末年，西洋科学知识输入了，虽然没有开花结果，但在当时也影响了少数的知识分子。明末清初的许多历算专家都是曾经研究过“西法”的。作为明末科学家之一的方以智是王船山的前辈，和王船山交情相当深厚。王船山曾说方以智“与其公子为质测之学，诚学思兼致之实功。盖格物者即物以穷理，唯质测为得之。若邵康节、蔡西山则立一理以穷物，非格物也。”(《搔首问》)这所谓“质测之学”即现在所谓实证科学。王船山是赞成实证科学的研究的。他对于天文历法有相当的研究。(《书经稗疏》卷四上及《思问录外篇》中有许多讨论历法的话)但他反对利玛窦所介绍来的地圆说，认为“西洋夷”“以巧密夸长”，“徒为繁密而无益矣”(《思问录外篇》)。他对于初次输入的西方科学还是不能接受的。但他基本上赞成“质测之学”，他的唯物论世界观和当时的质测之学有其一定的关联。

二、王船山论物质与规律及其反对唯心论的斗争

王船山的唯物论思想有丰富的内容。他提出了许多光辉的论点。他论证了物质世界的独立存在，规律的客观性，及物质世界的永恒性。他更阐明了物质与运动的密切联系。在认识论方面他从唯物的观点解释知行关系，肯定行是知的基础。本文专就他关于物质与规律的基本思想作一简单的说明。

王船山在世界观的问题上首先肯定并论证了物质世界的独立存在。主观唯心论者认为人所认识的世界不能离开认识而存在，客观现象不能离开主体而存在。王船山否定了主观唯心论，认为人所认识的世界是离开人的认识而独立存在的，客体是不依靠主体而独立存在的。在中国传统哲学中，主体叫作“能”，客体叫作“所”。王船山论能所的关系道：“境之俟用者曰‘所’，用之加乎境而有功者曰‘能’。

‘能’‘所’之分，夫固有之。释氏为分授之名，亦非诬也。乃以俟用者为‘所’，则必实有其体；以用乎俟用，而以可有功者为‘能’，则(必)实有其用。体俟用，则因‘所’以发‘能’，用用乎体，则‘能’必副其‘所’。体用一依其实，不背其故，而名实各相称矣。”(《尚书引义》卷五)境是外在世界，用是作用也就是能动性。客体是主体活动的对象，主体有能动的作用而可以影响客体。但主体的作用乃是客体所引起的，而且必须与客体相适应。究竟言之，客体在先。王船山接着便批评佛教的唯心论道：“乃释氏以有为幻，以无为实，唯心唯识之说，抑矛盾自攻而不足以立。于是诡其词曰空我执而无能，空法执而无所。然而以心合道，其有能有所也则又固然而不容昧。是故其说又不足以立，则抑能其所，所其能，消所以入能，而谓能为所，以立其说，说斯立矣。故释氏凡三变而以能为所之说成。”(《尚书引义》卷五)佛教这种“消‘所’以入‘能’”的唯心论也就是认为“天下固无有所，而唯吾心之能作者为所；吾心之能作者为所，则吾心未作而天下本无有所。”(《尚书引义》卷五)王船山驳斥这种谬论道：“耳苟未闻，目苟未见，心苟未虑，皆将捐之谓天下之固无此乎？越有山，而我未至越，不可谓之越无山。则不可谓我之至越者为越之山也。唯吾心之能起为天下之所起，唯吾心之能止为天下之所止，即以是凝之为区字而守之为依据，三界唯心而心即界，万法唯识而识即法。呜呼！孰谓儒者而有此哉！”(《尚书引义》卷五)王船山区分了哲学思想的两条路线：或者认为外在事物离开人的认识而独立存在，或者认为事物都是依靠人的认识而存在的。他坚决地主张前者而反对后者。

王船山清晰地分别了活动与对象的不同。他说：“所孝者父，不得谓孝为父。所慈者子，不得谓慈为子。所登者山，不得谓登为山。所涉者水，不得谓涉为水。”(《尚书引义》卷五)认识的对象与认识的作用也不相同："所著于人伦物理之中，能取诸耳目心思之用。所不在内，故心如太虚，有感而皆应。能不在外，故为仁由己，反己而必诚。君子之辨此审矣，而不待辨也。心与道之固然，虽有浮明与其凿智，弗能诬以不然也"(《尚书引义》卷五)。"所"是在外的客观实在，"能"是在内的认识作用，两者的区别是不可诬的。这个分析是深刻的、科学的。这就是王船山关于物质世界的独立存在的基本论证。

王船山认为外界事物的存在与否与人的认识与否，并无关系。他说："目所不见，非无色也。耳所不闻，非无声也。言所不通，非无义也。故曰知之为知之，不知为不知。知有其不知者存，则既知有之矣，是知也。"(《思问录内篇》)物质世界的存在不依靠人的感觉。

王船山又说："天下何思何虑。则天下之有无非思虑之所能起灭，明矣！妄者犹惑焉。"(《思问录内篇》)客观世界的存在完全不依靠主观的思维。王船山依据他的实际斗争的实践，坚决肯定了唯物论的基本命题。应该指出：王船山坚决地肯定物质世界的独立存在与他的参加民族斗争的实践是不可分的。在艰苦炽烈的民族斗争中，他认识到客观实际是必须用积极的努力才能加以变更的，而不是可以由主观的幻想随便抹煞的。唯心论者否认客观的实在，势必逃避现实斗争因而贻民族斗争以莫大损害。为了坚持有效的民族斗争，不得不首先清算当时流行的主观唯心论。这就是王船山反对主观唯心论的理论斗争的实际意义。

* * *

王船山在肯定了物质世界的独立存在之后继而指出，物质世界是有规律的，这规律内在于物质世界之内，不能离开物质而独自存在。这样，王船山就在击破了主观唯心论之后更进行了反对客观唯心论的斗争。

中国传统哲学中的道器问题或理气问题是唯物论与客观唯心论的主要争点。器是具体的东西，气是具体的东西所由以构成的原始物质。道与理的意义很多，其意义之一是事物变化所遵循的规律。唯物论者认为理即是物的规律，是内在于事物之中不能离开事物而独自存在的。客观唯心论则认为道或理是超越于事物之上，不但能离开事物而存在，而且是在事物之先，为事物的根本。但这样的理是实际不存在的。其实它是人的观念，是把人的观念客观化了绝对化了，也就是把观念转成为独立的实体。这样的所谓道或理也就是西洋唯心哲学中所谓绝对观念了。唯物论则否认这种超越事物之上的道或理。道器问题、理气问题即是事物的规律性的问题，同时也即是作为绝对观念的道与理是否存在的问题。

先看王船山所讲的道与理之意义。王船山说过："道者物所众著而共由者也。"(《周易外传》卷五)又说："道者天地人物之通理。"(《张子正蒙注》卷一上)道就是一切事物所表现的普遍的理。理是什么？王船山说过："理者天所昭著之秩序也。"(《张子正蒙注》卷三下)理就是秩序。王船山又分别理的两层意义："凡言理者有二，一则天地万物已然之条理，一则健顺五常天以命人而人受为性之至理。二者皆全乎天之事。"(《读四书大全说》卷五)理的第一意义是自然界事物的规律，其第二意义是普遍的根本的为道德标准之基础的原则。王船山与宋儒一样，也认为宇宙的根本规律是人类的道德规律的基础，而不能够认识道德规范的社会历史的性质。

王船山肯定事物都有其规律："天下之务因乎物，物有其理矣。"(《尚书引义》卷一)王船山更肯定世界中只是物质及其规律："天地间只是理与气。气载理，而理以秩叙乎气。理无形，气则有象。"(《读四书大全说》卷三)理与气的关系如何？王船山认为气一定有理，没有无理之气。而理即在气之中，没有离开气而独自存在的理。他说："天与人以气，必无无理之气。阳则健，阴则顺也。一阴一阳则道也，错综则变化也。天无无理之气。"（《读四书大全说》卷十）又说："盈天地间，人身以内，人身以外，无非气者，故亦无非理者。理行乎气之中而与气为主持分剂者也。"（《读四书大全说》卷七）又说："理与气相互为体，而气外无理，理外亦不能成其气。善言理气者必不判然离析之。"（《读四书大全说》卷十）物质有其规律，而规律不离乎物质。王船山坚决地否认离气而独立自存的理。他说："一动一静皆气任之。气之妙者斯即为理。气以成形，而理即在焉。两间无离气之理，则安得别为一宗而各有所出？气凝为形，其所以成形而非有形者为理。"（《读四书大全说》卷五）"天下岂别有所谓理？气得其理之谓理也。气原是有理底。尽天地之间，无不是气，即无不是理也"。（《读四书大全说》卷十）"理即是气之理，气当得如此便是理。理不先而气不后。"（《读四书大全说》卷十）王船山不承认有离气独立在气之先的理，也就是不承认有超乎事物的绝对观念了。理与气不相离，但理乃是在气之中的，在此意义上说，应该说理气二者中，气是第一，理是第二。王船山说："理只是以象二仪之妙，气方是二仪之实。健者气之健也，顺者气之顺也。天人之蕴，一气而已。从乎气之善而谓之理，气外更无虚托孤立之理也。"（《读四书大全说》卷十）。又说："气者理之依也，气盛则理达。"（《思问录内篇》）我们只能说气是理之所依，却不能说理是气之所依。气是最根本的。也就是说，物质是最根本的。

理依靠气而存在，道亦依靠器而存在。王船山论道器说："天下唯器而已矣。道者器之道，器者不可谓之道之器也。无其道则无其器，人类能言之。虽然，苟有其器矣，岂患无道哉？君子之所不知而圣人知之。圣人之所不能而匹夫匹妇能之。人或昧于其道者，其器不成。不成非无器也。无其器则无其道，人鲜能言之，而固其诚然者也。洪荒无揖让之道，唐虞无吊伐之道，汉唐无今日之道，则今日无他年之道者多矣。未有弓矢而无射道，未有车马而无御道，未有牢醴璧币钟磬管弦而无礼乐之道。则未有子而无父道，未有弟而无兄道。道之可有而且无者多矣。故无其器则无其道，诚然之言也，而人特未之察耳。”(《周易外传》卷五)这真是一段精粹至极的文章，是唯物论对于客观唯心论的判决书。有某种事物存在，才有某种事物的规律，在还没有那种事物以前，是无所谓那种事物的规律的。规律是事物的规律，但事物不能说是规律的事物。由此意义来讲，应该说，世界上唯有具体的物件而已。王船山说：“盈天地之间皆器矣。”(《周易外传》卷五)而器皆有其道，故又说：“道者物所众著而共由者也。物之所著，唯其有可见之实也。物之所由，唯其有可循之恒也。既盈两间而无不可见，盈两间而无不可循，故盈两间皆道也。可见者其象也，可循者其形也。出乎象入乎形。出乎形入乎象。两间皆形象，则两间皆阴阳也。两间皆阴阳，两间皆道。”(《周易外传》卷五)道必须“有可见之实”，“有可循之恒”，也就是说，必须表现出来，才算是道。这样的道是在事物之中的。

王船山坚决反对一切“悬道于器外”(《周易外传》)的学说，认为更没有象外之道。他说：“天下无象外之道，何也？有外则相与为两，即甚亲而亦如父之于子也。无外则相与为一，虽有异名而亦若耳目之于聪明也。父生子而各自有形，父死而子继。不曰道生象而各自为体，道逝而象留。然则象外无道，欲详道而略象奚可哉?”(《周易外传》卷六)“象外之道”也就是唯心论所谓绝对观念了。绝对观念是不存在的。由此，王船山反对老子道“先天地生”的学说，以为道与天地无先后之可言：“道者天地精粹之用，与天地并行而未有先后者也。使先天地以生，则有有道而无天地之日矣，彼何寓哉?"(《周易外传》卷一)老子所谓道先天地生并不是规律先天地而存在的意思，但王船山反对道先天地生的学说却是反对规律先事物而存在的思想。王船山是根据唯物论的观点而否认绝对观念的存在的。

讲到理或规律，常常会遇到一个问题，即自然之理与当然之理的关系的问题。如我们说合理，便有双重意义。有时所谓合理指合乎规律，有时所谓合理则指合乎当然的准则。王船山分别理的两层意义，"一则天地万物已然之条理"，完全是自然的规律；"一则健顺五常天以命人而人受为性之至理"，则包含当然的准则在内了。所谓"至理"就是自然的根本规律，也就是道德标准的基础。所谓健顺五常是什么意义？王船山说过："若夫健顺五常之理，则天所以生人者率此道以生，而健顺五常非有质也，即此二气之正五行之均者是也。"(《读四书大全说》卷十)健顺即阴阳之"正"，五常即五行之"均"，即阴阳五行的当然准则。王船山有时又认为阴阳五行之气所有的理是元亨利贞，元亨利贞表现于人性则为仁义礼智。他说："天以阴阳五行为生人之撰，而以元亨利贞为生人之资。元亨利贞之理，人得之以为仁义礼智。"(《读四书大全说》卷十)又说："和气为元，通气为亨，化气为利，成气为贞。在天之气无不善。天以二气成五行，人以二殊成五性。温气为仁，肃气为义，昌气为礼，晶气为智，人之气亦无不善矣。"(《读四书大全说》卷十)元亨利贞是"在天之气"的四个类型，而仁义礼智是"人之气"的四个类型。这种将天的五行或元亨利贞与人的五常或仁义礼智相互联系起来的学说，颇带神秘主义的色彩，应该说是王船山唯物论中尚未克服的唯心论成分。

但王船山的贡献却在于揭示出，理不都是有道德意义的，而一切不合道德的现象也都有其理。王船山说："就气言之，其得理者理也，其失理者亦何莫非理也。”(《读四书大全说》卷七)在谈到人事的治乱时又说:“治有治之理,乱有乱之理。”(《读通鉴论》卷二十四)“有道无道,莫非气也,则莫不成乎其势也。气之成乎治之理者为有道,成乎乱之理者为无道。均成其理,则均成乎势矣。”(《读四书大全说》卷九)治为有道,乱为无道,这道专指人道而言。有道固是有理,无道也未尝无理。他又说:“道虽广大,然尚可见尚可守,未尝无一成之型。故云天下无道,不可云天下无理。则天下无道之非无理明矣。道者一定之理也。于理上加一定二字方是道。乃须云一定之理,则是理有一定者,而不尽于一定。气不定,则理亦无定也。理是随在分派位置得底。道则不然。现成之路,唯人率循而已”。(《读四书大全说》卷九)道是当然的准则,当然的准则只是“一定之理”,而理则不尽于一定。不合乎当然准则的现象,仍然有其规律。王船山又说:“如疟之有信,岂非有必然之理哉?”(《读四书大全说》卷九)王船山特别说明了“失理”之理,即自然的没有道德意义的理,这也是王船山唯物论的一个光辉的论点。这是与时代有关的。明清之际,饱经忧患的中小地主知识分子,经受了亡国的惨痛,不得不认识到了乱亡也有其必然的规律。

王船山更提出了“道大而善小”的理论来说明“天道”与“善”的关系。他根据《易传》“一阴一阳之谓道,继之者善也,成之者性也”而加以发挥道:“阴阳之相继也善,……故成之而后性存焉,继之而后善著焉。言道者统而同之,不以其序,故知道者鲜矣。性存而后仁义礼知之实章焉。以仁义礼知而言天,不可也。……继之者天人之际也。天则道而已矣。道大而善小,善大而性小。……甚哉继之为功于天人乎?天以此显其成能,人以此绍其生理者也。性则因乎成矣,成则因乎继矣。不成未有性,不继不能成。天人相绍之际,存乎天者,莫妙于继。”(《周易外传》卷五)所谓继就是连续性。自然过程中有连续性。

连续有连续之理，不连续也有不连续之理。连续之理即是善。因为自然界中有连续性，才有人物之生成。假如没有连续性，则人物之生成都是不可能的了。连续性只是自然规律的一部分，所以说道大而善小。王船山又说："天以继而生不息，日月水火动植飞潜万古而无殊象"(《尚书引义》卷五)。连续性是人物生成的基础，唯因自然界有连续性，所以日月水火与动植物类都相续不绝。这所谓道大善小的理论，是关于自然之理与当然之理的关系的一种解释，虽然未必正确，却也是值得注意的。

* * *

王船山对于客观唯心论的批判还有其不彻底的地方，他接受了程朱学派的一部分学说，主要是"理具于心"的学说，因而在他的基本的唯物的观点之中夹杂了许多唯心论的残余。这也是应该分别清楚的。

关于心与物的关系，王船山的基本观点确然是唯物的，他认为人是天地之所生，天地在先，人在后。他说："乾坤怒气之生，为草木禽兽，其大成者为人。天地慎重以生人。人之形开神发，亦迟久而始成。"(《周易外传》卷五)在未有人以前，理气原自存在："若此理之日流行于两间，虽无人亦不忧其无所寓也。若气则虽不待人物之生，原自充塞，何处得个非气来?"(《读四书大全说》卷七)天地原是无心的："无地无心而成化，故其于阴阳也，泰然尽用之而无所译。"(《周易外传》卷五)"天地无心而成化，故其体道也，川流自然而不息。人必有心而后成能。"(《读四书大全说》卷五)"天固无心也"(《读四书大全说》卷三)。天地在先而无心，人有心而在后。王船山还说过："原心之所自生，则固为二气五行之精，自然有其良能，而性以托焉，知觉以著焉。"(《读四书大全说》卷十)心是二气五行之所生的。显然，王船山认为物质在先而精神在后。

王船山更有一切皆物之说："天之风霆雨露亦物也，地之山陵原隰亦物也，则其为阴阳为柔刚者皆物也。物之飞潜动植亦物也，民之厚生利用亦物也，则其为得失为善恶者皆物也。凡民之父子兄弟亦物也，往圣之嘉言懿行亦物也，则其为仁义礼乐者皆物也。"（《尚书引义》卷一）自然事物固然是物，人类生活中的种种也是物。王船山接着说："故以知帝尧以上圣之聪明而日取百物之情理，如奉严师，如事天祖，以文其文，思其思，恭其恭，让其让，成盛德建大业焉。心无非物也，物无非心也。故其圣也，如天之无不覆帱，而俊德九族四门、百姓黎民、草木鸟兽，咸受化焉。圣人之学，圣人之虑，归于一钦，而钦之为实，备万物于一己而已矣。"（《尚书引义》卷一）这里有"心无非物也，物无非心也"两句话，是什么意思呢？是不是讲一切物都是心，而心也即是物，离心无物，离物无心呢？从上下文句看，不应该作如此解释。所谓"心无非物"，应即"日取百物之情理""以文其文，思其思"的意思；所谓"物无非心"应即是"备万物于一己"的意思。也就是说：此心念念不忘百物，而百物皆归入于我的认识之中，心中充满了对于物的认识，而一切物也都已被认识，也就是"圣人之知，智足以周物"（《尚书引义》卷一）。这依然是唯物论的观点。

王船山论天道与人的心性之关系时，在基本的唯物的观点中却夹杂了唯心论的成分。他说："顺而言之，则唯天有道，以道成性，性发知道。逆而推之，则以心尽性，以性合道，以道事天。唯其理本一原，故人心即天，而尽心知性。"（《张子正蒙注》卷一上）又说："天理之自然，为太和之气所体物不遗者为性。凝之于人而函于形中，因形发用以起知能者为心。"（《张子正蒙注》卷三下）这就是说：由天生人，人禀受天道以为性，性的显发，其有知觉的就是心。这样讲道、性、心的关系，其实是很神秘的。但天在先而心在后，却显而易见。这种见解，还不违反唯物论的基本观点。但王船山既认为道、性、心是一贯的，“理本一原”，于是得到一个结论说：“故人心即天”，就陷入于唯心论了。王船山更说：“目所不见之有色，耳所不闻之有声，言所不及之有义，小体之小也。至于心而无不得矣。思之所不至而有理，未思焉耳。故曰尽其心者知其性。心者天之具体也。”(《思问录内篇》)心竟是具体而微的天了。王船山又说：“知事物者心也。心者，性之灵、天之则也。”(《读通鉴论》卷七)“程子之言曰：圣人本天，异端本心。虽然，是说也，以折浮屠唯心之论，非极致之言。天有成象，春其春，秋其秋，人其人，物其物，秩然各定，而无所推移。此其所昭示而可言者也。若其密运而曲成，知大始而含至仁，天奚在乎？在乎人之心而已。故圣人见天于心，而后以其所见之天为神化之主。”(《宋论》卷六)这就是讲天理即在于人心。这些都是王船山受朱晦庵的客观唯心论的影响而不能自拔的地方。过去的唯物论都是不彻底的，王船山也不能例外。

但王船山始终认为自然在先而心在后，在基本上还是唯物的。他讲“天之理”与“人之理”的关系道：“人以天之理为理，而天非以人之理为理者也。”(《周易外传》卷七)又说：“乃理自天出，在天者既为理，非可执人之理以强使天从之也。”(《思问录外篇》)自然规律是不依靠人类而独立存在于客观事物之中的，这是唯物论的见解。然而王船山又认为人之道或人之理以心为根据而可以说出于心。他说：“唯豪杰以心为师而断之于事，夫君子之靖乃心以制义者，亦如此而已矣。……理者生于人之心者也。心有不合于理，而理无不协于心。”(《读通鉴论》卷二十一)又说：“时止则止，非道之必然，心之不得不然也。道生于心，心之所安，道之所在。故于乱世之末流，择出处之正者，衡道以心，而不以心仿道。”(《宋论》卷八)这所谓理与道是指人之理或人道而言，他以为人之理或人道是出于人之心的。实际上，所谓人道一定是通过心的作用才能发生，这是事实。但假如说人道完全出于人心而没有客观的根据，就不合事实了。所谓人道毕竟是以人的物质生活为基础的。在这个问题上，王船山的看法表现了他的历史局限性。

王船山的唯物论的世界观虽然有不彻底的地方，但其基本观点，其理论的主要部分，都是坚定不移的唯物论思想。特别是在物质世界的独立存在与事物的规律性等问题上，王船山提出了深刻精辟的理论，捍卫并且发展了唯物论的学说，进行了反对主观唯心论与客观唯心论的斗争。他对主观唯心论与客观唯心论的批判之深刻中肯，也可以说前无古人。王船山对于中国古典唯物论的伟大贡献有其不可磨灭的价值。

三、王船山唯物论的实际意义

王船山的世界观，在中国古代唯物论的发展史上，占有很高的地位。它的历史意义就在于：它从唯物论的观点，给宋明哲学思想作了一个总结。其中总结了北宋以来的哲学的发展，总结了北宋以来的唯物论与唯心论的斗争，恢复并推进了北宋中期的唯物论世界观。王船山在哲学上的成就是光辉的，是伟大的。

王船山批判了佛教及陆王学派的主观唯心论，也批判了程朱学派的客观唯心论，他对于一切代表豪绅大地主的利益的思想展开了激烈的斗争。虽然对于反映小农要求的一些道家思想也表示反对，但在基本上他是站在异族压迫者与豪绅大地主的反面。王船山反对唯心论的思想斗争在哲学史上发出万丈的光芒。

作为中小地主阶层的思想家，王船山何以能坚强地站在唯物论的阵营，以最大的力量捍卫并且发展了唯物论呢？这是由于当时民族斗争的炽烈，这是由于当时投降派大地主与一切受压迫的中小地主劳动人民的矛盾之深刻。当时的中小地主知识分子，经历亡国的惨痛，身受异族残酷的压迫，为了求生存求发展，为了进行有效的斗争，就掌握了唯物论的武器。当时的爱国人士，虽然反抗清朝的武装斗争遭受了暂时的失败，但始终不放弃民族复兴的信心，所以，虽然暂时停止了武装战斗，却更勇气百倍地，在文化领域内，在思想战线上，进行了气势宏伟的斗争。首先攻击了那足以漠忽民族意识消蚀斗争情绪的佛教思想，其次便清算了那令人陶醉于主观幻想而忽视客观实际的陆王唯心论，其次更检讨了那令人沉溺于传统教条而怀想绝对观念的程朱唯心论，这样来巩固唯物论的坚实基地，以作为民族复兴的学术思想的准备。这便是王船山唯物论世界观的实际意义。

王船山是中小地主阶层的知识分子，因而不可避免地，在他的唯物的哲学体系中保留着一些唯心论的残余。但他在与唯心论作斗争中，毕竟对于唯物论作了许多卓越的贡献，这是应该首先肯定的。

王船山中年以后便遁迹深山，平生著作虽多，在当时却没有发生多少影响。直到清代末年，他的唯物论学说，才得到一部分进步人士的宣扬，起了很大的积极作用。在今天，我们运用具体分析的方法及历史的观点来重新研究王船山的哲学思想，对于他的伟大贡献，应该予以充分的估计。他的唯物论的学说，在人类的思想宝库中，将永远发放着金灿的光辉。

中国哲学史方法论发凡

（节　选）

对于哲学思想的理论分析方法*

一、理论分析的必要性

研究哲学史，应当深入到每一思想家理论体系的内部，进行切实的考察，分析它的理论内容。只有如此，才能找出理论思维发展的历史线索及每个重要思想家的理论贡献。

恩格斯指出："每一时代的理论思维，从而我们时代的理论思维，都是一种历史的产物，在不同的时代具有非常不同的形式，并因而具有非常不同的内容。"①

作为某一时代的产物的哲学体系，总是有其一定的理论内容。不同时代的哲学体系，有其不同的内容。因此，研究哲学史，对每一哲学体系进行深入的理论分析，是完全必要的。

恩格斯在谈到黑格尔的哲学体系时，曾说："……黑格

* 本部分选自《中国哲学史方法论发凡》第四章。

① 《自然辩证法》，见《马克思恩格斯选集》第3卷，465页。

尔的体系包括了以前的任何体系所不可比拟的巨大领域，……精神现象学、逻辑学、自然哲学、精神哲学，而精神哲学又分成各个历史部门来研究，如历史哲学、法哲学、宗教哲学、哲学史、美学等等，——在所有这些不同的历史领域中，黑格尔都力求找出并指出贯穿这些领域的发展线索；同时，因为他不仅是一个富于创造性的天才，而且是一个学识渊博的人物，所以他在每一个领域中都起了划时代的作用。当然，由于'体系'的需要，他在这里常常不得不求救于强制性的结构，……但是这些结构仅仅是他的建筑物的骨架和脚手架；人们只要不是无谓地停留在它们面前，而是深入到大厦里面去，那就会发现无数的珍宝，这些珍宝就是在今天也还具有充分的价值。"①这就是说，黑格尔的哲学体系虽然是唯心主义的，仍包含很多的珍宝，应该充分认识这些珍宝的价值。实际上，对于历史上多数重要的哲学家的学说体系都应这样看，应该充分认识哲学家们在理论思维上的贡献。

哲学是对于世界总体的认识，所以哲学史"就是整个认识的历史"，也就是人类追求真理的历史。哲学家们在追求真理的过程中的理论贡献，都是对于客观世界的相对正确的反映。深入考察哲学家们的学说体系的理论内容，就是理论分析的任务。

二、如何分析哲学的概念范畴

1. 名词、概念、观念、范畴

任何学术理论都是由命题组成的。荀子所讲的"辞"，就是今天所

① 《路德维希·费尔巴哈和德国古典哲学的终结》，见《马克思恩格斯选集》第 4 卷，215 页。

谓命题。他说："辞也者，兼异实之名以论一意也。"(《荀子·正名》)命题是连缀不同事物的名称来表达一个意思。

命题由许多名词组成。名词表示概念。概念是事物的本质的反映。名词与概念是有区别的。同一概念，可以用不同的名词来表示。这就像思想与语言的区别那样。思想是自己对自己说话。语言是表达思想的，但同一思想，可以用不同的语言表达。

中国古代讲名实关系。近年常见的解释是，"名"即是概念，"实"即客观存在的事物。把"名"解释为概念，这还不完全正确。《墨经》将"名"分为三类：达名，类名，私名。"名：物，达也，有实必待之名也。命之马，类也。若实也者，必以是名也。命之臧，私也。是名也，止于是实也。"(《经上》)这里，私名是指某一个体的名称，不是概念。达名是最高的类概念，如"物"。类名是指一般的类概念，如"马"。达名、类名都可以说是概念。

公孙龙所谓"指"也是概念。有人说公孙龙的"指"是现象之意，其根据就是《尔雅》"指，示也"。但《尔雅》这里的"指"是动词，而公孙龙的"指"却是名词。二者是有区别的。《庄子》云："周遍咸三者，异名同实，其指一也"(《知北游》)。指即意义，亦即概念。《庄子》这段话说明了名、实、指三者的关系。

概念是对于客观事物的类型和规律的反映。列宁指出："认识是人对自然界的反映。但是，这并不是简单的、直接的、完全的反映，而是一系列的抽象过程，即概念、规律等等的构成、形成过程。这些概念和规律等等(思维、科学——'逻辑观念')有条件地近似地把握着永恒运动着的和发展着的自然界的普遍规律性。"[①]概念概括一类事物

---

① 《列宁全集》，第 38 卷，194 页。

的共同性，表示事物的规律。

观念与概念有所区别。观念不一定是概念。有些观念是概念，有些观念不是概念。观念是由观察事物而有的思想，不一定是表示事物的类，而可以表示某一个事物，例如古代哲学中所谓“一”、“太一”、“太极”，可以说是观念，不能说是概念。又有虚构的观念，如上帝、绝对精神，都是虚构的观念。

范畴是基本概念，是关于世界事物的基本类型的概念。这是根据《尚书·洪范》所谓“洪范九畴”而翻译的。对于范畴，有唯物主义的了解，也有唯心主义的了解。亚里士多德认为范畴是表示存在的基本方式的，这基本上是唯物主义的观点；康德则认为范畴是悟性的先验格式，这是唯心主义的观点。我们现在所谓范畴，指基本概念而言。

历史上，同一个名词，往往表示不同的概念。如“道”，在老子庄子，指超越事物的普遍原理；在张载和戴震，则指客观世界的总过程。又如“本体”，现在讲的“本体”是翻译名词，指现象背后的实在。中国古代也有所谓“本体”，是本然或原始状况之意。张载所谓“气之本体”，即气之本然。王守仁讲“心之本体”，即指所谓良知。

另一方面，有些不同名词却是表示同一个概念。如《庄子》所谓“本根”，董仲舒所谓“元”，其实是一个概念。

研究哲学史，对每一哲学体系中的名词、概念、范畴等，要有深入的分析、确切的了解。

2. 普遍、特殊、个别

普遍、特殊、个别，是三个层次。

普遍的概念，如存在、物质、变化、规律等等，都是普遍的概念。

特殊的概念，表示一定范围的情况，或事物的某一类。事物的类又有很多层次。如“马”是一个类名，“白马”也是一个类名，但二者属于不同层次。

个别，指某一事或某一物。

《墨经》所讲“名：达、类、私”，即普遍、特殊、个别。这是中国古代对于普遍、特殊、个别的理解。

普遍是抽象的；特殊与普遍相对而言，是具体的。普遍也可以是具体的，特殊也可以是抽象的。马对于白马而言，是抽象的；对于物而言，又是具体的。何谓抽象？何谓具体？具体即有形象的；抽象是从有形象的东西中抽出来的共同性。这是常识中所谓具体与抽象的基本意义。

具体还有比较深刻的意义，即是本身包含有不同的方面或部分。“具体”一词，在中国最早见于《孟子·公孙丑上》“具体而微”。孟子说子夏、子游、子张皆得“圣人之一体”，而颜回则是“具体而微”，即颜回得到了孔子各方面的优点，但还没有成熟。具体即包括各方面的意思。

具体的东西都是包含许多不同方面的。马克思尝说：“具体之所以具体，因为它是许多规定的综合，因而是多样性的统一。”①凡具体的都是许多规定的综合、多样性的统一。

普通所谓普遍性是从某类具体事物中抽出来的共同性，是抽象的，可谓抽象的普遍性。黑格尔提出了所谓具体的普遍性(亦即具体的共相)。列宁在《哲学笔记》中引了黑格尔的一句话：“不只是抽象的普遍，而且是自身包含着特殊东西的丰富性的普遍”。(黑格尔《逻辑学》中译本译为：“不仅仅是抽象的共相，而是在自身中包含了丰富的

① 《马克思恩格斯选集》，第2卷，103页。

特殊事物的共相”——上卷第41页。)列宁摘录了这句话之后加以评论说:“绝妙的公式:‘不只是抽象的普遍,而且是自身体现着特殊、个体、个别东西的丰富性的这种普遍’(特殊的和个别的东西的全部丰富性!)!! 好极了!”[①]包含着特殊的和个别的东西的全部丰富性的“普遍”,也就是黑格尔所谓的“具体的普遍性”,亦可译为“具体的共相”。“具体的普遍”即不仅把普遍了解为抽象的共相,而考虑到这个普遍性所包括的各特殊、个别的全部丰富性。哲学史上有许多概念具有多层的深刻含义,这是我们所应深切考虑的。黑格尔关于“具体的共相”的学说对于哲学史研究确实有重要的指导意义。

抽象有科学的抽象与非科学的抽象的区别。

列宁指出:“当思维从具体的东西上升到抽象的东西时,它不是离开——如果它是正确的(注意)(而康德和所有的哲学家都在谈论正确的思维)——真理,而是接近真理。物质的抽象,自然规律的抽象,价值的抽象及其他等等,一句话,那一切科学的(正确的、郑重的、不是荒唐的)抽象,都更深刻、更正确、更完全地反映着自然。从生动的直观到抽象的思维,并从抽象的思维到实践,这就是认识真理、认识客观实在的辩证的途径。”[②]

马克思论生产的抽象说:“生产的一切时代有某些共同标志,共同规定。生产一般是一个抽象,但是只要它真正把共同点提出来,定下来,免得我们重复,它就是一个合理的抽象。”[③]凡是真正把一类事物的共同点提出来的,都是科学的抽象。

---

① 《黑格尔“逻辑学”一书摘要》,《列宁全集》,第38卷,98页。

② 同上书,181页。

③ 《〈政治经济学批判〉导言》,见《马克思恩格斯选集》,第2卷,88页。

唯心主义者所讲的许多抽象观念，如上帝、绝对观念、绝对精神之类，不是把某一类事物的共同点提出来，因而不是科学的抽象，而只是一些虚构的观念。

3. 概念、范畴的演变

在人类认识史中，在哲学发展过程中，概念范畴也有一个演变、转化的过程。

列宁指出："人的概念并不是不动的，而是永恒运动的，相互转化的，往返流动的；否则，它们就不能反映活生生的生活。对概念的分析、研究，'运用概念的艺术'（恩格斯），始终要求研究概念的运动、它们的联系、它们的相互转化。"①

在历史中，许多概念的内涵和外延，常有所改变。

一些概念出现在某一时代，有一定的内涵和外延。随着时代的推移，概念的内涵、外延发生演变。如鸟兽的概念，近代与古代就不一样，近代发现许多古代不认识的鸟兽。新发现的事物放在旧的概念里边，概念的内涵和外延就不同了。又如"学"，孔子所谓学指学习《诗》、《书》、礼乐，现在是学习现代自然科学和社会科学。

概念的转化，还表现在唯物主义与唯心主义之间。一个概念，在唯物主义是一种了解，在唯心主义是另一种了解。如"经验"，唯物主义和唯心主义对之有不同的解释，机械唯物主义与辩证唯物主义的了解也有区别。又如"实践"。中国古代讲"躬行实践"，有两层意思：第一，人们的日常活动；第二，道德行为。在西方，费尔巴哈也讲实践，主要是指日常生活活动。马克思改造了"实践"概念，给予了新的含义——改造世界、变革现实的活动。再如"道"，老子的"道"是"先

① 《黑格尔"哲学史讲演录"一书摘要》，见《列宁全集》，第38卷，277页。

天地生”的绝对，韩非的“道”是“与天地俱生”的普遍规律。张载的“道”是气化的过程，“由气化，有道之名”。戴震的“道”是气化流行的过程，“气化流行，生生不息，是故谓之道”。

4. 概念和观念的理论意义和阶级意义

对于哲学的概念和观念，要分析其理论意义和阶级意义。概念反映客观事物的规律性，这是它的理论意义；有些概念又反映一定阶级的利益，这是它的阶级意义。但是不能说每一个概念都有一定的阶级意义。如程朱学派认为理是最根本的，是宇宙的本体，万物的本原。“理”的内容包括仁义礼智等道德标准，这就是把封建等级秩序永恒化，绝对化了，这是它的阶级意义。“理”又包括元亨利贞的内容，元亨利贞，就是生、长、遂、成，即发生、长大、发展、完成。这是反映了植物生长的根本规律。这是理的理论意义。可见，程朱的“理”，既有阶级意义，也有理论意义。

程朱和陆王所谓心指认识作用，又指道德意识，既有认识论的意义，又有伦理学的意义。其伦理学的意义中，肯定仁义礼智等道德标准是“心之本体”，这就包含了显明的阶级性。

分析哲学概念的理论意义和阶级意义，才能对哲学思想作出恰当的评价。

三、如何分析哲学命题

1. 哲学命题的普遍意义和特殊意义

哲学命题大都是普遍命题，具有两重意义。一方面，它反映了某一客观的普遍规律，这是它的普遍意义。另一方面，当一个思想家提出一个命题的时候，他是根据某些特殊事例而提出的，这个命题是某些特殊事例的总结，是这些特殊事例的概括。这就是它的特殊意义。

事实上，当古人提出这类命题的时候，把所根据的特殊事例看成普遍性的；经过历史的演变，后人才发现古人所观察的情况其实是特殊性的。但是这些由一定的特殊事例总结出来的规律仍然有一定的普遍意义。

例如，孔子说："学而不思则罔，思而不学则殆。"孔子所谓学指学习诗书礼乐，他所谓思指就诗书礼乐加以思考。这是这句话的特殊意义。但是，这句话反映了接受已有知识与个人独立思考的关系，总结了一项认识的规律，又是具有普遍意义的。

又如，荀子讲"天行有常"，意谓天体运行有一定规律，这是它的普遍意义。而当时所了解的天体运行的规律是日月星辰绕地而行，是地球中心论，这是这句话的特殊意义。从现代天文学知识来看，讲日月星辰绕地而行是错误的；但是肯定天体运行有一定规律，还是一个有深刻意义的正确观点。

再如范缜提出"形者神之质，质者神之用"的命题，肯定精神是形体所具有的作用，这是这个命题的普遍意义。范缜认为五官是感觉的物质基础，心脏是思维的物质基础，以心脏为思维的器官，这是这个命题的特殊意义。认为五官是感觉的物质基础，这是正确的；认为心脏是思维的器官，这就错了，表现了时代的局限性。但是"形质神用"的观点的理论价值还是必须肯定的。

我们现在也常讲学习某一地区的先进经验，主要是学习那些经验中所包含的普遍原理，而不是照搬一些具体做法。这里也有普遍意义与特殊意义的区别与联系的问题。所谓"因地制宜"，"因时制宜"，都肯定了普遍规律与特殊的具体情况的区别与联系。

任何哲学命题都是某一时代的思想家依据当时某些特殊事例总结出来的。经过历史的发展，人们发现原来所依据的事例是狭隘的，或者发现原来对于那些事例的认识包含一些错误。但是这个命题仍然反映了一定的普遍规律，因而必须承认这个命题的提出是对于人类认识史一个重要的贡献。

分析哲学命题，必须注意这些情况。

2. 哲学命题的多层意义

哲学命题的普遍意义，往往也不止一层。如“道在器中”，其一层意义，是说物质的规律不能离开事物而存在。又一层意义，是说普遍寓于特殊之中。

普遍意义反映客观的普遍联系。特殊意义是某一时代的人对于某一客观联系的特定的理解。这个理解有时是比较狭隘的，有时更包含错误，但仍是反映一定的客观联系。

中国古代有些哲学命题，具有宇宙观、认识论、道德论见的多层意义。中国古代哲学有一个特点，即宇宙观、方法论、道德论的统一。

例如程朱学派的一个命题“性即理也”，具有复杂的意义：第一，这是说一类物的本性就是一类物的根本规律。这是唯物主义思想，是正确的。从这方面讲，“性即理也”有正确的方面。列宁说：“规律和本质是表示人对现象、对世界等等的认识深化的同一类的(同一序列的)概念，或者说得更确切些，是同等程度的概念。”[1]第二，这是说，人的本性的内容即是仁义礼智。这是一种道德先验论。他们更认为，“性”不仅是道德的根本原则，而且是宇宙的根本规律。这是把封建等级秩序看成是宇宙的根本法则，这就错了。

程朱所谓“格物致知”，既有认识论的意义，又有伦理学的意义，

---

① 《黑格尔“逻辑学”一书摘要》，见《列宁全集》，第38卷，159页。

既是一种求知方法，又是一种修养方法。如果仅承认它的一方面，否认它的另一方面，都是不恰当的。

对于任何哲学命题，都要进行全面的辩证的分析。

四、如何考察分析哲学体系

对于哲学家的学说体系，要进行全面的深入的考察和分析。

1. 注意一个哲学家所要解决的主要问题

深入考察一个哲学家的思想，首先要联系他所处的历史时代，考察他要解决什么实际问题和理论问题。

例如董仲舒，从他的著作来看，就可以了解，他是为了总结秦朝灭亡的教训，防止农民战争，谋求汉朝的长治久安而提出他的哲学体系的。王充著《论衡》，是为了廓清当时流行的宗教迷信。宋代的张载，企图解决的实际问题有两个：一是抵抗西夏对于宋朝的侵扰；二是缓和社会上贫富不均的严重情况。理论方面，他是要批判道家和佛教的唯心主义。张载企图从先秦儒家的经典中找到解决实际问题和理论问题的提示。他最后没有找出解决实际问题的切实方案，但是提出了唯物主义的理论体系。

程颢、程颐所最重视的问题是如何维持当时社会的长治久安：如何巩固当时的统治秩序，如何消弭农民的反抗斗争，如何维护统治阶级的长久利益，这是他们所解决的主要问题。他们提出客观唯心主义的理论体系，主要是为了解决这些问题。

2. 考察每一思想家哲学理论的基本倾向，确定其基本性质

研究哲学史，要注意考察每一思想家对于哲学基本问题的解答。一个思想家对于哲学基本问题的解答决定了他的理论的基本性质。

每一时代的哲学思维，都有其讨论的基本问题。总赅古今而言，哲学基本问题就是思维与存在、精神与物质的关系问题。思维与存在、精神与物质，这是近代西方明确提出来的，在西方古代，尤其是在中国古代，没有采用这样的名词。但是古往今来，确实存在着一贯的线索。哲学基本问题事实上有一个发展的过程，是逐步明确起来的。在较早的时代，这个问题不甚明显；到了近代，就特别显著了。

中国先秦时代，哲学基本问题是天道观的问题。天是精神主宰还是自然界的整体？道是超越世界的"先天地生"的，还是在世界中，"在天地之间"的？天是否精神主宰，这里包含着精神与物质的关系问题。超越物质世界的道是一个抽象的绝对性的观念，因而是思维的虚构。关于道的问题含蕴着思维与存在的问题。肯定"自然之天"的，肯定道在天地之间的，表现了唯物论的倾向；宣扬"主宰之天"的，宣扬道先天地生的，表现了客观唯心论的倾向。这些对立的迹象是显然可见的。

在汉代，"天人感应"说与"天道自然"说的对立是特别明显的。魏晋时代，主要"有无"之争；南北朝时期，主要是神灭神不灭之争。到了宋元明清时代，气、理、心三者孰为根本的问题突出起来。气是物质性的，心是精神性的，理是观念性的。每一时代有每一时代讨论的中心问题，而各时代的中心问题之间，存在着一定的联系，我们可以考察前后时代问题转换的情况。而唯物论与唯心论两种基本倾向的对立，是彰明较著的。

唯心论是一个广泛的名称，有多种不同形式的唯心论，最主要的有客观唯心论和主观唯心论。主观唯心论否认客观世界的实在性。佛教哲学宣扬"一切唯心"、"万法唯识"，王守仁宣称"心外无理"、"心外无物"，都是典型的主观唯心论。在佛教输入以前，中国传统哲学中没有明显的主观唯心论思想。近人多谓孟子、庄子的哲学都是主观唯心论。事实上，孟子以“天”为最高范畴，庄子以“道”为最高范畴，都属于客观唯心论。孟子所谓天虽然有精神性，天性心三者相通，但他认为天是心的来源，在心之上。孟子所谓“万物皆备于我”，也不是说万物皆在我的心中，而是说万物的优点我都具备了。孟子以天为最高实体，所以是一种客观唯心论。庄子宣称道先天地生，强调“不以心捐道，不以人助天”，显然道和天是比人和心更为根本的。庄子所谓“天地与我并生，万物与我为一”，也不是说天地万物依附于我，而是肯定天地与我同时并在，应该物我兼忘，这是宣扬“与万物为一体”的神秘境界。庄子以道为最高实体，所以也是一种客观唯心论。客观唯心论的哲学常常包含很多唯物论的个别观点。王守仁批评朱熹“析心与理为二”，即是说朱熹承认心外有理，心外有物。王守仁所反对的正是朱熹哲学中的唯物主义观点。这些错综复杂的关系都是应该分别清楚的。

唯心主义制造了许多幻想，传播了许多谬论，其基本观点是错误的，但是唯心论的体系也不是全无是处。对于唯心主义，要分析其认识论的根源和阶级根源。列宁对唯心主义的认识论根源作了精辟的分析。他指出：“人的认识不是直线(也就是说，不是沿着直线进行的)，而是无限地近似于一串圆圈、近似于螺旋的曲线。这一曲线的任何一个片断、碎片、小段都能被变成(被片面地变成)独立的完整的直线，而这条直线能把人们(如果只见树木不见森林的话)引到泥坑里去，引到僧侣主义那里去(在那里统治阶级的阶级利益就会把它巩固起来)。直线性和片面性，死板和僵化，主观主义和主观盲目性就是唯心主义的认识论根源。”[1]正因为如此，唯心主义思想体系中可能有片面的合

① 《谈谈辩证法问题》，见《列宁全集》，第38卷，411页。

理的思想。分析每一唯心主义体系的复杂内容，可以从中吸收有益的经验教训。

介乎唯物论与唯心论之间的还有二元论与多元论。二元论认为世界既有物质的本原，又有精神的本原。明代何瑭的学说是典型的二元论，他宣称“阳为神，阴为形”，阴阳并立，形神都是本原。多元论既不承认物质是世界的本原，也不承认精神是世界的本原，而认为形形色色的现象都是自己存在的。郭象的《庄子注》就是宣扬这种观点。二元论与多元论是在唯物论与唯心论之间摇摆的哲学。

3. 注意考察哲学体系中概念范畴的层次

每一哲学体系包含很多的命题，包含很多的概念范畴。这些命题之间有一定的逻辑联系；这些概念范畴之间有一定的层次。命题与命题的联系，概念与概念的层次，总起来，也可以称为这个哲学体系的逻辑结构。

一个哲学体系之中，有些概念属于同一层次，有些概念不属于同一层次，这些必须慎重地确定下来。

《大学》说：“物有本末，事有终始，知所先后，则近道矣。”层次即是本末、先后之别。

中国古代哲学著作没有形式的系统，在形式上，层次是不够显明的；但在实际上却是有其内在的层次。因此，研究中国古代哲学家的思想，更须精细地考察其中的概念范畴的固有的层次。

老子以道、天、地、人为“域中”的“四大”，这是四个层次。老子又说：“道生一，一生二，二生三，三生万物。”道、一、二、三、万物，又是五个层次。“二”可能指天地，于是在道与天地之间还有“一”。这表明《老子》书中关于天地起源的学说有不一致之处。在中国哲学史上，老子是第一个提出天地起源问题的，他的学说有含混不清之处，这表现了开创者的艰苦，这是可以理解的。研究哲学史，对于古代思想家艰辛探索的情况，应该特别注意。

张载提出："由太虚，有天之名；由气化，有道之名；合虚与气，有性之名；合性与知觉，有心之名。"太虚、气化、性、心，都是张载哲学的主要范畴。张载强调"太虚即气"，可见太虚与气属于同一层次，如果认为太虚与气是两个层次，就是不了解张载哲学的特点了。张载又说："性者万物之一源"，似乎性在张载哲学中也居于世界本原的地位。但是张载又说："神与性乃气所固有。"足证性与气不属于同一层次，性是从属于气的，性与神才是一个层次。如此，在张载哲学中，天、道、太虚、气化，都是气；而神，性是气所具有的。所以张载学说应该说是气一元论。如果认为张载的哲学是性气二元论或是气神二元论，那是没有了解张载哲学的固有的逻辑层次了。

朱熹以理为太极，是天地万物的最高本原，有理则有气，气是第二本原。理气结合，天地万物都发生了，万物之中有人，人具有"虚灵不昧"的心。朱熹强调"人心但以形气所感者而言尔，具形气谓之人，合义理谓之道，有知觉谓之心。"(《语类》卷一四〇)又说："所觉者心之理也；能觉者气之灵也"(《语类》卷五)，心是以气为条件的。这样，在朱熹的逻辑结构中，理、气、物、心，共有四个层次。朱熹又提出"理具于心"，"心具万理"，又把理与心结合起来，但心与理究竟非一，心是有气而后才有的。理——气——物——心，是朱熹哲学体系中的主要层次。朱熹的哲学，体系宏大，层次分明。理与气不属于同一层次，过去有人说朱氏哲学是理气二元论，那是不准确的。朱氏严格区分了理与心，虽可以说："理具于心"，而心属后起，理是"无情意，无计度"的，有人认为朱氏的理就是绝对精神，也是不准确的。

细密考察一个哲学体系中所包含的概念范畴的层次，有助于理解这个哲学体系的性质。

4.“好学深思，心知其意”——理解哲学学说的真谛与所达到的深度

理论思维的目的在于发现真理。哲学的发展过程可以说就是人类追求真理的历史。历史虚无主义是错误的，不能把哲学史看作错误的堆积。历史上多数哲学家都是在追求真理。统治阶级的学者中，多数人是为本阶级的利益而追求真理，进步思想家在一定程度上为了人民的利益而追求真理。

研究哲学史，对于过去哲学家追求真理的愿望，要有所理解。当一个阶级的阶级利益与社会发展的利益相互一致之时，较易得到真理。当一个阶级的阶级利益与社会发展的利益不一致之时，就难以得到真理。

历史上，许多卓越的思想家，在不同程度上，或多或少地发现了一些真理。唯物主义哲学家，由于重视客观实际，能够开拓认识真理的道路，因而发现了一定的客观规律，对于人类认识的发展作出重要的贡献。我们一方面要了解唯物主义者所揭示的相对的真理，另一方面要揭破唯心主义者所散布的迷妄，同时也重视唯心主义者所提出的有价值的见解。

列宁说：“判断历史的功绩，不是根据历史活动家没有提供现代所要求的东西，而是根据他们比他们的前辈提供了新的东西。”①我们应该依据这个标准来判断哲学思想的价值。

我们对于历代哲学思想进行具体的分析，要力求做到“实事求

① 《评经济浪漫主义》，见《列宁全集》，第2卷，150页。

是”，避免穿凿附会。列宁论“辩证法的要素”，第一条是“观察的客观性”。[①] 观察的客观性应是唯物主义方法的最基本的要求。

在哲学史的研究中，对于古代思想家的理论观点，有时要进行一定的概括，但概括要力求准确，不可曲解原意。例如，荀子强调“天人之分”，宣称：“明于天人之分，则可谓至人矣”(《荀子·天论》)，近年有些哲学史著作中以“天人相分”概括荀子的这一观点。事实上，这样来概括荀子的观点是不准确的。荀子固然强调天人的区别，但是同时也承认天人的联系，他称人的感官为“天官”，人的心为“天君”，以为“人之性”是“天之就”。天与人是有分别的，却也有一定的联系。把荀子的观点称为“天人相分”，是不全面的，不足以表达荀子思想的真谛。我们研究哲学史，要注意发现哲学家的学说的真实意蕴。

历史上，许多卓越的思想家，在理论思维上达到了一定的深度，必须虚心体会才能对之有所认识。孔子“在川上”说：“逝者如斯夫，不舍昼夜”，这就是肯定世界是一个变化不已的过程，这是一个深邃的观点。《周易·系辞》说：“一阴一阳之谓道”，这就是肯定了对立统一是普遍规律。老庄哲学虽然是唯心论的，却也提出了许多深刻的思想。对于古人不能盲目崇信，也不应轻率地蔑视。浅尝辄止，不求甚解，是不适当的。司马迁说过：“非好学深思、心知其意，固难为浅见寡闻道也”(《史记·五帝本纪》)。我们研究哲学史，应该抱着“好学深思”的正确态度。

① 《列宁全集》，第38卷，238页。

中国伦理思想研究

（节　选）

道德的阶级性与继承性*

许多古代思想家和一些近代思想家认为道德的原则和规范是普遍性的、永恒性的。但是从实际情况看来，不同时代有不同的道德，不同社会有不同的道德，道德具有相对性、特殊性。就普遍与特殊的关系来说，普遍寓于特殊之中，特殊含有普遍。这普遍与特殊的关系是否也表现于道德呢？这里包含道德的阶级性与继承性的问题。

一、中国古代思想家论道德的普遍性与相对性

中国古代多数思想家认为道德是普遍的，是人人必须遵守的。孔子说："谁能出不由户，何莫由斯道也？"(《论语·雍也》)《中庸》说："道也者，不可须臾离也，可离非道也。"都肯定道德原则具有普遍性。孟子说："仁，人心也；义，人路也。"(《孟子·告子上》)肯定仁义是人类生活的普遍原则。但孟子也承认不同学派对于仁义有不同意见。他

* 本部分选自《中国伦理思想研究》第四章。

说："杨子取为我，拔一毛而利天下，不为也。墨子兼爱，摩顶放踵利天下为之。"(《孟子·尽心上》)杨墨与儒家不同，各有自己的道德原则，孟子以"距杨墨"为己任，他说："杨墨之道不息，孔子之道不著，是邪说诬民，充塞仁义也。……能言距杨墨者，圣人之徒也。"(《孟子·滕文公下》)儒、杨、墨三家的论战，说明实际上没有人人公认的普遍原则。

《庄子·外篇》中着重指出了道德的相对性，《秋水》篇云：

> 以趣观之，因其所然而然之，则万物莫不然；因其所非而非之，则万物莫不非。知尧桀之自然而相非，则趣操睹矣。昔者尧舜让而帝，之哙让而绝；汤武争而王，白公争而灭。由此观之，争让之礼，尧舜之行，贵贱有时，未可以为常也。

这是认为是非的原则因时代而不同。《胠箧》篇云：

> 故盗跖之徒问于跖曰：盗亦有道乎？跖曰：何适而无有道耶？夫妄意室中之藏，圣也；入先，勇也；出后，义也；知可否，知也；分均，仁也。五者不备而能成大盗者，天下未之有也。由是观之，善人不得圣人之道不立，跖不得圣人之道不行。天下之善人少而不善人多，则圣人之利天下也少而害天下也多。

这里以圣人与大盗相提并论，宣称所谓圣人之道固然是"善人"所遵守，但也可以为"不善人"所利用，而盗跖是不善人中最突出的。盗跖是传说中的"大盗"，他和劳动人民的关系，已不可考。战国时期许多站在劳动人民的立场的人物大多主张"自食其力"，如"为神农之言者"

许行就是，这些人并不赞扬盗窃。但是，盗跖属于被统治阶级则是可以确定的。《庄子》的这段议论也表明，不同的阶级虽然都标举相同的道德观念，其名词概念相同，而内容涵义则不同。《庄子·胠箧》又说：

> 为之仁义以矫之，则并与仁义而窃之。何以知其然耶？彼窃钩者诛，窃国者为诸侯，诸侯之门，而仁义存焉。则是非窃仁义圣知耶？……此重利盗跖而使不可禁者，是乃圣人之过也。

仁义可以为有权有势者所利用以达到其自私自利的目的，仁义成为权势的点缀与伪装。

《庄子·外篇》揭示了仁义等道德的相对性，具有相当深刻的理论意义。儒家以仁义为主要道德，但是道家把仁义与道德对立起来。《庄子·马蹄》说："道德不废，安取仁义？"从《老子》开始，认为道是天地万物的本原，德是万物的自然本性，而仁义则是对于自然本性的违离。这所谓道德是道家的用语。我们这里所谓道德的相对性，仍然采取普通的用语。

二、道德的阶级性

马克思主义关于道德的学说明确提出道德的阶级性。恩格斯论近代西方社会的道德时说：

> 善恶观念从一个民族到另一个民族、从一个时代到另一个时代变更得这样厉害，以致它们常常是互相直接矛盾的。……今天向我们宣扬的是什么样的道德呢？首先是由过去的宗教时代传下

来的基督教的封建主义道德，……和这些道德并列的，有现代资产阶级的道德，和资产阶级道德并列的，又有无产阶级的未来的道德，所以仅仅在欧洲最先进国家中，过去、现在和将来就提供了三大类同时并存的各自起着作用的道德论。①

在西方资本主义社会中存在三类不同的道德。恩格斯指出了这三类道德的阶级根源：

但是，如果我们看到，现代社会的三个阶级即封建贵族、资产阶级和无产阶级都各有自己的特殊的道德，那末我们由此只能得出这样的结论：人们自觉地或不自觉地，归根到底总是从他们阶级地位所依据的实际关系中——从他们进行生产和交换的经济关系中，吸取自己的道德观念。……因此，我们驳斥一切想把任何道德教条当做永恒的、终极的，从此不变的道德规律强加给我们的企图，这种企图的借口是，道德的世界也有凌驾于历史和民族差别之上的不变的原则。相反地，我们断定，一切已往的道德论归根到底都是当时的社会经济状况的产物。而社会直到现在还是在阶级对立中运动的，所以道德始终是阶级的道德；它或者为统治阶级的统治和利益辩护，或者当被压迫阶级变得足够强大时，代表被压迫者对这个统治的反抗和他们的未来利益。②

在阶级社会中，道德是阶级的道德。不同的阶级从自己的阶级地位中

① 《反杜林论》，见《马克思恩格斯选集》，第3卷，132—133页。

② 同上书，133—134页。

吸取自己的道德观念，不同阶级的道德反映不同阶级的阶级利益。

阶级社会中的道德是阶级的道德，这是符合实际的科学论断。但是，这里也还有一些比较复杂的问题值得讨论：在阶级社会中，道德具有阶级性，是否也有共同的道德？人类道德渊源于阶级尚未出现的原始社会，原始社会的道德对于后来的阶级道德有无影响？中国封建时代，道德与阶级斗争的关系如何？以下略加分疏。

恩格斯也曾指出，近代西方资本主义社会的三种不同的道德论中有一些共同之处。他说：

> 但是在上述三种道德论中还是有一些对所有这三者来说都是共同的东西……这三种道德论代表同一历史发展的三个不同阶段，所以有共同的历史背景，正因为这样，就必然具有许多共同之处。①

恩格斯举出，在存在着动产的私有制的社会，有一条共同的道德戒律："切勿偷盗"。并且指出，在未来"偷盗动机已被消除的社会里"，这一条将不成其为道德戒律。

在阶级社会里，不同的阶级有不同的道德，不同的阶级道德之间存在着相互对立、相互矛盾的关系。但是一切对立都有其相互统一的关系，一切矛盾都有其相互依存、相互渗透的关系，道德亦不能例外。不同阶级的道德之间相互统一的关系何在呢？

不同阶级的道德是不同的阶级利益的反映。在阶级社会中除了不同阶级利益之外是否也有社会的共同利益呢？应该承认，在阶级社会

① 《反杜林论》，见《马克思恩格斯选集》，第3卷，133页。

之中，除了各阶级的不同的阶级利益之外，也还有一定的共同利益。马克思、恩格斯在《德意志意识形态》中说：

> 随着分工的发展也产生了个人利益或单个家庭的利益与所有互相交往的人们的共同利益之间的矛盾；同时，这种共同的利益不是仅仅作为一种“普遍的东西”存在于观念之中，而且首先是作为彼此分工的个人之间的相互依存关系存在于现实之中。①

又说：

> 正是由于私人利益和公共利益之间的这种矛盾，公共利益才以国家的姿态而采取一种和实际利益(不论是单个的还是共同的)脱离的独立形式，也就是说采取一种虚幻的共同体的形式。然而这始终是在每一个家庭或部落集团中现有的骨肉联系、语言联系，较大规模的分工联系以及其他利害关系的现实基础上，特别是在我们以后将要证明的各阶级利益的基础上发生的。②

在个人利益、家庭利益和阶级利益之上，还有共同利益，这共同利益存在于现实之中，而国家正是为了调解私人利益与公共利益的矛盾而产生的。恩格斯在《路德维希·费尔巴哈和德国古典哲学的终结》中也说：

① 《马克思恩格斯选集》，第1卷，37页。

② 同上书，38页。

> 社会创立一个机关来保护自己的共同利益，免遭内部和外部的侵犯。这种机关就是国家政权。它刚一产生，对社会来说就是独立的，而且它愈是成为某个阶级的机关，愈是直接地实现这一阶级的统治，它就愈加独立。①

国家是社会所创立的保护共同利益的机关，同时又是统治阶级实行统治的机关。国家的创立是为了对付内部和外部对于共同利益的侵犯。外部的侵犯指外来的侵略；内部的侵犯指一些人违反共同利益的行为。国家作为统治阶级的统治机关必然也要压制被统治阶级对于统治阶级的反抗。这样，国家就具有双重性。

社会既然有共同利益，必然也有反映社会共同利益的道德观念，这种道德可以称为共同的道德，即不同阶级共同承认的道德。

列宁曾经提到“公共生活规则”，他说：

> 只有在共产主义社会中，……人们既然摆脱了资本主义奴隶制，摆脱了资本主义剥削制所造成的无数残暴、野蛮、荒谬和卑鄙的现象，也就会逐渐习惯于遵守数百年来人们就知道的、数千年来在一切处世格言上反复谈到的、起码的公共生活规则，自动地遵守这些规则，而不需要暴力，不需要强制，不需要服从，不需要所谓国家这种实行强制的特殊机构。②

这类“公共生活规则”是数千年来处世格言上反复谈到的，在这个意义

① 《马克思恩格斯选集》，第4卷，249页。

② 《国家与革命》，见《列宁选集》，第3卷，247页。

上应该说是共同的道德；但这些“公共生活规则”又是数千年来人们不能自动遵守的，表明这些公共生活规则是阶级社会中难以贯彻实行的。列宁还说过：“产生违反公共生活规则的捣乱行为的社会根源是群众受剥削和群众贫困。”①公共生活规则所以不能贯彻实行，在于阶级压迫的存在。公共生活规则在阶级社会中是难以贯彻实行的，但是在人们的意识中存在着这些公共生活规则，却还是事实。

起码的公共生活规则是维持社会生活的正常进行所必需的，虽然不免遭受违反和破坏，但多数群众还是能够在一定程度上遵守的，否则社会秩序就无法维持，物质生产和精神生产也难以进行了。

公共生活规则是社会共同利益的反映。反映社会共同利益的道德还不限于公共生活规则，更重要的还有对待外来侵略的道德。每一民族，在受到外来侵略的时候，除了少数内奸之外，全民族各阶级各阶层的人们，同仇敌忾，奋起抗战，这是维护民族生存的最重要的道德。中国古代思想家宣扬的“精忠报国”、“民族气节”，就是统治阶级和劳动人民共同遵守的道德。在世界大同尚未实现、民族差别尚未消灭之前，这种爱国主义的道德原则是必须肯定的。

在历史上，社会公共道德的产生早于阶级道德。人类道德起源于原始共产制社会，当时阶级尚未分化，已经有共同遵守的道德。恩格斯在叙述原始社会的情况时说：

> 而这种十分单纯质朴的氏族制度是一种多么美妙的制度呵！没有军队、宪兵和警察，没有贵族、国王、总督、地方官和法官，没有监狱，没有诉讼，而一切都是有条有理的。一切争端和

① 《国家与革命》，见《列宁选集》，第3卷，249页。

纠纷，都由当事人的全体即氏族或部落来解决，或者由各个氏族相互解决；血族复仇仅仅当作一种极端的、很少应用的手段；……一切问题，都由当事人自己解决，在大多数情况下，历来的习俗就把一切调整好了。不会有贫穷困苦的人，因为共产制的家庭经济和氏族都知道它们对于老年人、病人和战争残废者所负的义务。大家都是平等、自由的，包括妇女在内。……凡与未被腐化的印第安人接触过的白种人，都称赞这种野蛮人的自尊心、公正、刚强和勇敢，这些称赞证明了，这样的社会能够产生怎样的男子、怎样的妇女。①

在原始共产制的社会中，道德是纯朴的，人与人是平等的，都表现了自尊心、公正、刚强和勇敢。随着阶级的分化，原始的氏族制度崩溃了。但这原始社会给人留下了美妙的回忆。儒家的“大同”学说实质上就是对于原始社会的怀想。《礼记·礼运》说：

大道之行也，天下为公，选贤与能，讲信修睦。故人不独亲其亲，不独子其子；使老有所终，壮有所用，幼有所长，矜寡孤独废疾者，皆有所养。男有分，女有归。货恶其弃于地也，不必藏于己；力恶其不出于身也，不必为己。是故谋闭而不兴，盗窃乱贼而不作，故外户而不闭。是谓大同。今大道既隐，天下为家，各亲其亲，各子其子，货力为己。大人世及以为礼，城郭沟池以为固，礼义以为纪，以正君臣，以笃父子，以睦兄弟，以和

① 《家庭、私有制和国家的起源》，见《马克思恩格斯选集》，第4卷，92—93页。

夫妇，以设制度，以立田里，以贤勇知，以功为己，故谋用是作，而兵由此起。禹、汤、文、武、成王、周公，由此其选也。此六君子者未有不谨于礼者也；以著其义，以考其信，著有过，刑(型)仁讲让，示民有常。如有不由此者，在势者去，众以为殃。是谓小康。

《礼运》的作者称此为孔子之言，当是出于依托。《礼运》的作者不可能有阶级观点，但在这里把“大同”与“小康”作了明显的对比，实际上是把原始社会与阶级社会作了鲜明的对比，讲得深刻而具体。“大同”之世，“天下为公”，其主要道德是“讲信修睦”；“小康”之世，“天下为家”，其主要道德是“型仁讲让”。大同之世还没有所谓“礼”，小康之世主要是靠礼来维持的。

西方流行的“处世格言”起于何时，我没有研究。中国流行的“处世格言”，从春秋时期以来，主要是儒家所传诵的。儒家的思想学说实以上古时代以来的历史传统为根据。孔子“祖述尧舜，宪章文武”，他的学说基本上是尧舜、夏、商、周三代的政治教育经验的总结。尧舜时代应是原始社会的末期。疑古派否认尧舜的历史真实性，实际上是没有充足理由的。中国的“处世格言”中所宣扬的“公共生活的规则”，其渊源在于原始社会，但经过了阶级社会里统治阶级思想家的加工。

中国的阶级社会大概始于夏代，经过奴隶制，转变到封建制。中国的封建社会延续的时间最长，应如何考察中国封建时代道德观念与阶级斗争的关系呢?

恩格斯论近代西方社会的道德，举出封建主义的道德、资产阶级的道德以及无产阶级的道德，没有提到农民和小资产阶级的道德。中国封建时代，没有资产阶级，更没有近代无产阶级，是否仅仅存在着封建主义的道德呢？从《庄子》外篇所谓“盗亦有道”以及《史记·游侠列传》所叙述的游侠道德来看，在中国封建时代的社会中，也还有与封建主义的道德对立的道德。历代起义农民，在发起反抗斗争的时候，也往往提出自己的道德观念。这些道德观念是对抗地主阶级统治的道德，可以笼统地称为劳动人民的道德，亦可简称为人民道德。盗跖和游侠未必从事于劳动，但与劳动者有较多的联系。恩格斯论阶级道德时没有提到农民和小资产阶级的道德，这并不是疏忽，而是有一定理由的。这是因为，农民和小资产阶级不代表新的生产关系，因而不可能提出完整的独立的道德体系。实际上，中国古代与封建主义道德对抗的劳动人民道德确实没有完整的独立的道德体系。这是应该注意的，否则就会违离了历史事实。马克思、恩格斯在《德意志意识形态》中说：

> 统治阶级的思想在每一时代都是占统治地位的思想。这就是说，一个阶级是社会上占统治地位的物质力量，同时也是社会上占统治地位的精神力量。支配着物质生产资料的阶级，同时也支配着精神生产的资料，因此，那些没有精神生产资料的人的思想，一般也是受统治阶级支配的。①

这种情况在封建时代尤其显著。在封建时代，农民和手工业者等小生产者的思想一般接受了封建统治阶级思想的严重影响。但是，农民和手工业者等小生产者的思想也有与封建统治阶级的思想相对立之处，

① 《马克思恩格斯选集》，第1卷，52页。

即这些小生产者大多信奉平均主义。宋代农民起义提出“均贫富、等贵贱”的政治纲领，在道德观念上宣扬平均主义。但是起义农民一旦取得了政权，就迅速向封建制转化，接受了贵贱等级观念。这也表明，农民等劳动群众不可能长期坚持自己的独立思想。

三、道德的普遍性形式与特殊性内容

道德观念和道德规范有一个显著的特点，即一方面具有普遍性形式，一方面又具有特殊性的内容。道德准则的一般方式是：对于一切人都应如何如何；而在实际上只是对于一定范围的人如何如何。孔子宣扬“仁者爱人”，主张“泛爱众”，即爱一切人，实际上仅只爱一定范围的人。墨子宣扬“兼爱”，主张“爱无差等”，实际上也不可能爱一切人。这是道德规范的公例。我认为，从古以来，道德原则都是具有普遍性形式的，这正是道德所以为道德的特点。如果舍弃了普遍性形式，那也就失去了道德原则的严肃意义了。

统治阶级的道德原则采取普遍性形式，也不是完全没有依据。统治阶级的道德，一方面反映了统治阶级的利益，另一方面也在一定程度上反映了社会的共同利益。统治阶级作为掌握国家政权的阶级，以公共利益的维护者自居，一方面反对国家内部对于公共利益的侵犯，另一方面反对外来的侵略以保卫民族的独立。在中国历史上，统治阶级的道德一般要起两方面的作用：一方面维护当时的统治秩序，力图显示阶级统治的合理性，另一方面也要保证被统治的人民的一定程度的生活，使他们安于受统治的地位，能够“安居乐业”。这样，统治阶级的道德既须反对被压迫阶级的“犯上作乱”，同时也要反对统治阶级内部的分子“违法乱纪”。统治阶级的道德是维护剥削的，但也要把剥削限制在一定的范围之内。一些特权者对人民“敲骨吸髓”，加重压迫与剥削，那是违反道德的。封建统治阶级虽然往往把统治阶级的利益冒充为公共利益，但是确实也重视那些与被压迫阶级利益密切联系的真实的公共利益。这些复杂情况都是考察古代伦理学说时必须注意的。

道德观念、道德范畴，都有形式与内容两个方面。不同阶级的道德，经常是具有共同的形式，而各自蕴含特定的内容。这又有几种情况。有不同阶级共同肯定的道德，其显著的例证是信与廉。孔子说：“人而无信，不知其可”。又说：“民无信不立”。《大学》说：“与国人交，止于信。”儒家是讲信的，而游侠之士更特重守信。信是最基本的公共道德之一。统治阶级提倡廉洁，人民拥护廉洁的官吏。廉也为不同阶级所共同肯定。有一些道德规范，统治阶级和劳动人民都加以宣扬，而统治阶级和劳动人民的实际要求却不相同。例如义和勇。统治阶级所谓义的主要含义是承认私有财产、保护私有财产，而劳动人民所谓义的主要含义是人人均等、有福同享。统治阶级所谓勇是为统治者冒险冲锋，劳动人民所谓勇是敢于反抗统治者的压迫。

随着历史的发展，道德也在演变。道德演变的方式有二：一是随着时代的需要特别是革命的需要，创立新的道德规范，宣扬新的道德原则。二是利用旧形式，赋予以新内容。这两者是并行不悖的。利用旧形式赋予新内容，亦即接受旧概念，注入新涵义。例如忠，其本来意义是尽心帮助别人，后来专用为臣民对君主的道德，指尽心尽力为君主服务。现在我们宣扬忠于人民，忠于民族，忠于国家，废除了忠君之义，这是时代的进步。同时，在必要时，根据实际情况，概括新的道德范畴也是必要的。

四、道德的继承性——如何评价传统美德

历史上不同的阶级有其不同的道德，这是道德的阶级性；而古往今来，任何阶级的分子都必须遵守一定的道德，这可谓道德的普遍性。人类道德是随时代的变化而变化的，这是道德的变革性；而后一时代的道德是从前一时代的道德演变而来的，前后之间也有一定的继承关系，这可谓道德的继承性。1919 年“五四”新文化运动批判旧道德，提倡新道德，表现了历史的进步。当时所批判的是封建主义道德，当时所宣扬的主要是资产阶级道德。新中国建立，我们进行社会主义革命与社会主义建设，我们要大力宣扬共产主义道德。共产主义道德是无产阶级领导广大人民进行革命斗争中提出并宣扬的。列宁在《青年团的任务》中论共产主义道德说：

> 我们的道德完全服从无产阶级阶级斗争的利益。我们的道德是从无产阶级阶级斗争的利益中引申出来的。
>
> 道德是为破坏剥削者的旧社会，把全体劳动者团结到创立共产主义者新社会的无产阶级周围服务的。
>
> 共产主义的道德就是为了把劳动者团结起来反对一切剥削和一切小私有制服务的道德。①

这就是说共产主义道德是从无产阶级的实际斗争中引申出来的。但是在同一篇文章中，列宁谈论无产阶级文化时又说：

---

① 《列宁选集》，第 4 卷，352—353 页。

> 应当明确地认识到，只有确切地了解人类全部发展过程所创造的文化，只有对这种文化加以改造，才能建设无产阶级的文化，没有这样的认识，我们就不能完成这项任务。……无产阶级文化应当是人类在资本主义社会、地主社会和官僚社会压迫下创造出来的全部知识合乎规律的发展。①

道德是文化的组成部分，对于文化的论断应当也适用于道德。列宁关于道德的提示和关于文化的提示并无矛盾。共产主义道德主要是从无产阶级的实际革命斗争中引申出来的，同时也要参考人类全部发展过程中关于道德的理论知识。我们对于以往思想家的错误观点要加以批判，对于以往思想家的一些有益于社会发展的观点也要予以正确的评价。一方面要从实际革命斗争中总结经验，确定基本原则，另一方面也要从历史传统中汲取知识，建立理论体系。

在中国封建时代，占统治地位的道德是封建主义的道德，在封建主义道德之外还有在一定程度上与封建主义道德相对立的劳动人民的道德。劳动人民的道德表现了反剥削、反特权的倾向，这是应该继承的。但是，旧时代劳动人民道德又有平均主义的倾向，这就应该加以分析、扬弃。对于以三纲(君为臣纲、父为子纲、夫为妻纲)为核心的封建道德，必须加以严肃的批判。但对封建时代的伦理学说，是否也有值得区别对待的呢？我们认为，古代思想家肯定道德的精神价值，肯定人格尊严的思想，宣扬“精忠报国”的爱国主义思想，宣扬刚健有为、自强不息的进步思想，在陶铸中华民族的民族精神上曾经起过卓越的作用，还是应该继承的。对于地主阶级中涌现的志士仁人、为国

① 《青年团的任务》，见《列宁选集》，第4卷，348页。

捐躯的民族英雄，更应该加以崇敬赞扬。传统道德中反映公共利益的道德原则，维护民族利益的道德原则，都是应该肯定的。

中国传统道德中，勤、俭、信、廉，是大多数人民所共同肯定的，可以称为传统美德，时至今日，也还有其重要价值，是建设具有中国特色的社会主义精神文明所不可缺少的。中国传统道德中最重要的规范是仁(泛爱)，应如何批判继承，因为问题比较复杂，留待下章讨论。

还有一个理论问题必须谈到，即，对于古代思想家关于道德普遍原则的学说，应如何评价呢？从古以来，以至近代，都有人宣扬人类道德的普遍原则。恩格斯对此曾痛下针砭。恩格斯批评费尔巴哈说：

> 简单扼要地说，费尔巴哈的道德论是和它的一切前驱者一样的。它适用于一切时代、一切民族、一切情况；正因为如此，它在任何时候和任何地方都是不适用的，而在现实世界面前，是和康德的绝对命令一样软弱无力的。①

在西方，康德和费尔巴哈宣扬道德的普遍原则(当然不止这两家)，在中国，自孔子孟子以至王夫之、戴震，也都宣扬道德的普遍原则。这些道德论，是适用于一切时代、一切民族、一切情况；而在实际上在任何时候、任何地方都是软弱无力的。它不可能作为实际活动的指针。那么，这些道德论就毫无理论价值了么？我以为，这类道德学说，虽不可能作为实际革命斗争的武器，但是也还有一定的理论意义，可以说是人类在寻求自我认识的道路上必经的环节。这些普遍原

① 《路德维希·费尔巴哈和德国古典哲学的终结》，见《马克思恩格斯选集》，第4卷，236页。

则，一方面固然是任何时候任何地方都不能解决实际问题的，另一方面也可以说是任何时候任何地方那些能够解决实际问题的具体方案所不能违背的。这只是一些抽象的基本原则。而且，这些关于道德普遍原则的宣述，如果用来反对一切违反人性、背离人道的罪恶行为，也不是完全不起任何作用的。50年代后期以来，把肯定人性的言论作为资产阶级人性论来批判，把宣扬人道的言论作为反动的资产阶级人道主义来批判，到了所谓“文化大革命”，更走向极端，酿成严重的惨祸，这种历史教训，不应引起深刻的反省吗？

古代思想家和近代资产阶级思想都不承认、不理解道德的阶级性。马克思、恩格斯提出道德阶级性的理论，是伦理学史上的重大变革。但是，道德的阶级性并不排除道德的继承性。人类对于客观世界的认识，经历了曲折的前进道路；人类对于道德准则的认识，也经历了曲折的前进道路。古代思想家在这个道路上所走的每一步都给后人以深切的启迪。恩格斯在论述黑格尔哲学时说：“像对民族的精神发展有过如此巨大影响的黑格尔哲学这样伟大的创作，是不能用干脆置之不理的办法加以消除的。必从它的本来意义上扬弃它，就是说，要批判地消灭它的形式，但是要救出通过这个形式获得的新内容。”①中国古代思想家的道德学说对于中华民族的精神发展确实有过非常巨大的影响，是应该予以分析，从而进行批判继承的。

① 《路德维希·费尔巴哈和德国古典哲学的终结》，见《马克思恩格斯选集》，第4卷，219页。

如何分析人性学说*

人性问题是中国伦理学史上一个重要问题。自孟荀以来，汉唐宋明的许多思想家都提出了自己关于人性的学说，纷纭错综，争论不休。这些关于人性的学说的实际意义何在？各种不同的人性学说应如何评价？关于人性学说的是非真妄应如何判断？这些都是研究伦理学史必须注意的问题。

一、所谓人性的意义

首先应该正确理解各派思想家所谓“性”的意义。在中国哲学史上，第一个提出“性”的界说的是告子。（据《墨子》、《孟子》的记载，告子是墨子的晚辈，而长于孟子。）《孟子》书中记载告子的言论说“生之谓性”。又说“食色性也”（《孟子·告子上》）。生而具有的叫作性，性的内容就是食色。

与告子“生之谓性”之说意义相近的还有：

---

* 本部分选自《中国伦理思想研究》第五章。

荀子：生之所以然者谓之性。（《荀子·正名》）

又：凡性者，天之就也，不可学，不可事，……

不可学不可事而在人者，谓之性。（《荀子·性恶》）

董仲舒：如其生之自然之资谓之性。（《春秋繁露·深察名号》）

刘向："性，生而然者也"（《论衡·本性》引）

告子"生之谓性"之说，简而未明。荀子所谓"不可学不可事而在人者"，意较明确，性即是生而具有，不待学习的活动。这个意义的性，用现代的名词说，即是本能。

孟子不同意告子"生之谓性"之说，《孟子·告子》记载孟子与告子的辩论云：

孟子曰：生之谓性也，犹白之为白与？曰：然。白羽之白也，犹白雪之白，白雪之白犹白玉之白与？曰：然。然则犬之性犹牛之性，牛之性犹人之性与？

孟子强调了"人之性"与"犬之性"、"牛之性"的区别。又强调人与人是同类，他说：

故凡同类者举相似也，何独至于人而疑之？圣人与我同类者。故龙子曰：不知足而为屦，我知其不为蒉也。屦之相似，天下之足同也。口之于味有同耆焉。易牙先得我口之所耆者也。如使口之于味也，其性与人殊，若犬马之与我不同类也，则天下何者皆从易牙之于味也？……口之于味也，有同耆焉；耳之于声也，有同听焉；目之于色也，有同美焉。至于心，独无所同然乎？心之所同然者何也？谓理也、义也。圣人先得我心之所同然耳。故理义之悦我心，犹刍豢之悦我口。（《孟子·告子上》）

一方面，“圣人与我同类者”；另一方面，“若犬马之与我不同类也”。孟子主要是从“类”来论“性”。孟子以圣人为人类的最高典型，认为圣人的思想感情为“心之所同然”。但是，口有同耆，耳有同听，目有同美，为何独以“心之所同然”为性呢？孟子解释说：

口之于味也，目之于色也，耳之于声也，鼻之于臭也，四肢之于安佚也，性也，有命焉，君子不谓性也。仁之于父子也，义之于君臣也，礼之于宾主也，智之于贤者也，圣人之于天道也，命也，有性焉，君子不谓命也。（《孟子·尽心下》）

又说：

求则得之，舍则失之，是求有益于得也，求在我者也。求之有道，得之有命，是求无益于得也，求在外者也。（《孟子·尽心上》）

感官欲望的满足，道德修养的提高，都既须主观的努力，又受客观的限制。但是，感性的满足主要依赖于客观的条件，所以不谓之性；道德的提高主要依靠主观的努力，这才是性的内涵。可以说，孟子以人伦道德的自觉能动性为人性。

孟子所谓性主要指“人之所以异于禽兽者”。他说：“人之所以异于禽兽者几希，庶民去之，君子存之。”(《孟子·离娄下》)又说：“人之有道也，饱食暖衣逸居而无教，则近于禽兽。”(《孟子·滕文公上》)保持发展“人之所以异于禽兽者”，有待于教育。这“人之所以异于禽兽者”是否生而具有的呢？孟子说：

> 人之所不学而能者，其良能也；所不虑而知者，其良知也。孩提之童，无不知爱其亲者；及其长也，无不知敬其兄也。(《孟子·尽心上》)

不学而能，不虑而知，就是生而具有的了。虽然如此，而孟子论恻隐之心的主要论证却不是从孩提之童来立论的。他说：

> 人皆有不忍之心。……所以谓人皆有不忍人之心者，今人乍见孺子将入于井，皆有怵惕恻隐之心。非所以内交于孺子之父母也，非所以要誉于乡党朋友也，非恶其声而然也。由是观之，无恻隐之心，非人也；无羞恶之心，非人也；无辞让之心，非人也；无是非之心，非人也。(《孟子·公孙丑上》)

这“乍见孺子将入于井”的人应不是孩提之童，而是成年人。由此可见，孟子论性，主要是从“人皆有之”立论，主要是指“异于禽兽”的人类共性。

孟子讲“人之所以异于禽兽者”，荀子则讲“人之所以为人者”，他说：

> 人之所以为人者何已也？曰：以其有辨也。饥而欲食，寒而欲暖，劳而欲息，好利而恶害，是人之所生而有也，是无待而然者也，是禹桀之所同也。然则人之所以为人者，非特以二足而无毛也，以其不辨也。……夫禽兽有父子而无父子之亲，有牝牡而无男女之别，故人道莫不有辨，辨莫大于分，分莫大于礼。（《荀子·非相》）

荀子虽然肯定“人之所以为人者”，但不认为“人之所以为人者”是性。他认为，“饥而欲食，寒而欲暖，劳而欲息，好利而恶害”是“生而有”的，是“无待而然”的，即是性的内容；而“人之所以为人者”在于“有辨”，即有“父子之亲”、“男女之别”，这都不是“无待而然”的。荀子所谓“人之所以为人者”与孟子所谓“人之所以异于禽兽者”，意义相近，但孟子认为这是性，而荀子认为这不是性，则彼此不同了。

韩愈论性云：“性也者，与生俱生也。……其所以为性者五：曰仁，曰礼，曰信，曰义，曰智。”（《韩昌黎集·原性》）以“与生俱生”为性的界说，同于告子；而以仁礼信义智为性的内容，又近于孟子。

王安石反对韩愈“以仁义礼智信五者谓之性”，他说：

> 性者有生之大本也。……夫太极者五行之所由生，而五行非太极也。性者五常之太极也，而五常不可以谓之性，此吾所以异于韩子。（《临川集·原性》）

王安石所谓“有生之大本”，意指生活的内在基础，这是王安石关于性的界说。

程颐提出所谓“极本穷源之性”，他说：“若乃孟子之言善者，乃极本穷源之性。”(《河南程氏遗书》卷三)他认为这性就是理，他说：“孟子所以独出诸儒者，以能明性也。……性即是理，理则自尧舜至于涂人一也。”(《河南程氏遗书》卷十八)这理的内容就是仁义礼智信，他说：

> 自性而行皆善也。圣人因其善也，则为仁义礼智信以名之，以其施之不同也，故为五者以别之，合而言之皆道，别而言之亦皆道也。舍此而行，是悖其性也，是悖其道也。而世人皆言性也道也与五者异，其亦弗学与？其亦未体其性也与？其亦不知道之所存与？(《河南程氏遗书》卷十八)

程颐以理为天地万物的本原，他认为性即是理，即认为性不但是“有生之大本”，而且是天地万物的最高根源。所谓“世人皆言性也道也与五者异”，是对于王安石的批评。

孟子所谓性主要是指“人之所以异于禽兽者”，而程颐所谓“极本穷源之性”则是天地万物的本原，实与孟子不同。程门后学胡宏说：“性也者，天地之所以立也。……性也者天地鬼神之奥也”(《知言》)。于是所谓性者不但是一个伦理学的范畴，而且是一个本体论的范畴了。

朱熹继承程颐，提出关于性的比较明确的界说，他说：“性者，人生所禀之天理也。”(《孟子集注·告子上》)又说：“性者，人之所得于天之理也。”(《孟子集注·告子上》)他更较详细地解释说：

> 性即理也，天以阴阳五行化生万物，气以成形，而理亦赋焉，犹命令也。于是人物之生，因各得其所赋之理，以为健顺五

> 常之德，所谓性也。(《中庸章句》)

在天则为“理”，在人则为“五常之德”，两者是一而二、二而一的，这也就是程颐所谓“极本穷源之性”的内涵。程、朱把人类本性与作为世界本原的“理”等同起来。

王夫之接受了“性即理”的命题而加以改造，提出“性者生之理也”的命题，他说：

> 盖性者生之理也。均是人也，则此与生俱有之理，未尝或异；故仁义礼智之理，下愚所不能灭，而声色臭味之欲，上智所不能废，俱可谓之为性。(《张子正蒙注》卷三)

又说：

> 天以其阴阳五行之气生人，理即寓焉而凝之为性。故有声色臭味以厚其生，有仁义礼智以正其德，莫非理之所宜。(《张子正蒙注》卷三)

王夫之肯定“仁义礼智”是性，但认为“声色臭味之欲”也是性。所谓“性者生之理也”，即认为性是人类生活所必须遵循的基本规律。王夫之承认性是“与生俱有”的，但坚决否认本性不变的观点，强调性是不断改变的，他说：

> 夫性者生理也，日生则日成也。……二气之运，五行之实，始以为胎孕，后以为长养，取精用物，一受于天产地产之精英，

> 无以异也。形日以养，气日以滋，理日以成。……形受以为器，气受以为充，理受以为德。……性也者，岂一受成型，不受损益也哉？（《尚书引义》卷三）

初生即有的属性固然是性，后来养成的属性也是性。这实际上是对于所谓“生之谓性”的否定。

戴震论性，强调人与禽兽的不同，基本上又回到孟子。戴氏说：

> 性者，分于阴阳五行以为血气心知，品物区以别焉，举凡既生以后所有之事，所具之能，所全之德，咸以是为本。……气化生人生物以后，各以类滋生久矣，然类之区别，千古如是也。（《孟子字义疏证》卷中）

又说：

> 人以有礼义，异于禽兽，实人之知觉大远乎物则然，此孟子所谓性善。（《孟子字义疏证》卷中）

戴氏特别强调了“类之区别”，强调人“异于禽兽”的特点，基本上发挥了孟子的观点。

如上所述，中国古典哲学中，许多思想家都讲性，但其所谓性者意义实不相同。总起来说，中国古典哲学中所谓性，主要有四项不同的涵义。(1)“生之谓性”，以生而具有、不学而能的为性。这是告子、荀子的所谓性。(2)以“人之异于禽兽者”为性，虽也讲“不学而能”，但主要注意于人与禽兽不同的特点，这是孟子、戴震的所谓性。(3)

以作为世界本原的“理”为性，即所谓“极本穷源之性”，这是程朱学派的所谓性。(4)王夫之提出“性者生之理”，以人类生活必须遵循的规律为性，这规律既包含道德的准则，也包含物质生活的规律。

“生之谓性”虽然是一个简单的命题，却也包含一些复杂的问题。“食色性也”。但食与色还有区别。婴儿生来即能饮食，但“色”欲却是成年时期才出现的。从何证明“色”也是生而具有的呢？这主要是从普遍性来断定的。人到成年之时都有“色”的要求，于是认为“色”是生而具有的本能。这“色”的要求，可以说在幼年时期只是一种“潜能”。人类具有哪些“潜能”呢？孟子说：“人之所不学而能者，其良能也；所不虑而知者，其良知也。孩提之童，无不知爱其亲者；及其长也，无不知敬其兄也。”敬兄是“及其长也”而后知的，孟子认为也属于“不学而能”的良能。他的理由也在于普遍性，“无不知敬其兄也”。这里关涉到“性”与“习”的关系问题。孔子提出性与习的联系与区别，他说：“性相近也，习相远也。”(《论语·阳货》)应该承认，这是简单的真理。但是，性习虽有区别，却又相互密切联系。“孩提之童无不知爱其亲者，及其长也无不知敬其兄也”，事实上这些都与习有关，是习惯使然。伪《古文尚书·太甲篇》有“习与性成”之语，王夫之高度加以赞扬(《尚书引义》卷三)。性习关系问题确实是人性学说的一个根本问题。

程颐宣扬所谓“极本穷源之性”，其实际意义何在呢？从他所谓性的实际内容来看，他所谓性就是仁义礼智，就是地主阶级的道德。程朱学派实际上是以地主阶级的道德为人类的本性，并且把它提高为天地万物的本原。

程颐明确指出所谓性不是本能，他尝说：

万物皆有良能，如每常禽鸟中做得窠子，极有巧妙处，是他

良能，不待学也。人初生只有吃乳一事不是学，其他皆是学。（《河南程氏遗书》卷十九）

这也就是说，仁义礼智虽是性，却不是“不待学”的。程颐所谓“极本穷源之性”，是从孟子所谓“人之所以异于禽兽者”发展而来的，他所重视的是人的特点而不是与生俱生的本能。

研究中国古典哲学中的人性学说，首先要正确理解各家所谓性者的不同意义。

二、对于人性概念的剖析

我们今天对于古典哲学中的人性学说进行评论，应以现代对于人性的科学理论为依据。现代哲学中关于人性的科学理论就是马克思主义关于人性的理论。马克思在早年著作《1844 年经济学哲学手稿》中曾提出“人的类特性就是自由的自觉的活动”的命题，他说：

> 一个种的全部特性，种的类特性就在于生命活动的性质，而人的类特性恰恰就是自由的自觉的活动。……动物不把自己同自己的生命活动区别开来。……人则使自己的生命活动本身变成自己的意志和意识的对象。他的生命活动是有意识的。……有意识的生命活动把人同动物的生命活动直接区别开来。①

这就是说，人类的活动是有意志有意识的，这是人类区别于其他动物的特点。

① 《马克思恩格斯全集》，第 42 卷，96 页。

马克思在《资本论》中亦说：

> 劳动首先是人和自然之间的过程，是人以自身的活动来引起调整和控制人和自然之间的物质变换的过程。……我们要考察的是专属于人的劳动。蜘蛛的活动与织工的活动相似，蜜蜂建筑蜂房的本领使人间的许多建筑师感到惭愧。但是，最蹩脚的建筑师从一开始就比最灵巧的蜜蜂高明的地方，是他在用蜂蜡建筑蜂房以前，已经在自己的头脑中把它建成了。劳动过程结束时得到的结果，在这个过程开始时就已经在劳动者的表象中存在着，即已经观念地存在着。他不仅使自然物发生形式变化，同时他还在自然物中实现自己的目的，这个目的是他所知道的，是作为规律决定着他的活动的方式和方法的，他必须使他的意志服从这个目的。①

这也就是说，人的劳动是有意识、有目的的，人在劳动过程中具有自我意识。

恩格斯在《自然辩证法》中亦说：

> 今天整个自然界也溶解在历史中了，而历史和自然史的不同，仅仅在于前者是有自我意识的机体的发展过程。②

这也是肯定人类的特点是具有自我意识的。

---

① 《马克思恩格斯全集》，第23卷，201—202页。

② 同上，第20卷，580页。

其次，马克思在《1844年经济学哲学手稿》中强调"个人是社会存在物"，他说：

> 个人是社会存在物。因此，他的生命表现，即使不采取共同的，同其他人一起完成的生命表现这种直接形式，也是社会生活的表现和确证。……作为类意识，人确证自己的现实的社会生活，并且只是在思维中复现自己的现实存在；反之，类存在则在类意识中确证自己。①

人的生活都是现实的社会生活，这也是一个非常深刻的观点。

在《关于费尔巴哈的提纲》中，马克思强调"人的本质是一切社会关系的总和"，他说：

> 费尔巴哈把宗教的本质归结于人的本质。但是，人的本质并不是单个人所固有的抽象物。在其现实性上，它是一切社会关系的总和。
>
> 费尔巴哈不是对这种现实的本质进行批判，所以他不得不：
>
> "(1)撇开历史的进程，孤立地观察宗教感情，并假定出一种抽象的——孤立的——人类个体；
>
> "(2)所以，他只能把人的本质理解为'类'，理解为一种内在的、无声的、把许多个人纯粹自然地联系起来的共同性。②"

---

① 《马克思恩格斯全集》，第42卷，122—123页。

② 《马克思恩格斯选集》，第1卷，18页。

又说：

> 所以，费尔巴哈没有看到，“宗教感情”本身是社会的产物，而他所分析的抽象的个人，实际上是属于一定的社会形式的。①

又说：

> 旧唯物主义的立脚点是市民社会；新唯物主义的立脚点则是人类社会或社会化了的人类。②

马克思对于费尔巴哈的批评也是对于以往所有的人性论的批评。马克思《关于费尔巴哈的提纲》中的这些论点在《德意志意识形态》中又有进一步的发挥。《德意志意识形态》说：

> 人们是自己的观念、思想等等的生产者，但这里所说的人们是现实的、从事活动的人们，他们受着自己的生产力的一定发展以及与这种发展相适应的交往（直到它的最遥远的形式）的制约。意识在任何时候都只能是被意识到了的存在，而人们的存在就是他们的实际生活过程。……我们的出发点是从事实际活动的人。③

---

① 《马克思恩格斯选集》，第1卷，18—19页。

② 同上书，18—19页。

③ 同上书，30页。

这些从事实际活动的人，在阶级社会中，一定从属于一定的阶级。《德意志意识形态》说：

> 某一阶级的个人所结成的、受他们反对另一阶级的那种共同利益所制约的社会关系，总是构成这样一种集体，而个人只是作为普通的个人隶属于这个集体，只是由于他们还处在本阶级的生存条件下才隶属于这个集体；他们不是作为个人而是作为阶级的成员处于这种社会关系中的。①

马克思在《〈资本论〉第一卷第一版序言》中说：

> 我决不用玫瑰色描绘资本家和地主的面貌。不过这里涉及到的人，只是经济范畴的人格化，是一定的阶级关系和利益的承担者。我的观点是：社会经济形态的发展是一种自然历史过程，不管个人在主观上怎样超脱各种关系，他在社会意义上总是这些关系的产物。②

在阶级社会中，任何个人都是阶级关系和利益的承担者。

社会经济形态是不断发展演变的，个人受社会经济关系的制约，因而人性也是在变化中的。马克思说：

---

① 《马克思恩格斯选集》，第 1 卷，82—83 页。

② 同上，第 2 卷，207—208 页。

整个历史也无非是人类本性的不断改变而已。①

所谓人类本性不是一成不变的。

以上就是马克思、恩格斯关于人性的主要观点。这些观点可以概括如下：(1)人的特点是有意识有目的的活动；(2)人们的存在就是他们的实际生活过程，人都是从事实际活动的人，人都是属于一定的社会形式的；(3)人的本质，在其现实性上，是一切社会关系的总和；(4)在阶级社会中，人都是一定的阶级关系和利益的承担者；(5)人类历史是人类本性不断改变的过程。这些观点都是关于人性问题的非常重要的科学论断，是我们研究人性问题时必须注意的。

我们现在应讨论四个问题：(1)有没有人类共性？(2)人类共性与阶级性的关系如何？(3)如何理解人性的变化？(4)应如何确定人性概念？人性概念是一个抽象的普遍性还应是一个具体的普遍性？

人类有没有共同本性呢？前些年有些论者认为人性就是阶级性，不承认共同本性的存在。事实上，这在理论上是讲不通的。世界上任何物类都有其共性，何独人类没有共性呢？孟子说："然则犬之性犹牛之性，牛之性犹人之性与？"犬有犬之性，牛有牛之性，如何能说人没有人之性呢？从实际情况来讲，阶级是人类历史上一定阶段才出现的，在阶级出现以前，人类已经历了长期的发展过程。能说在漫长的原始社会时代，人类就没有所谓人性吗？所以，无论从理论或实际来讲，人类有共同本性是必须承认的。

问题是人类共性的内容如何？我认为，马克思在早年著作中所谓"人的类特性恰恰就是自由的自觉的活动"，"有意识的生命活动把人

① 《哲学的贫困》，见《马克思恩格斯选集》，第1卷，138页。

同动物的生命活动直接区别开来”,[1] 确实是有深刻意义的。所谓自由的和自觉的，都是在相对意义上讲的。人类的自由和自觉都是有限度的，时至今日，人类对于自身的理解还很不够。但相对于其它动物来说，人类还是有相对的自由和自觉。

在阶级社会中，不同阶级的人们的好恶趋舍是不同的，因而具有不同的阶级性，这确实是彰明较著的事实。但古代思想家对此都无所认识，这也是事实。人类共性与阶级性的关系如何？我们认为，这应是一般(普遍)与特殊的关系。一般、特殊、个别，是三个层次。“共同人性”是“一般”，“阶级性”是“特殊”，每个人的“个性”是“个别”。作为“一般”的人类共性与作为“特殊”的阶级性都可以说是人性的内容。至于个人的“个性”虽也是人性的表现，但不属于普通所谓人性了。

马克思说：“人的本质并不是单个人所固有的抽象物。在其现实性上，它是一切社会关系的总和。”所谓社会关系，在阶级社会，最主要的是阶级关系，然而不仅是阶级关系，还有家庭(父母子女)关系、师友关系、民族关系等等。因而不能把人的本质简单地理解为阶级本质。

马克思批评费尔巴哈“只能把人的本质理解为‘类’，理解为一种内在的、无声的、把许多个人纯粹自然地联系起来的共同性”。我们认为，这里说他“只能”如此理解，是说如此理解是不够的，并非说如此理解即属错误的。人具有类的共同性，这还是应该承认的。但只承认这个，是很不够的。

应该指出，人类共性的存在乃是阶级性存在的前提，因为同属人

① 《1844年经济学哲学手稿》，见《马克思恩格斯全集》，第42卷，96页。

类，彼此之间才有阶级矛盾。人与犬马是不可能有阶级矛盾的。阶级矛盾乃是人与人之间的矛盾。

应该承认，一般寓于特殊之中，没有脱离特殊的一般，但确实有存在于特殊之中的一般。在阶级社会，人性寓于阶级性之中，但是决不能否认人类共性的存在。

除了阶级性之外，还有民族性。不同民族有不同的民族性格。民族性常常是一个民族不同阶级共有的性格。一个民族，如其成为一个民族，必具有共同的民族文化、共同的心理。共同文化是一个民族的不同阶级共同创造的文化；共同心理是一个民族的不同阶级共同具有的心理。民族性与阶级性之间更有复杂的关系。

最复杂的问题是关于本能、潜能与习性的问题。动物都有本能，人类必然也有本能，但是人类的本能已经和人为的文明形式结合起来了。告子说："食色性也。"但是人类满足食色要求的形式已经和其他动物的情况大大不同了。马克思说："吃喝、性行为等等，固然也是真正的人的机能。但是，如果使这些机能脱离了人的其他活动，并使它们成为最后的唯一的终极目的，那么，在这种抽象中，它们就是动物的机能。"①人的食色行为是与人的其他活动结合起来的，与动物的本能不同了。

本能是"与生俱生"的，但本能与幼年以来养成的习惯又相互结合难以判离。人类共性不一定是"与生俱生"的，其所以为共性在于其普遍性。阶级性更非"与生俱生"的，而是在一定环境、一定条件之下养成的。其所以为阶级性在于其具有一定范围内的类型性。凡"与生俱生"的可称为"生性"；凡幼年以来经学习而养成的可称为"习性"。"生

① 《马克思恩格斯全集》，第42卷，94页。

性”与“习性”二者有一定区别，在实际上都是相互结合而不可判离的。

婴儿生来即能饮食，这是本能。但男女之欲却不是婴儿生来即有的。老子说：“含德之厚，比于赤子，……骨弱筋柔而握固，未知牝牡之合而朘作。”(《老子》五十五章)正是表示这一事实。到成年之后，人都有男女之欲，这虽然可称为本能，实际上，在幼儿时期只是一种潜能。孟子说：“孩提之童，无不知爱其亲者；及其长也，无不知敬其兄也。”(《孟子·尽心上》)这“及其长也无不知敬其兄也”是否也是潜能呢？事实上，“孩提之童无不知爱其亲者”，也与习惯有关，而“及长敬兄”更是教育的结果。这些都不是“与生俱生”的，而是一定历史时期在正常的情况下正常发展的相对普遍的趋向。在这个意义上，亦可谓之相对的潜能。但是，“及长敬兄”并没有男女之欲那样的普遍性，至少不能列入基本的潜能。

如何理解人性的发展呢？应当指出，所谓人性本来就是在历史过程中形成的。马克思说：“不管是人们的内在本性，或者是人们的对这种本性的意识即他们的理性，向来都是历史的产物。”①人类是通过劳动而诞生的，人性是在人的劳动过程中形成的，人性在形成之后也是随时代的改变而改变的。人性随生产方式的改变而改变。

用哲学名词来说，人性是一个共相，也就是一种普遍性。凡共相或者普遍性都是一个抽象，但是科学的抽象不仅是抽象，而且含有具体的内容。这个，黑格尔称之为“具体的共相”或“具体的普遍性”。马克思论科学的抽象说：

> 生产一般是一个抽象，但是只要它真正把共同点提出来，定

① 《德意志意识形态》，见《马克思恩格斯全集》，第3卷，567页。

下来，免得我们重复，它就是一个合理的抽象。不过，这个一般，或者说，经过比较而抽出来的共同点，本身就是有许多组成部分的、分别有不同规定的东西。其中有些属于一切时代，另一些是几个时代共有的，[有些]规定是最新时代和最古时代共有的。没有它们，任何生产都无从设想；如果说最发达语言的有些规律和规定也是最不发达语言所有的，但是构成语言发展的恰恰是有别于这一般和共同点的差别，那末，对生产一般适用的种种规定所以要抽出来，也正是为了不致因见到统一（主体是人，客体是自然，这总是一样的，这里已经出现了统一）就忘记本质的差别。①

马克思这里是论“生产”的概念，但这里所说也适用于其他科学抽象。经过比较而抽出来的共同性，包括许多规定，其中有些是属于一切时代的，有些是几个时代共有的。包含许多规定，这就是指含有具体的内容。马克思在论证“具体”时说：

具体之所以具体，因为它是许多规定的综合，因而是多样性的统一。因此它在思维中表现为综合的过程，表现为结果，而不是表现为起点，虽然它是现实中的起点，因而也是直观和表象的起点。②

具体即许多规定的综合，这是直观和表象的起点，在思维中却是综合

① 《〈政治经济学批判〉导言》，见《马克思恩格斯选集》，第2卷，88页。
② 同上书，103页。

的结果。

我认为，人性应是一个具体的共相。以往的哲学家大多把人性看作一个抽象的共相，因而提出了许多片面的见解，实际上人性乃是一个具体的共相。具体的共相包含许多规定，是许多规定的综合。人性概念之中，包含人类共性，不同民族的民族性，不同时代不同阶级的阶级性，要之包含人类的共性以及各种类型的特殊性。

依据对于人性的科学理解，就可以对于古代的人性学说进行分析评论了。

三、人性善恶

在中国古典哲学中，关于人性，讨论得最多的是人性善恶问题。关于人性善恶，自战国以来，众说纷纭，主要有：

(1)性善论——孟子，后来宋明理学以及王夫之、颜元、戴震都主张性善论。

(2)性无善无不善论——告子，后来王安石亦主性无善恶。

(3)性恶论——荀子。(晋代仲长敖著《覈性赋》，亦主性恶。)

(4)性有善有恶论——世硕。后来董仲舒、扬雄亦主此说。

(5)性三品论——王充、韩愈。

(6)性二元论——张载讲天地之性与气质之性，程颢、程颐讲天命之性与气禀之性，朱熹讲本然之性与气质之性，朱门弟子讲义理之性与气质之性。此说受到王夫之、颜元、戴震的批评。

人性善恶问题是一个复杂问题，各家学说亦各有其曲折隐奥的含义，今略加剖析。

1. 孟子的性善论

孟子“道性善”(《孟子·滕文公上》)，认为人都有恻隐之心、羞恶之心、辞让之心、是非之心，“恻隐之心，仁之端也；羞恶之心，义之端也；辞让之心，礼之端也；是非之心，智之端也。”(《孟子·公孙丑上》)于是断言：“仁义礼智，非由外铄我也，我固有之也，弗思耳矣。”(《孟子·告子上》)事实上，他是认为人都有道德意识的萌芽，这萌芽是有待于培养扩充的。

凡有四端于我者，知皆扩而充之，若火之始然，泉之始达。苟能充之，足以保四海；苟不充之，不足以事父母。(《孟子·公孙丑上》)

如不扩充就不足以事父母，可见只是一点萌芽。实际上，孟子关于性善的论证，只是证明性可以为善。孟子也说过：“乃若其情，则可以为善矣，乃所谓善也。”(《孟子·告子上》)以“性可以为善”论证“性善”，在逻辑上是不严密的。

但是孟子的性善论确实含有合理的因素。所谓四端之中最主要的是恻隐之心，也就是“不忍人之心”。

所以谓人皆有不忍人之心者，今人乍见孺子将入于井，皆有怵惕恻隐之心。(《孟子·公孙丑上》)

这所谓不忍人之心，就对于别人的同情心而言，可谓之同类意识。孟子肯定人对于别人有同类意识，这是符合实际的。

孟子以为“仁义礼智非由外铄我也，我固有之也，弗思耳矣”，认为理解性善的关键在于“思”。孟子肯定心有思的作用：

心之官则思，思则得之，不思则不得也。(《孟子·告子上》)

又说：

至于心，独无所同然乎？心之所同然者何也？谓理也，义也。(《孟子·告子上》)

能思，则以理义为然。孟子肯定人有思维能力，这在中国哲学史上也有重要意义。孟子关于“思”的命题，用现代的名词来说，即肯定人是有理性的。

孟子宣称“仁义礼智，非由外铄我也，我固有之也”，又认为“孩提之童无不爱其亲者；及其长也，无不知敬其兄也”，是“不学而能”的良能，“不虑而知”的良知。这些都表现了道德先验论的倾向。道德先验论是错误的。但是孟子肯定人都有同类意识，人都有思维能力，这还是有重要理论意义的，是对于人类认识史的贡献。

孟子提出“民为贵”的政治观点，这和他的性善论有必然的联系。性善论是“民贵”思想的理论基础。孟子宣称“人人有贵于己者，弗思耳。”(《孟子·告子上》)这人人都有的“贵于己”者，就在于人的善性。在近代西方思想史上，人道主义和人本主义的思想家也都肯定人性本善。这不是偶然的。马克思在《神圣家族》中说：

并不需要多大的聪明就可以看出，关于人性本善和人们智力平等，关于经验、习惯、教育的万能，关于外部环境对人的影响，关于工业的重大意义，关于享乐的合理性等等的唯物主义学说，同共产主义和社会主义之间有着必然的联系。①

马克思这个判断具有重要的意义。

恩格斯在《路德维希·费尔巴哈和德国古典哲学的终结》中曾引述黑格尔的言论云：

人们以为，当他们说人本性是善的这句话时，他们就说出了一种很伟大的思想；但是他们忘记了，当人们说人本性是恶的这句话时，是说出了一种更伟大得多的思想。②

事实上，黑格尔这些话是对于基督教"原罪"说的赞扬，对于18世纪法国唯物论的贬抑。我认为，性善论是比性恶论更伟大的思想，因为性善论在事实上是民主思想的理论基础。

2. 告子的性善无不善论

告子说："生之谓性。"又说："食色性也。"(《孟子·告子上》)告子所谓性指生而具有的本能。告子认为这性是无善无不善的："性生无善无不善也。"(《孟子·告子上》)这就是说，生来的本能是无善无不善的。告子的这种观点基本上是正确的。告子的缺点是不重视人与禽兽的区别。告子论性与仁义的关系说：

性犹杞柳也；义犹桮棬也。以人性为仁义，犹以杞柳为桮棬。(《孟子·告子上》)

① 《神圣家族》，见《马克思恩格斯全集》，第2卷，166页。

② 《马克思恩格斯选集》，第4卷，233页。

孟子诘问告子说：

> 子能顺杞柳之性而以为桮棬乎？将戕贼杞柳而后以为桮棬也？如将戕贼杞柳而以为桮棬，则亦将戕贼人以为仁义与？（《孟子·告子上》）

孟子这个诘问是有理由的。以杞柳为桮棬，是戕贼了杞柳的生机而制成的；以人性为仁义却非戕贼人的生机。道德是对于本能的一种改变，却也可以说是本能的一种发展。告子的人性论反对先验道德论是正确的，但没有正确说明人性与道德的关系。

3. 荀子的性恶论

荀子反对孟子的性善论，宣扬性恶。荀子所谓性指“生之所以然者”，（《荀子·正名》）所以然即所已然，故说：“凡性者天之就也。”（《荀子·性恶》）“不可学不可事而在人者谓之性。”（《荀子·性恶》）性是完全无待于学习的，亦即本能。荀子以为这性是恶的。他说：

> 今人之性，生而有好利焉，顺是，故争夺生而辞让亡焉。生而有疾恶焉，顺是，故残贼生而忠信亡焉。生而有耳目之欲，有好声色焉，顺是故淫乱生而礼义文理亡焉。（《荀子·性恶》）

这是说，本性的发展必然发生“争夺”、“残贼”、“淫乱”等现象，足证本性是恶的。而“辞让”、“忠信”、“礼义文理”都是本性所无，

> 古者圣王以人之性恶，以为偏险而不正，悖乱而不治，是以

> 为之起礼义，制法度，以矫饰人之情性而正之，以扰化人之情性而导之也。(《荀子·性恶》)

事实上，“辞让”、“忠信”、“礼义文理”固然不属于自然本能，而所谓“好利”、“疾恶”、“好声色”以及“偏险”、“悖乱”等等，也不是自然本能之所有。“好利”、“疾恶”、“好声色”等等，也都是有待于学、有待于习的。荀子把恶归于性，把善归于习，是不符合实际情况的。

荀子宣扬“性恶”，有时陷于自相矛盾，如说：

> 凡人之欲为善者，为性恶也。夫薄愿厚，恶愿美，狭愿广，贫愿富，贱愿贵，苟无之中者，必求于外。……人之欲为善者，为性恶也。今人之性固无礼义，故强学而求有之也。(《荀子·性恶》)

“欲为善”就是有向善的要求，有向善的要求正是性善的一种证明。荀子却说成性恶的证明，这是没有说服力的。

荀子肯定人有向善的可能性，他说：

> 涂之人可以为禹，曷谓也？曰：凡禹之所以为禹者，以其为仁义法正也。然则仁义法正有可知可能之理，然而涂之人也皆有可以知仁义法正之质，皆有可以能仁义法正之具，然则其可以为禹明矣。……今涂之人者，皆内可以知父子之义，外可以知君臣之正，然则其可以知之质、可以能之具，其在涂之人明矣。(《荀子·性恶》)

人人“皆内可以知父子之义，外可以知君臣之正”，正是性善论的论据，荀子却用来讲性恶，这是因为荀子所谓性指不待学习的现实本能，不包括任何可能性。这正足以表明，荀子的关于性的界说过于狭隘了。从自然的本能来说，善有待于学习，恶也有待于学习；善固非性，恶也非性。但是性恶论亦非全无理由，习恶与习善有所不同，习善较难，而习恶甚易。荀子指出人们易陷于恶，这是有事实根据的。

在历史上，性恶论往往是专制主义的理论根据之一。荀子也说：

> 故古者圣人以人之性恶，以为偏险而不正，悖乱而不治，故为之立君上之势以临之，明礼义以化之，起法正以治之，重刑罚以禁之。(《荀子·性恶》)

性恶论正是建立“君上之势”的一个理由。战国时期“法家者流”大多不承认“性善”，因而强调权势的必要。这中间的逻辑关系还是比较明显的。

荀子的性恶论不被汉、唐、宋、明多数学者所接受，这也不是偶然的。

荀子人性学说的贡献在于他反对道德先验论。荀子认为道德是积思虑而后创立的。“圣人积思虑、习伪故，以生礼义而起法度”。(《荀子·性恶》)他又说：

> 况夫先王之道，仁义之统，《诗》、《书》，礼，乐之分乎？彼固天下之大虑也，将为天下生民之属，长虑顾后而保万世也。(《荀子·荣辱》)

道德仁义是圣人为天下生民的长久利益而创设的。荀子强调圣人之性也与众人一样："故圣人之所以同于众其不异于众者性也"(《荀子·性恶》)。"尧舜之与桀跖，其性一也"(《荀子·性恶》)。圣人与众不同之处在能"积思虑"、"为天下生民之属长虑顾后"，所以制定了道德规范。荀子对于道德先验论的反驳是具有重要意义的。

4. 性有善有恶与性三品论

王充《论衡》说：

> 周人世硕，以为人性有善有恶，举人之善性养而致之则善长，恶性养而致之则恶长，……宓子贱、漆雕开、公孙尼子之徒，亦论情性，与世子相出入。(《本性》)

世硕的年代应早于荀子，或与孟子同时。董仲舒宣称：

> 人之诚有贪有仁。仁贪之气两在于身，身之名取诸天，天两有阴阳之施，身亦两有贪仁之性。(《春秋繁露·深察名号》)

这也是性有善有恶之论。董仲舒又区别圣人之性、斗筲之性与中民之性，可以说是后来性三品论的先驱。扬雄提出"人之性也善恶混"的命题(《法言·修身》)，实质上也是性有善有恶论。

王充以为"人性有善有恶，犹人才有高有下也"(《论衡·本性》)。人有高下之分，性有善恶之别。

> 余固以孟轲言人性善者，即中人以上也；孙卿言人性恶者，中人以下者也；扬雄言人性善恶混者，中人也。(《论衡·本性》)

荀悦明确提出“三品”的名称。他说：

> 或问天命人事，曰有三品焉，上下不移，其中则人事存焉尔。(《申鉴·杂言》)

韩愈也宣传三品之说：

> 性之品有上中下三：上焉者善焉而已矣，中焉者可导而上下也，下焉者恶焉而已矣。其所以为性者五，曰仁，曰礼，曰信，曰义，曰智。上焉者之于五也，主于一而行于四；中焉者之于五也，一不少有焉，则少反焉；其于四也混；下焉者之于五也，反于一而悖于四。(《韩昌黎集·原性》)

区分上中下三品的标准在于其符合或违反仁义礼智信五德的情况。

世硕的“有善有恶”论可能是对于孟子“性善”论的修正，汉代的有善有恶论和性三品论的实质上都是性善论与性恶论的综合。“有善有恶”论是说每一个人的本性既包含善端，又包含恶端。“性三品”论是说有些人性善，有些人性恶，而多数人在善恶之间。这些观点都是脱离了社会历史的实际而讨论人性的，因而只能是一些模糊不清的议论。在阶级社会中，不同的阶级有不同的善恶标准，其所谓善恶更是不确定的。

世硕所谓性的意义不甚明确。(《汉书艺文志》著录《世子》二十一篇已佚，无从考定。)他所谓性既包含善性与恶性，可以说包括不同方面的可能性，而是不同的可能性的综合体。韩愈以“与生俱生”为性的界说，而认为上品的性具有仁义礼智信的内涵，即认为上品具有先验的道德意识，下品缺乏先验的道德意识，中品具有一些先验道德意识而不完备，这种观点的疏陋是显然可见的。

5. 性二元论

张载区别了“天地之性”与“气质之性”，他说：

形而后有气质之性，善反之则天地之性存焉。（《正蒙·诚明》）

气质之性是人既生成形之后才有的，天地之性则是人与天地万物共同的本性。他又说：

湛一，气之本；攻取，气之欲。口腹于饮食，鼻舌于臭味，皆攻取之性也，知德者属厌而已。（《正蒙·诚明》）

人之刚柔缓急，有才与不才，气之偏也。天本参和不偏。养其气反之本而不偏，则尽性而天矣。（《正蒙·诚明》）

天地之性即是构成天地万物之气的统一的本性，气质之性即是对于饮食臭味的攻取之性，是人人皆有而参差不齐的。

程颢区别了“人生而静以上”之性与“气禀”之性，他说：

人生气禀，理有善恶，……有自幼而善，有自幼而恶，是气禀有然也。……盖生之谓性。人生而静以上不容说，才说性时，便已不是性也。（《河南程氏遗书》卷一）

“人生而静”，语出《乐记》，《乐记》云：“人生而静，天之性也；感于物而动，性之欲也。”人生而静指初生之时。人生而静以上，指天赋的本性。程颢以为，气禀之性是有善有恶的，天赋的本性则不能说善恶。

程颐区别了“极本穷源之性”与“所禀之性”，他说：

> 性相近也，此言所禀之性，不是言性之本；孟子所言，便正言性之本。(《河南程氏遗书》卷十九)
>
> 若乃孟子之言善者，乃极本穷源之性。(同书卷三)

程颐又提出“性即理也”的命题(《河南程氏遗书》卷二十二上)，认为极本穷源之性即是理，亦即仁义礼智信。

朱熹采用了张载所谓“天地之性”与“气质之性”的名称，而以程颐的观点加以解释。朱熹说：

> 论天地之性，则专指理言；论气质之性，则以理与气杂而言之。未有此气，已有此性，气有不存，而性却常在。(《朱子语类》卷四)

又说：

> 天之生此人，无不与之以仁义礼智之理，亦何尝有不善？但欲生此物，必须有气，然后此物有以聚而成质；而气之为物，有清浊昏明之不同。(《朱子语类》卷四)

天地之性即是理，气质之性则是理与气的结合。天地之性纯粹至善；气质之性，有清浊昏明之不同，因而有善有恶。

朱熹亦称天地之性为“本然之性”，朱熹弟子陈埴称之为“义理之性”。陈埴说：

> 性者人心所具之天理，以其禀赋之不齐，故先儒分别出来，谓有义理之性，有血气之性，仁义礼智者，义理之性也；知觉运动者，气质之性也。有义理之性而无气质之性，则义理必无附著；有气质之性而无义理之性，则无异于枯槁之物。故有义理以行于血气中，有血气以受义理之体，合理与气而性全。(《宋元学案》卷六十五《木钟学案》引《木钟集》)

陈埴说义理之性是“先儒分别出来”，也可能“义理之性”的名词是朱熹晚年提出的。到明代，“义理之性”的名词比较流行。

张载、朱熹都讲天地之性与气质之性，但为说不同。张载所谓天地之性指气的一般本性，还没有讲天地之性即是理。朱熹所谓天地之性则专指理而言。朱熹所谓天地之性可称为义理之性，张载所谓天地之性还不是义理之性。这也是必须注意的区别。

张载讲所谓“天地之性”，程颐讲所谓“极本穷源之性”，究竟有什么理论意义呢？

张载所谓天地之性，是构成天地万物之气的本性，亦即自然界的普遍本性。孟子以来讲人之性主要是“人之所以异于禽兽者”，而张载所谓天地之性乃是人与天地万物共有的普遍性，不是人与其他物类相异的特点。以自然界的普遍性作为人性，这就混淆了普遍性与特殊性的不同层次。

程颐所谓“性即理也”之性，实即今日人们常讲的理性，即人人具有的道德意识。他所谓“极本穷源之性”，可谓宇宙理性，他把人的理性夸大为世界本原。

把自然界的普遍本性当作人的本性，把人的理性夸大为宇宙理性，这都是把人性玄想化，都表现了人性的极端的抽象化。

然而，所谓天地之性与极本穷源之性的观念，也非毫无意义。这些观念的提出主要是为了探索人性与世界本原的关系，为人性寻求本体论的根据，亦即探求人类道德在宇宙中的位置。这虽然是一个玄想的问题，但是如果本体论在哲学史上有一定的价值，则也应该承认，人性与自然界的普遍本性的关系问题是人与自然的关系问题的一个方面。

四、人性学说的评价

马克思批评费尔巴哈：“他只能把人的本质理解为‘类’，理解为一种内在的、无声的、把许多个人纯粹自然地联系起来的共同性。”[①]又说：“费尔巴哈……没有从人们现有的社会关系，从那些使人们成为现在这种样子的周围生活条件来观察人们；因此毋庸讳言，费尔巴哈从来没有看到真实存在着的、活动的人，而是停留在抽象的‘人’上”。[②] 费尔巴哈的这些缺欠，是费尔巴哈以前的思想家所共同具有的，这在中国古代思想家尤为显著。但是，能否据此认为中国古代的人性学说都是没有理论价值的呢？显然不能。我们认为，中国古代关于人性的学说是古代思想家力求达到人的自觉的理论尝试，也就是力

① 《关于费尔巴哈的提纲》，见《马克思恩格斯选集》，第1卷，18页。

② 《德意志意识形态》，见《马克思恩格斯选集》，第1卷，50页。

求达到关于人的自我认识的理论尝试，虽然没有得出科学的结论，这些尝试在人类认识发展史上还是有重要意义的。

中国古代人性学说的中心问题是人性善恶问题，这个问题有无理论价值呢？我们认为，人性善恶的问题就是道德起源的问题，亦即善恶的起源的问题，也是具有一定理论价值的。由于各家关于性的界说不同，因而人性善恶的学说或是或非。如果所谓性指生而具有无待学习的本能，那么应该说性是无善无恶的。在这个意义上，告子所谓“性无善无不善也”是正确的。如果所谓性包含那些有待学习而后实现的可能性，那么应该承认性有善有恶。在这个意义上，世硕“性有善有恶”或战国时期“性可以为善，可以为不善”的观点是正确的。孟子专讲性善，陷于一偏，但孟子肯定人都有同类意识，肯定人具有思维能力，都有重要意义。荀子专讲性恶，有自相矛盾之处，他所谓性不包括任何可能性，但他所举出的性的部分内容却又仅仅是一些可能性，因而陷于矛盾。但荀子反对道德先验论，肯定道德是人们“积思虑”而后提出的，确实有重要的理论意义。

马克思主义唯物史观的建立为科学的人性学说奠定了基础。但是不能认为地主阶级思想家和其他剥削阶级思想家关于人性的学说都是谬妄的。人类思想史不是谬误的堆积，而是追求真理的过程。应该承认古代思想家力求达到人的自我认识的尝试的理论价值，对于古代思想家的人性学说应予以实事求是的恰如其分的分析。

仁爱学说评析*

在中国古代的伦理思想中，居于核心地位的，是关于仁爱的学说。“孔子贵仁，墨子贵兼”。(《吕氏春秋·不二》)孔子以仁为最高的原则，墨子以兼爱为最高原则，可以说都是宣扬人类之爱。《老子》说：“我有三宝，持而保之，一曰慈。”(《老子》六十七章)以慈为三宝中的第一。慈可以说是朴素的爱。对于这些人类之爱的学说，应如何看待呢？

毛泽东同志《在延安文艺座谈会上的讲话》中说：

> 世上决没有无缘无故的爱，也没有无缘无故的恨。至于所谓人类之爱，自从人类分化成为阶级以后，就没有过这种统一的爱。过去的一切统治阶级喜欢提倡这个东西，许多所谓圣人贤人也喜欢提倡这个东西，但是无论谁都没有真正实行过，因为它在阶级社会里是不可能实行的。真正的人类之爱是会有的，那是在

---

* 本部分选自《中国伦理思想研究》第六章。

> 全世界消灭了阶级之后。阶级使社会分化为许多对立体，阶级消灭后，那时就有了整个的人类之爱，但是现在还没有。①

在存在着人剥削人、人压迫人的现象的阶级社会里，不可能有真正的人类之爱，不可能有人真正实行过人类之爱，这是一项重要的事实。但是，确实有些思想家提倡人类之爱，这也是事实。

孔墨以后，惠施宣称："泛爱万物，天地一体也"，不但要爱一切人，而且要爱一切物。汉代以后，儒家学者都以仁为最高的道德。韩愈宣扬"博爱之谓仁"。张载提出"民吾同胞，物吾与也"的著名论断，肯定人与人之间应是兄弟的关系。这种学说在中国历史上有广泛而久远的影响。这些提倡人类之爱的学说有没有实际意义呢？这是研究中国伦理思想史必须注意的问题。

一、孔子的"仁"与墨子的"兼爱"

"仁"的观念在孔子以前即已有了。《左传》中有下列几条记载：

> (1)僖公三十三年："臼季……言诸文公曰：敬德之聚也，能敬必有德。德以治民，君请用之。臣闻之：出门如宾，承事如祭，仁之则也。"
>
> (2)昭公十二年："楚子次于乾谿，……以及于难。仲尼曰：古也有志，克己复礼，仁也。信善哉！楚灵王若能如是，岂其辱于乾谿？"
>
> (3)定公四年："郧公辛……曰：《诗》曰：柔亦不茹，刚亦不

① 《毛泽东选集》，第3卷，827—828页。

吐，不侮矜寡，不畏强御。唯仁者能之。违强凌弱，非勇也。乘人之约，非仁也。”

《国语·晋语》中有如下的记载：

优施教骊姬夜半而泣，谓公曰：……吾闻之外人之言曰：为仁与为国不同，为仁者爱亲之谓仁，为国者利国之谓仁。

重耳告舅犯，舅犯曰：不可！亡人无亲，信仁以为亲。

《大学》亦引舅犯曰："亡人无以为宝，仁亲以为宝"。较《晋语》所记更为明确。

从《左传》、《国语》的记载来看，春秋时期的贵族卿大夫已以"仁"为一个崇高的品德。从"出门如宾，承事如祭，仁之则也"及"古也有志，克己复礼仁也"看来，仁与礼有密切联系。遵礼而行是仁的主要表现。从《国语·晋语》所谓"为仁者爱亲之谓仁，为国者利国之谓仁"看来，当时所谓仁已有不同的涵义。有人以"爱亲"为仁，有人以"利国"为仁。《国语》的记载，文词冗长，不可能是实录，但也反映了一定时期的情况。舅犯所谓"仁亲"不是爱亲之意，而是亲密团结的意思。

孔子把"仁"提高为最重要的道德原则。《论语》中关于弟子问仁的记载很多，孔子所答，因人而异，各不相同。我们可以这样说：孔子所谓仁的涵义具有不同的层次，有较深层次的涵义，有较浅层次的涵义。孔子答复弟子问仁，有时讲出较深的涵义，有时只讲较浅的涵义。《论语》中关于问仁的记载，重要的有以下几条：

(1)子贡曰：如有博施于民而能济众，何如？可谓仁乎？子曰：何事于仁，必也圣乎！尧舜其犹病诸！夫仁者，已欲立而立人，已欲达而达人。能近取譬，可谓仁之方也已。(《论语·雍也》)

(2)颜渊问仁，子曰：克己复礼为仁。一日克己复礼，天下归仁焉。为仁由己，而由人乎哉？颜渊曰：请问其目。子曰：非礼勿视，非礼勿听，非礼勿言，非礼勿动。(《论语·颜渊》)

(3)仲弓问仁，子曰：出门如见大宾，使民如承大祭。己所不欲，勿施于人。在邦无怨，在家无怨。(《论语·雍也》)

(4)司马牛问仁，子曰：仁者其言也讱。曰：其言也讱，斯谓之仁已乎？子曰：为之难，言之得无讱乎？(《论语·雍也》)

(5)樊迟问仁，子曰：爱人。(《论语·雍也》)

在这些条文中，“克己复礼”、“出门如见大宾、使民如承大祭”，都是引用前人成语，具见《左传》所载。“己欲立而立人，己欲达而达人”、“爱人”是孔子自己提出的。“爱人”二字比较简要，“己欲立而立人、己欲达而达人”可以说是“爱人”的具体规定。“仁者其言也讱”是仁的较浅的涵义。《论语》又有一条云：“樊迟……问仁，曰：仁者先难而后获，可谓仁矣。”(《论语·雍也》)“先难而后获”与“其言也讱”义近，都是仁的较低层次的意义。

最值得注意的是“子贡问”一条，子贡问“博施于民而能济众”是否仁德，孔子回答说，这是“圣”的境界，已超过“仁”的境界了。孔子随即讲出了仁的意义，即“己欲立而立人，己欲达而达人”。从这段问答中，应该肯定，“己欲立而立人，己欲达而达人”，是仁的最主要的涵义。《论语》又载：“宪问……克我怨欲不行焉，可以为仁矣？子曰：

可以为难矣，仁则吾不知也。”(《论语·宪问》)这是说“克我怨欲不行”还没有达到仁的标准。“博施于民而能济众”是超过了仁；“克我怨欲不行”还没有达到仁。而仁的主旨是“爱人”，亦即“己欲立而立人，己欲达而达人”。

“仁”是关于人我关系的准则，仁的出发点应是承认别人也是人，别人是与自己一样的人。这个出发点，孔子虽然没有明确说出，却是“爱人”、“立人”、“达人”的前提。孔子曾说：“性相近也，习相远也。”(《论语·阳货》)承认人与人的本性是相近的，即承认人与人是同类。孔子针对隐者长沮、桀溺的批评而慨叹说：“鸟兽不可与同群，吾非斯人之徒与而谁与?”(《论语·微子》)也是表示，人与人是同类，而与鸟兽不是同类。孔子说：“能近取譬，可谓仁之方也已。”“能近取譬”即推己及人。推己及人的前提即承认别人也是人。孔子肯定人人都有自己的意志，他说：“三军可夺帅也，匹夫不可夺志也。”(《论语·子罕》)承认别人也是“人”，即承认别人也有独立的意志，亦即肯定人人都有独立的人格。承认人人都有独立的人格，这是孔子仁说的核心涵义。

这里还有一个重要问题，即孔子所谓“爱人”、“立人”、“达人”的“人”，究竟何所指呢？是指一般的人，还仅仅指贵族或自由民呢？前些年有一种说法，认为《论语》中“人”与“民”之间有严格的区别。孔子曾说：“道千乘之国，敬事而信，节用而爱人，使民以时。”(《论语·学而》)于是有人认为在《论语》中，人是“爱”的对象，民是“使”的对象。爱人决非爱民。民指奴隶，人指贵族。事实上，这种见解是不能成立的，并无充足的理由。《论语》曾说：“惠则足以使人。”(《论语·阳货》)又说：“君子学道则爱人，小人学道则易使也。”(《论语·阳货》)人也是使的对象，小人虽非君子而也是人。而且，孔子赞扬“博施于民而能济众”，民何尝不是爱的对象？而且在《诗经》、《左传》中，“人”字“民”字一般都是泛称，《论语》何独例外？所以，孔子所谓“爱人”、“立人”、“达人”，人字都是泛称，并非专指贵族。

在名义上，孔子讲“爱人”，是爱一切人，孔子又说过“泛爱众”（《论语·学而》），所谓仁是人类之爱。在实际上，孔子却是区分了贵贱等级。据《左传》昭公二十九年记载，孔子批评晋铸刑鼎说：“贵贱不愆，所谓度也。……贵贱无序，何以为国？”一方面宣扬“爱人”，一方面又强调“贵贱不愆”。这里表现了明显的阶级性。这一点，孔子的继承者孟子更为显著。孟子宣扬“亲亲而仁民，仁民而爱物”（《孟子·尽心上》），又强调“无君子莫治野人，无野人莫养君子”（《孟子·滕文公上》），“或劳心，或劳力。劳心者治人，劳力者治于人；治于人者食人，治人者食于人，天下之通义也”（《孟子·滕文公上》）。一方面宣扬“爱人”、“仁民”；另一方面又要维护等级和阶级的区分。这是儒家关于人类之爱的观念所包含的内在矛盾。这也就证明，在阶级社会中，所谓人类之爱历来就没有真正实行过。

实际上，所谓“爱人”，只是在维护阶级统治的条件下对于人民施行一定程度的宽惠。《论语》云：

> 子张问仁于孔子，孔子曰：能行五者于天下，为仁矣。请问之，曰：恭宽信敏惠。恭则不侮，宽则得众，信则人任焉，敏则有功，惠则足以使人。（《论语·阳货》）

这是仁德在政治上的运用，也就是所谓仁政。孟子是大力鼓吹仁政的，他们所谓仁政的主要内容是：

王如施仁政于民，省刑罚，薄税敛，深耕易耨，壮者以暇日修其孝悌忠信，入以事其父兄，出以事其长上。(《孟子·梁惠王上》)

明君制民之产，必使仰足以事父母，俯足以畜妻子，乐岁终身饱，凶年免于死亡。(《孟子·梁惠王上》)

所谓仁政的实际意义是减轻对于人民的剥削和压迫。等级制度还是要维持的，剥削与压迫还是存在的，但是不要超过一定的限度。这种要求减轻对于人民的剥削和压迫的仁政思想，在历史上会起什么作用呢？在革命高潮时期，这种思想可能起麻痹人民斗争意志的作用；在和平发展时期，这种思想可能起保护劳动力、维持人民的正常生活的积极作用。这都以历史时期的实际条件为转移。

儒家仁爱学说的特点是由己推人、由近及远。孟子说："老吾老，以及人之老；幼吾幼，以及人之幼。"(《孟子·梁惠王上》)这是儒家的原则。因此，儒家强调孝悌是仁的基础。孔子弟子有若说："君子务本，本立而道生。孝悌也者，其为仁之本与!"(《论语·学而》)孟子说：

孩提之童，无不知爱其亲者；及其长也，无不知敬其兄也。亲亲，仁也；敬长，义也。无他，达之天下也。(《孟子·尽心上》)

仁是亲亲的扩大；义是敬长的扩大。儒家以仁为最高的道德，以孝悌为基本的道德。

墨子宣扬兼爱，兼爱是不别亲疏、不分远近的普遍的爱。《孟子》

书中记述墨者夷子的言论云："爱无差等"。(《孟子·滕文公上》)兼爱即是无差等之爱。墨子兼爱的原则是：

> 视人之国，若视其国；视人之家，若视其家；视人之身，若视其身。(《墨子·兼爱中》)

简言之，即视人如己。兼爱就是爱一切人。如何实行这爱一切人的原则呢？墨家的办法就是积极努力为天下人民兴利除害。墨子说：

> 凡言凡动，利于天鬼百姓者为之；凡言凡动，害于天鬼百姓者舍之。(《墨子·贵义》)

孟子评论墨子说：

> 墨子兼爱，摩顶放踵利天下为之。(《孟子·尽心上》)

《庄子·天下篇》亦论述墨家的言行说：

> 以绳墨自矫，而备世之急。……墨子泛爱兼利而非斗，……日夜不休，以自苦为极。

墨家的行动充分体现了积极救世的崇高精神。

但是墨子的兼爱学说并没有提出废除等级差别的要求。兼爱的理想境界是：

> 天下之人皆相爱，强不执弱，众不劫寡，富不侮贫，贵不敖贱，诈不欺愚。(《墨子·兼爱中》)

贫富贵贱的区别还是存在的，不过不相欺凌、和平共处而已。墨子虽然在政治上主张“官无常贵，而民无终贱”(《墨子·尚贤上》)，但没有主张消除贵贱的区分。所以，在事实上，墨子的兼爱学说也是不彻底的。

二、道家对于儒、墨“仁爱”学说的批评

在先秦时代，对于贵贱等级制度提出批评和抗议的是道家。道家反对儒、墨的仁爱学说。《老子》书中有菲薄仁义的言论，如十八章：“大道废，有仁义；慧智出，有大伪。”又十九章：“绝圣弃智，民利百倍；绝仁弃义，民复孝慈。”这些文句以“仁义”并举，在时间上不可能出现于春秋时期。在春秋时期，孔子未尝以“仁义”并举。所以这些文句不可能是与孔子同时的老聃所说。如果《老子》一书保存了与孔子同时的老聃的遗说，那末，这些文句应是老聃的后学附益的。《老子》书中所推崇的品德是慈。六十七章：

> 我有三宝，持而保之，一曰慈，二曰俭，三曰不敢为天下先。慈故能勇，俭故能广，不敢为天下先，故能成器长。今舍慈且勇，舍俭且广，舍后且先，死矣！夫慈以战则胜，以守则固，天将救之，以慈卫之。

这一章的思想可能出现于春秋时期。慈本来是父母对于子女的感情，是一种比较纯朴自然的品德。

《庄子》内篇提出“大仁不仁”(《庄子·齐物论》)的观点，更以鱼来比喻说：

> 泉涸，鱼相与处于陆，相呴以湿，相濡以沫，不如相忘于江湖。(《庄子·大宗师》)

鱼相呴以湿，相濡以沫，比喻勉力于仁爱，实则不如无忧无虑，彼此相忘，“鱼相忘乎江湖，人相忘乎道术”。(《庄子·大宗师》)

《庄子》内篇的这些观点在《庄子》外杂篇中有进一步的发挥，如说：

> 蹍市人之足，则辞以放骜，兄则以妪，大亲则已矣。故曰：……至仁无亲。(《庄子·庚桑楚》)
>
> 圣人之爱人也，人与之名，不告则不知其爱人也。若知之，若不知之；若闻之，若不闻之；其爱人也常无已，人之安之亦无已。(《庄子·则阳》)

这就是认为，自然的朴素的亲密无间的感情才是可贵的。道家推崇自发性，反对自觉性。

《庄子》外杂篇猛烈抨击儒家的仁义，如云：

> 夫至德之世，同与禽兽居，族与万物并，恶乎知君子小人哉？同乎无知，其德不离；同乎无欲，是谓素朴。素朴而民性得矣。……道德不废，安取仁义？(《庄子·马蹄》)
>
> 爱民，害民之始也，……君虽为仁义，几且伪哉！(《庄子·

徐无鬼》）

爱利出乎仁义，捐仁义者寡，利仁义者众，夫仁义之行，唯且无诚，且假乎禽贪者器。……夫尧知贤人之利天下也，而不知其贼天下也。(《庄子·徐无鬼》)

《庄子》对于仁爱的评论，主要是指出所谓仁爱的相对性，指出所谓仁义只是区分君子小人的条件下的仁义，而仁义可能被人所利用、假借仁义来做有害于人民的事情。《庄子》的这些对于仁爱品德的批判，具有深刻的意义。

但是，道家不能提出代替仁义的准则来。“泉涸，鱼相与处于陆，相呴以湿，相濡以沫，不如相忘于江湖。”但是如何才能回到江湖呢？仁义可能被利用，“捐仁义者寡，利仁义者众”，有什么绝无流弊、不会被利用的方法呢？道家提不出来，也不可能提出来。因此，儒家的仁爱学说在中国伦理学史上仍居于主导地位。

反对仁爱的还有法家。韩非认为治国之道在于严刑峻法，仁爱是无效的。他说：

今有不才之子，父母怒之弗为改，乡人谯之弗为动，师长教之弗为变。夫以父母之爱，乡人之行，师长之智，三美加焉而终不动，其胫毛不改。州部之吏，操官兵、推公法而求索奸人，然后恐惧，变其节，易其行矣。故父母之爱不足以教子，必待州部之严刑者，民固骄于爱、听于威矣。(《韩非子·五蠹》)

夫严家无悍虏，而慈母有败子，吾以此知威势之可以禁暴，而德厚之不足以止乱也。(《韩非子·显学》)

夫施与贫困者，此世之所谓仁义；哀怜百姓不忍诛罚者，此世之所谓惠爱也。夫施与贫困，则无功者得赏；不忍诛罚，则暴乱者不止。……吾以是明仁义爱惠之不足用，而严刑重罚之可以治国也。(《韩非子·奸劫弑臣》)

韩非所举的情况都是事实，仅靠仁爱不足以禁暴止乱；但是仅靠严刑重罚也是不能治国的。秦始皇采用韩非的法术，吞并了六国；但是仅传至二世，就被农民起义所推翻。汉初贾谊在《过秦论》中总结秦亡的教训说："仁义不施，攻守之势异也。"于是儒家的仁爱学说又恢复了权威。

三、"博爱"与"民胞物与"

汉唐宋明的儒者都以"仁"为道德的最高原则。汉唐宋明时代关于仁的议论很多，可以韩愈和张载的学说为主要代表。韩愈在《原道》中提出了关于仁的新界说："博爱之谓仁"。博爱即广泛的爱，爱一切人。张载在《西铭》中提出"民吾同胞，物吾与也"的著名命题，认为人与人的关系应是兄弟关系。韩愈、张载的这些言论对于当时和后世起了深远的影响。

韩愈《原道》宣称"博爱之谓仁，行而宜之之谓义"就是尧舜以来以至周公、孔子相传之道。仁义的表现何在？韩愈说：

古之时，人之害多矣，有圣人者立，然后教之以相生养之道。

以相生养之道教导人民，这就是仁的实际表现。韩愈更论君民的关系云：

> 君者出令者也，臣者行君之令而致之民者也；民者出粟米麻丝、作器皿、通货财，以事其上者也。君不出令，则失其所以为君；臣不行君之令而致之民，则失其所以为臣；民不出粟米麻丝作器皿通货财以事其上，则诛。

人民为统治者提供粟米麻丝器皿，即为统治者服务，则相安无事；如果人民不向统治者提供粟米麻丝器皿，则要加以诛戮。至此，统治者的狰狞面目就暴露出来了。这就表明，韩愈所谓博爱以人民对于统治者的服从为条件。这所谓博爱是相对的，含有一定的虚伪性。

张载《西铭》首先肯定天地之间所有的人都是兄弟：

> 乾称父，坤称母，予兹藐焉，乃混然中处。……民吾同胞，物吾与也。大君者吾父母宗子，其大臣宗子之家相也。尊高年，所以长其长，慈孤弱，所以幼吾幼。圣其合德，贤其秀也。凡天下疲癃残疾、惸独鳏寡，皆吾兄弟之颠连而无告者也。于时保之，子之翼也。

上自大君，下至残废穷苦的人，都是兄弟关系。往古传统，以为帝王是天之子，是人民的父母，地方官吏也称为民之父母。《西铭》则认为只有天地是人民的父母，帝王以至受苦的残病者都只是同胞兄弟的关系。在天地面前，人人是兄弟。这虽然只是空论，但总算前进了一步。虽然如此，张载还是承认贵贱区分是合理的。《西铭》云："富贵福泽，将厚吾之生也；贫贱忧戚，庸玉汝于成也。"富贵是天地的恩赐，贫贱是天地对于你的锻炼，这些都是父天母地的合理安排。兄弟之间可以存在实际的不平等。

韩愈的“博爱”、张载的“民吾同胞”都是阶级社会中的有阶级性的道德原则，都不可能是真正的人类之爱。这类学说是否全无实际意义呢？那又不然。这类仁爱学说都是反对贪暴苛虐的，反对贪官污吏、反对虐待人民、反对苛政，要求减轻对于劳动人民的剥削压迫。在这个意义上，这些仁爱学说，作为开明士大夫的舆论，对于人民还是有益的。韩愈任潮州刺史时，曾询问吏民疾苦，力行一些惠政。潮州人民追念韩文公，至今不衰。现在潮州人民还在纪念韩愈。张载虽然承认贵贱的区分，力图设法解决“贫富不均”的问题，固然仅仅是空想，但也确实表现了进行改革的真诚愿望。

中国古代流传着“苛政猛于虎”的故事。《礼记·檀弓》云：

> 孔子过泰山侧，有妇人哭于墓者而哀，夫子式而听之，使子路问之曰：子之哭也，壹似重有忧也。而曰：然。昔者吾舅死于虎，吾夫又死焉，今吾子又死焉！夫子曰：何为不去也？曰：无苛政。夫子曰：小子识之，苛政猛于虎也。

这个故事是否孔子的真实故事，现已无从考定，但是表述了儒家的基本观点，这是确定无疑的。儒家的仁爱学说，在政治上的运用就是反对苛政。这种反对苛政的思想言论对于劳动人民是有一定益处的。在封建时代，有一些清官，受到人民的赞扬。这些清官并不是站在人民立场上，实际上不过是遵从儒家的仁爱学说反对苛政。这也足以证明，仁爱思想在历史上还是具有一定的积极意义的。

在近代西方，费尔巴哈是宣扬“爱”的。恩格斯在《路德维希·费尔巴哈和德国古典哲学的终结》中说：

真的，在费尔巴哈那里，爱随时随地都是一个创造奇迹的神，可以帮助他克服实际生活中的一切困难，——而且这是在一个分成利益直接对立的阶级的社会里。这样一来，他的哲学中的最后一点革命性也消失了，留下的只是一个老调子：彼此相爱吧！①

在阶级社会中讲爱，确实不是革命的理论。在马克思、恩格斯的早年著作《神圣家族》中，对于费尔巴哈有过较高的评价：

费尔巴哈在理论方面体现了和人道主义相吻合的唯物主义，而法国和英国的社会主义和共产主义则在实践方面体现了这种唯物主义。②

据此，费尔巴哈的伦理学说可称为一种人道主义。

人道主义是近代西方资产阶级思想家提出来的，在历史上曾经起过一定的进步作用。在社会主义社会，我们要提倡的是社会主义的人道主义。人道主义是否仅有资产阶级人道主义与社会主义人道主义两种呢？我看不必然。古代的仁爱学说似乎可以称之为古代人道主义。孔子、墨子、韩愈、张载以至于王夫之、戴震的伦理学说，都可以说是古代人道主义。这种人道主义不是革命的理论，但也不是反动的思想。这种学说批判暴虐的苛政，作为一种舆论，还是有一定的积极意义。

① 《马克思恩格斯选集》，第4卷，236页。

② 同上，第2卷，160页。

知识与实在

论外界的实在*

一

外界的实在是无人能否认的。然而事实上却有一种奇怪的情形，就是：在生活上不承认外界的实在是不可能的，而在理论上怀疑或否认外界的实在却很易，证明外界的实在则甚难。不过，一种见解，如果它是对的，就必是可以证明的；而且，我们如果相信它，就应该有以证明之。因此，对于外界的实在的论证，不能不说是知识论中的一项要务。本文以下的讨论，主要是举出一些足以证明外界的实在的理由。不过这些理由也许没有一个可以说是决定性的。这些理由，都是我几年来在对这个问题进行探索的过程中所想到的。前人所曾提出的理由，兹都不举。因而，以下所说的，并不是所有的可以证明外界的实在的理由之全部。

在讨论之先，应确定问题。我们的问题固是："外界是

* 原载天津《大公报·世界思潮》副刊第三十九期，1933年5月25日。

不是实在的?”或“是不是有一实在的外界?”但因何谓“外界”何谓“实在”都是很费解释的，所以这个问题的真实意谓也不易确定。我们应该避去这种意谓不明显的字眼，而另用一种明白确切的方式来论述我们的问题。

在讨论时应舍弃一切的假定，离开常识的世界。如果先有所假定再来讨论，便是先承认了外界的实在再加以证明。要使人信服，则须先从不承认外界的实在谈起。在日常生活中，我不断地有许多感觉：我看见许多东西，名之曰桌子、书、天空、日、月等；我听见许多声音，又触着许多软硬种种不同的东西。但我不知道这许许多多东西是不是离我而存在的，是不是我看才有，而不看便没有了。我可以想象当我不看时我原先所看见的东西便都消失，我原先所看的那块地方就空无所有了；我也可以想象我不看时，我原先所看见的东西依然存在着。但我不能决定那个是对的。假如我照镜子(我看见有镜子，但我也不知道镜子是否实在)，镜子中便会有一个像，如果我承认这是我的像，那么我就可说我看到一些人的样子与我的样子很相似。这些人的口还能发出种种声音，这些声音与我的口所能发出的声音也相似。但我不知道这些人是否在我不看他们时仍存在。

我便在这样不辨实幻的世界中活着。但我所感到的东西，似乎能将其分为几类。我开着眼时能看见许多东西，而闭了眼时也可感到一些东西。我觉得这两者似乎大不同，前者我名之曰“感觉”，后者我名之曰“想象”。在我的生活中，我在我所谓的日间醒着，但到那种明亮的感觉没有了时，我便睡眠。在睡眠中，我也感到种种东西，但甚不清楚且杂乱无章，这个，我名之曰“做梦”。我觉得梦与想象与感觉都很不同。

现在的问题便是：我所感觉到的东西，是不是因我之感而有呢?

是不是在我未感之先或离开之后就没有呢？对于我所说的想象与梦，我似乎可以断定：那些想象的和梦到的东西，乃我的心的作用而非实在的。不过，还要弄清楚：我在非想象非作梦时所感觉到的种种，是不是也缘我的心而有？再说确切些，便可析为两个问题：一、我所感觉到的东西！在我感之之时，它的有是否缘于我的感？二、在我未感之之时是否便没有？其实，这两个问题仍只是一个问题，它便是：在这无实无幻未有判辨的世界里，是否有实幻之别？

以下试作种种勘察，以观此问题可有决定的解答否。

二

首先，我觉得我所感觉到的东西，并不是可以随顺我的意思而变化的。例如我张眼去看桌子的一面，就只能看见桌子的一面，即使想看见别的东西，也不会成功，除非我用两手把桌子移开。如果只变化我的心向，那面桌子还是依然如故。

有时我变化自己的地位，便可把一个东西看成不同的形象：圆的可看成椭圆，方的可看成长方。但这种变化是有限度的，不可能把方的看成圆的，把圆的看成方的。

我在看云的变化动移时，我并没有动，我的主观并无变化，但我所看到的云却在动在变。

我看人，人更不随我的心的变化而变化。

物有不随心俱变者，心变物可不变，物变而心未有变。由此，似乎即可说，物之有，非缘于心。

三

在感之之时，所感者之存，非缘于感。物既不以感而存，当亦不以未感而不存。

我看见桌子后，离开它而去，过了一些时我又回来，仍看见那桌子，形式可以说很如旧。而在我离开的时间，这桌子是否存在呢？我不能感所不感，所以关于这问题似很难说什么。不过，我如果将不看桌子的时间缩短，便易于判断了。我不离开桌子，只把眼睛闭下，桌子便不见；我再张开眼，桌子便又见。假如说我不看时桌子便无有，那么桌子的有是因为眼的张开，眼的张开是桌子显现的因，这至少有两个疑难点：第一，我眼睛的开闭，除眼皮的动外，我的身心并不觉有别的变化，何以只是眼睛一开，并无别的活动，便能产生桌子呢？第二，我在此处张眼便见桌子，但在别处，我同样地张眼，却不能见桌子；为什么同样地张眼，一能出现桌子，一却不能？

再者，我看桌子，并不能看见整个的桌子：立在这边，我只看见桌子的这一面；立在那边，我又只看见桌子的那一面，我不能同时看见桌子的各面。如果说，我没看见的即不存在，那么，真实存在的桌子当必只一面，但这样，实际上也就无所谓桌子。我只能看见桌子的表面颜色，对桌子腿里面的存在和桌子面内的木质的存在，我却不能承认。我所能看到的只是一片红色或几条红色。我如用手去触，可感到一种硬度；我如用手敲，可听到一种声音。但我如用一把小刀将红色挖去一块，我就能看见木质。这木质是此时才有呢？还是原来即有呢？

我看到的人，只是他的颜面和其衣服。他衣服里肉体的存在我并感觉不到。但他如把衣服脱了，则他的整个肉体便露了出来。这肉体在衣服未脱时是不是有？

我与其承认外物的乍有乍无，似乎不如承认外物在我不感之时仍继续存在。

四

今舍物而察心，舍我所感而论我，我乃觉得，心与我是怎么回事，实更不易说。我仔细勘察，发觉我对于我的身体的知识与我对于外物的知识，原甚相似。我的腿、足、胸，只有我必用眼去看或用手去触，或此腿此足此胸触着他物时，才觉其有。我用眼看腿而觉腿之有，是不是这腿之有乃眼的作用呢？我用手触腿而觉腿之有，是不是这腿之有乃手的作用呢？腿触外物而自觉其有并觉外物之有，是外物本来没有呢？抑腿本来没有呢？我没有用眼看，我没有用手触，我又不用腿来接触他物时，此腿毫无任何感觉，此时它是有，抑或是无？

如果说，身体的存在是由于被知觉，那么，不知觉时身体难道就无有？我有完全无自觉之时，迨自觉后方觉我有，则未觉之先我是否是存在的？

而且，目能观而不能自观（如自观须藉镜之助），耳能听而不能自辨其形，鼻能嗅而不能自辨其状。皆待手摸而知其有。手之五指能相摸而各指不能自摸，我如谓所感之外物非实在，似亦当谓手不摸目、鼻、耳时，目、鼻、耳便无有。但我在不觉目鼻耳之有时，目却能观，耳却能听，鼻却能有所嗅。且我心亦非常知、常觉，我有无思、无感之时，久而复有感，那末，在前感已灭、后感未起之时，此心有否？

我认他人为实在的，因我见他人与我相似，我为实在，故人亦实在。我认他人有心，能感能思，因我能感能思。此皆由人我相似，以我推人。但我对于我的知识，亦有由人推我者。如：我胸腹之中，我不能观，而我知其有肺、有肝、有胃、有肠；我肌肤之中，我不能观，而我知其有骨、有血管。这些，我不必有刀自剖而知之。假如不知觉即无存在，则我之五脏六腑应不存在。

由此而言，内外实并无绝对的判隔，我对于我的知与对于他人及外物的知乃实相似。

我对于我的身体的知觉与对于他人身体及外物的知觉，也有一点差异：我以手抚腿，手有所觉而腿亦有所觉。我以手抚他人身体或物体，则只我手有觉，他人有所觉否我不知之。但这也非尽然，我如以手抚我的毛发，则有时毛发亦无所觉，乃与外物同。

我如承认我身之实在，则不得不承认他人身体之实在，亦即不得不承认外物之实在。

五

在我的生活中，我觉得有醒睡之异，觉得昼间生活与做梦不同。但昼间生活是不是也是一种梦呢？昼间生活与梦境有异，这是不能否认的。但这种异，能证明昼间所感觉到的种种是实在的吗？是否也是一种幻，而梦只是梦中之梦呢？在梦中我看见许多人许多物，听到许多声音，当时都觉其为实在，而醒后则否认其为实在。但日间生活是不是总不曾醒、或还没有醒的长梦呢？

日常生活是不是大梦，似难推断。仔细勘察起来，关于这个问题似有二点可说：

第一，梦中的人固是幻的，梦中的我也一样是幻的，醒后的我是在床上躺着呢。梦中的我并不比梦中的人及物更实在些。因此，假若我说我昼间生活也是梦，我必承认昼间生活里的我也是幻，而现在思议实幻问题的我也是幻的，真实的我则在另一世界中。所不可否认的只是确有一个真实的我在那里作这个梦而已。现在看见人看见物的我并不比所看见的人与物更实在些。是不是要承认当下这个我是幻的，而在别一世界里还有一个真实的我呢？而那个我实又不过是现在的我所假设的。只要我承认现在的我是真实的，我就须承认现在不是作梦。梦中之我是幻的；如此我非幻，则即非梦。现在生活既非大梦，而现在生活里所感觉到的人与物亦非幻。

第二，假如我日间生活是在做大梦，则我现在讨论实幻问题也是在梦中。什么是真实的呢？真实的只有现在的我所假设的。或者只能说，我作了一个讨论实幻的梦是实，而这个讨论本身却是梦幻的。不过，这个讨论本身的实在似乎是不容否认的，纵使讨论的结论是一切是幻，而我说的"一切是幻"必是实；外物可以皆幻，而我在此论实幻必是实。我思一切皆幻，而此思不容亦是幻。假如我承认现在这个讨论是实在的，则我就不能认为日间生活是做大梦。梦中无实，实在梦外；今梦中有实，则即非梦。

我如承认现在的我是实在的，承认现在这思议不是幻的，我即当承认日常生活非是大梦，而我现在所在之境非是幻境，而梦乃真实生活中之梦，非是梦中之梦。

六

由以上所论，似即可证：我所感觉之对象，并非因我之感与不感、知与不知而生灭或有无，或至少有不因我之感与不感、知与不知而生灭或有无者。外物对于我是独立的，存在非即被知觉，外界乃实在的。

我之知我身与知物同，因而，我如承认我自己是实在的，则亦当承认外物是实在的。如幻同幻，如实则亦同实。我固不能自认为幻，而必自认为实。

知并不等于造，所知非依知而起。本来，说一切心造是容易极了，但任举经验中一物而问心如何造之，则极难言，且心是如何一回事，盖亦难说。物原非心造，心只能知之；如欲将物改造之，当由身有所动作。

知是对独立存在于知者之外的事物之辨别，外物不缘此辨别而有。

民国二十二年五月十九日

［季同此篇，析事论理，精辟绝伦。切望平津读者不可因敌迫城下，心神不宁，遂尔忽之。同时更宜信：有作出这等文字的青年的民族，并不是容易灭亡的。——编者特记］

谭“理”*

读了芝生先生与素痴先生关于理的讨论文章①，不觉对“理”的问题也发生了很大的兴趣。理的问题本是哲学上根本的大问题之一。对“理”的看法存在分歧，在中国及西洋都已有了两千年的历史，到现在还没有得到解决。果真不能解决吗？我觉得不然。这个问题也许是太大了。两千年的时间对于解决这个问题也许还算太短。现在来讨论，欲求得到一个决定的解决，也许仍是不可能的，然而大概总可使这问题更容易解决一些。要之，这个问题很有意义，

---

* 原载天津《大公报·世界思潮》副刊第二十八期，1933年3月30日。

① 冯友兰，字芝生，生于1895年，卒于1990年，河南唐河县人。曾任清华大学、燕京大学教授、北京大学哲学系教授。著作收入《三松堂全集》。张荫麟字素痴，生于1905年，卒于1942年，广东东莞县人。曾任清华大学、浙江大学历史系教授。写有《中国史纲》等著作。

1932年9月3日和9月10日，天津《大公报·世界思潮》副刊第一、二期发表了冯友兰《新对话》(一)(二)，假托朱熹与戴震两位幽灵的对话，以阐述“理”。张荫麟撰《代戴东原灵魂致冯芝生先生书》、《戴东原乩语选录》，先后发表在同一副刊上，展开了一场对“理”的探讨。争论的核心在于“理在事先”还是“理在事中”问题。

对它展开讨论是不会白费力的。

讨论"理"，首先要把所谓理的意谓说明白，这是一项最必要的工作，这项工作，由芝生先生来作，实在是最合适的，然而芝生先生却不肯轻易地作，这种谨慎的态度，是十分可钦的。

我对于理，不曾下过探讨的工夫。不过现在即不揣浅陋也来讨论理，似又不得不先把理的意谓略略确定一下。我觉得中国哲学上的"理"，解析起来，至少有五项不同的意谓：

第一个意谓是"形式"。《韩非子·解老篇》说：

> 理者成物之文也。
>
> 凡理者方圆、短长、粗靡、坚脆之分也。
>
> 短长、大小、方圆、坚脆、轻重、白黑之谓理。理是方圆、长短、白黑等等形式；理是成物之文，即形式之谓。

《庄子·天地篇》亦说：

> 物生成理谓之形。

这是以理释形，可见理的原始意义即形式。

第二个意谓是"规律"，张横渠《正蒙》说：

> 天地之气，虽聚散攻取百涂，然其为理也，顺而不妄。（《太和篇》）

这就是说，事物的变化遵循一定的规律，不是胡乱的。程伊川说：

天下物皆可以理照，有物必有则，一物须有一理。(《语录》)

又如朱晦庵说：

如阴阳五行、错综不失条绪，便是理。(《语类》)

这所谓理，都是规律的意思。以理为规律，在戴东原的著作里更明显，戴氏说：

天地人物事为，不闻无可言之理者也。《诗》曰有物有则是也。(《孟子字义疏证》)

分之各有其不易之则，名曰理。(同上)

理就是不易之则，即一定的规律。

第三个意谓是“秩序”，而当作秩序讲的理，则常用“条理”二字。李恕谷说：

夫事有条理曰理、即在事中。(《论语传注问》)

戴东原亦说：

得其分，则有条而不紊，谓之条理。……古人所谓理，未有如后儒之所谓理者矣。(《孟子字义疏证》)

生生者化之原，生生而条理者化之流。(《原善》)

条理即秩序的意思。条理与规律的意义不同，规律以一物言，或以一类事物言；条理则以多物言，或以多类事物言。条理即谓许多不同事物在一起，错综变化，而有一定的相对关系，并不紊乱。关于秩序，张横渠有一段话讲得最好：

生有先后，所以为天序；小大高下，相并而相形焉，是为天秩。天之生物也有序、物之既形也有秩。(《正蒙·动物篇》)

事物的秩序，即其条理；此亦理之一个意谓。

第四个意谓是“所以”，这也是一个很重要的意谓。王弼《易略例》说：

物无妄然，必由其理。

这是说，物没有偶然发生的，必有一定的缘故。此即把理当作“所以”的意谓。程伊川说：

一阴一阳之谓道，道非阴阳也，所以一阴一阳者道也。(《语录》)

朱晦庵说：

凡有形有象者，即器也；所以为是器之理者，则道也。(《文集·与陆子静》)

穷理者，欲知事物之所以然，与其所当然者而已。(《文集·答或人》)

事物之所以，即其物之理，这也是理的意谓之一。

还有一个意谓，即第五个意谓，就是“至当”或应当的准则。理不只是物事自然之规律，又是其当然之表准，如程伊川说：

百理俱在，平铺放著。几时尧尽君道，添得些君道多；舜尽子道，添得些孝道多。元来依旧。(《语录》)

朱晦庵说：

性……中含具万理，而纲领之大者有四，故命之曰仁义礼智。(《文集·答陈器之》)

又如前引：

穷理者，欲知事物之所以然，与其所当然而已。

道德标准，事物的所当然，也叫做理。平常言语中所谓合理不合理，也是用理的这个意谓。

这样，中国哲学上的“理”，依我的浅测，至少有这五项意谓。一个理字而含有这五种不同的意谓，岂不是一个很不清楚的概念吗？然而亦不然。理含这五项意谓，也非无缘故。这五种意谓，虽不相同，却亦相通，其间有很密切的联系。即就形式与规律而言，形式实也可说是一种规律，而规律也可说是一种形式。我们可以说，形式以静体言，规律以动事言；形式以空间言，规律以时间言。空时既不宜分，则形式规律似不必判。规律实即事物变迁或历程之形式；而形式即事物结构之规律，或物的成分的相对位置之规律。至于秩序，则也可以说即多类事物在一起存在所依照的形式。“所以”，也实是一种规律；一物之所以，也可以说即是一物所根据的规律。

形式规律等与当然的准则亦很有联系，“应当”本须与“所以然”相应。中国哲学家常不分自然与当然，而以为自然即是当然，违背自然即不当。此在道家的哲学表现最甚，不过他们所谓自然，实非只自然，而是原始的自然。把自然与当然的关系说得最精切的人是戴东原。戴氏以为当然是自然的倾向之完成。

这样，可见一个理字而兼含五种意谓，不是完全没有理由的。我们也可以说理是五种“东西”的总名。或五种“东西”，总为一类，其名曰理。

理的五项意谓，虽有联系，但在讨论时，我觉得还是应该分开，注意其不同，尤其是“所以”与“规律”须加以区别。“所以”乃一物所根据之规律，而不得谓之即某物之规律。然所根据之规律必不可违，而应遵循之；不然，则失其根据而消灭，故所根据的规律亦即所遵循的规律之一种。我们可以姑且说，一物之规律有二：一、所根据并遵循之规律；二、所只遵循之规律。如以生物现象而论，物理规律是其所根据并遵循之规律，而生物学的公律则是所只遵循之规律。

“应当”的准则，在讨论时尤应与自然的“规律”、“所以”等分开：事实上，应当的准则不能离开自然的规律，而自然的规律则可离开应当的准则。讨论当然时必论及自然，讨论自然时却可不论当然。在以下的讨论中，我们只关涉理的前四项意谓，应当之理，我们暂时不管。

除了第五项意谓不算外，总括理的前四项意谓，可给理一个界说：理即变中之常，歧中之一，化中之定。事物变动不居，而有不变者存，这就是理。不过这也非绝对的常、绝对的一、绝对的定，而只是在一定范围之内保持不变而常住者。似也可说，理是可重复者，可屡见者。

以上略疏“理”的意谓，便当讨论关于“理”的问题。在讨论之先，我想先把我的臆见说出，然后再述理由。我的臆见有二点：

（一）我觉得理是实有的，外界有理，共相是外界本来有的，不因我们的认识而始存在。且外界本有之理，我们可以知之。

（二）我觉得外界虽有理，但无独立自存之理，理依附于个别的事物，并没有理的世界，理只在事物的世界中；理有生灭，大多数的理非永存的，也许有一二最根本的理是永存的。

这第一点与芝生先生的意见完全一致，似乎素痴先生也不是否认此说的。芝生先生所说“抽象的原理，人虽不知之，它亦是有”；“理之有是不靠经验，但我们知理之有，须靠经验”，我完全赞同。不过，第二点则似远于芝生先生的理论了，而与素痴先生之说为近。

这第一点本非这场讨论的争点，既共同承认，似无论述的必要。不过，理非外在说，或外界虽有理而人不能知之的理论，在西洋曾经有过很大的势力，在现在中国也颇有人鼓吹，所以我们似乎还应提出说一下。

现在先来讨论这种关于理的唯心说。这种学说，以为外界本来只是浑沌的紊乱的；理非外界自具，乃由我们的心固有先验格式而看出来的，外界映在心的格式内而现出了条理，所谓条理只是内界的格式投射在外物上的。另一说则以为外界实有理，然外界虽有理，我们却难以接近之，我们的概念与普遍命题只是我们理性的作用的结果，乃由内心的格式导致出来的。这种理论，以前驳论之者已多，现只指出二点：第一，此说不过是把问题由外界移到内界来，试问“人心怎么会有格式呢”？这恐怕很难解说。而且承认内心有格式，有什么生理学的根据？现在已知道知识的基础可由制约反应来说明，因而用不着所谓内在格式了。第二，有时条理的发见乃是精细考察外界现象的结果，正如戴东原所谓“事物之理必就事物剖析至微而后理得”。如果认为条理乃是内心格式投射在外物上，何以在先此种格式不发生作用，必就事物剖析至微之时才发生作用呢？总之，如果以为承认外界有条理是迹近独断，那么，承认内心有先验格式更是独断，更无根据。至于认为外界条理不可知，这也是谬妄的，我们的普遍命题之不免有误，只是由经验有限所致。若认为人与外界之间有一种鸿沟，则同样是武断的。

其次，当即转到这次讨论的中心争点，即：理是离个体的还是存在于个体之中呢？理是超时空而独立永存的还是存在于时空之中的呢？换言之，就是在事物世界之外是不是还有一个理世界？

我觉得如果要决定理是不是独立自存，最好先看理是不是随一类个体之生灭而生灭。说“在甲物之前已有甲物之理”，则应考究这在理的何种意谓下方可能。

我觉得我们可以问：人的共相或人的形式，在未有人类以前就已有了吗？人是慢慢进化来的，经历了不知多久的时间的演化，才有一种像猴子的动物出现，这种动物渐渐地进化，变得直立起来，没有了尾巴，头脑及两手特别发达，还会说话，这样渐积地由量转质而变成现在人的样子。在这种动物还有尾巴的时候，宇宙中有人的共相吗？我想很难说有。

芝生先生的《新对话》(二)中有云：“中国是个体，国是共相”。“君主个人是个体，君是共相”。但是，在还没有人的时候，是不是有国家或君的共相呢？即有了人之后，也是渐渐进化，先成部落等集团，当时只有酋长，后来才慢慢地备具国家的形式，才有君主产生。在只有部落与酋长时，是不是有国家及君主的共相呢？

更以规律而论，社会有社会的规律，在没有社会以前，是不是有这种规律呢？生物有生物的规律，在没有生物以前，是不是有生物的规律呢？九大行星绕日，有其规律，在没有太阳系以前，是否已有此规律呢？

《新对话》(一)中有云："人类组织也是一个东西，也有它的理。"如此理是规律，则未始有人之时是不是已有此理呢？

所以，我觉得，在理的形式、规律、秩序三意谓下，说"未有甲物之先已有甲物之理"是不可能的。然则"未有甲物之前已有甲物之理"这句话就根本不能说吗？是亦不然。在理的另一意谓，即把理当作"所以"解时，则可以这样说。在未有甲物之前已有甲物之所以，即已有甲物所根据之规律；更精确点说，已有甲物所根据并将来亦遵循之规律，而无甲物所只遵循之规律。我想芝生先生在说"未有飞机之前已有飞机之理"时，其所谓理似即指"所以"；而素痴先生以某一组关于力学的命题解飞机之理，亦正是飞机所根据的规律，而非飞机的共相，亦非飞机所只遵循的规律，不过为飞机所根据，而既有飞机之后，飞机又不能违之而已。这种空气的规律，在未有飞机之先当然已有，第一个造飞机的人，发现了这种规律，利用之造成一架飞机，飞机的共相却是造成飞机之后才有，因飞机之存在而存在的。

未有甲物之先已有甲物之"所以"，但这种"理"也未必是永存的。甲物所根据的规律，其实即是乙物的规律，在未有乙物之前，此种规律仍不能说有。

但推而上之，最初一物之所以是怎样的呢？如果在最初一物之先，已有该物之所以，那岂不也可以说有先天地生的理吗？我觉得，提到最初，最好不要妄测，因为是否有所谓最初，还是一个问题。也许事物有初可言，而宇宙则无初可言，初之一字，未可以谓宇宙。

这样，似可断定，大多数的理是随一类个体之生灭而生灭的。但是不是也有永存的理呢？我觉得似须承认是有的，如对立统一、矛盾发展等，也许就是永存的规律。我们可以说理有二类，一是根本的，一是非根本的。根本的理是永存的，非根本的理是有生灭的。芝生先生《新对话》(三)中所说："我的理是永存不变之说，仍可成立。……除宇宙到没有的时候，理不能没有"。以根本的理而言，这话是对的。

多数的理既随一类事物之生灭而生灭，则似乎不能不说它是依附于个体的，存在于个体之中的。即使是那根本的永存的理，也不能独立自存，其所以永存也不过缘于其所在之个体是永远有的。

我觉得于"具体世界"之外还承认有个"共相世界"，似乎是不必需的；且以何根据来确定共相世界之存在？从来讲两世界的人，似乎都没有拿出充分的证据来证明所谓理世界确实是有，而只是承认其有。我觉得与其言而无征，不如承认其无。

规律不仅不能独立存在，而且从某种意义上说，它不存在于一事一物，而存在于多事多物。它是某范围内的多种事物之规律。只一事一物，是无共相可言的。

芝生先生在《新对话》(三)中说："理不在任何个体，不离一切个体。"我觉得理"不离一切个体"是可赞成的。不过，这所谓一切，不是绝对的无限的一切，而只是某范围内有限的一切。素痴先生所讲的"领域"，当即指这范围。我们可以说，理不存在于某一个体，而不离所有的具有那理的个体。不过，如此说仍有语病。即所谓不在某一个体者，其实不是不在这一个体，只是不限于这一个体，因为它还有旁的个体。所以，我想应当这样说：理在任何个体而不限于在任何个体，亦不离所有具有该理的一切个体，这样说，也许较准确些。

此外，我对所谓超时空而有，不知是怎么一回事。我觉得有即在时空之中，超时空的有是不存在的。说不在时空而有，我觉得不仅不可能，而且毫无意义。我又觉得，宇宙即时空物之域。说在时空之外，就是说在宇宙之外，而在宇宙之外是不可说的。

新实在论者所主张的超乎时空的潜在，未始非由于一种误会而起。实际上，理并不是不在时空之中，而是不限于在特定的时空之中。理可以说有时是不随时空而俱易者，时空转易而仍可以常住不变者。可以说，理的在时空与物的在时空有异：物是限于在某特定的时空之中，理则可以不限于在某特定的时空之中。似乎可说，理并不是潜在，而只是相当的泛在。我们似不可把不限于在特定时空中认为超越时空，认为在时空之外。

这一点，与芝生先生《新对话》(三)中所说“理不在任何时空，不离一切时空”，亦可以说意同。

《新对话》(三)中有云：“在时间空间中有某种程度的空气抵抗力，没有一个仅只空气抵抗力的空气抵抗力”。我觉得任何某种程度的空气抵抗力，即含有仅只空气抵抗力的空气抵抗力于中。种种程度的空气抵抗力有一种公有性质，即仅只空气抵抗力的空气抵抗力。仅只空气抵抗力的空气抵抗力非不在时空中，只不限于在特定时空中。仅只空气抵抗力的空气抵抗力亦并非无有程度，只是不限定其程度。仅只空气抵抗力的空气抵抗力乃泛存于一切有某种程度的空气抵抗力之中，然而不能独立存在，因空气抵抗力必有某种程度，此乃空气抵抗力的性质之一，而不能违此性质。

素痴先生文中总是用普遍命题的“试探性”来说，这自有很深的用意。然而证明了普遍命题是有试探性的，实未即能够否证所谓理是独立永存的。柏拉图等就是为了说明普遍命题之确实性而讲理世界，然而不承认普遍命题之确实性仍可以讲理世界。这点芝生先生在《新对话》(二)中已有所说明，素痴先生却似乎未曾注意。

素痴先生文中有云："每一理就其全体言，则存于其相当之领域之一切个体；就其原素言，则存于此中任何个体。"我觉得这样分别"全体"与"原素"，恐未恰当。存于其范围内一切个体之理，似乎不能说是存于该范围内各个个体之理的总和。存于任何个体者即该理之全体，存于此个体的与存在于彼个体的只是一个理，并不能把存于各个个体的理加起来成一个"全体"。如理有"原素"，只是存于任何一个个体之理含有成分可以剖析。

我在这篇文章里，主要的不过是作了几项分别。把所根据的规律与所只遵循的规律分开，以见只有以"理"指谓所根据的规律之时才可以说在未有甲物之前已有甲物之理；把根本的理与非根本的理分开，以见只有最根本的理才可言永存不易。再则指出共相只是不限于在特定时空之中，而非不在时空中，以明不得有超时空之有。我姑自信如是，至于究竟是否，固亦未敢必。

芝生先生本是我所钦佩的，素痴先生亦所久慕。文中论难之处，实皆为实事求是，不得不然。治学决不许苟异，然亦不贵苟同，"以水济水，岂是学问"？不过作讨论文字最不容易，因为能完全看出真正论点所在是很难的；如看不出论点所在，则所说的话必都是用不着说的话。我在此文中，不敢说已掌握了芝生先生与素痴先生的中心观念，也不敢说对两先生之话没有误解。假若我有什么误解，还请两先生宥谅。

民国二十二年三月二十四日

辩证唯物论的知识论*

辩证唯物论的知识论，广大精湛，最为可取，但坊间所出一般讲辩证唯物论的书，其述辩证唯物论的知识论的部分，多不完全，而年来发表于各杂志上的论述此派知识论的文章，亦较浅略。兹撮集马克思、恩格斯、列宁等的有关言论，以系统的形式表而出之。但亦只能著其纲领，至阐其详，当俟之他日。

知识之性质

(一)知识是一个过程

知识是有历史性的，知识是一历史的发展过程。

> 不可将知识当作一成不变的，必须考察知识怎样从无知中逐渐形成起来，不完全不正确的知识怎样日益正确而完善。(列宁)

---

* 原载天津《大公报·世界思潮》副刊第六十一期，1933年12月14日。

人类及其感官，本是自然演化的历史的产物，不是一成不变的，而是发展的。意识是有其发生史的，意识在不断的发展之中。知识是从无知经过若干阶段而发展的历程。

知识是矛盾发展的过程。

知识在发展过程中是经过若干阶段的。

> 人类知识不是按直线进行，而是按曲线进行的，这种曲线无限的前进，有如螺旋。（列宁）

（二）知识是社会的

知识不是个人的，而是有社会性的。认识的主体，不是孤立自存的个人，而是在社会中生活的个人，而且是在有长久历史的社会中生活着的个人。个人的感觉，常为社会积存的知识所制约。知者在知觉之时总是逾越了纯粹感觉的原始材料。他的经验是以别人的经验为基础的。在他的“我”中总含着“我们”。不受历史的约制不受别人的影响的、纯净的个人感觉是没有的。感官的反应，不只是一件生理的事实，更是一件社会的事实。

个人感觉并不是知识之究竟源泉；考察知识，应把知识作为一个社会的历史的现象来考察。

（三）知识以实践为基础

知识是人类在社会的活动中产生的。生活与实践，贯串着知识的全历程。人最初即有行动，人是在实践中认识世界的。知识与社会的历史的实践，是不可分地联结着。知识的发展，是与社会实践的发展相联系的。把知识与实践、生活分开，便不能了解知识。

生活实践的观点，应是知识论的第一个基本的观点。（列宁）

人类如何认识世界的问题，在实践以外是不能解决的。离开实践去解决知识论根本问题的一切企图，都只是幻想。

人认识世界并不是被动的。

人在认识过程中是能动的。人的实践即是人改变自然的行动。只有当外在世界影响我们感官，而我们又影响外在世界之时，我们才认识世界。人类在认识世界之时，不是一个旁观者，而是一个行动者。感觉活动不是静观。正是在社会的人与自然斗争的过程中，人认识了自然。

我们因影响于客体而后认识客体。（普列汉诺夫）

人类思想之最切实的第一个基础乃人为的自然界之变化。人类理智的发展与其变更自然界的能力成正比例。（恩格斯）

知识与外界

(一)人由实践而确证客观世界之独立存在

人类对于外界的存在，能通过实践而确证之。理论来自实践，离开了实践的理论，只是诡辩而已。

在人类论证以前，早已有行动。在人的才智发见了这个困难以前，人的行动，早已解决了这个困难。（恩格斯）

(二)客观世界是感觉及知识的根源

客观世界不仅是感觉的对象，而且也是感觉之必要的基础，是感觉之根源。感觉是具有客观实在之基础的。如果物质世界不存在，则感觉便不能形成。我们的感觉、意识，实为外在世界所制约。外界的存在，是感觉的必要前提。

> 要知道我们的知识和认识之生母，不仅应在人类头脑中求，而首先应在一般世界中求。(狄慈根)

(三)主观与客观是统一的

感觉依存于感官、大脑等，即依存于一定方法组织起来的物质。思维，纵使是如何似乎超感觉的，也是物质的器官的产物。认识离开了构成我的身体的物质，便一刻也不能存在。认识受外在的物质世界的制约，亦为身体的物质所支配。主体不只是主体而已，亦是客体的一部分。主客既有别，又是统一的。

人类头脑内的思维过程，也不外是一种自然过程。

(四)人由实践而确证客观世界之可知

> 人类思想能不能达到客观真理的问题，不是一个理论的问题，而是一个实践的问题。人必须在实践上证明思想之真确，即思想之实在、力量，及此岸性。(马克思)

社会的人类之历史的实践，证明认识客观实在之可能。人类在社会的实践中变更物质，同时认识物质。当我们能预见世界中的客观变化，我们能依我们的知识而重制事物之时，也就证明了我们对于外物已有了真确的知识。

我们能作成的东西，我们就不能认为是不可认识的东西。(恩格斯)

假若自然科学家缺乏逻辑的与辩证的修养，则互相排挤的假说，其数之多与新陈代谢之速，都会引起一种谬误观念，以为我们始终不能认识物之实质，这只是不能用的空言。(恩格斯)

人类实践的成功，足以证明我们认识的表象和我们所知的客观对象是相符合的。(列宁)

(五)实在与现象之间并无绝对的界限，没有不可知的物自体

我们所认识的现象与事物本质之间，是有差别的，而亦有同一性。现象与实在只是不尽同而已，决非尽不同。事物的本质，并非外于我们所认识的东西。我们的知识固然是容易错误的，但总能正确地反映客观实在的一方面或某一点。人类的认识，在其每一发展阶段上，在社会实践的过程中，日益深刻地揭露物质的本质。关于物质的知识，随着我们实践的发展，越发加深，渐臻完全。

由于实践、行动，物自体消失了，转化为“我之物”。

我们行动的结果，证明我们的知觉符合于被知物的客观性质。(列宁)

辩证唯物论看到现象与实在之辩证的统一。

人由实践而进入于客观实在之核心。

人由实践乃能深深地透入于客观实在之中，由对现象的认识达到对事物本性的认识。仅仅是直观与抽象思维，不能对物有真正之认识；欲深知一物之内在的本性，必须对之有所变革。人由社会的历史的实践、科学的实验、产业上的实验、生活中的行动，而得逐渐深入客观实在之里面。

知识过程的阶段

(一)知识是从无知发展来的

无意识先于意识，由不自觉而有自觉。

(二)感觉是知识过程的第一层次的要素

感觉是一切知识的源泉。感觉虽不是绝对可以置信的知识源泉，但除此之外，我们就没有知识的第一层次的源泉。感觉供给的材料是有缺点的，但这是唯一的材料，除此以外别无来源。

没有先于感觉的知识。

1. 感觉是实在的摹本

感觉是主体与外在世界之间的直接的联接。不把感觉看作内心与外界的联接，而看作内心与外界的障壁，乃是唯心论的诡论。

2. 感觉是一种活动

感觉是感官的活动，不是静观的，而是反应外界刺激的一种活动。

(三)思维或概念的知识，是知识过程的第二层次的要素

感觉固然是知识的唯一来源，而知识过程决不停留于感性的范围内。感性经验不过供给原始材料，这材料须由主体的思维能力加以提炼，然后知识才能完成。人不只在感觉中把握物质世界，并且依据感觉而造出概念或范畴。

1. 概念知识纯从感觉经验来。

概念是主体把感觉活动中得到的材料加以改造、加以抽象的结果，在性质上不是先验的或超验的，而是后于经验的，只是根据感官所提供的材料即从外界得来的印象而加以整理而成的。感觉给我们某种内容，然后我们从这内容中形成思想，制定概念、范畴。理性只是一种能力，并无什么内心的格式。

2. 感觉与理性，有别而统一。所有割裂感觉与理性的关系的学说，概皆谬妄。

概念是从外界得来的感觉之综合。理性是综合感觉的一种能力，是与感觉密切关联的。不基于感性经验的逻辑思维是没有的。感觉与思维，互相推进，互相丰富其内容；只有理解了什么东西时，才能更正确、更深刻地感觉之。不具有逻辑要素的感性经验，也是没有的。

经验论只认定感觉经验是知识的真实源泉，而忽视思维的作用。唯理论只认定思维为真实可靠的，而怀疑感官。经验论不能从感觉过渡到概念范畴，专承认知觉，而否定概念范畴对于认识所具有的意义。唯理论否定概念由经验产生，对于原始概念从何发生的问题便不能说明；否认经验的认识之真确，因而不能从抽象的思维过渡到感性的外界事物。康德认定范畴不是从感觉经验得来的，而是先于一切经验的东西，又把感觉与理性之间联结隔断了。康德只机械地综合经验论与唯理论，而不见感觉与理性之间的联系。康德没有解决以前各哲学系统间的矛盾，只把这矛盾弄得更深刻而已。

3. 感觉之过渡为概念，基于实践。

感觉以实践为基础而发生，感觉更以实践为基础而被改造为概念。

范畴是人类行动发展之历史的产物，概念之产生与社会生活中物质生产的实践的历程是密相关联的。一切范畴，皆是从实践中形成的。

(四)概念范畴，都更深切地反映客观世界，是对于世界的条理规律之认识

直观感觉只是把握客观实在之外表，思维则使认识趋于深化，能把握过程的本质与规律。人们理解客观过程的规律和诸现象之内在的联结，单靠感觉是不够的。种种的概念范畴，都是帮助人们认识世界的。认识之终极目的，在于发现客观实在的规律，因而须把感觉的材料加以理论的整理。人在认识周围现实世界的复杂情况时，必须利用抽象思维和一般概念范畴，从感觉推移到思维，即是从表面现象的认识推移到内在的规律之理解。

> 感觉和概念，都是对象的肖像。(列宁)
>
> 一切科学的(正确的、慎重的、不荒谬的)抽象，都更深刻地，更正确地，更圆满地反映自然。(列宁)

概念与范畴都有其客观的根据。

原理不是人应用到自然上去的，而是从自然中抽出来的。不是内心为世界立法，而是内心从世界中抽绎出法则。思维不能不依存于对象，不根据于外界的思维是没有的。没有客观的基础，范畴无由成立。

概念与范畴是思维能力的产品，但非纯粹是思维能力的产品，乃是思维运用于感觉材料之上而产生的。

感觉材料使心所制造的概念范畴有其客观的根据。一切概念都不是无根据的。

秩序、规律、因果、时空等范畴，确实表现了客观存在的情况。

这些概念之变化性，不能否认其具有客观的意义。时空、因果等，不仅是认识方式，而且是根本的生活方式、生活条件。

(五)在知识过程中，由概念思维而引起新的感觉经验，由新的感觉经验引起概念之改造

随着人们的新的理解，常出现新的感觉。理解使人注意到以前忽略了的方面。

概念与范畴，不是凝固了的，而是有柔韧性的，常随经验之发展而改易其内容与意谓。

不但旧的概念更换其内容，且随经验之发展，新概念常涌现出来。旧概念为新概念所代替。

世界是极其丰富、活泼而繁复的，知识每进一步，新的方面、形态必随之而显现。知识到达一定发展阶段之时，对象就显出了新的方面，知识的对象就与当时的知识矛盾起来。实践不断地暴露客观实在与主观概念之间的矛盾。此矛盾之解决，在于知识适应新经验来改造旧概念。

(六)理论与历史的统一。关于事物的理论随着事物之历史的发展而发展

客观对象之历史的发展，显出了客观对象之新的方面，使我们的认识可能变成更完全更深切的。在理论与历史的统一之下，才能有真切的认识。

真　理

(一)真理的标准是实践

辨别知识之真妄的标准是实践，是生活。人类之社会的历史的实践，浸润于整个的知识过程中，作为真理之决定的标准。人类在其社会的历史的实践过程中，证实真理，掌握真理。

如认识对象为自然现象，则辨别真妄的标准是物质的生产与科学的实验；如认识对象为社会现象，则辨别真妄的标准是社会的行动。

1. 人在实践中根据假设来改变对象，如所得的结果正是其所预期的结果，则此假设即是真理

> 当我们根据我们对某物的性质的认识而把它拿来应用的时候，我们就在试验我们的认识的真确与否。假如我们应用此物的企图失败了，那我们的认识必然是不真确的。如果我们达到了目的，即此物能为我们所应用，它所带来的结果正是我们所期待的结果，这即证明在这个限度之内对于此物的性质的观念是真确的。(恩格斯)

实践上的效验，证明我们的知识与客观实在相符合。

假若我们能根据我们对某物的知识而制造出某物，这即证明我们对某物的知识是正确的。

根据知识而行动，如行动成功，即确证此知识是真知。

2. 知识标准不能在知识自身内，必在于作为知识之基础的实践

辨别观念、思想之真妄的标准，不能在观念、思想本身之内。如在思想本身中求真理之标准，那作为标准的思想之真妄，便亦成为问题，如此下推，可以无穷，故思想真妄之标准应是在思想之外的实践或行动。

3. 不能以单纯的有用作为知识标准

真的知识是有用的，而有用的知识不必是真的。效验与效用应该分开。

(二)真理之相对与绝对

人类知识，有相对与绝对之矛盾的统一。

1. 真理是发展过程

真理不是一成不变的，而是继续发展的过程。今日得到的真理，明日可能变成谬妄。在社会的历史的实践过程中，谬误逐渐被舍弃，知识逐渐接近于客观的绝对的真理。

2. 现实的真理都是相对的，而相对真理中也含有绝对真理的要素

一切知识都是相对的真确，但它确实把握了离开我们意识而独立自存的客观实在之某一方面。知识虽然不能完全无误地把握客观实在之一切方面，因而不是绝对真理，但它也确实把握了客观实在之某一方面，从而含有绝对真理的要素。

> 相对真理是独立于人类以外的客体之相对正确的摹写。相对真理不断地接近绝对真理；每一科学真理，虽不免具有相对性，却仍有绝对真理的要素在其内。(列宁)

3. 绝对真理是相对真理在其发展过程中的总和

人们在某一历史阶段上不能具有终极的真理。人们的认识力在历史上受着许多限制，实际上所能得到的真理都是相对的。但是人的知识，在其本然的可能上，是可以把握绝对真理的。绝对真理由相对真理累积构成。人类依凭着相对真理，一步一步趋向于绝对真理。

人们接近于绝对真理之程度，为历史的条件所决定，但人们不断地接近绝对真理。人类的认识能力没有绝对的界限，只有相对的界限，这是可移的历史的界限。科学上每一新的进步，都增加了绝对真

理的断片。

4．对相对真理应有正确的看法

相对主义者认为，一切都是相对的，真理只能是相对的，这样把相对性当作绝对的东西，是错误的。

辩证唯物论则认为，认识是相对的，而相对性也只是相对的，相对与绝对的差异也只是相对的。由多数的相对之累积，可以产出某种意谓上的绝对。如果只承认人类知识的相对性，那就不能区别真理与谬妄。

5．一切正确命题都不是漫无限制的

一切科学的命题，只在一定的领域内具有妥当性。真的命题的表述内，应包涵着自己应用的限界。

总　　结

人类的实践，证明辩证唯物论的知识论是正确的。辩证唯物论的知识论是实践的知识论。

民国二十二年十二月十日

［附识］这是我1933年所写对辩证唯物主义认识论的解说，只是我当时学习辩证唯物论的一些个人体会，实多不准确不深刻之处。其中所引马克思、恩格斯、狄慈根、列宁、普列汉诺夫的文句，是根据当时流行的译本摘录的，当时未注明出处，现在更难以核对了。此文已成为历史陈迹，但是它表现了我当时的思想和理解，也反映了当时学术界的部分情况，所以留存下来。1983年2月记。

辩证唯物论的人生哲学*

意大利的唯心哲学家克罗契曾说：想从马克思的遗教中找出一个知识论，或者是可以的，但如想找出一个人生哲学，大概是无望的。这话似然而实不然。

马克思、恩格斯虽未正式提出过一个完整的人生哲学系统，但是他们的学说中却蕴含着伟大的人生哲学。他们常常谈论到人生的根本问题，并且谈得极其深切精辟，只是没有以系统的形式写出来而已。可以说，他们不仅有人生哲学，而且这种人生哲学非前人所能及。

马克思、恩格斯的人生哲学，可以说是唯物史观的人生哲学，也可以说是社会主义的人生哲学，乃是一种科学的、革命的人生哲学。革命的哲学会引起哲学的革命，而革命的人生哲学，更会引起人生哲学的革命。

人的本质

人是什么？人在生物界中的地位如何？辩证唯物论对

* 原载1934年2月22日和3月8日天津《大公报·世界思潮》副刊第六十六、六十七期。

此有极好的说明。恩格斯认为，人是能制造劳动工具的动物，是能主动地适应环境的动物。只有人能制造工具，别的动物至多只能利用天然的东西作为工具，唯人能依自己的意思改造天然物以为合用的工具。对于环境，别的动物只能作受动的适应，人则能作主动的积极的适应，能改变自然。人是以工具来适应自然的。人类有了工具的帮助，就能形成人造环境，而在人造环境中生活。人的劳动与别的动物的劳动不同，马克思曾说：蜂蚁能建筑很精致的巢，然而最劣的建筑师也有与蜂蚁不同的地方，即蜂蚁的劳动只是本能的、自然的，而人则有自觉的目标。人类的劳动是有目的有意识的。马克思、恩格斯承认人是自然的，决非超自然的，但更以为，人类社会已形成进化的更高一级；动物进化的规律，是不能简单地应用于人类社会的。

马克思主义人生哲学之最主要的出发点，尤在认为人是社会的人。马克思说："新的唯物论的观点是人的社会化或社会化了的人类。"又说："人的本质，在其现实上，乃是社会关系的总和。"恩格斯亦说："我们不但生活于自然中，而且生活于人类社会中；并且人类社会也与自然一样，有其特殊的发展史，有其特殊的科学。"马克思、恩格斯指责费尔巴哈所讲的人只是抽象的人，非现实的人，是离开了具体的社会环境及具体的历史过程的抽象体。他们认为，现实的活人，必是属于一定的社会形式的，是在一定的历史阶段中生活的。在阶级社会中，人一定是属于某一阶级的。

马克思又认为实际上是先有社会后有个人的，他说："人是最初在别人身上看见他自己认识他自己的。"先有社会意识，然后才有个人意识。人是社会的人。人是在社会的实践中发展的。马克思又说："如果人生来就是社会的人，那么，人就必得在社会里发展他的真实性质。"

马克思更注重劳动对于人生的意义。人之所以能进化为人，是劳动的结果，人的理智亦是劳动的产物。劳动创造了人类。人的性质是为劳动的状态所决定的。社会的生产状态，规定着人。马克思说："一个人是什么，是与他的生产状态一致的，是与他所生产者及生产方法分不开的。人类是什么，依靠其生产的物质状态是什么。"不同的生产状态，有不同的社会，有不同的人。

辩证唯物论之"社会的人"的观念，确实是一个伟大的创发。其余各派哲学所讲的人，其实都是抽象的人，不是现实的人，故其所论也只是空想的人生哲学。辩证唯物论乃把人的本质看作具体的社会关系之总和。人一定是属于某一社会形式的，超乎特殊社会、超乎特殊阶级的普遍的人，只是空虚的抽象而已。

克服环境与改变人性

辩证唯物论在根本上是极其注重人与环境之交相作用的。人是自然环境的产物，却能克服自然；人是一定的社会关系的产物，却能变革社会。人在改变环境的过程中，也改造自己，变化其天性，而成为新的人。

马克思说："人是环境与教育的产物，变了的人便是变了的环境与教育的产物。这种唯物论的教义，忘了环境亦由人而改变，教育者自己也必须受教育。"人是自然的产儿，但能改变自然，由被支配的地位，转变为支配的地位。人是能克服自然使其合乎人的需要的。人是自然的一部分，因而人也可以作管理自然的司机。文化便是人改造自然的成绩。

社会历史的发展，虽有其客观的规律，但人的实践亦有极大的作用。马克思曾说："人们创造自己的历史。"历史是人的历史，是人创造的。不过人创造历史，必须依凭历史本身所供给的材料。人的有意识的实践，是十分重要的。旧社会能造成新社会发生的条件，却不能产生新社会。推翻社会关系之某种秩序而代之另一种，只有人才能做到。

马克思说："哲学家们只已种种地解释了世界，而要紧的乃是变革世界。"辩证唯物论的人生哲学，是变革世界的人生哲学，是战斗的、行动的人生哲学。

马克思又说："由作用于外在世界而改变之，人也就改变了自己的性质。"又说："一切历史皆人性之改进。"人是随着自然环境、社会关系与生活条件之改变而改变的。人创造新制度，而新制度亦能培育人。现在苏俄正依照马克思、恩格斯的遗教，从事"造新人"的工作。社会主义革命，要求培育在新的社会中生活的新的人类。人的不良性质是需要改造的，而要做到这一点，首先应当改变环境。

人们通过社会的活动，能主动地改变自然，创造历史，并进行自我改造。人是世界进化的参加者。

辩证唯物论既要求改变自然，变革社会，又要求改造人类，认为此三事是分不开的。可见这种人生哲学是何等的博大而切实。

自由及理想

按照辩证唯物论原则，自由与必然，不是绝对对立的，而是统一的。恩格斯说："自由不在于幻想的对于自然规律的独立，而在于认识这些规律，而能有计划的利用之以达到一定的目的。这不唯适用于外部自然的规律，而且适用于那支配人自己身心的规律。……意志的自由只是人们根据实在知识以决定事情的能力。……自由在于统治自己及外部自然；所以它必是历史发展的产物。最初从动物界分离出来的人在根本的各方面，都与动物同样地不自由，但文化的每进一步，亦即向着自由进一步。”所谓自由不在脱离必然规律，而在能使必然规律为我所用。人的自由在于能自做主宰并能做自然的主宰。人在认识必然以前，是必然的奴隶，为必然所役使，但人认识了必然之后，就能支配必然，役使必然。人认识了多少必然，便得到多少自由。历史便是由不自由逐渐转变为自由的过程。

自由即根据关于必然的认识而支配必然。只有认识尚不能有自由，自由在于依此认识而有自觉的行动。自由的行动，只有根据对必然之认识才可能。

自由是基于对必然规律之认识，同样，理想也应根据对客观现实之认识。要想实现理想，必须切实辨认现实中之可能与趋向。以前的哲学家，只顾建立至善的理想，而不注意理想实现的条件。辩证唯物论则不然，它认为人是能变革现实的，但实际的变革必须与客观发展规律相调谐，必须与已成熟的客观可能相调谐。因此，要详审现实之具体情况，及其一切实在的可能性，然后采取适当的措施，以进行变革。理想必须在现实中有其根源、基础，否则只是空想。人们确定理想之后，应创造实现理想的物质条件，并锻炼实现理想的毅力。这样，理想就必然能够实现。狄慈根说：“不要以幻想的方法来求达公共目的，不用恳求、希望、叹息等；须以一个实在的、行动的方法，把手及脑的工作加以社会的组织。”又说：“我们得到拯救的希望，不是向着一个宗教的理想，而是建立在巨大的物质基础之上。从祈祷与忍受，我们走到思维与创造。社会劳动之有意识有计划的组织，是近世的可期待的救主。”恩格斯讥评空想的社会主义者“以博爱求人类之解放，而不藉生产之经济的改造求劳动阶级的解放。”以空虚的办法求达空虚的理想是不可能的。物质的力量，只能用物质的力量来打破，但运用物质力量的是人。

辩证唯物论认为人要变革世界，改造现实，不仅应认识世界发展变化的历程，而且在实践中应当充分地发挥能动作用。然而不可随意作为，必须依循客观的规律。人类的真正自由、真正向上只有凭藉唯物论的观点才能获得。只有唯物论才能把人类从一切空虚的幻想中解放出来，在世界上建设实美实善的人生。

道　德

马克思主义认为，道德源于一定的社会需要和一定的社会关系。道德乃是基于社会的生活条件而产生的行为规范。在群体内，为满足群体之需要，各分子的行动必受一定的制约，必须作一定的行动，久之遂成为行为的规范，并被尊崇而具有普遍的约束力。

一切道德都受社会关系的历史发展的制约，随其变化而变化。一切道德观念、道德范畴都是有时间性的，是必然变化的。社会发展到不同的阶段，道德也就随之改变。道德为社会经济状况所决定，而亦能促进社会之发展，道德之重要即在于此。如社会组织改变而道德未改，道德便可成为社会进展的阻障，于是发生社会需要与道德之间的矛盾。新社会成立，需要新的道德标准。

道德既是社会经济的产物，故在阶级社会里，道德必有阶级性。恩格斯说："人们自觉地或不自觉地，总是从自身阶级地位之实际情况中，即从他们的生产及物品交换的经济情况中造出自己的道德观念。""任何道德理论，归根都是当时社会经济状况的产物。直到现在，社会总是发展于阶级对立之中，所以道德总是阶级的道德。它或者为统治阶级的统治及其利益而辩护，或当被压迫阶级充分有力之时，就表现对于那种统治的反抗，而拥护被压迫阶级的将来利益。"有封建的道德，有资产阶级的道德，更有劳动阶级的道德。在阶级社会里，没有无阶级性的道德。忽略了道德之阶级性而鼓吹超然的道德，只是欺骗。唯心论者想蔽盖道德的阶级性，乃出于一定的阶级意图。

只要有阶级存在，便无绝对的道德，而且不可能有。只有在将来无阶级的社会中，才可能形成普遍的人类道德。恩格斯说："只在不仅消灭了阶级对立，而且在实际生活中消灭了一切关于阶级对立的回忆之社会发展阶段，超越一切阶级矛盾及矛盾回忆之时，真正人类道德方成为可能的。"在阶级社会中，当一个新兴的阶级推翻旧的统治阶级时，新兴的阶级的道德是客观的进步的，革命的；而旧的统治阶级的道德则是腐朽的，反动的。

普遍的道德原则是空虚的。恩格斯在批评费尔巴哈的道德论时说："这种道德学说，是行诸一切时代一切民族一切环境而皆准的。而亦正因此，这种道德学说是不论何时不拘何地皆不能应用的。"

所谓劳动阶级的道德，其内容如何？马克思曾说："基督教的社会原则宣讲懦弱，自卑，忍辱，恭逊，谦下，……但劳动阶级，不允许被看作下流人，要把自己的勇敢，自信力，独立性，自尊心，看得比每日的面包还重要。"列宁说："是不是有共产主义道德呢？当然有。常常说我们没有道德观，布尔乔亚们更喜讲我们共产主义者否认一切道德。这是他们遮人眼目的手法之一，向工农眼里投沙尘的手法之一。""共产主义者是否认道德的，如所谓道德是指的资产阶级所颂扬的道德。""我们否认一切由超人类、或超阶级的观念而来的道德。""我们从劳动阶级的阶级斗争的实况及需要来抽绎出道德。""作为共产主义道德之基础的，是为促进共产主义，完成共产主义的斗争。共产主义道德，即凡有益于此斗争的。""道德是有助于破坏旧剥削社会，并团结建立新社会的劳动者们的。"要之，凡有利于社会主义革命的行为，即是共产主义者所肯定的道德的行为。它的特点在于：以全力进行改造社会的斗争，忘一己之享受，肯为革命而牺牲。可见，劳动阶级的道德是战斗的自我牺牲的道德。

马克思主义认为，社会问题是不能用训诫或说教的方法来解决，但道德仍与之有重要关系。没有人类的符合客观实际的意识，什么社会变革也是不可能的；而在人类的意识中，总是含有某种道德理想的。道德对巩固团结，促进斗争，确实有其不可忽视的作用。没有革命道德，革命必然难于成功。

改善生活与社会革命

改变世界及改变人性，只有革命的实践才能实现。马克思说："环境之改变与人的活动的改变之一致，只能被看作是并合理地了解为实践的革命活动。"革命是改造世界的唯一途径，是改善人群的主要办法。革命乃旧生活之破坏，新生活之创建。经过革命，乃可有"人之再造"，使人们有新的行为型式，新的心理状态。经过革命，才能"改变社会之整个的民俗习惯，使人成为全然不同的人类"(恩格斯)。

在现在的世界，如想得到良好的生活，非进行社会主义革命不可。现代人们生活中的种种苦痛，其根源在于私产制及阶级制，在于资本主义及帝国主义。不打破阶级，不消灭私产，不废除资本主义，不推翻帝国主义，人类只有在痛苦恐慌中过生活。在资本主义社会里，工人居于奴隶地位，为不合理的生产关系所统治。他们的利益，屈从于少数人的利益；他们的命运，为少数人所宰制。一切的科学、技术，都只为富有阶级的私利服务；所谓自由、公正、人道，都只是虚空的言辞。在这个社会里，人们的处境和其行为，存在着极大的差别：一方面，多数人过着非人的生活，虽在文明时代，其生活尚不及野蛮人之自由自在；一方面，少数人干着罪恶的勾当，虽在文明时代，其残酷不仁、诡诈欺蒙，乃非野蛮人所能想象。多数发展缓慢的民族的血液，只供发展较快的某些民族的吮吸。弱小的国家，只供帝国主义的压榨、割食。

现在，欲求良好的生活，只有进行社会主义革命，把劳苦大众从资本主义的锁链中解放出来，把弱小民族从帝国主义的宰割下解放出来，把人类从不平等、同类自残中解放出来，使人类能够过真正幸福的生活。

经过社会主义革命，人们才能恢复自然的兄弟姊妹之谊，才能成为自己的社会组织的主人，才能有实际的自由与真正的全人类平等。

解放全人类，须由劳动阶级来承担这一重任。因为劳动阶级的利益是符合社会发展之客观趋向的，劳动阶级的旨趣，即是全人类的旨趣；而且他们由于长期遭受压榨，富有斗争性，能坚决地勇敢地与敌人周旋，所以只有由他们承担解放全人类的重任，才能获得成功。

人的性质，主要是受环境影响而形成的。因此，人的性质存在缺点，也主要地应归之于环境；要矫正这缺点，只有以适当的方法改造社会环境，才有效果。如果社会经济的制度改变得合理，文化、教育发达，则人们的性质自会变好，并通过多方面的努力，得到良好的生活。

总 结

现在苏俄依遵马克思主义的理论，确立了新的社会关系，创造了新的生活。苏俄的一个委员苏尔滋(Soltz)说："人的新关系创造新道德。我们今日在我们新社会里，要人与人兄弟般地在一起过活，兄弟般地在一起工作。我们工作，为的是改善人的生活。而资本家们的工作，是要获得私人的利润，这就是何以他们的人生是无意义的了。我们工作，为创造一个新社会。每一个工人都知道是为自己而工作，他知道国家、工厂、农场，都是属于他的，他的善即全体的善，全体的善即他的善。”“最高的道德原则是人们要兄弟般地在一起生活，我们是创造使这个成为可能的社会之经济基础。”又一委员柯札洛夫(Kozarlov)说：“基于一个新的经济关系，我们在造新的道德，新的伦理，人与社会间之新的关系。在资产社会，每人皆为他自己而生活。苏维埃权力之十五年的经验，昭示一个个人得到人格之圆满，只有在大众已得到了康宁之时。”“正因我们使我们的个性服从阶级的利益，所以我们在精神上、在理想上，丰富了我们自己。因此，我们是进步的人民，在布尔乔亚的野蛮之外。因此，我们是不负于这时代的人。”(见温德 Ella Winter 所著“赤德”Red Virtue 中所引)

辩证唯物论的人生哲学，总括言之，是社会的，革命的，实践的；而根本上是辩证的，唯物的。本来，唯物辩证法不只是求知的方法，而且是行动的方法，是生活的方法。

一般人谈起唯物的人生观来，总觉得这是专求物质享乐、毫无理想、粗浮贪鄙的人生观。这种看法是错误的。事实告诉我们：最初的粗浅的唯物论，只知注重物质生活，不重理想，不知创造、变革。其次，唯心论理想主义，又只知注重理想，忘了物质现实；只顾揭示至美至妙的理想，不管其实现的条件，结果成了空虚的幻想的东西。最正确的是辩证唯物论的人生哲学，它既注重理论，又注重实现理想之途径；它不仅注意物质情况，更思所以改变之、克服之；它不仅不忘现实，更要求对现实进行变革；它不仅不忘理想，更要求蓄积实现理想的物质力量。只有这种人生哲学，才能切实地改善人的生活。

辩证唯物论的人生哲学是有理想而非空想的人生哲学。

民国二十三年二月十七日

[附识] 这是我1934年春发表的一篇阐述马克思主义道德学说的文章，内容仅仅是个人的一些体会。篇中引用马克思、恩格斯、列宁著作的文句，是根据30年代初的译文，有些是从英文转译的，原来的版本已无从检查。这些引文与近年来的标准译文不同，为了保存历史原貌，亦未加修改，事实上此文不过是30年代初期的一段陈迹而已。1983年2月记。

爱智从谈

爱　　智*

爱智，是古希腊文中哲学的本义，然实亦是一切哲学之根本性质。

我们想知道哲学的含义，实莫若吟味“爱智”二字。爱智即对智慧发生爱慕之情，追求不已，以之为生命，即为之牺牲，亦在所不惜。

孔子言“朝闻道，夕死可矣”；苏格拉底自称无知，而不惜为真知而死。这都是爱智之典型。荀子之言“解蔽”，亚里士多德之所谓“吾爱吾师，吾尤爱真理”，也都是爱智之表现。

真正的哲学家，莫不真切地爱智。哲学派别极多，各家面目迥异，然均不违乎爱智。即如庄子，虽尝以知为凶器，但亦极力求真知。

哲学家因爱智，故决不以有知自炫，而常以无知自警。

---

* 原载1933年9月7日天津《大公报·世界思潮》第五十四期。

哲学家不必是世界上知识最丰富之人，而是深切地追求真知之人。哲学家常自疑其知，虚怀而不自满，总不以所得为必是。凡自命为智者，多为诡辩师。

爱智，换言之，即对事物“深察不已”察而不察，不以已察者为满足，而更审察之。唯其为深察不已，故或欲深入实际，不以表面的知识自满；或欲审勘、衡量一切科学之根本假设，厘清一切科学之根本概念与命题。

深察不已，即察而复察其察，这就产生了知识论，古代哲人对此作了长期探索。

博若德(C. D. Broad)分哲学为二种：玄想哲学与批评哲学。此二种哲学的性质虽不相同，但亦有共同之点，即均有深察不已的表现。玄想哲学欲深入客观实在，其目的在于“究其极以通万殊”，不以表面的部分的知识为满足，而欲考察客观实在于其全体。批评哲学则以为只凭思辨不足以深勘实相，故以深勘实相之事让于实验科学，而自以衡核科学之根本概念为任务。二者固同出爱智一念，而衡核一切科学之根本概念，更表现了深察不已之精神。

哲学是爱智，故只要人类爱智之心不亡，则哲学必然不亡。世界之事物，繁赜至极，总常有具体科学所未及探索的问题，此种问题亦即哲学所取而讨论的。此种问题常有，故哲学常有。

常人如发生真切爱智之心，便会对哲学问题发生兴味。科学家如作进一步的深察而注意根本究竟的问题，便会成为哲学家。

爱智固是一切哲学之根本性质，但哲学家亦常有部分地违此性质者，常变爱智为炫智。在爱情上，常由爱而转为占有；哲学家之爱智亦然，常由爱智转而为占有智，自谓唯彼研究所得为真知，其他一切俱非真知，唯他一人是真知之占有者。更有偏好立异者，以建立独特系统为能事，殚精竭思，唯求自异于众，而不肯承受他人已经发现之真理。实则诚如庄子所说："以出乎众为心者，岂出乎众哉"？

我国两千年来哲学进步之迟缓，由于各哲学家不能纯以爱智为心者不少。此实今后治哲学者之所当戒。

哲学之进步，系于哲学家爱智之程度。

哲学家们能纯乎爱智，则哲学进；哲学家们不能纯乎爱智，则所言常只是戏论。

（民国二十二年九月二日）

［附识］此篇专以爱智诠释哲学，只是粗浅之论。哲学是系统的世界观，是自然科学与社会科学的概括和总结，是对客观真理的不懈的追求。只有如此看，才能了解哲学的真实涵义。1984 年 5 月记。

"问　　题"*

一

除了在概念、命题方面的批评之外，似乎应当有对某些问题的批评(批评、或云批判、批核)。我觉得，有些问题是不能问的，有些问题是问错了的。哲学上不少的争执是缘于想解答一个本不能问的或者问错了的问题。

二

在解说所谓不能问的与问错了的问题之先，对于问题之性质，应先有所考察。

第一，问问题也是一种活动，也是一种行为。任何活动都有所

* 原载 1932 年 11 月 5 日天津《大公报·世界思潮》第十期。

“表示”。问问题这一行为之本身当然也有所表示。

第二，每一问题都是根据一个命题的。每一问题都包括了一个断语。举例说，如问“第一个发现美洲的是谁”，便是根据“有一人第一个发现美洲”这个命题，又如问“人生的目的是什么”，便是根据“人生有目的”这一命题。问问题，总是相信有那么一个东西存在，只不知道它是什么。一般而论，我们不能说“断言一个问题”，但实际上问问题时是已有所断言的。每一个问题，在其要求一个解答上，即在把它自己算作一个问题上，就是已有所断言了。

三

什么是不能问的问题呢？就是问之亦正答之的问题，或在口头上是问而在实际上已采取了一种答案的问题。问问题既是一种活动，既是一种行为，那么，如果这行为或活动，已解答了此问题，则此问题就是不能问或无法问的了。例如问“人能有知么?”或“知识可能么?”当作此语时必已知何谓“人”，何谓“知”或“知识”，何谓“可能”，以及余字的意义。这些都已“表示”人之能有知，都已“证明”知识是可能的。所以这问题是不能问的。又如“人能问问题吗?”更显然是不能问的。

四

什么是问错了的问题呢？就是根据一个错误的命题所提出的问题。明确地说，人们提出的问题，如果所根据的命题是错的妄的，则那个问题便是不该问的；如问，便是问错了的。

对于任何问题，都应该考察一下它是根据什么命题，更应审察这个命题究竟是真是妄。如果不作此项审察，贸然根据错误的命题而提出问题，进行研讨，则这种研讨必然不能得出科学的结论。例如问“宇宙何始何终”？这所根据的命题是宇宙有始终，或宇宙有所谓始终。这个命题就不是对的。应当先问问：宇宙有始有终吗？“始”“终”

二范畴固可用于宇宙内的个别事物，但不能推而用于总括全宇宙。又如“宇宙的本体是什么”？这所根据的命题是宇宙有所谓本体。但是本体观念却是一个含混的观念，应该先确定这个观念的涵义。又如问“本体是心是物”？这便是先假定宇宙有所谓本体，而本体又必心物二者之一。这些前提是应该首先讨论的。又如问“宇宙是有机的整体抑机械的整体”？便是先假定了宇宙整体可以说是有机的或机械的。其实，此整体之内，含有许多有机整体及机械整体，由许多的两种整体集合起来的总整体，是未可以此或彼谓之的。

要证明一个问题的可问，须证示其所根据的命题是对的。

哲学上不少的争论，都是在某些错问了的问题所限定的范围限际内绕来绕去，而不肯对所根据的命题进行考察。

在哲学上，问问题是不可以随意的。在讨论哲学问题时，应先考察其所根据的假设或观点，也即考察其所根据的命题。

我们不能说不当问隐含了假设的问题；要是那样，就根本不能提出问题了。事实上没有不隐含假设的问题，只看所隐含的假设对或不对。

［附记］在 1929 年的 Monist 上，有柯亨（P. S. Cohen）一篇“什么是问题？”(What is a question?)我今夏方得读之，其中所说有许多与我自己两年来默思所得相合，假若我早就读了这篇文章，也许可以省不少的思索了。柯亨的结论是：一个妥当的问题是有一个答案且只有一个答案的问题，没有答案或有二个以上的答案，便非正确的问题。立言甚精。不过柯亨的主要观点却与我有异：他注眼在问题的解答上，而我则注眼在问题的基本假设上。

民国二十一年十月二十七日

［附记］此为我 30 年代第一篇哲学杂文，发表于 1932 年 11 月 5 日，到现在

已50年了。重阅旧作，深感光阴之迅速。1983年2月记。

辩证法与生活*

一

辩证法之为真理，在今日已愈来愈明显。能深解辩证法并能对近今科学上的新说有所了解的人，必然认此言为不谬。现在所讲的辩证法，虽形式未免粗疏，尚待精密化，但其大体却不容否认。本来，辩证法是宇宙大法，所该范围甚广，非一时所能探索周尽，若不力求通晓而即反对之，则后日对此有所悟解，必然深悔其以前之冒昧粗鲁。

辩证法既是宇宙的规律，也是一种科学方法。它不仅能指导人们研究客观世界，还可运用到生活中去。这一点是非常有意义的，却很少有人注意。

假若你在生活中能注意辩证法，你就能得到良好的快乐的生活。你愈能运用辩证法，你的生活就愈好，也愈有价值。

只有用辩证法观察外界现象，才能对现象中的矛盾给以适切的解释；亦只有用辩证法观察生活中的矛盾，才能对这种矛盾予以适切的解决。

二

辩证法的精旨在于：矛盾而一体(或内在矛盾)，对立而统一，一切皆转变为其相反，而皆不完全消灭；一切皆一总体中的矛盾部分，一切又皆各有其矛盾部分，而世界乃一矛盾的发展历程。把辩证法运用在生活上，其要谛在于：对生活中任何事，都要观察其中的矛盾，观察其与周围事物的种种联系。这样便可看出，一切现有的事物皆有

* 原载1932年12月29日天津《大公报·世界思潮》第十八期。

毁灭之日，一切苦难皆是进步之因缘。一切活动，必遇到反，必经过斗争，然后乃能精练，乃能提高。必有否定，乃能有进一步的肯定。厄运可以是使一个人的生活得到提高充实的条件。欲得到更好的生活者，必先否定其现在的生活。而一切负的皆有正的意义。

三

在生活中能运用辩证法，便可免除许多无谓的烦恼，甚至能使人死里逃生，看出处处是活路。譬如失恋，本是使人感到痛苦的事，但辩证地看，你不必为此而惆怅、苦恼，这是告诉你到了专心努力于工作的时候了。不唯如此，只要你在事业上有成就，便有找到更合适更好的伴侣的可能。

从辩证法来看，一切挫折，都可变为成功之路的指引；一切拂意之事，都可成为激励人们奋进以遂意的动力。

运用辩证法，能使你应付环境的变化，克服生活中的困难，能使你对事物变化的由来有深刻的了解，并预见将要变到哪里去。运用辩证法，能使你看清困难的实在意义，知道困难终必消失，并由此深悟苦境即是佳境。

这样看来，运用辩证法便可得到一种解脱术。它能使人不忧、不惑、不惧。处处是活路，故不忧；能了解现实一切变化并能推测以后将出现的变化，故不惑；知目前之困难终有消灭之日，故无惧。

可见，辩证法能使一个人过快乐的生活。

生活是充满了矛盾的，辩证法是解决矛盾之大法，故辩证法是生活之指针。

四

我们说苦境即是佳境，并不意味着应当安于苦境，忍受苦境，而是主张冲破苦境。只有辩证地认识苦境，我们才能努力奋斗，把生活提高，从而变苦境为佳境。辩证法的人生观，从根本上说，它是运动的，是要斗争的。我们应知道，世界是矛盾演进的历程，生活是奋斗不已的历程。生活由矛盾而进展，经一次折磨乃得一次提高，所以我们应当在生活中坚持斗争。不过，与此同时，亦须有宁静，须注意谐和，做到静以养动，动以济静，以期在生活中居于不败之地。用辩证法来过生活，必须“自强不息”，“日新，日日新，又日新”，决不可以现在自囿，决不可向不理想的现实妥协。要清醒地看到，不合理的现实是可以变革的，一切阻挠自己前进的东西皆终有克服之一日。这样，就决无所惧。对于困难，我们决不可逃避，应当迎接之，战胜之。我们要不断地提高生活，不可怕困难之不断地增加。面迎艰苦而克服之，即是辩证法的人生观。当然，我们也要谨慎，若力量不足而困难很大，则须另取权宜之计，以免为困难所压倒。在人生途程中，固应不畏牺牲，但也不要作无谓的牺牲。

运用辩证法于生活，能提高我们的认识，不把自己看作一个孤立的人，而把自己看作一个社会中的人，且是某一时代的社会中的人。这样，就会不忘记与自己同在一个社会中的大众，就会看出社会中存在的分裂与对立的现象，并由此而希望，甚至采取实际行动，去改变许多被迫以自己为他人之工具而过着非人生活的人的命运。

辩证法的人生观，既是快乐主义的，又是理性主义的。它在根本上是赞成满足大众之欲望，而反对少数人之穷奢极欲。它希望全体人的生活得到提高，尤其企求被压迫群众得到解放。我们要使人人都得到同样的享受，使被压迫群众从非人的状态中解放出来，就应当艰苦地工作，创造各种必要条件，以期达到目的。

我们在自己感到快乐时，应当想到此时还有若干人在受苦，并考察我的乐是不是由他人之苦换来的。

辩证法的人生观是革命的，它使我们认识到历史是矛盾演进的历程，理想之真正实现，必须通过革命。

从辩证法来看，不合理的现实是要毁坏的。世界总是常新的，符合大众利益的理想总会实现的。我们应当坚持这种理想，鼓起勇气，同不合理的现实搏斗。

从辩证法看来，生活是基于实际的理想而不断地改变现实的历程。理想不容许是空想，空想不能改变现实。理想由现实而产生，它是将来的现实之先见。

五

中国很早就有人讲究辩证地过生活。人事总是变化反复、充满矛盾冲突的，于是有些人便设想解决冲突、消弭矛盾的方法，如老子提出“贵柔”学说，可能是一种有效的法门，因为能柔弱就可避免与人倾轧，不遭人嫉忌，得以维持自己的现状。但这样过生活，却引出一个更大的毛病来，即不仅个人进步停滞了，也对社会产生严重的消极影响。

我们现在讲辩证地过生活，必须摒弃老子的“贵柔”学说，而注重刚动，注重奋斗不息。

善于运用辩证法，就能察觉到，有些表面上看来不可能的事会变成可能的。例如俄国，从表面上看，其社会条件还不能进行无产阶级革命，但列宁从辩证法来看，断定在俄国进行无产阶级革命必能成功。可以说，俄国革命的成功，一部分原因即在于列宁的善用辩证法。

用辩证法来解析现象是学问，用辩证法来处理实际问题，乃是一种艺术。

六

总之，运用辩证法于生活，乃能得到一种快乐而有价值的生活。由辩证法来看，生活是矛盾进展的历程。生活中不能不有否定，否定可以成为促进、提高生活的动力。一切负的莫不有正的意义。生活即是经过否定而得到更高的肯定之前进历程。

（民国二十一年十二月二十四日）

辩证法的一贯*

辩证法的各根本概念、各根本原则，不仅互相联结，而且其相互关系是辩证的。辩证法的理论体系是完全一贯的。

辩证法共有几个根本概念、几个根本原则呢？这实在不易说。其所以不易说，是由于概念与概念之间、原则与原则之间，都是互相联结着的，往往甲概念包含着乙概念，甲原则包含着乙原则。不过，各个概念、原则，都有其特征，因而分开来讲也未尝不可。据我体会，辩证法的根本概念可以说是：发展，变化，矛盾，联系，相反，相成，对立，统一，否定，综合，斗争，突变，扬弃等。根本原则可以说是：事物内部的矛盾是事物变化发展的根源，对立之统一，矛盾之协调，事物由量的变化而达到质的变化，由质的差异而有量的差异，否定之否定，矛盾的主导方面的作用等。

上述概念、原则，有些并不是相互独立的，例如由量变转为质变，就是突变，也就是否定。这三者其实表示一事。又如否定之否定，就是扬弃，也就是综合。即使是比较能分得开的，也是互相系结

* 原载1933年3月9日天津《大公报·世界思潮》第二十八期。

着的。如矛盾与一体，对立与统一，相反与谐和，它们不是互相包含的概念，但也是相互依存的。唯其一体，故可言矛盾；相反必基于一种一致；如本无对立，则何来统一？

此外，联系是一种统一，同时又包含外在的矛盾。

辩证法的概念与原则，就是这样相互联结着，因而辩证法就可用一两个概念或原则来总括之：概念可以用矛盾与发展，或“反”与“变”；原则可以用对立统一，或矛盾一体，或否定之否定。根据这一原则，充分地推衍，即可得其余原则。

辩证的发展历程，我们可以这样叙述：甲物的内部含有其对立物乙，这即内在矛盾；乙渐渐发展起来，与甲斗争；在斗争中，两者还相维系，相推进，然而同时仍不断地斗争；这时发展都是量的发展。到甲发展到一定程度，同时乙亦成熟起来，甲此时乃完全成了乙发展的阻碍，不能再相推进，这时乙乃以飞跃突变的形式，否定了甲，这便是甲的否定，乙的成立，同时也即发展之由量转质。但这否定者乙，内中亦含矛盾，其内在矛盾渐渐暴露出来，渐渐达到成熟，亦由量转质而反，这即否定之否定。在否定之否定中，出现一个异于甲乙的新事物，但这新事物却兼含甲乙的某些成分于其中，且不唯包含之，更提高之，于此乃得矛盾的融结，达到新的统一，乃是一种更高的统一。因其是更高的，故此变化历程是发展的历程。

简单地说，事物由分裂而有对立，由对立而有斗争，由斗争而更替，更替者复被更替，不止更替而已，且将对立者融结在一起。这样，事物就由低而高地发展进化。

不过，事物非仅这样独立地发展着，它除了有内在的矛盾之外，还有外在的矛盾，它是在其与四周众物的交互作用中发展的，内在的矛盾与外在的矛盾相错综着发展。外在的矛盾，有时使内在的矛盾暂时消弭不见，有时使内在的矛盾更益加深。而且，发展的历程又不是简单的历程。历程中亦可分成若干小的历程，即阶段，阶段转移之时，亦是由量转质的突变。发展历程内部可分为阶段，外部又与其前后的发展历程相互衔接，而形成无穷无限的发展历程。

由这辩证历程来看，当益可看出辩证的诸原则是如何地互相联系。

然而，辩证法的诸概念、诸原则，不只相联结而止，还是互为辩证的：首先，矛盾与一体是相反的，不唯有矛盾，还有与矛盾相矛盾者。与矛盾相矛盾者又不止一体，凡对立者于相矛盾相斗争之外更相互依存，相互维持，即相反而相成。无彼即无此，无此亦无彼，此待彼而有，彼待此而存。相排而相吸，相斗争又相推进，相凭藉而发展，虽彼此相互推进，却又在相戡相持之中。对立之相互作用中亦有对立，矛盾的相对关系中亦有矛盾。

矛盾的两方非只相互矛盾而已，矛盾又有其主导的方面。不辨矛盾之主导方面的作用，认为矛盾之两方是位置平列，则亦非彻底辩证。矛盾而有主次，对立又非平等的相互对待。

矛盾又与矛盾不同，有不同质的矛盾，任何一个总体之内在矛盾的性质，为其物之性质所决定。物异而矛盾亦异，例如小农与富农间的矛盾，跟工人与资本家的矛盾不同。

对立物的综合本与其对立相矛盾，然而综合又非只综合。对立的综合不是对立体之单纯的融合，而是一个新事物的出现，中含新的要素，为更高的发展之起始。

矛盾与联结，亦相矛盾而联结。

物物间皆有联系，而物物仍是物物，非是一物。一物中内孕矛盾，而一物仍不失为一物。然而亦不仅如此，内在的矛盾常与外在的矛盾相应，且外在的矛盾藉内在的矛盾而起作用。

由量的发展而得质的变化，但在量的发展中亦有部分质的变化，渐变之中亦有某种突变。这是一个过程内部的转变，即过程内部各阶段间之质的变化。

一切对立，必然相互统一，差别必基于一种同一(即同一中包含着差别)，甲与非甲必有一些其通性。但对立与统一成对立，差别与同一有差别。

辩证历程，初看似与"累积"相反。然而辩证法并非不允许累积之有，实已容纳累积于其中。辩证法的历程似乎是反反不已，否定又有否定之否定。然而辩证法的历程是一个发展的历程，不唯反反不已，也进进不已。否定而又否定的变化历程，亦是累积的历程。且唯有反故有累积，无反则无改变，无改变则无进展，无进展何来累积？然而反与累积是矛盾的。

辩证法不同意"重复"、"循环"，却亦非不承认重复、循环。辩证历程本身续续不已，终则有始，岂非重复、循环？但实际上不然，辩证历程续续不已，亦在变化、发展。

辩证法中就这样充满了相互对立而统一者，有矛盾又有与矛盾相矛盾者。矛盾而又矛盾，矛盾之不已。

辩证法之所表示，也可以说是不相容而又相容，不并立而非并立不可，统一之中必有不统一。"不相容"与"相容"却亦不相容而必相容。

要之，辩证法是教人不可把一切看成凝固的，而应从变化、发展上去看。

没有绝对的单纯的统一体，也没有绝对的单纯的矛盾；没有绝对的单纯的肯定，也没有绝对的单纯的否定。

机械论者的错误岂不在不知有矛盾？均衡论者的错误岂不在把对立看死？在辩证法的理论中，在哪一点上停滞着不再自己转换，就会发生错误。

辩证法的根本要旨，在于矛盾而又矛盾，相反而又相反；刚说如此，同时即须看出亦不如此；虽然亦不如此，却不可否认其如此。

辩证法承认一切事都归于否定，而辩证法的规律不得被否定。这似乎自相矛盾，但是这正是表示客观世界本身是充满矛盾的。

辩证法的诸概念、诸原则的关系都是辩证的。辩证法理论是完全一贯的。因此，辩证法对于任何哲学学说，都不是片面地加以排斥，而是容纳其中正确的部分。不唯容纳之，且提高之。对于任何哲学，都是且扬举且抛弃，且擢拔且摈除，且吸纳且扫荡。

辩证法的哲学总在发展之中，后进的研究者有补充先进的思想家的缺欠的职责。

辩证学说的发展应亦是辩证的。

（民国二十二年三月五日）

［附记］此文意在说明辩证法本身是辩证的，如果停留在某一点，就会陷入形而上学。但我对这一点还没有讲透，亦姑存之。1983 年 2 月记。

论中国哲学

论现在中国所需要的哲学*

现在中国需要一种哲学，最近又颇有人提起①。现在中国需要一种哲学，本不始于今日，然而今日实乃尤急。不过却也有人不能认识出这项需要。一般的识见总以为现在中国只需要科学工艺。当然科学工艺是现在中国所需要的，然而中国所需要却非止于科学工艺。且如没有哲学，没有统一的思想系统，纵即学会了人家的科学工艺，恐也未足以建立一个独立的文化；而科学工艺或且被枉用以达到不正当的目的。有益的工具作成了戕贼人群的利器。

意识虽受生活的决定，然而理论却可作实践的前导。没有理论作指针的实践，常会是妄作而无功的。学科学的人常藐视哲学，认哲学为玄虚；喜实际的人常藐视哲学，

---

* 原载1935年4月8日《国闻周报》第十二卷第十三期。

① 吴俊升先生在去冬发表过一篇《中国教育需要一种哲学》(载《大公报·明日之教育》周刊第四十三期)，认为现在中国的教育需要一种哲学来作指导的原则，立论甚精。张君劢先生在月前曾发表一篇《中国新哲学之创造》(载北平《晨报·学园》七八三号至七八六号)，认为现在中国不仅需要哲学而且应该创造新哲学，亦甚有见地。

认哲学为空谈，其实这都是错误。科学总不免假设，自以为能离开哲学的科学家，不过以常识为其哲学，而常识乃是最粗浮的哲学。实践总须有目标，自以为离开理论的行事者，不过以冲动或片断的思想为依归，而所追求者常不免于不值追求。

尤其在中国现在，国家与文化都在存亡绝续之交，人们或失其自信，或甘于萎坠，最大的一国竟若不成国，最多的人民竟若无一人；在此时，如企图民族复兴，文化再生，更必须国人对于世界对于人生都有明切的认识，共同统会于一个大理想之下，勇猛奋斗，精进不息。在此时是需要一个伟大的有力的哲学作一切行动事业之最高指针的。

中国旧哲学既已过去，而西洋哲学思想未必即能适合现在中国的需要。他国的哲学思想本都是为适应各该国的需要而产生的，中国强欲取来以为己用，是既不合理且亦无益的。中国现在唯有自己创造其新的哲学。

然而现在中国需要一个什么样的哲学呢？

我觉得，中国现在所需要的哲学，最少须能满足如下的四条件：

(一)能融会中国先哲思想之精粹与西洋哲学之优长以为一大系统。

(二)能激励鼓舞国人的精神，给国人一种力量。

(三)能创发一个新的一贯大原则，并能建立新方法。

(四)能与现代科学知识相应合。

首先，中国现在所需要的哲学必须是综合的。保守旧哲学的传统或根本唾弃旧哲学而企图作西洋哲学系统下的一分子，都是不能应付现代中国之特殊需要的。对于中国过去哲学须能抉取其精粹而发展之、光大之，辨识其病痛而革正之、克服之，同时对于西洋哲学，亦要批判之、吸收之。所以必须有两方面的工作：一、中国哲学之批判与继续；二、对于西洋哲学之迎头赶上。中国以往哲学中假如有好的东西，则这好的东西之维护与发扬，乃是中国今后治哲学者的责任；中国以往思想中假如有病态的、有害的东西，则这病态的有害的东西之矫正与克服，也是中国今后治哲学者的责任。而且，一种哲学必与其民族的本性相合，乃能深入人心；必能矫正其民族的病态，乃有积极的作用。莱卜尼兹之哲学非不精纯，而德国的正统派哲学之祖终属康德，正因康德哲学能适应德国人的需要；罗爱思哲学非不深刻，而不如詹美士哲学之能影响美国人，正因詹美士哲学才是有美国特色的。建立哲学不顾及本国的特殊精神是不成的。所以今后的新中国哲学，在这一意义上，必是中国以往哲学之继续发展。然而却亦不能不适应世界哲学的大流，更必要赶上西洋哲学。所谓迎头赶上即是以现代西洋哲学所达到的境界为基础而即据之作更进的发展，不要重演西洋哲学所经过的阶段。从西洋哲学史看，落后国家之哲学对于先进国家之哲学，当取迎头赶上的途径。最显著的莫若康德，对于英法哲学，德国并不重演英法哲学所经过的阶段，而即以英法哲学所达到的结果作底基，加以批判，作更进一步的研究。我们不只要吸收西洋哲学，我们也要加以批判。西洋哲学中因西洋人之种族的偏蔽而有的谬妄，我们是无需也采纳过来的。

其次，亡国有亡国的哲学，兴国亦须有兴国的哲学。颓废的思想可以促进民族之衰萎；有力的哲学可以激发民族的潜能。中国现在所需要的哲学，乃是一种有力量的哲学，能给中华民族以勇气的哲学。须能从绝望中看出生路，从危险中看出光明，从死中看出生，从否定中看出更进的肯定。须能鼓舞人的勇气，培养人的斗争意志，激励人的坚忍精神。唯其如此，才能把中国从危亡中拯救出，才能有助于民族的再兴。在一时代能有积极作用的哲学，必是能助其民族应付新环境的哲学，有变革现实之力量的哲学。中国以前思想，蔽于静而不知动，蔽于家而不知群，蔽于中庸而不知力；今后思想，应注重力、群、动，注重克服环境而利用之，注重自作主宰改造环境之理想。

复次，我们所要创造的新哲学，固须综合东西所有哲学之长，然而综合应有别于混合或调和。真正的综合必是一个新的创造。必有一个新的一贯的大原则，为其哲学之根本义，为其系统之中心点，以之应用于各方面，以之统贯各部分。这个通贯各部分的、这个一贯的大原则却不是可以从别的哲学中取来的，而必须是新创的。有了这样的大原则，然后才能成为伟大的哲学。并且，一个新哲学，必更有其新创的方法。有了新方法、新工具，然后才能见前人之所未见，发前人之所未发，才能有新的创获，才能得到更近于真理的系统。不能发明新方法新工具是不能创出真正的新哲学的。

更次，在今日，精确而可靠的哲学，必与科学相应不违。哲学可批评科学，可考察科学之根本假设，然而在根本上哲学是不能乖乎科学的。完全在某一时代的科学知识上建立一个头重脚轻的哲学系统，固然不必，且常有随所根据的科学知识之倒塌而倒塌的危险，然而哲学理论是不能不顾及科学研究之所得的。今后健全的哲学，必与科学一致而排弃宗教。为宗教张目，成为变相宗教的哲学，不是现在中国所需要的哲学。

为满足上述各条件，现在中国所需要的哲学，在内容方面，似乎更必须具有如下的性征：

一、在一意谓上是唯物的；

二、在一意谓上是理想的；

三、是辩证的；

四、是批评的。

心不能离物而有，物总是心之所待，这是稍有客观态度的人所必承认的。理想须根据现实中的可能：理想固然是要对现实加以改造，然而却亦为现实的条件所决定；离开物的基础而只谈理想，不过是空想而已。把宇宙、人生理想化，讲先于自然统乎一切的大心，也不过是自欺而已。粗是精之原，迹是义之基，只有注意物的基础，然后心的现象才可解说，然后社会的变革才能见诸实际。一个哲学，如是一个有力的哲学，有变革世界之力量的哲学，必注意物质的现实。

然而承认物质实在为根本，却并非甘受物质现实的限制，更须敢于变革现实，克服现实。一个伟大的有力的哲学，必能悬定伟大的理想。不敢悬理想与不敢看实际，是一样的病态。人群是必有一个伟大的理想作其努力的目标，以一卓越的当然原则裁制其生活，然后才能有所成。一个民族，必须有值得为之牺牲的理想，人民更必须有为理想而牺牲的精神，然后这个民族才能盛强。有这种大理想，才能促起人们的努力，才能鼓舞起人们的勇气。有了这种大理想，人们才会觉得人生有意义，才会觉得人生有价值；没有这种大理想，人们会感到空虚、无谓，因而萎靡、坠退。这种大理想，是一个健全的民族所必须有，而宣示这种大理想者，当是哲学。

新哲学欲能综合各哲学之长，欲了解宇宙人生之实相而无所蔽，则更必须是"辩证"的(dialectical)。必能见两之一，对之合，相反之相成，矛盾之融结；以及一之两，合之乖，统一中之互违，谐和中之矛盾。如此方能兼综众善，方能融会异见，方能免于顾彼失此，方能不致以偏概全。辩证是解蔽之术，是综合之方。而且，欲能挽救危亡，转弱为强，其哲学尤须是辩证的。辩证原是对待厄运应付险夷的法门。唯用辩证乃能看出强敌之必终于衰弱，被压迫民族之必终于盛强。看出危可以救，安可以亡，看出祸福相倚，否泰相易。唯由辩证乃能见险阻为进步之条件，苦厄是昌盛之所待；经否定后乃有更高的肯定，有被克服之危险乃有克服之之可能。善用辩证，乃能死以求生，死中得生。

复次，哲学必须是精密的，即必须是充分的“哲学的”；因而，必须是批评的。批评即武断之反，如不愿是武断的，便必须是批评的。用一名，须有其明切的义界；立一说，须有其精严的论证。不能证者不立，不可验者不持。二义不可表以一名，两意不可混于一辞。无当辨而不辨者，无日用而不知者。可再分析即再分析，可再细求即再细求。哲学务在求真知，原必须是极其矜慎谨严的。

我觉得今日如欲创造新哲学，至少必能满足上述各条件，具有上述各性征，然后才能对于新中国之兴起有积极的作用；在现在中国才算有意义的哲学，才能有指导的力量。不然，纵或能成立一个系统，也必只是无益而且无谓的，不能有影响于大众，且必一现即灭，不能维持于久远。

现在中国人的思想，或则依傍古人，或则追随西哲，有独立的气魄的，实在太少。但文化之重建，须先有思想之独立，而如欲思想独立必须有哲学之创造。中国现在处处受帝国主义的束缚与宰制，社会经济的发展都为所制限。然而在学术方面，帝国主义竟还没有加施直接的束缚，虽亦有文化的侵略。假若在未受束缚的学术思想领域，中国犹不能独立，则在深受束缚的政治经济方面的独立，更必是空谈了。所以现在中国假如还有再兴的希望，其第一步的表现必是哲学思想之再兴。

中国能不能建立起新的伟大的哲学，是中国民族能不能再兴之确切的标示。而如想创造新的哲学，必须先认清现在中国所需要。

民国二十四年三月二十八日于北平

哲学上一个可能的综合*

一、唯物·理想·解析

康德综合了经验论与理性论，于是为哲学开了一个新纪元；在今日，哲学中实仍有许多对立等待着综合的。如欲成立一个精密的哲学，更须重视解析派的贡献，即解析法。今后哲学之一个新路，当是将唯物、理想、解析，综合于一。

凡综合皆有所倚重，如康德之综合即是倚重于唯心，其实是一种唯的综合；今此所说之综合，则当倚重于唯物，而是一种唯物的综合。此所说综合，实际上乃是以唯物论为基础而吸收理想与解析，以建立一种广大深微的唯物论。

唯物与理想之综合，可以说实开始于马克思、恩格斯的新唯物论。人们都知道新唯物论是综合唯物论与辩证法而成的，而因其容纳了辩证法，以辩证为方法来处理问题，乃自然综合了理想。故新唯物论不但讲存在决定人的心意，

* 原载1936年5月25日《国闻周报》第十三卷第二十期。

而又注重改造环境，变革世界；人是自然所产，而人能克服自然；人的心意为其社会生活所决定，而人又能变革社会。新唯物论是很注重人的力量的。不唯如此，新唯物论的创造者，也颇注重分析。所以如谓今所说唯物、理想、解析之综合，乃发端于新唯物论的创造者，亦不为过。唯物、理想、解析之综合，实乃新唯物论发展之必然的途径。

然而，新唯物论虽颇注重理想，而对于理想之研讨，实不为充分，而其注重分析，不充分乃更甚。中国哲学是最注重生活理想之研讨的，且有卓越的贡献，我们既生于中国，对于先民此方面的贡献，实不当漠视，而应继承修正而发挥之。其次，近二三十年来，解析派的哲学有大的发展，我们应容纳解析派之新的贡献。

现在，我们应为唯物论与理想主义作一更进的综合，而兼综合解析法。我们所以要这样的一个综合，其目的即在于要求一个真的哲学，可信的哲学，有力的哲学，能作生活之指导的哲学。言解析所以察乎几微而免混淆，言唯物所以不远实际而远离虚幻，言理想所以克服天然而达于至善。

唯物论在哲学史上并未得到充分的发展，哲学史上最伟大的哲学家，十之九都是唯心论者。旧唯物论的粗疏幼稚，实无可讳。自新唯物论成立，乃为唯物论开一新纪元。新唯物论实可谓为哲学中最近于真的系统。近十几年来，唯物论已死的呼声，常可以听到。的确，机械唯物论已经死去。然而唯物论不止于是机械唯物论。但许多人总不能了解如何能在机械唯物论之外，还有别的唯物论。以此，许多人更不能了解新唯物论之意旨。新唯物论既讲唯物，又谈人的力量；既讲变易，又谈必然。新唯物论综合了若干的矛盾观念，这在许多人看来，简直是不可能的。

实在，新唯物论正是为人类开辟新的可能之域。在以前，许多认为不可能的，新唯物论证明其为可能。而由此，于是许多人便认为新唯物论本身即是不可能的了。新唯物论的确是难以了解的，因为新唯物论与以前一切哲学有大不同处。新唯物论所谓唯物，不是旧哲学所谓唯物；新唯物论所谓辩证，不是旧哲学所谓辩证。机械唯物论所谓唯物，乃谓物质是宇宙本体，而新唯物论的宇宙论，则根本已废去本体观念。新唯物论根本不主张所谓“自然之两分”，根本不承认有所谓现象背后的实在。新唯物论之根本态度，乃认为即现象即实在，现象之外更无实在可说。新唯物论所谓唯物，非谓物质为宇宙本体，为一切现象背后之究竟实在，乃谓物质为最基本的，为生与心之所从出。新唯物论的宇宙论之根本观念，是历程，宇宙是一大历程，一切存在莫非历程，在此大历程中的存在，有等级之殊，最基本的是物，其次为生，其次为心与社会。一切皆在变易之中，然而有所谓规律，有所谓必然，而宇宙之最根本的规律便是对立统一，相反相倚，矛盾发展，质量互转。以辩证法为事物之规律，在许多人看来是不可能的，其实，观念思维之辩证法，只是事物的辩证法之反映，如事物没有矛盾的情形，则人类便无从创出矛盾的概念。辩证法亦非否认所谓思想律(指形式逻辑的基本规律)者，不过认为思想律非充足的而已。辩证法乃是讲对立统一，非讲对立同一，如讲对立同一，则完全与思想律不相容，对立统一则与思想律并无不两立之冲突。①

① 30年代我曾强调“统一”与“同一”的区别，事实上辩证法亦多用“同一”表示与“统一”相同的意义。列宁《谈谈辩证法问题》说：“对立面的同一(它们的‘统一’，也许这样说更正确些吧？虽然同一和统一这两个名词在这里并没有特别重大的差别。在一定的意义上两个名词都是正确的)，……”(《列宁全集》，人民出版社中文版，1959年，407—408页)我完全同意列宁的见解，“统一”也许更正确些，但是在一定意义上“同一”和“统一”都是正确的。辩证法中所谓同一指有差异的同一，与形式逻辑所谓同一律的同一意义不同。

我们很可以说，新唯物论不只是一个新的学说，而更是换了一个新的出发点。在同一出发点之下，可以有许多不同的学说，然而这些学说虽不同，却有其一致，即同属于一个出发点。新唯物论则根本换了一个出发点，因出发点的不同，所以新唯物论与旧唯物论，虽同名为唯物论，而亦有绝隔的不同。

新唯物论之基本出发点，乃是知行之合一，理论与实践之统一。实践是新唯物论之意谓表准，真妄表准。新唯物论厘别问题之真妄，分别概念之有谓无谓，判定理论之正谬，俱以实践为表准。唯心论之征信表准为观念之一贯，实证论之征信表准为经验或可验，新唯物论之征信表准则是实践。所以，新唯物论乃是实践哲学。唯其以实践为表准，故不认为现象背后之实在之问题为有意义的，而又不认为外界实在的问题为无意义的。以此，故既反对玄学而又不走入实证论，虽遮拨旧唯物论而不以实在论为满足。

新唯物论之更一基本出发点，便是人群、社会。我们可以说自笛卡尔以来，西洋近世哲学，都是以个人为本位的，其中无论唯物论、主观唯心论、绝对唯心论、实证论，皆以个人观点为基本，所以谈知识只是谈个人的知识，谈人生亦是谈个人的生活。而新唯物论之根本观点却是人群的社会的。所以新唯物论的知识论，根本不是以前所谓知识论。旧哲学之知识论系讲个人知识，以反省为方法；新唯物论之知识论则讲人群之知识，以客观考察历史研讨为方法。新唯物论的人生论亦不是以前所谓人生论，因新唯物论的人生论乃是讲人群的生活，而注重变革世界之实际道路。所以，新唯物论的哲学，可以说是群本位的哲学，与近代其他各派个人本位的哲学皆相对立，在此意义上说，新唯物论确然是与现代伦理哲学不属于同一系统的新哲学。

在此新意谓的唯物论上，我们可以兼综理想与解析。

哲学思想之发展，自一观点而言，可分为三级。第一级原始唯物论，即机械论时期。第二级怀疑论及唯心论时期，由唯物论而发生反动，便是怀疑论，由怀疑而有所肯定，疑物而归信于心，便成唯心论。怀疑论之更进的发展，并心亦疑，则为实证论，究之亦与唯心论相通。第三级则是前二级之综合，而是广大深微的唯物论，即兼综实证论的唯物论。

怀疑论与实证论，终于彷徨无所归宿，而其矜慎不轻信的态度，实有可取。西洋近世哲学之趋于邃密，多由于怀疑论及实证论之作用。解析派哲学，实出于实证论。唯心论之根本观点是虚妄的，主观唯心论推至究竟必归于唯我论，绝对唯心论推至究竟必归于上帝创世论。然唯心论乃是哲学史上最发达之哲学，其理论最丰富，其系统最完美，故亦实非无卓然之贡献。唯心论之优长即有见于宇宙之赜，而不以简化为捷径，而其贡献尤在于认识人之力量，心之作用，能知理想之有力，而创立并宣扬伟大的理想以指导人类的前进。

兼综唯物论、实证论、理想主义之长而成一广大深微的系统，即是第三级的哲学。

二、物质与理想

今当析释所谓物或物质之意谓，并由此更确定所谓唯物之义。所谓物或物质，实不易界说，可以先从“物不是什么”来说：一，物不是心，即不是能自觉能思虑者；二，物不是生，即不是有机的有生死的；三，物不是理，即物不是方式或规律。但物虽不是心，不是生，不是理，而与心、生、理有密切之关系，即心、生、理都藉物而显见。离物是否仍有心、生、理，今暂不论，但即使离物仍有心、生、理，而心、生、理之显见，必藉于物。于是乃可说“物是什么”。物即是不藉它而能自己显见者。依此言物，又可分为二类：一，显物，即目见之诸物；二，微物，即显物所由成之元素，即原子、阴子、阳子、质子、中子等。此自己显见之存在，能刺激人之感官，在人之感觉能力所能及之范围内，能引起人之感觉。故物又可以说是感觉之源。

自新物理学有突进的发展，打破机械唯物论后，世人多谓物理学否认了物质。其实物理学固未尝否认物质，不过否认了旧意谓的物质观念，证明旧意谓的物质，即能移动而无内在动力的固定体的观念，已不适宜而已。新物理学中关于物质究竟为波为粒，尚无定论，有人以为最究竟者仍是粒，粒聚则显波状，亦有人以为波较粒为究竟，而又有或然波之说。要之，新物理学之发见，其实际意义，乃显示三点：

一、物质是活动的，乃在流动状态中，非如以前想象之固定。

二、物质是能自动的，非如以前想象之绝对固定的。

三、物质是复赜的，非如以前想象之简单。

此三点，究与新物理学相合与否，未敢确定，但新物理学实可以说有此趋向。如以物质之旧意谓为物质之唯一可能的意谓，则此所说之物质诚可以说不是物质。但如能不以旧的意谓自囿，则此所说亦未始不是物质。昔莱卜尼兹谓宇宙为自动的精神单子所成，此皆由于认为唯精神方能自动，实则物质亦是能自动的。恩格斯曾谓物与动不可分离，新物理之发见，乃更是将物与动结合在一起。不唯物无时无刻不在动中，而且物本身即是流动之体，乃在动的状态中。

既已释物，次当更释唯物。唯物二字出于译语，实亦可译为“物本”，乃更显豁。（哲学学说名称，凡唯字皆可改为本字，唯物论应称物本论，唯心论应称心本论，如此可免许多误解）物本之义是：

一、物为心、生、理之本，而无先于物者。

二、物的世界即一切，无外于物的世界者，即无离物之存在。

三、研究方法应以对物的考察为起点。

以此义言，认为宇宙出于大心，或存在依附于能知，或认为宇宙出于大生命力，或认为有超时空先宇宙离物自存而为一切之根据之理，皆唯物论所反对。

宇宙可以说有一根本的原则，析言之，即：

一、一切总为一大历程，在此大历程中之存在，有基本的，有衍生的。基本的可简名“先”，衍生的可简名“后”。后原于先，乃先之所生。

二、后不但为先所生，而且其活动又受先所制约。

三、后虽受先所制约，而亦能反作用于先，先可受后之改变。后对于先之改变，亦受先所制约，而先之此种制约，亦渐受改变。

四、在结构性质上，可以说先是粗的，后是精的。在此一意谓上说，可谓后较先为圆满，为卓越。

五、最后者与最先者之精粗，成对立相反之两极。

六、最基本的即物，最后生的即心。

后乃“先”发展之成果，“先”虽是基础的，却粗而卑，“后”虽是精而卓的，却属衍生，此是宇宙之根本的对立统一。由此，当可知宇宙事物乃有两极：一是本根，即最基本的；一是至精，即最精微的。本根最先而最粗，至精最后而最卓。戴东原曾说：“推而极于不可易之为必然，乃语其至，非原其本。”“本”与“至”二词，颇可借用。宇宙一本一至，本与至乃是两端而非即一事。旧哲学有一普遍的倾向，即认为宇宙之最基本者必即是宇宙之最精微者。如老子之道，朱子之太极，黑格尔之绝对精神，柏格森之“生命冲动”。实际上，最基本者与最精微者乃是先后之两端。唯心论之误即在于知心为最精微者，而又即认以为最基本者；机械唯物论之误，即在于知物为最基本者而又以为无高出于物之上者。

物可以生出与物相反之心，此在旧哲学认为是不可解的，而以辩证法释之，则并无难。由物而有生，由生而有心，皆是演化历程中之由量转质。

能知“本”与“至”的分别，则综合唯物与理想，无难。物为本，心为至，居其间者为生。心是物发展之成果，受物所制约，而亦能反作用于物，故人能改造环境，而理想有克服现实之作用。唯物论所见之真理为物先于心，境先于人，而理想主义所见之真理为心能改变物，人能变革境。实际上乃是，心出于物而可以克服物，人为境所制约而可以变化境。关于宇宙之真理当是“物本”，而人生之理想则在于“克物”。

上所说关于宇宙之根本观点，虽然是前人所未尝言，但我自信尚颇能解释各方面的事实，且可以此原则为基础来综合唯物论与理想主义。

三、哲学与解析

新唯物论是以唯物论为基础而吸收辩证法，虽也颇注重理想与分析，但亦不过有其趋向而已。我们更当以新唯物论为基础，而兼综唯心论关于理想的贡献。不止如此，我们还应以新唯物论为基础而吸收解析派的哲学之解析法。对于解析，我们注重两点：一，哲学不可离解析，解析是哲学之基本工夫；二，哲学又不可以解析自限，且在解析法之外亦非无其他方法。

解析法是新实在论的大贡献，而实源出于实证论。新实在论由注重解析，遂导出博若德(C. D. Broad)所谓批评哲学，而更引起专讲解析之维也纳派的逻辑实证论。但维也纳派之思想，未免趋于一偏。我们所应取之解析法，仍当以穆尔(C. E. Moore)、罗素(B. Russell)之解析法为主，不过当略参维也纳派之新贡献，即所谓句法解析。

解析法之要义在辨意谓，析事实：汰除混淆，削减含糊，而以清楚确定为目的。治哲学之基本工夫，实在于解析：厘别不同的意谓，剖分复杂的事实。哲学有所说，必须自知其所说之确定意谓，欲自知其所说之确定意谓，则必有假于解析。

将解析法应用于唯物论，则必将唯物论之根本观念与根本命辞，条分缕析，以显出其确切的意谓。更须将辩证法之根本观念与根本命辞加以同样的厘清。新唯物论中许多根本观念，并未有确切之界说，许多重要命辞，亦未有明晰的解释；在今日，唯物论已差不多成了一个很暧昧的名词，而辩证法又几乎成了一个很神秘的术语，这实是需要用解析法来厘清的。

在一意谓上，解析法亦为辩证法之所含。辩证法之一方面，即见统一中之对立，见表面相类者之不类，见同中之异，见一中之多，此即解析。辩证法于解析之外更重综合，解析与综合，实是不可一缺的。

因解析派的昌盛，乃有一颇流行之见解，即认为唯科学观念之解析批评乃哲学之专门本务，于是一般宇宙论人生论乃被摈于专门哲学之外。此实是不可不辨之谬误。哲学之基本工作是科学批评，而不当即限于科学批评。以科学批评代替哲学，实乃未可。我们可将哲学分为两部：一是一般哲学，二是科学批评。一般哲学乃哲学之本部，科学批评亦可说非即哲学，其性质地位与文学批评正同。

解析派之思想，至维也纳派而有极端之发展。维也纳派以为哲学工作只在于解析科学之名言，以为乃不能有哲学命辞。穆尔等犹以为哲学在解析事实，维也纳派则谓哲学不谈事实。所以维也纳派之主张在一意谓上乃是哲学之否定。其所以有哲学不谈事实之主张，实有其社会背景，即现在欧洲资本主义之情况，实不允许哲学家谈事实。但现在中国所需要之哲学，决非不谈事实的。维也纳派所讲物理主义，实是一意义的机械论，其方法又有唯我论的趋向。但其反对玄学，认为旧哲学许多命辞都是无意谓的，则颇合于新唯物论。其所说句法解析，尤有可取，认为命辞只是语句，最合于唯物之义。

解析必有所依据，新实在论之解析，以经验为最后所依。今以唯物的见地而言解析，则当于经验之外更重实践。新实在论之以经验为解析之所依，亦原于实证论。实证论之谨严矜慎不肯轻有所立之态度，实乃是哲学家所必须有。但唯物论不同于实证论之点，在于实证论唯以经验为征信之表准，唯物论则在经验之外更以实践为征信之表准。实证论以经验自限，故永不能出于怀疑，而无以协符于生活；唯物论以实践为基础，故能既不妄有所信，而又合于生活。以此，实证论不能为行动之引导，唯物论则可为变革世界之指针。

讲解析者皆不喜言理想，认为哲学的本务只是循解析以显真，而非所以求善美。此实不然。此种见地，亦是由于离开实践。其实，根据生活实践以创立伟大切实的理想以为人类努力之标的，正是哲学之重要任务（中国哲学以人生论为中心，人多认为畸形；西洋近世哲学以知识论为中心，乃多不认为畸形，此皆由有所偏蔽）。哲学而不谈事实，犹可将谈事实之责任付予科学；哲学而不谈理想，我实想不出谁将接受谈理想之职任。或以为可付予艺术，但艺术乃是由情感之宣表，而暗示理想，并非能有关于理想之理论。哲学而不讲理想，只是放弃本务而已。现在中国固有不谈理想的理想主义者，避难就易已尔。

哲学之目的，可以说即在于“致广大而尽精微”，致广大即是“观其会通”，尽精微即是“极深研几”。致广大乃唯物论与理想论之事，尽精微则解析之鹄的。

四、中国哲学思想之趋向

今日中国的新哲学，必与过去中国哲学有相当的继承关系。我们所需要的新哲学，不只是从西洋的最新潮流发出的，更须是从中国本来的传统中生出的。本来的传统中，假如有好的倾向，则发展这好的倾向，乃是应当。

唯物论在西洋哲学中即不曾有充分的发展，在中国哲学中，乃更不盛；但也有其传统。最早的有唯物倾向的哲学家，当推惠施，他最注重物的研讨，不以主宰的天及玄秘的道来解说宇宙，而以大一小一来说明一切。其次唯物的倾向最显著的是荀子，荀子只承认一个自然的物质的天。而《易传》的思想也颇有唯物的倾向，故说乾阳物，坤阴物，乾坤只是二物，而其所谓太极，不过究竟原始的意思，也没有理的或心的意谓。宋以后哲学中，唯物论表现为唯气论，唯气论成立于张横渠，认为一切皆一气之变，太虚也是气，而理亦在气之内，心也是由内外之气而成。唯气论其实即是唯物论，西文唯物论原字，乃是唯质或唯料的意思，乃谓质料为基本，而气即是质料的意思，所以唯物论译作唯气论，亦无不可。张子的唯气论并无多大势力，继起的理气论与唯心论，都较唯气论为盛。到清代，唯气论的潮流乃一发而不可遏，王船山、颜习斋，先后不相谋的都讲唯气。王船山由唯气进而讲唯器，器即物的意思。颜习斋更讲知不能离物，都是彻底的唯物思想。习斋以后有戴东原，讲气化流行、理在事物的宇宙论，理欲合一的人生论，皆唯物思想。

唯物哲学在中国不甚盛，而辩证思想则颇丰富。辩证思想发于老子，老子以后是惠子、庄子，讲反复及对立统一，皆颇精湛，而《易传》所说乃尤邃密。宋以后哲学中，张子辩证思想最富。张子最喜讲两与一，两即对立，一即统一。他以为凡两必有其一，凡一皆有其两。二程及朱子也甚注重对立统一。明清以来，唯王船山关于对立统一，颇有新见。

既讲唯物，又讲辩证的哲学家，在古代是惠子及《易传》，在宋代是张子，在清代是王船山。附会地说，这也可以说是中国哲学中辩证唯物论的传统。

唯物论虽不是中国的正统思想，但中国哲学有一些根本倾向，颇合于唯物之义。在宇宙论，中国哲学之基本倾向是不将现象与实在分为二事，现象即实在，实在即现象。在现象背后之实在的观念，在中国哲学中是本来没有的。在知识论，中国哲学根本不认为存在依附于心（只有陆王一派是例外），更根本承认外界是可知的。中国哲学更多将知与行合而为一。在人生论，中国哲学不喜出世的理想，而讲不离乎日常生活的宏大而平实的生活准则。中国哲学家所认为最高境界的，是在日常生活中表现至理。这些都是中国哲学之基本倾向，而是有合于唯物义的。

中国过去哲学，更有一根本倾向，即是自然论与理想论之合一。中国哲学家大部分讲自然论的宇宙观，而更讲宏大卓越的理想。西洋的自然主义与理想主义那种决然对立的情形，在中国是没有的。由此，我们也可以说，综合唯物与理想，实正合于中国哲学之根本倾向。

解析似不为中国哲学所注重，中国哲学在此方面可以说颇缺乏。

但正因中国哲学缺乏此方面，现在乃更应注重。然中国哲学中亦非全无解析，上古公孙龙即颇重解析，中世朱子亦有重解析的倾向，而清代戴东原尤重解析，以为“必就事物剖析至微而后理得”。这种潜伏的注重解析之流，我们应扩充而发展之。

中国近三百年来的哲学思想之趋向，更有很多可注意的，即是，这三百年中有创造贡献的哲学家，都是倾向于唯物的。这三百年中最伟大卓越的思想家，是王船山、颜习斋、戴东原。在宇宙论都讲唯气或唯器；在知识论及方法论，都重经验及知识之物的基础；在人生论，都讲践形、有为。所谓践形，即充分发展人的形体，这种观念是注重动、生、人本的。我们可以说，这三百年来的哲学思想，实以唯物为主潮。

我觉得，现代中国治哲学者，应继续王、颜、戴未竟之绪而更加扩展。王、颜、戴的哲学，都有其不足，但他们所走的道路是正确的。新的中国哲学，应顺着这三百年来的趋向而前进。

五、唯物论之再扩大

现在所说的综合，是唯物、理想、解析的综合，也即是唯物论、理想主义、实证论之新的综合，而也可以说是中国哲学与西洋哲学之新的综合，实际上则更可以说是唯物论之新的扩大。

我们为什么以唯物论为综合的基本呢？乃因为唯物论是最有征验，最合科学，且最符协于生活实践的哲学。唯心论把宇宙说成神妙的，唯物论的宇宙则不免平常，但为了真实，我们却宁信这平常的宇宙。而且，知识论中亦以唯物论最近于真。实在说，知识论的许多问题，非取唯物的见地不能解决。近二十年来，新实在论者对于知识的解析不可谓不精，然而知识论的重要问题依然未得解决，这乃是由于新实在论的根本观点本有所不足。而人生论更非取唯物的见地不能有实际的意义。旧唯物论实在不免粗疏而偏狭，旧唯物论的宇宙论止于机械论，其知识论止于感觉论，其人生论止于唯欲论，都是很不足的。旧唯物论之唯物观念本不是健全的，而又未能将唯物的见地充分推衍于各方面，在知识论与人生论，实不算是彻底的唯物。新唯物论才可以说是完全的彻底的唯物论。新唯物论的宇宙论是辩证的，注重历程与等级。新唯物论的知识论之基本观点是实践，注重知识之实践的基础及外界为知识之源泉，更进而阐明知识之社会性历史性，由以解决感觉经验与概念知识之对立，以及真知之相对与绝对。（路易士 C. I. Lewis 讲经验与先验之统一，近甚为人所推重，然其精义，亦未出新唯物论所说。）新唯物论的人生论之根本见地在认识人之社会性，又注重人与环境、自由与规律之辩证法，而最注重者是变革世界的实际道路。

在今日，我们实应顺着新唯物论的创造者们之趋向，而更有所发展。

这所说的将唯物、理想、解析，综合于一的哲学，究竟可有如何的内容呢？现在当大略说一说：

第一，方法论。注重三事：

（一）知行之统一。此是基本观点。

（二）解析法。厘清意谓，剖析事情。

（三）辩证法。

（1）辨察统一中之对立：即视事物为发展历程，而探索此历程之内的动力即其内在矛盾，并考察其矛盾发展之诸阶段。

（2）辨察对立之统一：即研讨对立之交参互涵相倚不离的关系。

第二，知识论。注重五事：

(一)知之物的基础。知不能离物，而受物之决定。非存在即受知，而是知觉基于存在。

(二)知与行之统一。行是知之基，亦是知之成。知原于行而成于行。

(三)知之群性。知不离群，知乃是群知。个人知识中一部分由感官经验而来，一部分由社会传授。个人之知识以社会的知识为基础。

(四)感与思之统一。由感而有思，思原于感而又能越出感之限制。感所以认识外界现象，思所以认识外界条理，范畴概念起于思，虽常不尽合于物，而皆有其物的基础。

(五)真知之变与常。一般所谓真知是有待的，常在迁易之中，然实趋向于无待真知；在真知之变中，实有其不变之趋向，即其常。物虽非一时所能尽知，而究系可知的。

第三，宇宙论。注重三事：

(一)历程与事物。宇宙为一大历程，为一生生日新之大流，此大历程，亦可用中国古名词，谓之曰“易”。在此历程中，一切皆流转，皆迁变，然变有骤渐。暂现而即逝，逝逝无已者为事。较事常住者为物，凡物皆一发展生灭之历程(此所谓事，即怀悌黑 A. N. Whitehead 所谓事之意义，此所谓物，则非怀悌黑所谓物相)。

(二)理或物则。较物更常住者为理。一物之性即一物之理。理即在事物之中，非先于物，非离物而自存，离事物则无所谓理。理有二：一根本的理，或普遍的理，即在一切事物之理，此理无始无终，与宇宙同久，但亦非先于事物而有。二非根本的理，即特殊事物之理，则有此特殊事物乃有此理，无此特殊事物即无此理。如未有生物则无生物之理，未有人类则无人伦之理。此理有始终，有起断。

(三)一本多级。宇宙中事物可以说是一本多级的。统而言之皆物，析而言之有物有生有心。物为一本，生、心为二级。生、心皆物发展之结果，以物为基本。物之要素为微物，即阴子、阳子、质子、中子等，乃能自动的不固定的自在体。

第四，人生论。新唯物论不注重人生论，现在却当充分注重之。在人生论，注重五事：

(一)天与人之统一。

(1)天人关系。由天而有人，人是天之所生。人受天之制约，而人亦能改变天。

(2)善生与克物。人生论之最有实际重要之问题应是改善生活之程序的问题，即改善人生须先改造人生之何方面。人生中，改造物质的能力之状态，实决定其他方面；即生产力生产技术之发展，决定生活之其他方面。改善人生，必改善生产力、生产技术。物的改造，决定生之状态；改善生活，在于克服物质。

(3)动的天人合一。天人有矛盾，克服此种矛盾，乃得天人之谐和，由戡天而乐天。动的天人合一是人类生活之最高境界。

(二)群与己之统一。

(1)群己一体。群己不离，人的生活乃是群的生活，改善人生，须改造社会。

(2)与群为一。个人修养之最高境界，是与群为一。扩大其我，以群为我。

由上，我们更可以说：克服自然(克物戡天)变革社会，改善人生，是一事。或，改进生产力，变革社会制度，人生之圆满，是一事。

(三)生与理之统一。由物而有生，当以生克物；由生而有理，须以理律生。而理亦不可离生，理只是求生之谐和圆满不得不循之准则。生包含矛盾，克服生之矛盾，以得生之谐和，即达于理(此所谓理，指当然的准则)。

(四)义与命之统一。自然与当然，现实与理想，规律与自由，有其对立统一。认识现实，顺其矛盾发展之趋势而改造之，乃能有理想之实现。辨察必然规律，遵循而驾御之，乃能获得自由。命是自然的限制，义是当然的理想。

(五)战斗与谐和之统一。生活即是奋斗的历程，生活常遇逆阻，即反生，克服此逆阻或“反生”，乃得到生之提高。以此，“反生”正是使生提高之条件，不要惧避逆阻，而须迎逆阻而与之战斗，以克服之，藉以提高生活，以获得谐和。战斗是动，谐和是静，经过战斗乃可达到真实的谐和。

以上便是今所说新的综合哲学之大体纲领。这个综合的哲学，对于西洋哲学方面说，可以说是新唯物论之更进的引申，对于中国哲学方面说，可以说是王船山、颜习斋、戴东原的哲学之再度的发展，在性质上则是唯物论、理想主义、解析哲学之一种综合。这个综合，当然不能说是唯一可能的综合，然的确是一个真实可能的而且比较接近真理的综合。

民国二十五年四月二十八日写竟

[附识一] 哲学研究工作，可分二事：一，问题之解析的研讨；二，系统的建立或主义的发挥。在二者中，问题的研讨实是根本而重要的，系统的建立原当不必急。但在问题的研讨，亦应先确定基本的观点。本文意在提出一些基本观点。

[附识二] 今人对于新唯物论的态度，可分三种：一是墨守的态度，即类乎宗教信仰的态度。凡宗师所已言，概不容批评；宗师所未言及者，不可有所创说。

二是盲目反对的态度，即不求甚解，不作同情的体察，而悍然作不中肯的驳诘。三是修正的态度，即认宗师所说有对有不对，应有所改变。对于这三种态度，我都不赞成。我的意思认为学术之进，端赖自由思想与批评态度，以水济水，实非真学。而不求知之即反对之的态度，更属狂谬。修正的态度，亦属乖妄，有错误方须修正，宗师所说本无谬误，何事修正！我的态度是发挥扩充：对于已有之理论应更加阐发，而以前未及讨论之问题，应补充研讨之。我认为中国现代唯物论者的任务是：(1)以解析为方法将新唯物论中根本观念剖辨清楚；(2)以唯物辩证法为方法讨论新唯物论创造者所未及讨论的哲学问题；(3)以新唯物论为基本，而推阐所未明言之含义；(4)以不违乎辩证唯物为原则，以吸收它派哲学中之合理的东西；(5)根据唯物辩证法处理中国哲学中之传统问题；(6)寻求中国哲学中之辩证唯物的传统而继承发挥之。现在许多新唯物论者，都取第一个态度，未必能同意于我所说的，我只希望不要随意误会或曲解。

［附记］此文用了一些不通俗的名词，如称辩证法为对理，称对立统一为两一，未免艰涩难懂，今酌加改正。1992 年 5 月校后记。

世界文化与中国文化*

文化或文明，是人类努力创造的结果之总和。由自然的演化而有人类，人类与自然之间却又存在矛盾。人类为了维持和提高其生活，必与自然斗争。在这斗争过程中，便逐渐创造了文化。斗争必由劳动，且必由集体的劳动，斗争的结果便改造了自然，同时亦改变了人类自身。文化是通过集体劳动而改造自然并改变人们自身的总成果。文化是人类为了满足欲望而进行斗争的结果。人类之所以贵于禽兽，其一即是能创造文化。文化的内容即思想、学术、艺术、制度、礼俗等。

各民族的文化不相同。不同的民族所处的地域不同，其生产力的发展之迟早缓速不同，故其所形成的文化亦不相同。地域不同是比较疏远的原因，生产力发展的程度不同是切近的原因。生产力的发展是文化发展的基础。只有把不同民族的社会生产力发展的情况弄清楚，才能深切地理解一个民族的文化。但是两个民族文化的不同，并不只

* 原载 1933 年 6 月 15 日天津《大公报·世界思潮》副刊第四十二期。

是由于两个民族所有的生产力发达程度的不同，实亦受地域的因素的影响，即为其周围的自然状况所决定。有许多人认为两个民族的文化之不同，可以专从其生产力发展程度的不同来理解，这还没有看到现象的全面。两个生产力发展程度相同的民族，由于地域之不同，其文化虽大致相似而仍不相同，这从古代世界的各民族以及近世欧洲各国的历史可以看出。

一个民族的文化，如果不与较高的不同的文化相接触，便易走入衰落之途。然而虽衰，却因没有较高的文化来征服，亦不易即趋灭亡。一个民族的文化与较高的文化相接触，固然可以因受刺激而获得大进，但若缺乏独立自主精神，也有被征服被消灭的危险。

民族文化是资本主义社会及其以前的各历史阶段所有的。随着社会主义的到来，这种文化就会发生变化，劳动者阶级的革命，无疑地是要踏上克服民族文化差别的道路。社会主义文化是世界性的文化，然而世界性不是无民族性，在民族存在的限度内，不能有无民族性的文化。诚如列宁所说“国际的文化不是无民族的，谁也不曾要求纯粹的，不是波兰人的，也不是犹太人的，也不是俄罗斯人的文化”。一个民族的文化之中，且有所谓内部变异，世界文化岂得没有内部变异？在将来，将无有所谓东方文化与所谓西方文化的对立，但亦非无东西之殊。

文化是发展的。文化在发展的历程中必然有变革，而且有飞跃的变革。但是文化不仅是屡屡变革的历程，其发展亦有连续性和累积性。在文化变革之时，新的虽然否定了旧的，而新旧之间仍有一定的连续性。从根本上说，文化是不断地向前发展的，变革只是促使其前进。文化的发展可以说是一贯的发展。文化是向着一个大方向发展，在发展中常常改换小方向，而大方向是确定的。

凡此一切，都是符合辩证法的。

中国文化是世界中伟大的民族文化之一，是世界中伟大的独立发达的文化之一。以汉族为主的中国各民族，发挥其伟大的创造能力，在东亚的大陆上，独立地创造了自己的文化。

自汉至明，少数民族的贵族常给中原的汉民族以创伤，但因其是低文化的，终为中原的汉民族的较先进的文化所同化。现在，情况却大异往昔，中国遇到了外国资本主义的文化的侵略，而中国民族不特失其同化的力量，且有被同化的危险。但是，国内有一些人却对此缺乏认识，竟提倡全盘欧化，显然，这种主张是有害的。

我觉得，现在要仍照样保持中国的旧文化，那是不可能的，但西洋的资产阶级文化也到了将被否定的日子。社会主义的世界性的文化必然要到来，中国必将产生新文化而成为那世界性的社会主义文化的一部分。

现在，中国的旧文化既不能照样保持，那么，是否就要整个地将其取消呢？将其扫荡得干干净净呢？——不！只有不懂唯物辩证法的人，才会有这种主张。按照唯物辩证法的观点，一种文化中必然含有相互对立的成分，即好的或较有积极意义的和坏的或具有消极意义的成分，唯物辩证地对待文化，就应一方面否定后者，一方面肯定前者，并根据现实需要加以发挥、充实。中国的旧文化，也包含两部分，一是良好的健康的部分，它是中国旧文化之中可以算得对人类社会有贡献的部分；一是不好的病态的部分，它对中国社会产生了严重的消极影响。不过，应该看到：后者是由前者的流弊所造成，而前者又为后者所拖累而未能得到充分圆满的发展。

中国人如果不能认识出自己旧文化中的不好的病态部分，或不能认识出自己旧文化中的良好的健康部分，那就会造成对待文化问题的盲目性。中国人如果守旧不改，则无异于等着毁灭；如果妄自菲薄，以为百不如人，则难免有被外来侵略者征服的危险。中国人必须不自馁，赶快振奋起来，乐观地加入全世界创造新文化的工作。

资产阶级文化中有着“可以永列在人类财产簿上的要素”。其实，资产阶级文化以前各阶段的文化，也有些可以永列在人类财产簿上的要素，即有永久价值的永远不磨的东西。例如古希腊及罗马即是如此，中国亦然。中国的文化，其中有些堪以作为对人类社会有较大贡献的精粹。文化以生产力及社会关系的发展为基础。生产力发展到一新形态，社会关系改变，则文化必然变化。然而以前的文化之精粹可以在另一形态下保存着，或者经过一番更新而发展，却非完全归于澌灭。文化的发展是有累积性的。

上述具有不磨价值的文化元素，虽产生、发育于一个民族的民族文化之中，却不只是一个民族的，在本质上是全人类的，它是对人类整个文化的贡献。到将来民族文化消灭之时，各民族文化中的优秀元素将被世界化；即使不能世界化，亦将被保持为世界文化内部变异中的某地方的特性。这样，民族文化的优秀元素，不仅不会随着民族文化的消灭而消灭，反而能得到世界化，这也是辩证的行程。

中国有为全世界、全人类保持并提供优秀文化的义务，有改造其旧文化使与世界文化相适应的责任。我们如果不主动地对旧文化进行改造，而待外人来强行改造，那就难免沦于奴隶地位。

中国旧文化有哪些优秀的东西？老实说，旧文化中好的东西与不好的东西比起来，在数量上差得远。一堆一堆的朽土之中，只有一些金刚石在发放光辉。文化，一般地说，实即“正德利用厚生”。东方文化与西方文化的差异，在于东方特重“正德”，而西方则特重“利用”。“厚生”是两方都重视的，不能厚生何以言文化？中国文化对全世界的贡献即在于注重“正德”，而“正德”的实际内容又在于“仁”的理论与实践。孔子谓仁即“己欲立而立人，己欲达而达人”，其意义就是与人共进，相爱以德。孟子更从人性及心理方面阐述仁，认为仁是人之所以为人的本性，仁原于不忍之心，即对于旁人痛苦的同情。以后儒家更以“成己成物”、“民胞物与”言仁。“无终食之间违仁”，即无须臾之间离道，能如此，即达到人生之最高境界，而达到此境界即得至乐。从根本上说，仁是动的，是自强不息的。仁是在现实中体现理想，在日常生活中达到崇高的境界。中国古代哲人所苦心焦虑的就是如何使人们能有合理的生活，其结晶即仁。他们总觉得人必须“正德”，然后人生才有价值。中国人的生活基调即在于注重“正德”。这就是中国文化对全世界的特殊贡献。

中国的表现“正德”的“仁”的理论与实践，是有价值的，应有以发扬之，但亦不可死板地保持，而应随着现实情况的变化而有所发展。儒家讲仁，承认差等，即有保持等级以及阶级的倾向，显然，这是应当更改的。

中国文化的缺点实在太多，但这都将随着生产力的发展及新的社会关系之形成而消失，如大家庭制与旧礼教，以后必将变革。中国所最缺乏的是科学与团结力，必须向西洋学习。中国人因种种缘故，喜静恶动，追求宁静的安适，不追求运动的愉快；有些人甚至懒惰、萎靡，不肯振作，形成一种病态的样子，缺乏斗争的意志，更无斗争的力量。其所以如此，都是有其物质根源的。将来物质生活改变了，此种情形当然也会改变；但不能坐待物质生活之改变而有为，必须于此先有所变易。中国人应当养成勤奋的生活态度，不可再以安闲为乐和以变动为苦了。

中国旧文化的改造，同时就是新文化的创成，也可以说是中国文化的复兴。要使中国文化得到发展，必须对现在的社会进行批判。虽应认识旧文化中的优秀成分加以发扬，却决不可受传统思想的拘束而不勇于创新。

中国人的崇高理想迄未实现。中国人固有的崇高理想，考察起来，主要有三个：一是生活的合理，二是参赞化育，三是天下大同。中国人所做到的只是一部分哲人的生活符合自己所倡导的原则，其余的两个理想则未能实现，这是由于受生产力发展程度的限制。中国人要参赞化育，必须依靠科学，要实现天下大同，则舍社会主义别无途径。“能尽物之性则可以赞天地之化育，可以赞天地之化育则可以与天地参矣”，尽物之性是非由科学不可的。而欲“通天下之志”，“天下为公”，只有经过社会主义革命及建设，才能变理想为现实。

中国久以天下大同为理想，所以将来世界性的社会主义文化之创成，亦正是中国固有理想之实现。

目前，中国虽面临着空前的大危机，然而也是空前的大发展时期。现在的时代是资本主义濒危的时代，是被压迫阶级即将翻身的时代，亦是被压迫民族即将抬头的时代。在此时代，帝国主义是不可能灭亡别的国家了。中国处在半殖民地的地位，在能达到社会主义以前，长时期的混乱是必然的。帝国主义虽然破坏了中国旧的社会经济，但它却不允许中国形成一个健全的资本主义国家，它只希望中国长期陷于混乱状态。此时中国人应努力奋斗，坚定斗争的意志，加强斗争的力量。中国人切不可盲从着一部分外国人说“中华民族衰老了”，如果这样，那就等于说中国民族没有前途了。我认为，民族衰老之说并无科学根据，中华民族虽有若干衰弱之病，但仍保持很大的潜在活力，是能够转弱为强的。

中国文化本来是先进的，不料以后停滞了，落后了。在此时代，中国应由西方文化给予的刺激，而大大地发挥固有的创造力，创造出新的文化，使之在将来的世界文化中有重要的地位，作出新的贡献。

文化是最复赜的现象，文化问题只有用唯物辩证法对待，才能妥善地处理。列宁说："在文化问题上，性急与皮相是最有害的。"这是我们应永远注意的名言。

[**附记**] 这是我30年代初期所写关于文化问题的文章。当时我对文化问题很感兴趣，有自己的主张：一方面我反对"全盘西化"，另一方面我也反对所谓"发扬国粹"、"读经复古"，认为应当运用唯物辩证法来分析文化问题。但文中对儒家"仁"的学说的评价，未免肤浅笼统，这是一个尚待深入钻研的理论问题，今后当试图作进一步的剖析。1984年5月记。

中国哲学中“天人合一”思想的剖析*

中国传统哲学，从先秦时代至明清时期，大多数(不是全部)哲学家都宣扬一个基本观点，即“天人合一”。这是中国传统哲学的一个独特的观点，确实值得深入地考察。在中国哲学的长期发展过程中，所谓“天人合一”具有复杂的涵义，今试加以剖析。

一、“天人合一”成语的来历

所谓“天人合一”，可以看作一个命题，也可以看作一个成语。天人合一的思想起源于先秦时代，而这个成语则出现较晚。汉代董仲舒曾说：“以类合之，天人一也”(《春秋繁露·阴阳义》)，又说：“天人之际，合而为一”(同书《深察名号》)，但是没有直接标出“天人合一”四字成语。宋代邵雍曾说：“学不际天人，不足以谓之学”(《皇极经世·观物外篇》)。“际天人”即是通贯天人，也是天人合一的思想，但也没有提出这四个字。明确提出“天人合一”四字成

* 原载《北京大学学报》(哲学社会科学版)，1985 年第 1 期。

语的是张载，他说：“儒者则因明致诚，因诚致明，故天人合一，致学而可以成圣，得天而未始遗人。”(《正蒙·乾称》)他又说：“合内外，平物我，自见道之大端。”(《理窟》)“天人合一”亦即内外合一。程颢也讲“天人一”，他说：“故有道有理，天人一也，更不分别。”(《程氏遗书》卷二上)但他不赞同讲“合”，他说：“天人本无二，不必言合。”(《程氏遗书》卷六)程颢讲“不必言合”，可能是对于张载的批评。张程用语不同，但是他们关于天人关系问题的思想还是基本一致的。我们认为用“天人合一”来概括这类思想还是适当的。

中国古代哲学中所谓天，在不同的哲学家具有不同的涵义。大致说来，所谓天有三种涵义：一指最高主宰，二指广大自然，三指最高原理。由于不同的哲学家所谓天的意义不同，他们所讲的天人合一也就具有不同的涵义。

对于古代哲学中所谓“合一”的意义，我们也需要有一个正确的理解。张载除了讲“天人合一”之外，还讲“义命合一”、“仁智合一”、“动静合一”、“阴阳合一”(《正蒙·诚明》)；王守仁讲所谓“知行合一”(《传习录》)。“合”有符合、结合之义。古代所谓“合一”，与现代语言中所谓“统一”可以说是同义语。合一并不否认区别。合一是指对立的两方彼此又有密切相联不可分离的关系。

二、“天人合一”观念的起源与演变

天人合一的观念可以说起源于西周时代。周宣王时的尹吉甫作《蒸民》之诗，有云：“天生蒸民，有物有则，民之秉彝，好是懿德。”(《诗经·大雅·荡之什》)这里含有人民的善良德性来自天赋的意义。孟子引此诗句并加以赞扬说：“孔子曰：为此诗者其知道乎！故有物必有则。民之秉彝也，故好是懿德。”(《孟子·告子上》)这是孟子

"性"、"天"相通思想(见下)的来源。

《左传》成公十三年记载周室贵族刘康公的言论说：

吾闻之：民受天地之中以生，所谓命也，是以有动作礼义威仪之则，以定命也。

这里对于"天地之中"未作解释，主要是指天地的精粹而言。这里把"天地"与人的"动作礼义威仪之则"联系起来，表现了天人相通思想的萌芽。郑国著名政治家子产区别了天道与人道，他说："天道远，人道迩，非所及也，何以知之?"(《左传》昭公十八年)子产反对当时占星术的迷信，这是有重要进步意义的。但是子产也肯定天与人的联系。《左传》昭公二十五年记载郑子太叔(游吉)的言论云：

吉也闻诸先大夫子产曰：夫礼，天之经也，地之义也，民之行也。天地之经，而民实则之。则天之明，因地之性，生其六气，用其五行，……为君臣上下以则地义。为夫妇外内，以经二物。为父子兄弟姑姊甥舅昏媾姻亚，以象天明。……哀有哭泣，乐有歌舞，……哀乐不失，乃能协于天地之性，是以长久。……礼，上下之纪，天地之经纬也，民之所以生也，是以先王尚之。

这里子太叔引述子产的遗言而加以发挥，认为礼是"天经"、"地义"、"天地之经纬"，把天地与人事联系起来。(这里子产的遗言是到何句为止，已难确定。)这是从伦理道德来讲天人关系，以为天地已经具备了人伦道德的根据，这种观点是和当时的占星术不同的，而含有深刻的理论意义。子太叔的这些言论为后来汉宋儒者所继承。不同的是，这里以为“君臣上下”是“以则地义”，与天无关；而“父子兄弟”等等则是“以象天明”。后来《周易·系辞》则以“天尊地卑”来说明“君臣上下”，与子太叔不同了。子太叔的观点表现了原始朴素的性质。

孔子虽然推崇子产，却没有谈论“天经地义”等问题(《孝经》所说是后人依托)。到孟子，把天与人的心性联系起来。孟子说：“尽其心者，知其性也，知其性则知天矣。”(《孟子·尽心上》)以为尽心即能知性，知性就知天了。孟子此说，非常简略，不易理解。于此应先考察孟子所谓心、性、天的意义。孟子论心云：

> 耳目之官不思，而蔽于物，物交物则引之而已矣。心之官则思，思则得之，不思则不得也，此天之所与我者。(《孟子·告子上》)

心是思维的器官，心的主要作用是思维。孟子论性云：

> 恻隐之心，人皆有之；羞恶之心，人皆有之；恭敬之心，人皆有之；是非之心，人皆有之。恻隐之心，仁也；羞恶之心，义也；恭敬之心，礼也；是非之心，智也。仁义礼智，非由外铄我也，我固有之也，弗思耳矣。(《孟子·告子上》)

性的内容即是恻隐之心、羞恶之心、恭敬之心、是非之心。所以尽心即能知性。这恻隐、羞恶、恭敬、是非之心，都是“思则得之，弗思则不得”的。而这思的能力是天所赋予的。孟子以天为最高实体，是政权的最高决定者，舜、禹“有天下”，都是“天与之”(《万章上》)。又说：

> 舜禹益相去久远，其子之贤不肖，皆天也，非人之所能为也。莫之为而为者天也，莫之致而至者命也。(《孟子·万章上》)

凡“非人之所能为”的，都是由于天。天又赋予人以思维能力，即所谓“心之官则思，思则得之，不思则不得也，此天之所与我者”。孟子认为，思是“天之所与”，思与性是密切联系的，所以“知性”即“知天”。

孟子“知性则知天”的观点，语焉不详，论证不晰，没有举出充分的理据。荀子批评孟子“甚僻违而无类，幽隐而无说，闭约而无解”(《荀子·非十二子》)，如果是批评孟子“知性则知天”之说，确有中肯之处。但孟子通贯性天的观点对于宋明理学影响极大。张载、程颢、程颐都接受了孟子的这个观点，对之提出了各自的解释和论证。

道家老子以“有物混成、先天地生”的道为最高实体，不以天为最高实体，因而在老子哲学中没有涉及天人合一的问题。老子以道、天、地、人为“域中四大”，宣称“人法地、地法天、天法道、道法自然”，但没有多谈天地与人的关系。老子摒弃儒家的“仁义”，要求“见素抱朴”，回到自然。庄子更将“天”与“人”对立起来，主张“不以心捐道，不以人助天”(《庄子·大宗师》)、“无以人灭天”，“无以故灭命”(《秋水》)。这是要求放弃人为，随顺自然。如果完全放弃了人为，就达到“畸于人而侔于天”(《大宗师》)的境界，也称之为“与天为一”(《达生》)。但是这所谓“与天为一”不是天人相合，而是完全违背了人。所以荀子批评庄子“蔽于天而不知人”(《荀子·解蔽》)，这是完全正确的。

荀子反对庄子“蔽于天而不知人”，也不同意孟子的知天，宣称“唯圣人为不求知天”，而强调“明于天人之分”(《天论》)。但是，荀子也承认天与人有一定联系，他把人的“好恶喜怒哀乐”称为“天情”，把“耳目鼻口”称为“天官”，把“心居中虚以治五官”称为“天君”。又说：

> 财非其类以养其亲，夫是之谓天养；顺其类者谓之福，逆其类者谓之祸，夫是之谓天政。

而圣人的作用是“清其天君，正其天官，备其天养，顺其天政，养其天情，以全其天功”。圣人虽然是“明于天人之分”，但也不是脱离天的。荀子提出“制天命而用之”的重要命题，强调人的能动作用，这是荀子的独特贡献。荀子虽然没有割断天与人的联系，但是所强调的是“天人之分”，他是中国哲学史上不讲天人合一的思想家。

战国时期，一些传授《周易》的儒家学者依托孔子的名义写成《易传》十篇。汉代为了区别于后人写的“易传”，称依托孔子的十篇为《易大传》。这十篇不是一人的手笔，也不是一时的作品，大致是战国中期至末期的著作。《易传》中提出了关于天人关系的精湛见解。《周易·文言》提出“与天地合德”的理想，说：

> 夫大人者，与天地合其德，与日月合其明，与四时合其序，与鬼神合其吉凶，先天而天弗违，后天而奉天时，天且弗违，而况于人乎？

所谓“先天”即为天之前导，在自然变化未发生以前加以引导；所谓“后天”即遵循天的变化，尊重自然规律。《周易·象传》说：“天地交泰，后以财成天地之道，辅相天地之宜，以左右民。”(《泰卦》)财成即加以裁制成就，辅相即遵循其固有的规律而加以辅助。这里强调统治者（“后”即君）的作用，属于唯心史观，这在当时是不可避免的。《系辞上传》讲圣人的作用说：

> 与天地相似，故不违；知周乎万物而道济天下，故不过；旁行而不流，乐天知命故不忧，安土敦乎仁，故能爱；范围天地之化而不过，曲成万物而不遗，通乎昼夜之道而知。

圣人有广博的知识。“知周乎万物”，又坚持原则，“旁行而不流”；不违背天命，“乐天知命”，又发挥德行的作用，“敦乎仁”；对于天地之化加以“范围”，即加以制约；对于万物则委曲成就，“曲成万物”。其所以如此，在于通晓阴阳变化的规律，“通乎昼夜之道而知”。用现代语言来说，可谓天人调谐，一方面尊重客观规律，另一方面又注意发挥主观能动作用，这是关于天人关系的一种全面观点。

汉代董仲舒提出“人副天数”的观点，认为：

> 人有三百六十节，偶天之数也；形体骨肉，偶地之厚也；上有耳目聪明，日月之象也；体有空窍理脉，川谷之象也。……天以终岁之数成人之身，故小节三百六十六，副日数也；大节十二分，副月数也。内有五脏，副五行数也。外有四肢，副四时数也。乍视乍瞑，副昼夜也；乍刚乍柔，副冬夏也。乍哀乍乐，副阻阴也……于其可数也副数，不可数者副类。（《春秋繁露·人副天数》）

此其为说，牵强比附，内容粗浅而烦琐，理论价值不高。董仲舒又说：

> 天地之常，一阴一阳。阳者天之德也，阴者天之刑也。……天亦有喜怒之气、哀乐之心，与人相副。以类合之，天人一也。(同书《阴阳义》)

把天的阴阳说成天的哀乐，也是附会之谈。又说：

> 事各顺于名，名各顺于天，天人之际合而为一，因而通理，动而相益，顺而相受。(同书《深察名号》)

以为名号出于天意。要之，“以类合之，天人一也”是董仲舒关于天人关系的结论，实则论证不足。董仲舒又提出“道之大原出于天”的命题(《举贤良对策》)把君臣父子夫妇的伦理原则归属于天，为封建社会的等级秩序提供天道的根据。董仲舒所谓天具有奇特的含义，一方面天是“百神之大君”，是有人格的神灵；另一方面天又是包括日月星辰的天体。因而他所谓“天人一也”的含义也是复杂而含混的。董仲舒又讲天人感应。在董氏的系统中，天人感应与“天人一也”是密切联系的，因为他所谓天有“喜怒之气”、“哀乐之心”。但是在理论逻辑上，天人感应思想与天人合一观点并无必然的联系。

王充猛烈攻击天人感应的迷信思想，他断言“天本而人末”，“天至高大，人至卑下”(《论衡·变动》)，他是不承认所谓“天人一也”的。但是王充也肯定“天禀元气，人受元精”(同书《超奇》)，又说：“上世之天，下世之天也，天不变易，气不改更；上世之民，下世之民也，俱禀元气。”(同书《齐世》)这样，天和人都是“禀元气”的，还是有其统一性。

唐代柳宗元强调“天人不相预”，刘禹锡提出“天人交相胜”，都属于不讲天人合一的思想家。

到宋代，天人合一思想有进一步的发展。张载明确提出“天人合一”的命题，他是针对佛教“以人生为幻妄”的主观唯心主义而提出这个命题。张载说：

> 释氏语实际，乃知道者所谓诚也，天德也。其语到实际，则以人生为幻妄，以有为为疣赘，以世界为荫浊，遂厌而不有，遗而弗存。就使得之，乃诚而恶明者也。儒者则因明致诚，因诚致明，故天人合一，致学而可以成圣，得天而未始遗人，《易》所谓不遗、不流、不过者也。(《正蒙·乾称》)

佛教哲学追求最高的绝对的实体，称之为“实际”，亦称之为“真如”，而认为现实世界是不真实的。张载用《中庸》的“诚”“明”学说加以批判。所谓“诚”指天道，又指“不勉而中、不思而得、从容中道”的圣人境界。以诚为天道，即是认为天是真实而具有一定规律的。以诚为圣人的境界，即是认为圣人的一切行为都是合乎原则的。《中庸》又讲诚与明的关系，“诚则明矣，明则诚矣”。诚即达到“从容中道”的境界，明指对于这种境界的认识理解。《中庸》讲诚，把天道与圣人的精神境界混为一谈，表现了唯心主义倾向；另一方面肯定天是真实的具有一定规律的，又表现了唯物主义的倾向。张载认为，肯定现实世界的实在性，才可谓“明”，而佛教否认现实世界的实在性，专讲所谓“实际”，这至多是“诚而恶明”，这是割裂了天人，违背了真理。

张载以天人合一的观点解释所谓诚明，他说：

天人异用，不足以言诚；无人异知，不足以尽明。所谓诚明者，性与天道不见乎小大之别也。(《正蒙·诚明》)

又说：“性与天道合一存乎诚。”(《正蒙·诚明》)他认为，如果不承认人的作用亦即天的作用，就不是诚；如果不承认知天与知人的统一性，就不是明。诚明就是肯定天道与人性的同一。这性与天道的同一性何在？他说：“圣人语性与天道之极，尽于参伍之神，变易而已。”(《正蒙·太和》)又说：“性与天道云者，易而已矣。”(《正蒙·太和》)性与天道的内容就是变化。他又说：“太和所谓道，中涵浮沉升降动静相感之性”(《正蒙·太和》)。这性即是“浮沉升降动静相感之性”，即运动变化的潜能。这样，张载提出了对于孟子所谓“知性知天”的新解释，肯定运动变化即是天道，也即是人的本性。

张载以“变易”为“性与天道”，他没有从这“性与天道”中引申出道德原则来，他是从性的普遍性来引出道德原则的。他说：“性者万物之一源，非有我之得私也。唯大人为能尽其道，是故立必俱立，知必周知，爱必兼爱，成不独成。”(《正蒙·证明》)因为人人物物都有统一的本性，所以应该爱人爱物。

张载的“天人合一”观点的主要思想是：一，天和人都是实在的，“天人”之“用”是统一的；二，天和人都以“变易”为本性。张载所谓“天”指无限的客观世界，“由太虚有天之名”(《正蒙·太和》)。“天大无外”(《正蒙·太和》)。他主张“本天道为用”(《正蒙·太和》)，“范围天用”(同书《大心》)，把天之“用”与人之“用”统一起来，这都是唯物主义观点。但是，人性应是人之所以为人者，人性与天道应有层次的不同。张载没有区别天道与人性的层次，这表现了神秘主义的倾向。

程颢也强调“一天人”，他说：“须是合内外之道，一天人，齐上下”(《程氏遗书》卷三)。又说：“除了身只是理，便说合天人，合天人已是为不知者引而致之，天人无间。”(《程氏遗书》卷二上)又讲：“天人本无二，不必言合。”(《程氏遗书》卷六)他反对讲天人“合一”。他何以反对讲“合”字呢？其理由之一是反对区别主体与客体，他说：“言体天地之化，已剩一体字。只此便是天地之化，不可对此个别有天地”(《程氏遗书》卷二上)，认为天地不是外在的。他又说：“若如或者别立一天，谓人不可以包天，则有方矣，是二本也。”(《程氏遗书》卷十一)这是对于张载的批评，张载肯定天是外在的，程颢以为是二本，即区别主客为二。程颢提出“心即是天”的彻底唯心主义的观点：“只心便是天，尽之便知性，知性便知天，当处便认取，更不可外求。”(《程氏遗书》卷二上)程颢对于孟子“知性知天”作了主观唯心主义的解释。

程颢又提出“以天地万物为一体”之说，他说：

> 医书言手足痿痹为不仁，此言最善名状。仁者以天地万物为一体。莫非己也，认得为己，何所不至？若不有诸己，自不与己相干，如手足不仁，气已不贯，皆不属己。故博施济众乃圣之功用。(《程氏遗书》卷二上)

又说：“人与天地一物也，而人特自小之，何耶？”(《程氏遗书》卷十一)这就是说，应以“天地万物”的总体为大我，不应拘于自己身体的小我。这是一种宣扬“人类之爱”的思想，这是一种空想的泛爱说教。在阶级社会中，宣扬“泛爱”，是不可能实行的，但也有反对暴政的积极意义。

程颢的“天人本无二”说，主要有两方面的意义：一，心便是天，天非外在，这是主观唯心主义。二，把"以天地万物为一体"作为最高的精神境界，这是一种"人类之爱"的理想。

程颐立说与程颢有所不同，他不讲"心便是天"，也不谈"以天地万物为一体"，而强调天道与人道的同一性。他说："道一也，岂人道自是人道，天道自是天道？"(《程氏遗书》卷十八)又说："道未始有天人之别，但在天则为天道，在地则为地道，在人则为人道。"(《程氏遗书》卷二十二上)而这个道也就是性。他说：

称性之善谓之道，道与性一也。以性之善如此，故谓之性善。性之本谓之命，性之自然者谓之天，自性之有形者谓之心，自性之有动者谓之情，凡此数者皆一也。(《程氏遗书》卷二十五)

他这样把性与天与心联系起来，这是程颐对于孟子"知性知天"的解释。在程颐的体系中，天就是理，性也即是理，他以"理"把性天贯通起来。

程颐解释《周易》乾卦"乾元亨利贞"说："元亨利贞谓之四德。元者万物之始，亨者万物之长，利者万物之遂，贞者万物之成。"(《周易程氏传》)以元亨利贞为始、长、遂、成。这就是认为元亨利贞是表示动植物发生发展的规律。程颐又说："四德之元，犹五常之仁，偏言则一事，专言则包四者。"(《周易程氏传》)这里初步把元亨利贞四德与五常联系起来。朱熹继承程颐此说更加以发展，把元亨利贞与仁义礼智结合起来。朱熹说：

元者生物之始，天地之德莫先于此，故于时为春，于人则为仁，而众善之长也。亨者生物之通，物至于此莫不嘉美，故于时为夏，于人则为礼，而众美之会也。利者生物之遂，物各得宜，不相妨害，故于时为秋，于人则为义，而得其分之和。贞者生物之成，实理具备，随在各足，故于时为冬，于人则为智，而为众事之干，干木之身而枝叶所依以立者也。(《周易本义》)

这把天道的元亨利贞即生长遂成与人道的仁礼义智直接统一起来，这可以说是朱熹的天人合一观点。

张载、二程论天人合一，立说不同，也有共同的特点，即都认为“天人合一”是最高觉悟，是人的自觉。张载肯定“天人合一”是“诚明”的境界，诚即是最高的精神修养，明是最高的智慧。以天人合一为诚明的境界，就是以天人合一为最高觉悟。程颢强调“人与天地一物也”，如果不承认“人与天地一物”，就是“自小”，就是麻木不仁。这就是说，唯有承认天地万物“莫非己也”，才是真正自己认识自己。西方有一种流行的见解，以为把人和自然界分开，肯定主体与客体的区别是人的自觉。而宋明理学则不然，以为承认天人的合一才是人的自觉。应该承认，这是一个比较深刻的观点。我们可以这样说，原始的物我不分，没有把自己与外在世界区别开来，这是原始的朦胧意识。其次区别了主体与客体，把人与自然界分开，这是原始朦胧意识的否定。再进一步，又肯定人与自然界的统一，肯定天人的统一，这可以说是否定之否定，这是更高一级的认识。

王夫之论天人关系说：

在天有阴阳，在人有仁义；在天有五辰，在人有五官，形异质离，不可强而合焉。所谓肖子者安能父步亦步，父趋亦趋哉？父与子异形离质，而所继者唯志。天与人异形离质，而所继者唯

道也。(《尚书引义》卷一)

从形质来说，天与人是“异形离质”的，不可强合；从道来说，天与人有“继”的关系，人道与天道有一定的联系。王夫之此说是反对董仲舒的“人副天数”，而赞同程颐所说的“天道”与“人道”的同一性。王夫之强调“尽人道而合天德”，他说：“圣人尽人道而合天德，合天德者健以存生之理；尽人道者动以顺生之几。”(《周易外传》卷二)天的根本性质是健，人的生活特点是动。人的动与天的健是一致的。王夫之重视“健”与“动”，这是进步思想。

戴震讲伦理原则，也力图为人伦道德寻求天道的根据。他认为善的基本标准有三，即仁、礼、义。这三者“上之见乎天道，是谓顺”(《原善》)。就是说，仁礼义的根源在于天道。天道的内容就是变化不息，他说：“道，言乎化之不已也”，也就是生生而有条理。“生生者化之原，生生而条理者化之流”。这生生而条理就是仁、礼、义的天道根据。他说：“生生者仁乎；生生而条理者礼与义乎！何谓礼？条理之秩然有序其著也；何谓义，条理之截然不可乱其著也。得乎生生者谓之仁，得乎条理者谓之智。……是故生生者仁，条理者礼，断决者义，臧主者智。”(《原善》)

生生与条理以及条理之秩然截然，都属于天；仁、礼、义则属于人。人懂得条理，称为智。戴震这样把“天道”与人伦之“善”联系起来。这可以说是戴氏的天人合一观点。

在中国近古哲学中，从张载、二程到王夫之、戴震都宣扬天人合一。张载、王夫之、戴震的哲学是唯物主义的，二程、朱熹的哲学是唯心主义的。虽然都宣扬天人合一，但是两者的理论基础不同。张载、王夫之、戴震是在肯定物质世界是基础的前提下讲天人合一的；

程朱是在以理为本的前提下讲天人合一的。但是两者都企图从天道观中引申出人伦道德来，这是中国古代哲学的特点之一。

三、“对于天人”合一思想的评价

中国哲学中的天人合一观念，发源于周代，经过孟子的性天相通观点与董仲舒的人副天数说，到宋代的张载、二程而达到成熟。张载、二程发展了孟子学说，扬弃了董仲舒的粗陋形式，达到了新的理论水平。张载、二程的天人合一思想，分析起来，包括几个命题：

(1)人是自然界的一部分。张载说：“理不在人皆在物，人但物中之一物耳。”(《语录》上)明确肯定人是一物。张载《西铭》说：“天称父，地称母，予兹貌焉，乃混然中处”，其主要意义是肯定人类是天地的产物即自然的产物。

(2)自然界有普遍规律，人也服从这普遍规律。张载说：“若阴阳之气，则循环迭至，聚散相荡，升降相求，细缊相揉，盖相兼相制，欲一之而不能，此其所以屈伸无方，运行不息，莫或使之，不曰性命之理，谓之何哉?”(《正蒙·参两》)阴阳相互作用相互推移的规律就是性命之理，自然界与人类遵循同一规律。

(3)人性即是天道，道德原则和自然规律是一致的。张载说：“性与天道云者，易而已矣。”(《正蒙·太和》)他认为性与天道具有同一内容，即是变易。程颐说：“道与性一也。”(《程氏遗书》卷二十五)又说：“道未始有天人之别。”(《程氏遗书》卷二十二上)他认为天道、人性、人道是同一的，其内容即是理，也就是仁义礼智等道德原则。张程都肯定性与天道的同一性，但张载以为这道即是变易，程颐则以为道即是理，这是彼此不同的。

(4)人生的理想是天人的调谐。这是《易传》提出的，以“范围天地之化而不过、曲成万物而不遗"为理想境界。张载、程颐亦接受这种观点，但是没有更详尽的发挥。

这四个命题之中，第1和第2命题是基本正确的。这第3命题是基本错误的，第4命题包含着有价值的重要思想。为了正确评价这些命题，应考虑三个理论问题：(1)自然界和人类精神有没有统一性？(2)自然规律与道德原则的关系如何？(3)人类应如何对待自然界？

恩格斯在《自然辩证法》中多次讲到自然与精神的统一，摘引如下：

> 我们一天天地学会更加正确地理解自然规律，学会认识我们对自然界的惯常行程的干涉所引起的比较近或比较远的影响。……人们愈会重新地不仅感觉到，而且也认识到自身和自然界的一致，而那种把精神和物质、人类和自然、灵魂和肉体对立起来的荒谬的、反自然的观点，也就愈不可能存在了。①
>
> 自然界和精神的统一。自然界不能是无理性的，……而理性是不能和自然界矛盾的。②
>
> 思维规律和自然规律，只要它们被正确地认识，必然是互相一致的。③
>
> 我们的主观的思维和客观的世界服从于同样的规律，……这个事实绝对地统治着我们的整个理论思维。④
>
> 思维过程同自然过程和历史过程是类似的，反之亦然，而且

---

① 《自然辩证法》，1971年中文版，159页。

② 同上书，200页。

③ 同上书，203页。

④ 同上书，243页。

同样的规律对所有这些过程都是适用的。①

辩证法的规律无论对自然界和人类历史的运动，或者对思维的运动，都一定是同样适用的。②

恩格斯的这些论述可谓精辟透彻，深切著明。人类和自然界，自然界和精神，具有统一性。自然规律与思维规律是互相一致的。自然过程、历史过程、思维过程都遵循同样的根本规律，而这根本规律就是辩证法的规律。

应该承认，中国古代哲学家所谓“天人合一”，其最基本的涵义就是肯定“自然界和精神的统一”，在这个意义上，天人合一的命题是基本正确的。

恩格斯也谈到自然规律与历史规律的区别。他说：

自然界中死的物体的相互作用包含着和谐和冲突；活的物体的相互作用则既包含有意识的和无意识的合作，也包含有意识的和无意识的斗争。因此，在自然界中决不允许单单标榜片面的“斗争”。但是，想把历史的发展和错综性的全部多种多样的内容都总括在贫乏而片面的公式“生存斗争”中，这是十足的童稚之见。③

在自然界，无机物之间既有冲突，也有和谐；生物之间，既有斗争，

---

① 《自然辩证法》，1971 年中文版，244 页。

② 同上，244 页。

③ 同上书，283 页。

也有合作。用生存斗争的公式来概括人类历史的复杂内容是十分幼稚的。自然过程和历史过程虽然都服从于同一的普遍规律；但是物理现象、生物现象、人类历史又各有其特殊规律，不能混为一谈。

道德原则与自然规律的关系是一个非常复杂的问题。道德不可能违背自然规律，但是服从自然规律的行为不就是道德行为。道德是一种社会历史现象，道德原则是人们依据社会生活的需要而设定的，具有一定的历史性和阶级性。程颐认为"天道"与"人道"只是一个道，事实上是把维护当时社会秩序的道德原则绝对化、永恒化，把当时占统治地位的道德原则抬高为天经地义，这是根本错误的。至于程颢以"心即是天"来论证"天人本无二"，就更是陷于主观唯心主义的错误了。

张载没有讲仁义就是天道，但是他把人性与天道统一起来，以为"性与天道云者易而已矣"。这就混淆了人性与天道的区别。所谓人性应是指人的特性，即"人之所以为人者"或"人之所以异于禽兽者"，人性与自然界的普遍性应有区别。张载以"天地之性"为人的本性，也是不正确的。孟子"知性则知天"的学说是张载、二程的许多错误观点的思想来源。

我们认为，中国传统哲学中的天人合一思想包括复杂的内容，其中既有正确的观点，也有错误的观点，应该如实地加以分析。

关于人类应如何对待自然界，中国古代有三种典型性学说，一是庄子的因任自然(顺天)说，二是荀子的改造自然(制天)说，三是《易传》的天人调谐说。庄子的观点是消极思想，荀子的观点是积极的思想。自从西方"戡天"(战胜自然)的思想传入中国后，荀子的学说受到高度赞扬。但是，如果一味讲"戡天"，也可能陷于破坏自然。事实上自然界是人类生存的基础，如果盲目破坏自然，会引起破坏人类生存条件的严重后果。近年来人们强调保持生态平衡，是具有非常重要的意义的。《周易大传》主张“裁成天地之道，辅相天地之宜”，“范围天地之化而不过，曲成万物而不遗”，是一种全面的观点，既要改造自然，也要顺应自然，应调整自然使其符合人类的愿望，既不屈服于自然，也不破坏自然。以天人相互协调为理想。应该肯定，这种学说确实有很高的价值。

总之，对于中国传统哲学中的天人合一学说要进行科学分析，要注意批判继承。

1983年5月初稿，1984年8月改定

简评中国哲学史上关于人的价值的学说*

中国古代哲学中，有“人贵于物”的思想。所谓人贵于物，即是说人类有高于一般动物的价值。古代所谓“贵”，即是今天所谓“价值”。肯定人贵于物，即是肯定人的价值。

所谓人的价值，含有两层意义：一是指人类的价值，二是指个人的价值。这两层意义是既有联系又有区别的。肯定人类的价值，必然也要肯定一个人一个人的价值；肯定个人的价值，更必须承认人类作为一个物类的价值。但是，普通所谓个人价值，又含有另一意义，即是，针对社会国家的整体而言，个人有一定的价值。这种观念是和个性解放、个人自由等观念密切联系的。这种观念是近代资产阶级的思想，在古代哲学中虽然也有这种思想的萌芽，但是还没有明确地提出来。

中国古代所谓人贵于物，主要是讲人类的价值，其中包括一般人的价值。关于人的价值的问题又包括两个问题：一是“人有没有价值?”二是“人怎样生活才有价值?”本文专

* 原载《马克思主义与人论集》，北京大学出版社 1983 年版。

门评述中国古代关于“人有没有价值”问题的学说。

在中国古代，多数思想家都肯定人在“天地之间”有重要的意义，人与一般动物相比有高贵的价值。这所谓人的价值，一方面是对“天”而言，或对“神”而言；一方面是对“物”即对别的动物而言。在中国传统文化中，宗教意识比较淡薄，对于神的信仰在中国哲学中不占重要地位，无神论者更否认神的存在。多数思想家都以人的问题作为理论研究的中心问题，而不重视关于神的问题。多数思想家认为，人高出于一般动物之上，在自然界中有重要的作用。

试从孔子谈起。孔子区别了人与鸟兽，他尝说：“鸟兽不可与同群，吾非斯人之徒与而谁与?”(《论语·微子》,《集解》云：“吾自当与此天下人同群，安能去人从鸟兽居乎?”)他把人与鸟兽对置起来，人只能与人合群，设法改善人群的生活。《论语》记载：“厩焚，子退朝，曰：伤人乎？不问马。”(《乡党》，郑玄注云：“重人贱畜”。)把人与鸟兽区别开来，这是孔子的一贯态度。

人与鸟兽的区别何在？孔子以为，人是有独立意志的，他说：“三军可夺帅也，匹夫不可夺志也。”(《子罕》)匹夫即普通平民。孔子肯定一般的平民具有独立的意志。

孔子很少谈论鬼神。《论语》云：“子不语怪、力、乱神。”(《述而》)又云：“樊迟问知，子曰：务民之义，敬鬼神而远之，可谓知矣。”(《雍也》)在孔子看来，人民生活问题比神的问题更为重要。

孔子哲学的核心观念是仁。仁的观念在春秋前期即已流行，孔子加以提炼、加以宣扬，把仁作为道德的最高原则。孔子所谓仁的主要意义是“爱人”。《论语》云：“樊迟问仁，子曰：爱人。”(《颜渊》)爱人亦即爱众，孔子提倡“泛爱众”(《学而》)。仁以“人”或“众”为对象，包括爱亲，而不仅是爱亲。有若说：“君子务本，本立而道生，孝弟也者其为仁之本与?"(《学而》)孝悌是仁的起点，仁包括孝悌，但不仅是孝悌。仁是爱人，君对于民应实行仁德。孔子说："民之于仁也，甚于水火。水火，吾见蹈而死者矣，未见蹈仁而死者也。"(《卫灵公》)水火是人民所需要的，仁也是人民所需要的。孔子"贵仁"(《吕氏春秋·不二》)，其中包含对于人的重视。(在孔子学说中，人是泛称，民是人的一部分。)

孔子区别了人与鸟兽，肯定一般人都有独立意志；但他又区别了君子和小人。他尝说："君子学道则爱人，小人学道则易使也。"(《阳货》)为统治者服务是小人的本分，孔子是维护等级制度的，孔子是在拥护等级制度的前提下肯定人的一定价值的。

《孝经》叙述孔子与曾参的问答，引孔子云："天地之性人为贵"。天地之间的生命，人是最贵的。这句话未必是孔子原话，但对于汉代以后的思想影响很大，这可以说是儒家的一贯的观点。

孟子继承孔子，也强调人与鸟兽的区别，他诘问告子"生之谓性"之说云："然则犬之性犹牛之性，牛之性犹人之性与?"(《孟子·告子》)在孟子看来，人之性是与牛之性、犬之性不同的。他认为，人与人是同类，人之性是人类的共同本性：

> 故凡同类者，举相似也，何独至于人而疑之？圣人与我同类者。(同上)

这人类与其他动物不同之特点何在？孟子以为，这个特点就是承认"理义"，也就是有道德意识。他说：

> 口之于味也，有同嗜焉；耳之于声也，有同听焉；目之于色

> 也，有同美焉；至于心，独无所同然乎？心之所同然者何也？谓理也义也。圣人先得我心之所同然耳。（《孟子·告子》）

所谓理义即是道德原则，孟子以为，这是一切人所共同肯定（同然）的，肯定理义是人类与其他动物不同的特点。

人何以能肯定理义呢？孟子以为这靠思维的作用，他说：

> 耳目之官不思而蔽于物，物交物则引之而已矣。心之官则思，思则得之，不思则不得也。（同上）

理义是思之所得，是通过思维作用而得到的。耳目是人与鸟兽同有的，心的思维作用则是人所独有的。

孟子以为，人能思，则能认识自己固有的价值。他说：

> 欲贵者，人之同心也。人人有贵于己者，弗思耳。人之所贵者，非良贵也；赵孟之所贵，赵孟能贱之。（同上，赵注云："人人自有贵者在己身，不思之耳。赵孟，晋卿之贵者，能贵人，能贱人。人之所自有者，他人不能贱之也。"）

"人之所贵"指权势者给予的爵位，是可以剥夺的。"人人有贵于己者"，是"良贵"，这是人所自有的价值。孟子宣称"人人有贵于己者"，他明确肯定人的价值。

孟子肯定人有与其他动物不同的特点，又认为这特点不易保持。他说："人之所以异于禽兽者几希，庶民去之，君子存之。"（《离娄》下）于是强调君子与野人的区别，他说："无君子莫治野人，无野人莫养君子。”(《滕文公上》)“或劳心，或劳力。劳心者治人，劳力者治于人。治于人者食人；治人者食于人。天下之通义也。”(《孟子·滕文公上》)这样，孟子一方面肯定人与人是同类的，一方面又把人区分为“劳心”与“劳力”两大部分，借分工的必要来论证剥削的合理。

孟子虽然为阶级剥削辩护，但究竟肯定人有高于禽兽的价值，他指斥当时的统治者说：

> 庖有肥肉，厩有肥马，民有饥色。野有饿莩，此率兽而食人也。……仲尼曰：始作俑者，其无后乎！为其象人而用之也。如之何其使斯民饥而死也！(《梁惠王》上)

孔丘孟轲反对用“象人”的俑殉葬，当然更反对生殉，反对虐杀人民，这都表现了对人的重视。

孟子更提出“民为贵，社稷次之，君为轻”(《尽心》下)的名言，肯定人民是贵重的，这是他的民本主义思想。孟子的民本思想和他肯定人有高于禽兽的价值的观点是一致的。民本不同于民主，但也是进步思想。

荀子明确地肯定了人的价值，他说：

> 水火有气而无生，草木有生而无知，禽兽有知而无义，人有气有生有知，亦且有义，故最为天下贵也。(《荀子·王制》)

人是最贵的，因为人有义，即有道德规范。

孟子讲“人之所以异于禽兽者”，荀子讲“人之所以为人者”。他说：

> 人之所以为人者何以也？曰：以其有辨也。……夫禽兽有父子而无父子之亲，有牝牡而无男女之别，故人道莫不有辨，辨莫大于分，分莫大于礼。（《非相》）

他认为人之所以为人的特点在于有辨，辨即是分别。荀子以为“分”与“义”有密切联系。他说：

> 力不若牛，走不若马，而牛马为用，何也？曰：人能群，彼不能群也。人何以能群？曰分；分何以能行？曰义。（《王制》）

所谓义，就是分别的标准。人所以能胜物，在于能群；而所以能群，在于有义。

荀子强调分，于是认为等级制度是绝对必要的，他说：

> 分均则不遍，势齐则不一，众齐则不使，有天有地而上下有差，明王始立而处国有制。夫两贵之不能相事，两贱之不能相使，是无数也。势位齐而欲恶同，物不能赡，则必争，争则必乱，乱则穷矣，先王恶其乱也，故制礼义以分之，使有贫富贵贱之等。（《王制》）

在生活必需品数量不足的条件之下，唯有划分等级，才能免于祸乱。荀子这样为等级制度进行辩护。他认为“劳力”的小人应受君子的统治，他说：“君子以德，小人以力，力者德之役也。”（《富国》）这种观点和孟子一致。

荀子肯定人“最为天下贵”，又强调“贫富贵贱之等”是必需的，关于这两点，他都讲得非常明确。这两点在荀子的思想体系中并无矛盾。

孟子讲“性善”，荀子讲“性恶”，正相反对。孟子强调“人之所以异于禽兽者”，荀子肯定“人之所以为人者”，则基本一致。孟子以为“人之所以异于禽兽者”在于懂得“理义”；荀子以为“人之所以为人者”在于“有义”。孟子以为，人懂得“理义”是出于天性；荀子以为，人“有义”是由于学习。两家都认为人类所以有高于一般动物的价值在于道德意识，这是儒家的基本观点。

墨家虽然不多谈“人贵于物”的问题，但墨家讲人类与其他动物不同的特点，却更为精切。墨子说：

> 今人固与禽兽、麋鹿、飞鸟、贞虫异者也。今之禽兽、麋鹿、飞鸟、贞虫，因其羽毛以为衣裘，因其蹄爪以为绔屦，因其水草以为饮食，故虽使雄不耕稼树艺，雌亦不纺绩织纴，衣服之财固已具矣。今人与此异者也，赖其力者生，不赖其力者不生。君子不强听治，即刑政乱；贱人不强从事，即财用不足。（《墨子·非乐上》）

人与其动物不同的特点是“赖其力者生，不赖其力者不生”，即必须努力劳动才能维持生活。所谓“力”含有劳动之义。墨家初步认识到劳动是人类的特点。墨家所谓力也包含“听治”之类的政治活动。

《墨经》论仁云：“仁，体爱也。”（《经上》）《经说》解释说：“仁，爱己者非为用己也，不若爱马者。”“体爱”即设身处地之爱，亦即爱人如爱己。爱己不是为了用己，爱人也不是为了用人，与爱马不同。墨家区别了爱人和爱马，即强调不能把人当作马看待。

道家老子承认人类在世界中的位置，以人为“域中四大”之一。《老子》说：

> 故道大，天大，地大，人亦大。域中有四大，而人居其一焉。(人字一本作王，非是。从下文看，作人字是。)人法地，地法天，天法道，道法自然。(二十五章)

道是最根本的，其次是天地，人的位置仅次于天地。《老子》关于人生价值问题，未加详论。

庄子不同意儒家“人贵于物”的观点，《庄子·秋水篇》说：“以道观之，物无贵贱；以物观之，自贵而相贱。以俗观之，贵贱不在己。”庄子讲“齐物”，所以不承认贵贱的区别。庄子虽然反对区分贵贱，却主张追求个人的精神自由，他所想象的“神人”是“物莫之伤，大浸稽天而不溺，大旱金石流土山焦而不热”(《逍遥游》)。在先秦思想家中，强调个人自由的，以庄子为最，但他不是从个人价值的观点来讲的。

在先秦时代，儒家墨家都承认人与禽兽的区别，强调不应把人和牛马同等看待。法家则和儒墨不同，不重视人的价值。《管子》书有云：“治人如治水潦，养人如养六畜，用人如用草木。”(《七法》)把人民和六畜同等看待。《管子》书兼重“礼”、“法”，犹且如此，至于商鞅、韩非，更是把人民完全看作为君主服役的工具了。

汉代董仲舒有关于人的价值的较详论述，他说：

> 人受命于天，固超然异于群生，入有父子兄弟之亲，出有君臣上下之谊，会聚相遇，则有耆老长幼之施，灿然有文以相接，欢然有恩以相爱，此人之所以贵也。生五谷以食之，桑麻以衣

之，六畜以养之，服牛乘马，圈豹槛虎，是其得天之灵，贵于物也。故孔子曰：天地之性人为贵。明于天性，知自贵于物。（《举贤良对策》）

人所以贵于万物，在于有伦理道德。人能役使别的动物，是超然异于群生的。

董仲舒肯定人是贵于一般动物的，但是他又宣扬君权和神权，“屈民而伸君，屈君而伸天”（《春秋繁露·玉杯》），他尽力维护封建等级制度。虽然如此，他还是认为不应当把人民看作牛马，慨叹“贫民常衣牛马之衣而食犬彘之食”，主张“去奴婢、除专杀之威”（《汉书·食货志》引）。他极力反对买卖奴婢、随意杀害奴婢的恶劣行为，继承了先秦儒家的传统。

扬雄批评法家云：“申韩之术，不仁之至矣，若何牛羊之用人也！”（《法言·问道》）扬雄要求把人当作人看待，反对把人民看作牛羊。

汉魏以来，佛教宣扬“轮回”之说，认为人死以后，灵魂不灭，可能转生为别的动物。南北朝时，何承天根据“天地之性人为贵”的观点，批判了佛教的轮回迷信。何承天说：

夫两仪既立，帝王参之，宇中莫尊焉。……人非天地不生，天地非人不灵。……安得与夫飞沈蠉蠕并为众生哉？……至于生必有死，形毙神散，犹春荣秋落，四时代换，奚有于更受形哉？（《达生论》）

佛教把人和鸟兽鱼虫并称为“众生”，何承天则认为不应把人与别的动物同等看待。而且生必有死，形神俱灭，哪里会有来世来生呢？何承天是天文学家、无神论者，他肯定了人与别的动物的不同。

宋代理学家亦都肯定人有高于禽兽的价值，试以周敦颐、邵雍为例。周敦颐说："二气交感，化生万物，万物生生，而变化无穷焉，唯人也得其秀而最灵。"（《太极图说》）人是万物之中最灵的，在天地之间居于优越的地位。邵雍以数字来表示人的优异。他说：

> 人之所以能灵于万物者，谓其目能收万物之色，耳能收万物之声，鼻能收万物之气，口能收万物之味。……有一物之物，有十物之物，有百物之物，有千物之物，有万物之物，有亿物之物，有兆物之物。生一一之物，当兆物之物，岂非人乎？有一人之人，有十人之人，有百人之人，有千人之人，有万人之人，有亿人之人，有兆人之人。生一一之人，当兆人之人者，岂非圣乎？是知人也者，物之至者也；圣也者，人之至者也。（《皇极经世·观物内篇》）

一人的价值与一兆物的价值相等，所以人可以称为"物之至"。他在肯定人的价值的同时，又肯定圣人有超出一般人更高的价值。物可分为不同等级的物，人也可以分为不同等级的人。邵雍又说：

> 唯人兼乎万物，而为万物之灵。如禽兽之声，以其类而各能得其一，无所不能者人也。推之他事亦莫不然。唯人得天地日月交之用，他类则不能也。人之生，真可得之贵矣。天地与其贵，而不自贵，是悖天地之理，不祥莫大焉。（《皇极经世·观物外篇》）

人类之中虽可划分等级，但人类比于禽兽，确有高贵的价值。

南宋朱熹尝论物类的不同说：

天之生物，有血气知觉者，人兽是也；有无血气知觉而但有生气者，草木是也；有生气已绝而但有形质臭味者，枯槁是也。是虽其分之殊，而其理则未尝不同；但以其分之殊，则其理之在是者不能不异。故人为最灵，而备有五常之性，禽兽则昏而不能备，草木枯槁则又并与其知觉者而亡焉。(《文集》卷五十九《答余方叔》)

草木仅有生气，禽兽有血气知觉，人不但有血气知觉，而且具备五常之性，所以是最灵的。朱熹又从理气与人物的关系论人与物的不同说：

天道流行，发育万物，其所以为造化者，阴阳五行而已。而所谓阴阳五行者，又必有是理，而后有是气，及其生物，则又必因是气之聚而后有是形。然以其理而言之，则万物一原，固无人物贵贱之殊；以其气而言之，则得其正且通者为人，得其偏且塞者为物，是以或贵或贱而不能齐也。彼贱而为物者，既梏于形气之偏塞而无以充其本体之全矣；唯人之生，乃得其气之正且通者，而其性为最贵，故其方寸之间，虚灵洞彻，万理咸备，盖其所以异于禽兽者，正在于此。……然其通也，或不能无清浊之异；其正也，或不能无善恶之殊。故其所赋之质，清者智而浊者愚；美者贤而恶者不肖，又有不能同者。(《大学或问》)

人得“正且通”之气，故贵；物得“偏且塞”之气，故贱。人所得之气，又有清浊美恶之分，所以人又有智愚贤不肖之别。朱熹试从气的正偏通塞论证人物的差别，又从气的清浊美恶论证人的贤不肖智愚的差别。朱熹的这些议论，貌似细密，实则缺乏事实的根据，所谓“正”、“通”、“偏”、“塞”、“清浊”、“美恶”云云，含义也不够明确。

朱熹从气的清浊来论证人的等级差别，又说：

> 气有清浊，则人得其清者，禽兽则得其浊者。人大体本清，故异于禽兽，亦有浊者，则去禽兽不远矣。(《语类》卷四)

又说：

> 禀得精英之气，便为圣为贤，便是得理之全，得理之正。禀得清明者便英爽，禀得敦厚者便温和，禀得清高者便贵，禀得丰厚者便富，禀得久长者便寿，禀得衰颓薄浊者便为愚不肖、为贫为贱为夭。天有那气，生一个人出来，便有许多物随他来。(《语类》)

这样，他把贤愚、富贵、贫贱都归结到“气禀”的不同，这样，这种学说为阶级压迫辩护的反动性便完全暴露出来了。

朱熹的学说，虽然承认人为万物之灵，但又断言人与人之间贵贱、贫富、贤不肖的差别是必然的、当然的，实际上没有真正肯定劳动人民的生存价值。南宋以后，朱学成为统治思想。随着封建制度的日趋没落，朱学便成为钳制人心的反动思想了。

清代戴震总结了汉宋哲学思想，亦肯定人的价值。戴氏说：

> 卉木之生，接时芒达已矣，飞走蠕动之俦，有觉以怀其生

矣；人之神明出于心，纯懿中正，其明德与天地合矣。……是故人也者，天地至盛之征也，唯圣人然后尽其盛。(《原善》卷中)

人有知慧，有道德，是天地之间最高等的生物。戴震又说：

人之才得天地之全能，通天地之全德。……智足以知飞走蠕动之性，以驯以豢；知卉木之性，良农以莳刈，良医以处方。圣人神明其德，是故治天下之民。(《原善》)

这里，不仅肯定了圣人的价值，而且也肯定了良农、良医的价值。戴震是比较同情人民的。他肯定了人的价值，从而肯定了人民的基本欲望的正当性，他说：

凡出于欲，无非以生以养之事。欲之失为私，不为蔽。……《诗》曰：民之质矣，日用饮食。《记》曰：饮食男女，人之大欲存焉。圣人治天下，体民之情，遂民之欲，而王道备。(《孟子字义疏证》上)

戴氏以"体民之情，遂民之欲"为最高理想，这种伦理学说具有启蒙的性质。

在封建时代，阶级压迫是极其残酷的，劳动人民实际上受着非人的待遇，统治阶级并不尊重劳动人民的人格。进步思想家重视人的价值的言论，只是微弱的呼声。只有劳动人民起来进行反抗，砸碎钳制人民的枷锁，才能推动社会的进步。虽然如此，进步思想家关于人的价值的学说还是有一定意义的。

总起来说，中国古代，多数思想家都肯定人有高于一般动物的价值，认为不能把人与牛羊犬马等同看待。他们要求把人当人看待，即看作自己的同类。这种思想在历史上具有一定的意义。多数思想家又认为人与人之间存在着贵贱贫富的等级差别，不承认劳动人民有与统治阶级同等的价值，这表现了封建地主阶级的偏见，这是他们的历史局限性。

中国古代“天地之性人为贵”的思想，虽然没有否定等级制度，没有达到民主主义思想，却是民主思想的必要前提。如果认为可以把人和牛羊犬马同等看待，那民主也就无从谈起了。

有一种意见，认为人的价值的思想与等级制度是不相容的，封建时代的思想家既然维护封建等级制度，就不可能是肯定人的价值的；只有到了近代，资产阶级思想家反对等级制度，才有可能提出人的价值的观点。我们认为，这种见解是不全面的。中国封建时代，多数思想家，虽然维护等级制度，却也肯定人有高于一般动物的价值，因而反对暴政，反对虐杀人民，这还是历史的事实。资产阶级所宣扬的人的价值，主要是指那与个人自由、个性解放密切联系的个人价值而言。实际上，资产阶级思想家虽然反对等级制度，却极力维护阶级差别，也何尝是真正重视人的价值？他们所重视的是资产阶级的个人价值，何尝重视劳动人民的个人价值？只有到了社会主义社会，消灭人剥削人的制度，才可能真正充分地肯定人的价值。而在社会主义社会中，如果不能抵制陈旧思想意识的腐蚀，也会出现贬低人的价值的现象。这也是值得警惕的。应该承认，关于人的价值的思想，在历史上有一个发展的过程。古代的思想正是近代思想的一个来源。

1982年4月4日初稿，7月18日改定

中国古典哲学的价值观*

价值论的名称是近代才有的，而关于价值的思想学说，则不论中国与西方，都是古已有之。在中国，至少可上溯到孔子；在西方，至少可上溯到柏拉图。在先秦时代，孔子“仁者安仁”的价值观，与墨子以“国家人民之大利”为最高准绳的价值观，有重要的分歧。孟子“物之不齐，物之情也”的价值观与庄子“万物一齐”的价值观，更是相互对立的。到宋元明清时代，主要的哲学家莫不各有其关于价值标准的观点。应该承认，价值观是中国古典哲学的一个重要方面。一般中国哲学史著作中很少谈到价值观的问题，今试述其大要。

中国古典哲学指先秦至19世纪中期1840年以前的哲学。西方古典哲学也指19世纪40年代以前的哲学。在年代上，彼此仿佛。但西方古典哲学包括西方近代资产阶级哲学，中国古典哲学则还不包括中国近代资产阶级思想，这却是一个重要的区别。

* 原载《学术月刊》，1985年第7期。

一般常讲的价值指经济价值或商品价值，但是在经济价值或商品价值之外，还有更根本的价值。人们经常谈论的基本价值是真、美、善。孔子说："韶尽美矣，又尽善也"；"武尽美矣，未尽善也"(《论语·八佾》)。老子说："天下皆知美之为美，斯恶已；皆知善之为善，斯不善已"(二章)。足证孔、老都讲到美、善。真是比较后起的名词，现存先秦古籍中，真字作为一个重要名词，最早见于《庄子》。庄子说："道恶乎而有真伪"(《齐物论》)，以真与伪对待。在《老子》书中，与真字相当的是信。《老子》云："信言不美，美言不信"(八十一章)。与真字意义相同的还有诚，《易传》云："修辞立其诚"(《文言》)，诚即真实之义。

价值是后起的名词，在古代，与现在所谓价值意义相当的是"贵"。贵字的本义指爵位崇高，后来引申而指性质优越的事物。孟子说："欲贵者，人之同心也。人人有贵于己者，弗思耳。人之所贵者，非良贵也。赵孟之所贵，赵孟能贱之。"(《孟子·告子上》)赵孟之所贵，指爵位而言。人人有贵于己者，便是人所固有的价值了。

价值观的主要问题有二：一为价值的类型与层次的问题，二为价值的意义与标准的问题。价值不止一、二个，可分为不同的类型，如真为认识的价值，善为行为的价值，美为艺术的价值等。一件事物对人有用，可以说具有功用价值。如果对人有用的即有价值，人本身也应该有一定的价值。价值虽有不同的类型，但又必有共同的本质，这即是价值的意义所在。价值更有基本的标准，符合一定标准才能称为价值。此标准何在？这是一个更根本的问题。

这些关于价值的问题都是非常抽象的问题。关于价值的学说是高度的抽象思维，但是我们不能因其高度抽象而否认其重要意义。关于价值的思维对于立身处世确实具有重要的意义。《庄子·秋水》的寓言中设问："然则我何为乎，何不为乎？吾辞受趣舍，吾终奈何？"《秋水》篇虽然以"夫固将自化"否定了这个问题，其实这个问题是否定不了的。"辞受趣舍"就包含了价值的问题。人生有无价值？人生的价值何在？如何生活才有价值？这些是每一个要求自觉的人所不得不回答的问题。人生价值问题也就包含关于真美善的价值的问题。

试以时代先后略述春秋以来重要哲学家的价值观。

一、春秋时代的三不朽说

《左传》襄公二十四年记载："穆叔如晋，范宣子逆之，问焉，曰：古人有言曰，死而不朽，何谓也？……穆叔曰……豹闻之，太上有立德，其次有立功，其次有立言。虽久不废，此之谓不朽。"穆叔即鲁国贵族叔孙豹。所谓太上就是最有价值的。以立德、立功、立言为三不朽，就是肯定德、功、言都有价值，而以立德为最上，即肯定德是最高价值。这"三不朽"之说对于后人有深远的影响。

二、孔子"义以为上"、"仁者安仁"的道德至上论

孔子提出"君子义以为上"(《论语·阳货》①)，"好仁者无以尚之"(《里仁》)的命题，认为道德是至上的。上字和尚字相通，都是表示价值。孔子所谓义指道德原则，义的内容就是仁，仁是最高的道德规范。在孔子的理论体系中，义还是一个"虚位"范畴，而不是一个具体的道德规范(韩愈《原道》区别了定名和虚位，有重要的理论意义)。孔子没有以仁义并举(仁义并举，始于墨子)。孔子又说："仁者安仁，知者利仁"(《里仁》)。"安仁"即安于仁而行之，"利仁"即以仁为有利

① 所引《论语》，只注篇名。

而行之。仁者实行仁德，不是以仁为有利，即不以仁为手段，而以仁为目的。“知者利仁”，是有所为而为；“仁者安仁”则是无所为而为。“仁者安仁”即认为仁具有内在的价值。这种观点可以称为内在价值论。

孔子以道德为最高价值，所以说：“志士仁人，无求生以害仁，有杀身以成仁”(《卫灵公》)。仁者安仁，知者利仁，在安仁、利仁的情况，仁与生并无矛盾。但在一定的条件下，生与仁不能两全，便应牺牲生命以实现仁德。在杀身成仁之际，就达到了道德的最高境界。

孔子把“道”“义”与富贵区别开来，他说：“富与贵，是人之所欲也，不以其道得之，不处也。贫与贱，是人之所恶也，不以其道得之，不去也”(《里仁》)。又说：“士志于道，而耻恶衣恶食者，未足与议也”(《里仁》)。又说：“饭疏食饮水，曲肱而枕之，乐亦在其中矣。不义而富且贵，于我如浮云”(《述而》)。有“以其道得之”的富贵，有“不以其道得之”的富贵，前者不悖于道义，后者则是“不义而富且贵”。在孔子看来，富贵的价值是相对的，道与义才是最高价值(孔子承认有“以其道得之”的富贵，即肯定等级差别是正当的，这表现了他的阶级性)。

道义与富贵的关系问题也就是道德原则与物质利益的关系问题。孔子区别了义与利，他说：“君子喻于义，小人喻于利”(《里仁》)。孔子并不完全否定利，要求“因民之所利而利之”(《尧曰》)，但认为义具有比利更高的价值。

孔子以为道德的价值高于物质利益，其实际意义是认为人的精神需要比物质需要更为重要。人的基本的精神需要就是要有独立的人格，人与人之间要相互尊重各自的独立人格。这就是道德的基本原则。孔子肯定人人有独立的意志，他说：“三军可夺帅也，匹夫不可夺志也”(《子罕》)。有独立意志即有独立的人格。孔子肯定伯夷叔齐是“求仁而得仁”，又说伯夷叔齐“不降其志、不辱其身”，就是肯定伯夷叔齐为了坚持自己的独立意志而不惜牺牲生命。

孔子又区别了力与德，他说：“骥不称其力，称其德也。”(《宪问》)这表现了重德轻力的倾向。孔子也说过：“桓公九合诸侯不以兵车，管仲之力也。如其仁，如其仁!”(《宪问》)这也肯定了力的作用，但总的倾向是强调德的价值，比较忽视力的价值。力与德的关系问题是关于人生价值的一个重要问题。

西周末至春秋之时有关于“和同”的评论，史伯与晏子都强调和的重要。孔子亦讲：“君子和而不同”(《子路》)，孔子弟子有子说：“礼之用，和为贵”(《学而》)。所谓和即多样性的统一。史伯宣称“夫和实生物，同则不继。以他平他谓之和，故能丰长而物归之；若以同裨同，尽乃弃矣”(《国语·郑语》)。这就是认为“和”是有价值的，“同”则无价值。这种“和为贵”的思想，可以说是关于价值标准的学说，具有重要的理论意义。这个“和”字，到战国时期，被理解为随顺不争之意，其实在春秋时代是指不同事物的结合。

三、墨子崇尚公利的功用价值论

墨子与孔子不同，以“国家百姓人民之利”为最高价值。墨子提出“言必有三表”，何谓三表？“有本之者，有原之者，有用之者”，而最重要的是“用之”。“于何用之？发以为刑政，观其中国家百姓人民之利。”(《墨子·非命上》[1])“国家百姓人民之利”是最重要的。墨子强调“兴天下之利”，他说：“仁人之所以为事者，必兴天下之利，除去天

① 所引《墨子》，只注篇名。

下之害。"(《兼爱中》)墨子以利为言论行动的最高准则:"凡言凡动,利于天鬼百姓者为之。凡言凡动,害于天鬼百姓者舍之。"(《贵义》)

墨子也讲"义",认为"万事莫贵于义"(《贵义》)。而义所以可贵,在于义是有利于人民的。他说:"今用义为政于国家,人民必众,刑政必治,社稷必安。所为贵良宝者,可以利民也。而义可以利人。故曰义天下之良宝也"(《耕柱》)。《墨经》更以"利"来解"义",说:"义,利也"(《经上》),此利指公利而言,义就是公利。

墨子非乐,尝和儒者辩论乐的问题。

子墨子问于儒者曰:何故为乐?曰:乐以为乐也。子墨子曰:子未我应也。今我问曰:何故为室?曰:冬避寒焉,夏避暑焉,室以为男女之别也。则子告我为室之故矣。今我问曰:何故为乐?曰:乐以为乐也,是犹曰:何故为室?曰室以为室也。(《公孟》)

墨子认为,任何事物必有一定的用处,才有存在的价值;否则就没有价值。荀子批评墨子说"上功用,大俭约而僈差等"(《荀子·非十二子》)。墨子的价值观可以称为功用价值论。

与儒家不同,墨子比较重视"力"的价值。墨子认为人与别的动物不同,必须靠用力才能生存:"今人固与禽兽麋鹿蜚鸟贞虫异者也,……赖其力者生,不赖其力者不生"(《墨子·非乐上》)。他所谓力是广义的,王公大人的"听狱治政",农夫的"耕稼树艺",妇女的"纺绩织纴",都属于用力。他强调力的重要:

昔桀之所乱,汤治之;纣之所乱,武王治之。……天下之治

也，汤武之力也。……今贤良之人，尊贤而好道术，……遂得光誉令闻于天下，亦岂以为其命哉？又以为力也。（《非命下》）

墨子以“力”与“命”对立起来，而没有把“力”与“德”对立起来。在墨子的思想体系中，力与德是统一的。

四、孟子宣扬“天爵”、“良贵”的人生价值论

孟子明确提出关于人的价值的学说，他认为人人都有自己固有的价值，称为“良贵”，亦称“天爵”。他说：

欲贵者人之同心也。人人有贵于己者，弗思耳。人之所贵者非良贵也。赵孟之所贵，赵孟能贱之。诗云：既醉以酒，既饱以德，言饱乎仁义也，所以不愿人之膏粱之味也；令闻广誉施于身，所以不愿人之文绣也。（《孟子·告子上》①）

又说：

有天爵者，有人爵者。仁义忠信，乐善不倦，此天爵也；公卿大夫，此人爵也。（《孟子·告子上》）

人人有贵于己，人人都有自己固有的价值，这固有的价值是天赋的，是不可能剥夺的。世间爵位之贵是当权者给予的，那是可以剥夺的。这固有的“天爵”、“良贵”就是道德品质。

---

① 所引《孟子》，只注篇名。

孟子认为人人有“耳目”、“口腹”的物质要求，又有内心的精神要求，其间有价值的不同。他说：

人之于身也，兼所爱；兼所爱则兼所养也。……体有贵贱，有小大。无以小害大，无以贱害贵。养其槭小者为小人，养其大者为大人。今有场师，舍其梧槚，养其樲棘，则为贱场师焉。养其一指而失其肩背，而不知也，则为狼疾人也。饮食之人，则人贱之矣，为其养小以失大也。饮食之人无有失也，则口腹岂适为尺寸之肤哉？(《孟子·告子上》)

又说：

耳目之官不思，而蔽于物，……心之官则思，思则得之，不思则不得也。(《孟子·告子上》)

这就是说，饮食是必要的，但是，如果一个人仅仅追求饮食，就是一个无价值的人了。人有道德意识，这道德意识才是人的价值之所在。人必须有道德的自觉，这种道德的自觉依靠心的思维作用。

孟子肯定人的价值，所以要求人与人之间应相互爱敬。他说：“食而弗爱，豕交之也。爱而不敬，兽畜之也。”(《尽心上》)要把人当人看待，这是孟子的基本观点。

孟子讨论了“生”与“义”的问题，他认为，生是重要的，义也是重要的；如果二者不能两全，应舍生而取义。他说：

生亦我所欲也，义亦我所欲也，二者不可得兼，舍生而取义

者也。生亦我所欲，所欲有甚于生者，故不为苟得也。死亦我所恶，所恶有甚于死者，故患有所不辟也。(《告子上》)

他更举出“所欲有甚于生者，所恶有甚于死者”的事例说：

一箪食，一豆羹，得之则生，弗得则死。呼尔而与之，行道之人弗受；蹴尔而与之，乞人不屑也。(《告子上》)

饥饿已甚的人，也不肯接受“嗟来之食”。生命固然重要，人格尤其重要，孟子“舍生取义”的名言对于中华民族的民族精神的形成具有极其深刻的意义。

与生义问题密切相关的是义利问题，孟子严格区分了义与利。他告诫梁惠王说：“王何必曰利，亦有仁义而已矣。”(《梁惠王》)他更警告说：“上下交征利而国危矣。”与墨家不同，孟子所谓利指私利而言。孟子更将“利”与“善”对立起来。他尽力反对追求私利，但也不谈论公利。他认为道义的价值高于一切物质利益。

孟子更区别了德与力，他说：

以力假仁者霸，霸必有大国；以德行仁者王，王不待大。汤以七十里，文王以百里。以力服人者，非心服也，力不赡也；以德服人者，中心悦而诚服也，如七十子之服孔子也。(《公孙丑上》)

把“以力服人”与“以德服人”对立起来。事实上，汤武“革命”，不仅是有德，而且是有力的。但孟子也不是完全轻视力，尝说：“智，譬则巧也；圣，譬则力也”(《万章上》)，圣人也可谓有力。他是认为德的价值高于力的价值。

孟子肯定物与物的差别，他断言：“夫物之不齐，物之情也。或相倍蓰，或相什佰，或相千万”(《滕文公上》)。事物不但性质不同，而且价值不同。孟子明确肯定了人的价值，在人类生活中他更强调精神生活的价值。

五、道家“物无贵贱”的相对价值论

老子提出价值的相对性的问题，他认为美丑、善不善都是相互依存的，没有绝对的差别。老子说：“天下皆知美之为美，斯恶矣；皆知善之为善，斯不善矣”(二章)。人们都知美之为美，这就是已有恶存在了。人们都知善之为善，这就是已有不善存在了。他又说：“美之与恶，相去若何?”(二十章)事实上，美与丑相去不远。老子更认为，宠与辱、贵与患都是相对的。他说：

> 宠辱若惊，贵大患若身。何谓宠辱若惊？宠为下，得之若惊，失之若惊，是谓宠辱若惊。何谓贵大患若身？吾所以有大患者，为吾有身。及吾无身，吾有何患？(十三章)

受宠实是受辱，如果受之而惊；荣贵实是大患，如果以身任之。(此章旧注多不得其解，唯王弼注略得其旨。王注云：“宠必有辱，荣必有患，宠辱等，荣患同也。”又云：“为吾有身，由有其身也。”)老子更举出“贵大患若身”的例证说：“金玉满堂，莫之能守；富贵而骄，自遗其咎。”(九章)以富贵骄人，终必罹患。

老子认为，唯有摆脱了世间的贵贱，才是最贵的。他说：

挫其锐，解其分；和其光，同其尘，是谓玄同。故不可得而亲，不可得而疏，不可得而利，不可得而害，不可得而贵，不可得而贱，故为天下贵。（五十六章）

这里“不可得而贵”与“故为天下贵”两个贵字意义不同。前句所谓贵是世间的贵，指取得爵位而言；后句所谓贵指真正的价值。

庄子发挥老子的学说，进一步论证价值的相对性。庄子认为是非、善恶、美丑都是相对的。《庄子·齐物论》论美说：“毛嫱丽姬，人之所美也，鱼见之深入，鸟见之高飞，麋鹿见之决骤，四者孰知天下之正色哉?”又论是非善恶说：“仁义之端，是非之涂，樊然殽乱，吾恶能知其辩?”他进而否认了是非善恶的区别，“是不是，然不然”。《庄子·大宗师》云：“与其誉尧而非桀，不如两忘而化其道。”庄子以为根本不必要进行价值判断。

《庄子·秋水》提出“物无贵贱”的命题，它说：

以道观之，物无贵贱；以物观之，自贵而相贱；以俗观之，贵贱不在己。……以趣观之，因其所然而然之，则万物莫不然；因其所非而非之，则万物莫不非，知尧桀之自然而相非，则趣操睹矣。

又说：

以道观之，何贵何贱，是谓反衍。……万物一齐，孰短孰长？……何为乎，何不为乎？夫固将自化。

从普遍性的“道”看来，不存在贵贱之分。“反衍”即向相反的方面转化。贵可转为贱，贱可转为贵，贵贱无别。“自化”即自然变化。何为何不为，不必考虑取舍，一切任其自然。但是，事实上，取舍是不可避免的。《秋水》下文云：“明于权者不以物害己。……谨于去就，莫之能害也。”还是要有去就，要避免灾害。庄子的价值观终于陷入自相矛盾。

庄子提出真伪问题：“道恶乎而有真伪，言恶乎而有是非？”(《齐物论》)认为一般人所谓知不是真知，只是斗争的工具。“知出乎争。……知也者争之器也。”(《人间世》)庄子否认普通知识的价值，他认为真知是对于道的直觉。

六、《易传》与荀子关于价值标准的学说

《易传》认为贵贱差别是由天高地下的自然秩序决定的。《系辞上》说：“天尊地卑，乾坤定矣。卑高以陈，贵贱位矣。”天在上，地在下，天是最尊贵的，天地之间的万物各有一定的贵贱之位。《易传》认为，天地之间有道，《易传》赞美道的功用说：

> 一阴一阳之谓道，继之者善也，成之者性也。仁者见之谓之仁，知者见之谓之知，百姓日用而不知，故君子之道鲜矣。显诸仁，藏诸用，鼓万物而不与圣人同忧，盛德大业至矣哉！富有之谓大业，日新之谓盛德。(《系辞上》)

一阴一阳对立统一是基本规律，称为道。此道发育万物，可称为仁，这是此道的表现，此道可谓具有盛德大业，而盛德大业的涵义就是富有日新。《易传》以“日新”为盛德，以“富有”为大业，即认为富有日新

才是最高的价值。这可以说是一种关于价值标准的观点。(此节“显诸仁”以下数语的主词都是道。“盛德大业”是对于道的赞美，也是对于天地的赞美，因为道是天地之道。)这也就是认为，内容丰富、不断更新的才有价值。

荀子肯定人类具有高于其他物类的价值，他说：

> 水火有气而无生，草木有生而无知，禽兽有知而无义。人有气有生有知亦且有义，故最为天下贵也。(《荀子·王制》)

人之所以最贵，在于有义。荀子讲“性恶”与孟子讲“性善”不同，但承认人的特点是“有义”，则与孟子相同。荀子认为义是保持人类生活安定的必要条件。他说：“故人莫贵乎生，莫乐乎安，所以养生安乐者，莫大乎礼义。”(《强国》)和孟子一样，荀子也极力贬斥只知追求物质利益的人。他说：“以从俗为善，以货财为宝，以养生为己至道，是民德也。”(《儒效》)“不学问，无正义，以富利为隆，是俗人者也。”(同上)他把道义与势利对立起来：“志意修则骄富贵，道义重则轻王公，内省而外物轻矣。”(《修身》)重道德而轻富贵，这是儒家的共同观点。

荀子以为价值的最高标准是“全尽”，他论学问说：“全之尽之，然后学者也。君子知夫不全不粹之不足以为美也，……君子贵其全也。”(《劝学》)完全而精粹才是最有价值的。他又说：“积善而全尽，谓之圣人。彼求之而后得，为之而后成，积之而后高，尽之而后圣。”(《儒效》)这是荀子关于价值标准的学说。

荀子亦谈到德与力的问题，他说：“君子以德，小人以力。力者德之役也。”(《富国》)有力者应为有德者服务，德贵于力。但又认为治理国家，应兼重德力，他说：“全其力，凝其德。力全，则诸侯不能弱也；德凝；则诸侯不能削也。”(《王制》)既充实国力，而又以德服人，这样就可以“常胜”(同上)了。这个观点是比较全面的。

七、法家的道德无用论

与儒家以道德为至上相反，韩非则以道德为无用。他认为“仁义惠爱”是不足以治国的。他说：

> 世之学者说人主，不曰乘威严之势以困奸邪之臣，而皆曰仁义惠爱而已矣。世主美仁义之名而不察其实，是以大者国亡身死，小者地削主卑。……吾以是明仁义爱惠之不足用，而严刑重罚之可以治国也。(《韩非子·奸劫弑臣》)

韩非把道德与法律完全对立起来。他又说：

> 治强生于法，弱乱生于阿。君明于此，则正赏罚而非仁下也。爵禄生于功，诛罚生于罪，臣明于此，则尽死力而非忠君也。君通于不仁，臣通于不忠，则可以王矣。(《外储说右下》)

他以父母教子为例证来说明惠爱的无效：

> 今有不才之子，父母怒之弗为改，乡人谯之弗为动，师长教之弗为变。……操官兵，推公法而求索奸人，然后恐惧，变其节，易其行矣。故父母之爱不足以教子，必待州部之严刑者，民固骄于爱，听于威矣。(《五蠹》)

这里用不才之子不听教训来说明仅靠惠爱不足以治国，是正确的。但是他完全不了解教育与法律是相辅相成的，于是完全抹煞了道德教育的作用。韩非强调实用，他说："夫言行者以功用为之的彀者也。……今听言观行，不以功用为之的彀，言虽至察，行虽至坚，则妄发之说也。"(《问辩》)"故明主举实事，去无用，不道仁义诸故，不听学者之言。"(《显学》)把仁义道德完全看成无用。这种观点可谓狭隘功用论。

韩非否认道德的价值，仅承认权力的价值。他论历史的演变说："古人亟于德，中世逐于智，当今争于力。"(《八说》)又说："上古竞于道德，中世逐于智谋，当今争于气力。"(《五蠹》)他所谓力，在上为权力，在下为勇力。孟子重德轻力，韩非则崇力贬德。孟子还给力以一定的地位，韩非则认为道德完全是迂腐无用的。秦统一六国，以韩非学说治理天下，仅仅二世就灭亡了。历史证明韩非的极端专制主义是不可取的。

八、董仲舒"莫重于义"的价值观

董仲舒尊崇孔子，重新肯定了道德的价值。他认为人之所以为贵在于有道德。他说：

> 人受命于天，固超然异于群生。入有父子兄弟之亲，出有君臣上下之谊；会聚相遇，则有耆老长幼之施。粲然有文以相接，欢然有恩以相爱，此人之所以贵也。(《汉书·董仲舒传》引)

有道德是人贵于物的特点，所以道德的价值高于物质利益。他提出"身之养莫重于义"的命题：

> 天之生人也，使之生义与利。利以养其体，义以养其心。心不得义不能乐；体不得利不能安。义者心之养也，利者体之养也。体莫贵于心，故养莫重于义。……夫人有义者虽贫能自乐也，而大无义者虽富莫能自存。吾以此实义之养生人大于利而厚于财也。(《春秋繁露·身之养莫重于义》)

物质利益是养护身体的，道德是培养心灵的，在身体之中，心灵最贵，所以道德具有更高的价值。董仲舒更提一个著名命题："仁人者，正其道不谋其利，修其理不急其功"(《对胶西王越大夫不得为仁》)。这两句话，《汉书·董仲舒传》引作"正其谊不谋其利，明其道不计其功"。《汉书》所引的这两句后来发生了深远的影响，成为义利之辩的公式。

九、王充提倡"德力具足"的价值观

王充着重讨论了德与力的问题，他认为治国之道应德力并重。他说：

> 治国之道所养有二：一曰养德，二曰养力。养德者养名高之人，以示能敬贤；养力者养气力之士，以明能用兵。此所谓文武张设，德力具足者也。……夫德不可独任以治国，力不可直任以御敌也。(《论衡·非韩》)

一方面要尊崇道德，一方面要培养实力。这里所谓力指勇力。王充论力，有时也取其广义，如说：

人有知学，则有力矣。文吏以理事为力，而儒生以学问为力。……故博达疏通，儒生之力也；举重拔坚，壮士之力也。(《效力》)

壮士有力，儒生也有力。王充更详论各种不同类型的力说：

故夫垦草殖谷，农夫之力也；勇猛攻战，士卒之力也；构架斫削，工匠之力也；治书定簿，佐史之力也；论道议政，贤儒之力也。人生莫不有力，所以为力者或尊或卑。孔子能举北门之关，不以力自章，知夫筋骨之力不如仁义之力荣也。(《效力》)

这就是说，体力是力，脑力也是力。不同类型的力之中也有尊卑之分。王充高度评价了知识道德的力量。他严厉指斥了“饱食终日无所用心”的“饱食之人”，他说：

人生禀五常之性，好道乐学，故辨于物。今则不然，饱食快饮，虑深求卧，腹为饭坑，肠为酒囊，是则物也。倮虫三百，人为之长。天地之性人为贵，贵其识知也。今闭闇脂塞，无所好欲，与三百倮虫何以异？而谓之为长而贵之乎？(《别通》)

王充提倡德力并重，也认为知识道德是价值最高的。

十、宋明理学的价值观

宋明时代的理学家继承孔孟学说，极力宣扬人生的价值和道德的价值。他们阐释孔孟的观点，有时讲得比较明显易懂。理学家中讲道德价值最透彻的是周敦颐。周敦颐说：

> 颜子一箪食，一瓢饮，在陋巷，人不堪其忧，而不改其乐。夫富贵，人所爱也；颜子不爱不求，而乐乎贫者，独何心哉？天地间有至贵至爱可求而异乎彼者，见其大而忘其小焉尔！（《通书》）

又说："天地间，至尊者道，至贵者德而已矣。至难得者人，人而至难得者，道德有于身而已矣"（《通书》）。这是说，世间的富贵并不是至贵的，至贵者是道德。周敦颐又说：

> 君子以道充为贵，身安为富，故泰无不足；而铢视轩冕，尘视金玉，其重无加焉尔。（《通书》）

周氏这些言论虽然基本上是重述孔孟的论点，但比较明白晓畅，足以发人深省。

邵雍以数字表示人的价值，他说：

> 有一物之物，有十物之物，有百物之物，有千物之物，有万物之物，有亿物之物，有兆物之物。生一一之物，当兆物之物，岂非人乎？有一人之人，有十人之人，有百人之人，有千人之人，有万人之人，有亿人之人，有兆人之人。生一一之人，当兆人之人者，岂非圣乎？是知人也者物之至者也，圣也者人之至者也。（《皇极经世·观物内篇》）

又说：

> 唯人兼乎万物，而为万物之灵。如禽兽之声，以其类而各得其一，无所不能者人也。推之他事亦莫不然。……人之生真可谓之贵矣。(《观物外篇》)

人的能力兼乎万物，所以是最贵。

张载提出对于《易传》所谓“富有”、“日新”的解释，他说：“富有者大无外也，日新者久无穷也。”(《正蒙·大易》)又解释“久”、“大”说：“久者一之纯，大者兼之富。”(《至尚》)一之纯、兼之富，就是丰富而不驳杂。这可以说关于价值标准的规定。

程颐说：“人人有贵于己者，此其所以人皆可以为尧舜?”(《程氏遗书》卷二十五)又说：“君子所以异于禽兽者，以有仁义之性也。”(《程氏遗书》)人的价值在于有道德意识。程颐又说：“君子所贵，世俗所羞；世俗所贵，君子所贱。”(《程氏易传》贲卦)这揭示了学者的价值观与世俗的价值观的对立。世俗所追求的是声色货利，富贵权势。学者所追求的则是道德理想。

程颐高度赞扬了董仲舒关于义利的观点，他说：“此董子所以比度越诸子。”(《程氏遗书》卷二十九)朱熹、陆九渊虽然在许多学术问题上相互争论，但都强调义利之辨。兹不具述。

宋明理学家重视道德修养，注重“身体力行”，在生活上也达到了较高的修养境界。理学亦称为道学。清初以来，道学为许多人所诟病，近年更有许多人贬斥道学家为伪君子。事实上确有不少标榜道学的人言行不一致，可谓伪君子、假道学。但是许多属于道学的思想家确实安于清苦的生活，表现了坚定的志操，虽然难免迂阔，却并非虚伪。正如程颐所说："君子所贵，世俗所羞；世俗所贵，君子所贱"，因而遭到一些人的非议，这是可以理解的。

十一、王夫之"珍生务义"的价值论

孟子虽然宣扬"舍生取义"，但是没有否认生命的价值，所以说"生亦我所欲也"。老子提出"夫唯无以生为者，是贤于贵生"(《老子》七十五章)，表现了贬低生命的倾向(事实上，老子还讲过"长生久视之道"，所谓"无以生为"不过是"正言若反"之一例)。佛教则以生为苦，要求解脱。宋明理学强调道德的价值，对于生命的价值重视不够。针对这些情况，王夫之提出"珍生"之说。他说："圣人者人之徒，人者生之徒。既已有是人矣，则不得不珍其生。"(《周易外传》卷二)人是生物，就应该珍视自己的生命。珍视生命，就应该珍视自己的身体，应该反对一切鄙视身体的观点。他批评道家和佛教说：

> 贱形必贱情，贱情必贱生，贱生必贱仁义，贱仁义必离生，离生必谓无为真而谓生为妄，而二氏之邪说昌矣。(《周易外传》)

王夫之充分肯定了生命的价值。

但是生活必须合乎道义才有真正的价值，王夫之说：

> 将贵其生，生非不可贵也；将舍其生，生非不可舍也。……生以载义，生可贵；义以立生，生可舍。(《尚书引义》卷五)

生活必须体现道义，这样的生才是可贵的。在必要的时候，应该舍生取义。王夫之这样正确地阐明了生与义的关系。他更提出"务义"之说。他说：

> 立人之道曰义，生人之用曰利。出义入利，人道不立；出利入害，人用不生。……利义之际，其为别也大；利害之际，其相因也微。夫孰知义之必利，而利之非可以利者乎？……智莫有大焉也，务义以远害而已矣。(《尚书引义》卷二)

义与利是对立的统一，有一定的界限。利与害也是对立的统一，经常相互转化。专意求利，却常常得害；唯有专意遵义而行，才能免除祸害。王夫之关于生义关系的学说是孟子思想的发挥，但是讲得比孟子更透彻了。

十二、对于中国古代价值观的评价

中国古典哲学中的价值观主要是讨论两方面的问题，一是价值类型和层次的问题，二是价值的基本标准的问题。关于价值的类型与层次，儒家强调道德至高至上，认为道德具有内在价值，可谓内在价值论。墨家从功用来肯定道德的重要，可谓功用价值论。道家指出儒墨所谓道德的相对性，要求回到自然，可谓价值相对论。法家否认道德的价值，专讲实际功用，可谓道德无用论，亦可称为狭隘功用论。

关于价值标准，西周末史伯及早期儒家主张“和为贵”，以多样性的统一为价值的准则。荀子提“全粹”说，《易传》提出“富有日新”说，认为内容丰富而不断更新的才具有最高价值。

两汉以后，儒家的价值观占据了统治地位，成为中国文化的主导思想。儒家肯定人的价值，强调道德的重要，这对于封建时代精神文明的发展起过巨大的作用。但在义利关系、德力关系的问题上，儒家尤其是宋明理学的见解表现了严重的偏向。董仲舒以及程、朱、陆、王诸学派，忽视了公利与私利的区别，专门强调道义，表现了脱离实际的倾向。孟荀重德轻力，还给力以一定地位，而后儒则很少谈到力的问题了。墨子、王充肯定力的重要的观点湮没无闻，一般人则追求“声色货利”、“高官厚禄”，又汩没于庸俗习气之中，也不注意如何提高物质文明的问题。明代中期以后，中国文化停滞不进，在世界范围内逐渐落后，既有其社会经济的原因，也有其思想的根源。

近代常以真美善并举。在中国古代，美善经常相联并提，而真字则多系单独出现。真是知识的价值，美是艺术的价值，善是行为的价值。三者属于不同的领域。先秦儒家所谓诚即道家所谓真。宋明以后真字才广泛流行。庄子标出真字，但庄子鄙视一般的知识。儒道两家都把体认(直觉)看做最高的认识，轻视实际观测的分析知识。唯有墨家重视分析与实际观测。墨学中绝，给中国自然科学的发展带来了严重的不利影响。儒家推崇礼乐，对于艺术的发展有积极意义。墨家非乐，忽视了艺术的价值。事实上科学与艺术是相辅相成的。

儒家强调道德的尊贵，高度赞扬“不降其志，不辱其身”的志士仁人，这对于中华民族的成长和发展，确实起了巨大的积极作用。但是，道德理想与物质利益是密切相关的。如果忽视人民的物质利益，则道德将成为空虚的说教了。

价值论的问题是非常复杂的，中国古代的价值学说，虽不如近代西方的繁富和详密，也有其独到的内容。本文仅仅举出一些具有典型性的观点，有些具体问题，还有待于进一步的研究。

中国文化与中国哲学

一、哲学是文化的思想基础

文化的范围很广，包括哲学、科学、文学、艺术、宗教、教育、风俗等等。哲学是文化的核心，是在文化整体中起主导作用的。科学、文学、艺术、教育等等莫不受哲学思想的引导和影响。

文化既有时代性(历史性)，也有民族性。每一民族都有“表现在共同文化上的共同心理素质”(斯大林《马克思主义与民族问题》)。

一个民族的“共同心理”是怎样形成的？应是在占统治地位的哲学思想的熏陶之下形成的。所谓“共同心理”的基本内容是占主导地位的世界观和价值观。

二、中国哲学主要学派的分合与消长

先秦时代，主要有六家：儒、墨、道、法、名、阴阳。其中最重要的是儒、墨、道三家。名家资料散佚，法家主要是政治思想，阴阳家也仅有片断资料。儒墨并称显学。

道家是隐士思想，虽非显学，而影响广远。

儒家尚仁贵中，“仁”的本义是承认别人也是人，是古代人道主义的开端。仁又是差等之爱，承认等级差别。“中”反对“过”与“不及”，承认事物的发展有一个适度的问题。“中”要求维持现有制度，具有保守倾向。但在日常生活中，在一定范围内，确定“中”还是必要的。

墨家提出“兼爱”、“尚贤”等十大主张，其中最突出的是“非命”、“非乐”。墨家的特点是尚“力”，贵“用”。尚力，故非命。贵用，故非乐。在阶级社会，人们不能掌握自己的命运，所以非命之说很难被人接受。非乐，完全否定艺术的价值，既不符合统治者的要求，亦不能满足劳动者的愿望。虽然如此，墨家“尚力贵用”的思想，仍有一定的价值。

道家提出自然主义（自然主义一词，混淆了唯物主义与唯心主义的界限，但在一定范围内，还是可用的。），对于本体论有重大贡献。但是道家的消极无为思想，虽然有批判专制制度的意义，而无助于保卫国家主权、维护民族独立。道家反对知识文化，宣称“文灭质、博溺心”，但事实上却比较注意探索自然规律。

汉代罢黜百家，独尊儒术，于是诸子之学转入两汉经学。从两汉到明清，儒学虽有盛衰，但始终居于统治地位，而道家思想亦流传不绝。从两汉到明清，中国哲学思想的基本形势是儒道交融，墨学中绝。墨家“尚力贵用”的精旨湮没不彰。汉末佛教输入，后来流传渐广，到隋唐时代，形成儒佛争胜、三教鼎立的形势，亦出现三教合流的趋向。中国的佛教徒接受中国固有思想的影响创立了中国佛学。儒家学者也吸取了道家、佛教的若干观点。到宋代，理学继承、宣扬孔孟的基本思想，采纳了道家、佛教的若干思想资料，开辟了儒家的新阶段。明清之际的进步思想家又突破了理学的局限，达到中国古典哲学的高峰。

到近代，西学输入，进步思想家开始接受西方的自然科学知识与哲学观点。顽固派则盲目守旧，拒绝新知。这样，出现了新旧对立、中西争胜的形势。大势所趋，新学终于战胜旧学。随着革命形势的发展，马克思主义哲学的传播日益深入人心。20世纪30年代也有部分学者企图建立融会中西的体系。新中国成立，马克思主义哲学取得领导地位。现在的任务是研究新情况、解决新问题。在马克思主义普遍真理的指导之下，进一步推动哲学的发展。

三、中国哲学的基本观点与基本倾向

中国哲学有一些基本观点，表现了一些基本倾向。

1. 天人合一与天人交胜

孟子讲：尽心、知性、知天(《孟子·尽心》)，这是天人合一观点的开端，但孟子没有直接提出天人合一。

孟子认为性的内容就是“恻隐之心、羞恶之心、辞让之心、是非之心”，所以尽心就能知性。孟子以为“心之官则思，思则得之，不思则不得也，此天之所与我者”(《孟子·告子上》)。心性是天所赋予，所以知性也就知天。孟子此说，简而未明。

《易传》提出“与天地合德”的理想：“夫大人者，与、天地合其德，与日月合其明，与四时合其序，与鬼神合其吉凶，先天而天弗违，后天而奉天时”。(《乾卦·文言》)又提出“后以裁成天地之道、辅相天地之宜”(《泰卦·象传》)及“范围天地之化而不过，曲成万物而不遗”(《系辞上》)的原则，有重要的理论意义。

荀子强调“明于天人之分”(《天论》)，以为“天有其时，地有其财，人有其治，夫是之谓能参。舍其所以参而愿其所参，则惑矣。”(《天论》)但是荀子也不否认天与人的联系，认为“礼有三本：天地者生之本也，先祖者类之本也，君师者治之本也”(《礼论》)。

董仲舒宣扬“天人感应”、“人副天数”，讲“天亦有喜怒之气，哀乐之心，与人相副。以类合之，天人一也”。(《春秋繁露·阴阳义》)这是天人合一的粗陋形式。

王充全面批判了“天人感应”思想，断言：“天本而人末也”，“天至高大，人至卑小”。(《论衡·变动》)天与人是不能相提并论的。唐代刘禹锡进一步批判天人感应，提出“天与人交相胜”的学说，以为“天之道在生植，其用在强弱；人之道在法制，其用在是非”。强者胜弱，“力雄相长”，是“天之能”；建立规范，“右贤尚功”，是“人之能”。(《天论》)刘禹锡比较明确地肯定了自然规律与人类道德的区别。

到宋代，天人合一思想得到进一步的发展。张载明确提出了“天人合一”的命题，但也承认天之道与人之道有分别。张载强调“天人合一”，旨在批判佛教，他认为佛教“以人生为幻妄，以有为为疣赘，以世界为荫浊”，是根本错误的，“以人生为妄，可谓知人乎？天人一物，辄生取舍，可谓知天乎?”(《正蒙·乾称》)天和人都是实在的，“天地之塞吾其体，天地之帅吾其性”。(《西铭》)充满于天地之间的气，构成了我的身体；作为气的统帅的天地之性也即是我的本性。天与人是统一的。张载亦承认天与人的分别：

> 老子言“天地不仁，以万物为刍狗”，此是也。“圣人不仁，以百姓为刍狗”，此则异矣。圣人岂有不仁？所患者不仁也。……鼓万物而不与圣人同忧，则于是分出天人之道。……圣人所以有忧者，圣人之仁也。不可以忧言者，天也。盖圣人成能，所以异于天地。(《横渠易说·系辞上》)

天是“鼓万物而不与圣人同忧”的，人则不能无忧；天地可以说“不仁”，圣人则以仁为最高规范。

程颢以“与物同体”讲天人合一，他说：“学者须先识仁，仁者浑然与物同体，……天地之用皆我之用。”(《程氏遗书》卷二上)“医书言手足痿痺为不仁，此言最善名状。仁者以天地万物为一体，莫非己也，认得为己，何所不至？若不有诸己，自不与己相干，如手足不仁，气已不贯，皆不属己，故博施济众，乃圣人之功用。”(《程氏遗书》)天地万物和我属于一体，如果不认识天地万物与自己属于一体，就是麻木不仁。程颢又说：“人与天地一物也，而人特自小之，何耶？”(《程氏遗书》卷十一)不承认万物一体就是“自小”。

程颐不讲“与物同体”，而强调天道人道的同一性，他说：“道未始有天人之别，但在天则为天道，在地则为地道，在人则为人道。”(《程氏遗书》卷二十二上)南宋以后，朱熹继承程颐的观点，王守仁继承程颢的观点，王夫之继承张载的观点。程朱、王守仁属于唯心主义，张载、王夫之则是唯物主义，但都肯定天人合一。就中张载、王夫之也承认天人的区别，他们的基本观点是天人既统一而又有别的。

中国哲学中天人合一观点有复杂的涵义，主要包含两层意义，第一层意义是，人是天地生成的，人的生活服从自然界的普遍规律。第二层意义是，自然界的普遍规律和人类道德的最高原则是一而二、二而一的。这第一层意义是正确的，而第二层意义混淆了事物的层次区别，是不正确的。近代西方有一种流行的观点，认为原始人没有把自己与自然界区别开来，后来文明进步，人们才将人和自然界区别开来，这标志着人的自觉。可能有人认为原始人的意识表现了天人合一观点。应该指出，如果把中国哲学所谓天人合一看作是一种没有达到人的自觉的思想，那就大错特错了。应该承认，原始人不分人与自然，是原始思想，后来区分了人与自然，是原始思想的否定，而中国哲学所谓天人合一，则是否定之否定。张载以天人合一批判佛学，程颢强调“人与天地一物也，而人特自小之，何耶?”这些都明确表明，中国哲学家认为肯定天人合一才达到人的自觉，这可谓高一级的自觉。把人与自然界区别开，是人的初步自觉；认识到人与自然界既有区别也有统一的关系，才是高度的自觉。

2. 知行合一与知行相资

中国哲学有一个基本要求，即认识与行为、思想与生活必须相互符合、相互一致。孔子说：“知之者不如好之者，好之者不如乐之者”。(《论语·雍也》)不但要知之，而且要好之，乐之。乐之即实行所知而感到一种乐趣。孔子又说：“笃信好学，守死善道。”(《论语·泰伯》)既要好学求知，又要坚持真理，“宁为善而死，不为恶而生”(皇侃《疏》)。孟子一方面要求知道，另一方面更要求行道，他说：“行之而不著焉，习矣而不察焉，终身由之而不知其道者众也。”(《孟子·尽心上》)又说：“居天下之广居，立天下之正位，行天下之大道，得志与民由之，不得志独行其道。”(《孟子·滕文公下》)有些原则是任何人所不能违背的，但许多人并不自觉。有些原则是一般人不易做到的，更须坚持实行。荀子论知行的轻重说：

> 闻之不若见之，见之不若知之，知之不若行之。学至于行之而止矣。行之，明也。明之为圣人。(《荀子·儒效》)

唯有实行，才能达到“明”的境界。

程颢、程颐肯定知对于行的指导作用。程颢说：“学者须先识仁。……识得此理，以诚敬存之而已。”(《程氏遗书》卷二上)从事仁的修养，须先“识得此理。”程颐说：“须是知得了，方能乐得，故人力行先须要知。”(《程氏遗书》卷十八)又说：“除非烛理明，自然乐循理。”(同上)二程更认为最高的认识和最高的精神境界是一致的，理论学说应是精神境界的表述。《程氏遗书》中“二先生语”云：

有有德之言，有造道之言，有述事之言。有德者止言已分事。造道之言，如颜子言孔子，孟子言尧舜，止是造道之深，所见如是。(卷二上)

又载程颐说：

有有德之言，有造道之言。有德之言，说自己事，如圣人言圣人事也。造道之言，则知足以知此，如贤人说圣人事也。(卷十八)

有德之言即是修养境界的宣述，表达了最高的认识，也显示出知行的高度统一。

王守仁提出“知行合一”之说，他所谓知行合一，其涵义比较复杂而含混，既含有知行相互依存的意义，又有混淆知行界限的倾向。王夫之批评王守仁所谓知行合一，指出那是“销知以归知”、“以知为行”(《尚书引义》卷三)。这个批评是相当深刻的，但是王守仁讲所谓知行合一之时也还强调知行的相互依存。王夫之提出“知行相资”的命题，比较明确地说明了知行相互依存、相互转化的关系。知行合一，如果加以正确的解释，还是可讲的。

在中国哲学中，天人合一与知行合一的观点占有主导地位，这对于中国文化的发展有广泛的影响。讲天人合一，于是重视人与自然的调谐与平衡，这有利于保持生态平衡，但比较忽视改造自然的努力。讲知行合一，而所谓行主要是道德履践，于是所谓知也就主要是道德认识，从而比较忽视对于自然界的探索。这其间的复杂关系值得我们进一步研究。

3. 中国哲学的价值观

中国哲学学说中与文化发展关系最密切的是价值观思想。古代哲学中，儒、墨、道、法各家都有自己的价值观，可惜多年以来中国哲学史研究中对于价值观思想论述较少。儒家“义以为上”，把道德看作最有价值的，同时又肯定人的价值，宣称“天地之性人为贵”。墨家比较重视功用，把道德与功用结合起来。道家否认一切人为的价值，以自然而然为最高价值。法家专讲富国强兵，完全否定道德文化的价值。

价值观的争论集中在两个问题上，一为义与利的问题，二为力与德的问题。

孔子主张“义以为上”(《论语·阳货》)，要求“见利思义”(《论语·宪问》)，认为道德才是最高价值，但也不是完全排斥利，在重义的同时，也要求“因民之所利而利之”(《论语·尧曰》)。孟子肯定生命和道德都是有价值的，“生亦我所欲也，义亦我所欲也”(《孟子·告子上》)，但是，如“二者不可得兼”，则应“舍生而取义者也”。孟子把“利”与“仁义”对立起来(《孟子·梁惠王上》)，把“为利”与“为善”对立起来(《孟子·尽心上》)。董仲舒提出“正其谊不谋其利”的命题，明确地表达了儒家的观点。宋代二程、朱、陆都强调“义利之辨”。所谓义利之辨有两层涵义，一是反对私利，二是肯定道德理想才具有最高的价值。孔孟所反对的利都是指私利而言，所谓“上下交征利，而国危矣”(《孟子·梁惠王上》)。但又认为公利也还不是最高价值，最高价值是道德理想的实现。这也就是说，人们不但有物质利益，而且有精神要求，提高精神境界才是最重要的。

墨家肯定公利就是最高价值，强调“国家百姓人民之利”(《墨子·非命上》)。墨家肯定义利是统一的，《墨子·经上》云：“义，利也。”《大取》云：“义利，不义害”。国家百姓人民之利就是最高价值，就是道德的最高准则。墨家所谓利指公利而言。

后来儒家中也有肯定义利的统一的。如宋张载说：“义公天下之利。”(《正蒙·大易》)清初颜元改董仲舒“正其谊不谋其利”为“正其谊以谋其利”(《四书正误》)，强调必须兼重义利。

义利问题包含个人利益与社会利益，物质需要与精神需要的关系问题。

力与德也是一个重要问题，儒家把力与德对立起来，孔子说：“骥不称其力，称其德也。”(《论语·宪问》)骥是千里马，日行千里是其力，孔子以为骥的价值更在于性情善良。孟子区别了“以力服人”与“以德服人”，认为“以力假仁者霸，霸必有大国；以德服人者王，王不待大。”(《孟子·公孙丑上》)儒家忽视力的价值。

墨子强调力的重要，认为人类生活的特点是“赖其力者生，不赖其力者不生”(《墨子·非乐上》)，必须用力才能维持生活。墨子把力与命对立起来，他说：

> 昔桀之所乱，汤治之；纣之所乱，武王治之。……天下之治也，汤武之力也；天下之乱也，桀纣之罪也。若以此观之，夫安危治乱，存乎上之为政也，则夫岂可谓有命哉？……今贤良之人，尊贤而好道术，……遂得光誉令闻于天下，亦岂以为其命

> 哉？又以为其力也。(《墨子·非命中》)

墨家认为力与命是对立的，而力与德是统一的。

法家韩非以为崇德尚力因时代而不同，“上古竞于道德，中世逐于智谋，当今争于气力。”(《韩非子·五蠹》)上古时代讲道德就可以解决问题了，到战国时代只有靠力量战胜别人。韩非的观点与孟子相反，但也把德与力对立起来。

王充批评韩非的“偏驳”，提出德力并重的观点：

> 治国之道所养有二，一曰养德，二曰养力。养德者养名高之人，以示能敬贤；养力者养气力之士，以明能用兵。此所谓文武张设，德力具足者也。事或可以德怀，或可以力摧，外以德自立，内以力自备。……夫德不可独任以治国，力不可直任以御敌也。(《论衡·非韩》)

王充关于德力问题的观点是深刻的、全面的。

儒家崇德轻力的思想影响深远，墨家王充德力并重的观点没有引起足够的重视。西方有所谓“力之崇拜”，在中国则无其痕迹，这也是中西文化的相异之点。

四、中国文化的基本精神与主要缺点

中华民族屹立于世界东方五千年，创造了中国文化。中国文化虽然经历了盛衰变迁，但始终延续不绝。这就足以证明，中国文化必然有其优秀传统。从 16 世纪、17 世纪以来，中国的科学技术落后了，中国没有能够自己创造出近代实证科学。这也足以证明，中国文化具有一定的缺点。中国文化在近代的落后有其经济、政治的原因，也必然有其思想根源。中国文化的基本精神如何？其主要缺点何在？这都是值得研究的问题。

1. 刚健自强的基本精神

过去有一种观点，认为中国文化是柔静的文化。应该指出，这是从表面看问题。道家宣扬柔静，老子"贵柔"，周敦颐提倡"主静"，固然都有一定影响，但这不是中国文化的主流。仅仅推崇"柔静"，是不可能创造出灿烂的文化业绩的。作为中国文化的基本精神的，应是刚健有为、自强不息的思想态度。孔子重视"刚"，他的生活态度是"为之不厌"，"发愤忘食、乐以忘忧"(《论语·述而》)，这是一种积极有为的态度。孔子的这些思想，《易传》有进一步的发展。《易传》提出"刚健"观念，赞扬刚健精神，"刚健而文明"(《大有》)，"刚健笃实辉光"(《大畜》)。《易传》提出"自强不息"的原则："天行健，君子以自强不息"(《乾卦》)。《易传》倡导的"自强不息"精神在中国历史产生了深远的影响，激励着古往今来进步的政治家、思想家、科学家奋勇前进。现在多数哲学史工作者都认为《易传》是战国时期的作品，但在历史上，从两汉以至近代，多数学者认为《易传》是孔子撰写的著作，所以"刚健"学说是以孔子的名义在历史起作用的，成为中国文化发展的一个重要原则。

儒家的刚健思想与道家的柔静思想并行对峙，但刚健思想占有主导地位。王弼注《易》，以老解孔，释《复卦》"复其见天地之心乎"说：

> 凡动息则静，静非对动者也，语息则默，默非对语者也，然则天地虽大，富有万物，雷动风行，运化万变，寂然至无，是其本矣。

这把寂静看作绝对的。程颐注《易》，矫正王弼的观点，他说：

> 一阳复于下，乃天地生物之心也。先儒皆以静为见天地之心，盖不知动之端乃天地之心也。非知道者，孰能识之？（《周易程氏传》）

这肯定了动的重要性。

墨家的生活态度比儒家更积极，“日夜不休，以自苦为极”（《庄子·天下》）。墨家的苦行主义难以普遍推广，汉代以后，墨学中绝了。在中国文化发展中起主导的还是孔学。到了近代，孔学也过时了。

2. 以德育代替宗教的优良传统

孔子学说还有一个精湛的观点，即“务民之义，敬鬼神而远之，可谓知矣”！（《论语·雍也》）这可以说是以道德教育代替宗教。《论语》又载：“季路问事鬼神，子曰：未能事人，焉能事鬼？敢问死！曰：未知生，焉知死？”（《先进》）“事人”、“知生”是道德修养问题，“事鬼”、“知死”是宗教家的问题。孔子不愿谈论鬼神和死后的问题，显示了对于宗教的冷淡态度。孔子以后，孟荀以至宋儒都继承了孔子的这种观点，从而形成了中国传统文化的一个特点。

3. 德力分离的不良倾向

孔子鼓吹道德教育，但不能认识德与力是相辅相成的。墨家强调“竭力从事”（《墨子·天志上》），把“力”看作实行道德的一个条件。在这一问题上，墨家是正确的。墨学中绝，墨家尚力的学说没有得到发展。中国传统文化，偏重道德的提高，忽视力量的培养。事实上，物质生活与精神生活是相成互济的，如果物质力量虚弱不实，精神境界也就难以提高。以力压人，以势凌人，是不文明的现象。没有物质基础的道德说教也是起不了实际作用的。

4. 继往与创新的关系问题

孔子自称“述而不作，信而好古”(《论语·述而》)，这种学风对于保持历史遗产起了积极作用，但是也引起了因循守旧的不良倾向。墨子主张述而且作，“古之善者则述之，今之善者则作之，欲善之益多也”。(《墨子·耕柱》)这种态度较孔子“述而不作”为进步。但墨子又说：“吾言足用矣，会吾言革思者，是犹舍获而拾粟也。”(《贵义》)主张自己创新却反对别人创新，这就不好了。

汉代独尊儒术以后，经学占据了统治地位，束缚了人们的独立思考，阻塞了探索未知领域的前进道路。除少数学者之外，多数人都缺乏创新精神。在西方近代初期，不打破神学的统治就难以革新；在中国，不打破经学的束缚也难以前进。中国近代学术远远落后于西方，因循守旧的习气窒息了创新的生机也是一个重要的原因。

创新即是发现新情况、揭示新规律，发明新器具，从而开阔发展的新阶段。文化的发展离不开创新。但是创新仍应以前人已经取得的成果为基础。

五、文化系统的分析与综合

每一民族的文化形成一个文化系统。每一民族的一定时代的文化也形成自己的系统。任何文化系统都包含若干要素，可称为文化要素。要素是近代的名词，如用中国旧名词来说，可称为节目或条目。

不同的文化系统包含一些共同的文化要素，也各自包含一些不同的文化要素。前者表现了文化的普遍性，后者表现了文化的特殊性。

一个文化系统所包含的文化要素，有些是不能脱离原系统而存在的，有些是可以经过改造而容纳到别的文化系统。

不同的民族文化各有其独立性，但是也可以相互吸收相互融合，这是常见的历史事实。

同一文化系统或不同的文化系统所包含的文化要素之间有相容与不相容的关系。有些不同的文化要素，虽然似乎相反，实际上却是相辅相成，相互补充。如果仅取其一个而排斥另一个，就会陷于偏失，引起不良的后果。

古代儒家强调道德教育，不重视法治；法家则专重法治，完全否认道德教育的价值。事实上，道德教育和法律制度是相辅相成，缺一不可的。孟子说："徒善不足以为政，徒法不能以自行"(《孟子·离娄上》)。这句话是对的。但孟子对于法还是重视不够。韩非强调"不务德而务法"(《显学》)，"仁义爱惠之不足用，而严刑重罚之可以治国"(《奸劫弑臣》)，宣称："夫贤势之不相容亦明矣"(《难势》)。事实德与法是相辅相成的，贤与势更非不相容。

文化的内容是多方面的，愈丰富就愈繁荣，万紫千红胜过孤芳自赏。

但是也有一些文化要素，各属于不同的时代、不同的地域，不能脱离原来的系统，不可能勉强地拼凑在一起。清初王夫之曾论古今的不同说：

> 一代之治，各因其时，建一代之规模以相扶而成治，故三王相袭，小有损益，而大略皆同。未有慕古人一事之当，独举一事，杂古于今之中，足以成章者也。……举其百，废其一，而百者皆病；废其百，举其一，而一可行乎？(《读通鉴论》卷二十一)

又说：

> 郡县之与封建殊，犹裘与葛之不相沿矣。……封建也，学校也，乡举里选也，三者相扶以行，孤行则踬矣。（《读通鉴论》卷三）

王船山的这番议论确实精湛。古今的差别如此，中外的差别亦有类似的情况。

例如清末有“中学为体西学为用”之说，企图把三纲五伦的旧伦理与近代的科学技术结合起来。事实上君主专制和封建道德与近代科学的发展是不相容的。

那末，不同的民族文化只有各自独立，或者只有“全盘西化”才是出路吗？这又不然。不同民族文化的融合，扬长补短，历史上不乏实例。保持自己的良好基础，学习先进文化的最新成就，以促进自己民族文化的发展，不仅是必要的而且是可能的。这就是发现文化要素之间的相容与不相容、可离与不可离的关系。有些文化要素彼此不能相离，有些则是可以相离的。

我们进行实际考察，就可以发现，不同的民族文化包含的文化要素有许多是并行不悖，甚至是可能相得益彰的。

举例来说中国医学与西方医学各自具有自己的系统。西方医学已经发达到非常精密的程度，超迈前古。但是中医的一些优点仍为西医所不具备。中国医学确有实效。中医的一些理论至今仍令人感到神秘难解，可能只有进一步运用最新科学才能予以明确的诠释。中西医结合的前景是十分光明的。

中国绘画、中国音乐、中国建筑都有其独具的特色。西方绘画、西方音乐、西方建筑也都是应该学习的，但能够否认中国绘画、中国音乐、中国建筑的独特价值吗？关于音乐，有些人称中国音乐为民族音乐，似乎西方音乐才是音乐的正宗，这种民族自卑的作风，还是半殖民地的遗风。现代西方建筑采取了现代技术，确有古代中国不能及之处，但是建筑的民族形式仍有可取的优点。

最根本的问题是语言。以前殖民地的人民大多放弃本民族的语言而采取殖民主义者的语言，这是一种奴才作风。全盘西化论者是否也认为语言要西化呢？学习外语是必要的，废弃自己的民族语言，也就要丧失民族的独立性了。

应该承认，中西医学、中西艺术，都是并行不悖的，而且可以达到新的结合。

近代西方科学的发展有其经济政治以及哲学的基础。应该承认，近代科学的发展与封建专制是不相容的，与民主制度、学术自由是不相离的。科学的发现与发明只能产生于学术自由的环境中，只能存在于鼓励独立思考的气氛中。

西方近代科学与西方的宗教、艺术、教育、风俗等等共同构成一个文化系统。但是，科学是在与宗教斗争中发展的，科学和同时的艺术、风俗等也没有不可分离的关系。我们没有必要把近代西方的宗教、风俗都移植过来。

现在的中国已达到社会主义时代，我们的历史任务是创造具有中国特色的社会主义物质文明和精神文明。我们必须(1)坚持并发扬马克思主义的普遍原则；(2)学习并赶上近代西方的科学技术；(3)考察、分析、选择、继承中国固有文化的优秀传统。我们必须慎重考察古今中外不同的文化系统所包含的文化要素之间的相容与不相容的关系以及可离与不可离的关系。从某一系统中选取一定的要素，应以是否符合客观实际、是否适合社会发展的客观需要为准则。任何系统都是可以剖析的。黑格尔哲学是一个相当严密的系统，而马克思、恩格斯却看出黑格尔哲学系统与其方法的矛盾，在批判其哲学系统的同时却剥取了黑格尔辩证法的合理内核。哲学思想的批判继承往往如此；一切符合客观实际的正确思想必然能够脱离其原来所在的系统而独立存在；一切适合社会发展需要的文化成果也必然是并行不悖、彼此相容的。社会主义文化必然是一个新的创造，同时又是多项有价值的文化成果的新的综合。我们要排除一切浅见与偏向，努力创造光辉灿烂内容丰富的新中国文化。

1985年2月8日

中国文化的综合与创新

文化传统与民族精神*

每一个伟大的民族都有其一定的文化传统。中华民族的文化是世界文化中的一个具有显著特色的典型，在历史上曾经发放出灿烂的光辉。但是，到了近代，中国传统文化与西方近代文化相比，显然落后了。现在中华民族面临的历史课题是：急起直追，力图赶上西方前进的步伐。为此，首先要对于传统文化进行反思。

民族文化的延续与变革

中国文化，在几千年延续发展的过程中，已经历过多次的变革。春秋战国时期是中国文化辉煌发展的时期，诸子并起，百家争鸣，学术成就可与古希腊媲美。两汉时代，医学、天文学有高度发展。魏晋时代，玄学兴起；隋唐时代，佛学鼎盛：抽象的理论思维都超过了前代。到宋代，科学艺术都达到了新的高度，哲学思想亦更加邃密，出现了比较完整的理论体系。明清时代，中国文化仍在原来轨

* 原载《学术月刊》，1986 年第 12 期。

道上缓慢地前进，而西方却开辟了一个空前的新时代，中华民族瞠乎其后了。

事实上，革故取新就能前进，因循守旧必然落后。现在，中国传统文化正在经历一个舍旧创新的转变过程。中国传统文化是否需要全盘抛弃呢？如果全盘排除传统文化，后果又将如何呢？中国传统中是否也包含继续前进的内在根据？中华民族今日将何以自立于世界文化之林？这些都是必须考虑的严肃问题。

世界近代史证明，如果一个民族完全遗忘了自己的过去，必将失去自己的民族独立性而沦为别的民族的附庸，将甘受别的民族的奴役。这是世界近代史提供的惨痛的经验教训。鸦片战争以来，中国遭受了列强的武力侵略，顽固的守旧派遏制了革新的生机，人民奋起抵抗外来的侵略。如果传统文化中没有孕育着进步的契机，中国人民的发愤图强的坚韧力量将何所依据呢？过去顽固派的妄自尊大是可笑的，如果转而妄自菲薄，也是没有前途的。

民族习性与民族精神

古人尝说："国有与立"，一个国家必有足以立国的基础。中华民族屹立于世界东方，延续发展了几千年，必然有其足以自立的思想基础。

近三百年来，中国落后了，这也不是偶然的，必有其一定的原因。正确认识民族延续发展的内在基础，正确了解民族迟缓落后的基本原因，是今天的理论工作者的重要任务之一。

20年代，很多人研讨如何改造国民性的问题，意在考察中国落后的根源。这无疑是必要的。于是揭出了国民的一些劣根性，如愚昧、散漫、奴性、盲从之类。事实上，这些都是在小农经济的基础之上、在专制政治的压迫之下千百年来养成的习性。习性不是遗传性，而是世代养成的习惯。

民族的习性是否就是这些呢？

在中国历史上，屡次发生反对外来侵略的斗争，更屡次出现反对统治者暴政的斗争。这些不能说是奴性盲从的表现，而是反对压迫、反对奴役的英勇斗争。应该承认，中国人民有一个争取自由、争取人格尊严的传统。如果认为中国人民仅只具有一些劣根性，那是没有根据的。

谈论国民性，不能不涉及古代哲学思想。哲学思想植根于民族习性的土壤中，又能起一定的陶铸民族习性的作用。在哲学思想的领域中，从汉代以后，直至辛亥革命，儒学占有统治地位，而道家思想也流传不绝；南北朝隋唐时代，佛教亦发挥了广泛的影响，但在社会上起主导作用的还是儒家学说。儒学鼓吹三纲五伦，三纲是“君为臣纲、父为子纲、夫为妻纲”，五伦是君臣、父子、夫妇、兄弟、朋友。在封建时代，三纲之说确实是束缚人民的精神枷锁，随着专制主义的加强，强调臣对于君、子对于父、妻对于夫的绝对服从，斲丧了人民活动的生机。儒学宣扬的三纲之说，确实是阻碍社会进步的沉重枷锁。但是，历史究竟前进了，辛亥革命打破了君为臣纲，五四运动批判了父权和夫权，但是旧思想仍有一定影响。个人崇拜实际上是变相的君为臣纲。家长制作风、重男轻女的旧观念尚待消除。

儒家是否只讲三纲五伦呢？那又不然。孔子维护君权，但是不赞同个人独裁，以为国君如果要求“言莫予违”，就会有亡国的危险；更反对暴政，宣称“苛政猛于虎”。孔子肯定人人都有独立的意志，断言“三军可夺帅也，匹夫不可夺志也”。孟子更提出“天爵”、“良贵”之说，认为人人都有自己的内在价值，这价值即在于道德自觉性。孟子宣扬大丈夫的标准是“富贵不能淫，贫贱不能移，威武不能屈”，这对于广大人民，特别是对于知识分子，树立了激励人心的榜样。不可否认，儒家这一方面的思想，对于中华民族的精神发展，确实起过积极的作用。实事求是地讲，儒家学说中，除三纲五伦之外，也还有一些具有积极意义的观点。

在一个民族的精神发展中，总有一些思想观念，受到人们的尊崇，成为生活行动的最高指导原则。这种最高指导原则是多数人民所信奉的，能够激励人心，在民族的精神发展中起着主导的作用。这可以称为民族文化的主导思想，亦可简称为民族精神。

民族精神必须具备两个条件：一是有比较广泛的影响，二是能激励人们前进，有促进社会发展的作用。一个民族应该对于自己的民族精神有比较明确的自我认识。

“自强不息”、“厚德载物”

有哪些思想可以称为中国人民的民族精神呢？我认为，中国的民族精神基本上凝结于《周易大传》的两句名言之中，这就是：“天行健，君子以自强不息”。“地势坤，君子以厚德载物”。在汉代以来的两千多年中，《周易大传》被认为是孔子的著作，因而具有最高的权威，所以这些名言影响广远。广大的劳动人民也具有发愤图强的传统，与《易传》的名言也不无联系。

《易传》虽非孔子所著，但确实是孔学的发展。孔子赞扬“刚毅”，曾子提倡“宏毅”，《中庸》有云：

> 博学之，审问之，慎思之，明辨之，笃行之。有弗学，学之弗能弗措也；有弗问，问之弗知弗措也；有弗思，思之弗得弗措

> 也；有弗辨，辨之弗明弗措也；有弗行，行之弗笃弗措也。人一能之己百之，人十能之己千之。果能此道矣，虽愚必明，虽柔必强。

这就是自强不息精神的体现。《周易集解》引干宝云：

> 凡勉强以进德，不必须在位也。故尧舜一日万机，文王日昃不暇食，仲尼终夜不寝，颜子欲罢不能，自此以下莫敢淫心舍力，故曰自强不息矣。

后世的有志之士，致力于事业学问，亦莫不尽心竭力，昼夜不懈。这正是中国传统文化延续发展的思想源泉。

"厚德载物"即以宽厚之德包容万物。这与"和同之辨"有一定联系。西周末年史伯区别了和与同，他说：

> 夫和言生物，同则不继。以他平他谓之和，故能丰长而物生之，若以同裨同，尽乃弃矣。(《国语·郑语》)

所谓和即包容不同的事物而保持一定的平衡。孔子亦说："君子和而不同。"(《论语·子路》)厚德载物有兼容并包之意。这对于文化发展是非常必要的。在历史上，中国能接受外来文化。佛教东来，被中国人民所容纳；明末西学东传，亦曾受到中国知识分子的重视。清末顽固派拒绝西学，事实上是违背了中国文化兼容并包的基本精神。

我们说"自强不息"、"厚德载物"是中国文化传统的基本精神，并不是说对于这些问题没有意见分歧，也不是说历史上任何人都能表现这种精神。历史上，每次外族入侵，广大群众奋起反抗，但是总有不少卖国求荣、引狼入室的投降派。在封建时代，奸相佞臣、贪官污吏，更是充满了史册。我们只是说，在传统思想中，广泛流传而又具有推动文化发展的积极作用的，是《周易大传》的“自强不息”、“厚德载物”的精湛思想。这些思想激励着人们奋发向上、不断前进。

“中庸”辨析

以前曾经有一种比较流行的见解，认为中国文化的基本精神是“中庸”。对于这个问题，应略加辨析。

“中庸”观念是孔子提出的，他说：“中庸之为德也，其至矣乎！民鲜久矣。”(《论语·雍也》)对于中庸的含义无所解释。但是说“中庸之为德”，而不是说“中庸之为道”，足证中庸是指一种修养境界，而不仅是指一种抽象原则。孔子又说：“不得中行而与之，必也狂狷乎！狂者进取，狷者有所不为也”。(《子路》)中行是较高的品德，应与中庸同义。孟子说：“孔子不得中道而与之，必也狂狷乎，狂者进取，狷者有所不为也。”(《孟子·尽心下》)不说中行而说中道，中行、中道，当是同一意义。总之，中庸、中行、中道，应具有同一含义，指高于狂狷的修养境界。

《中庸》篇有云：

> 舜其大知也与！舜好问而好察迩言，隐恶而扬善，执其两端，用其中于民，其斯以为舜乎！

所谓执两用中应即对于中庸的解释。《说文》：“庸，用也”。中庸即用中，指随时运用中的原则，处事恰如其分。孔子尝说：“过犹不及。”

(《论语·先进》)后儒解释中庸为“无过无不及”，是正确的。

“中庸”观念包含一种认识，即许多事情都有一定限度，超过了这个限度，就和没有达到这个限度一样。这就是“过犹不及”。有些事情，确实如此。如饮食衣着以及睡眠之类，确实是“过犹不及”。但是，许多事情的限度是随时代的演进而改变的。例如所谓“君臣之义”，过去认为是必须遵守、不可逾越的。但是近代西方资产阶级打倒了君权，使人类历史大大前进了一步。又如中国封建时代排斥所谓奇技淫巧，阻碍了自然科学的进展；近代西方实证科学长足进步，技术远远超过了前代，促进了文化的高度发展。在历史上，在一定的范围内，超越传统的限度，往往可以实现巨大的飞跃。如果固守“过犹不及”的中道，就不可能大步前进了。因此，“中庸”观念，虽然在过去曾经广泛流传，但是实际上不能起推动文化发展的作用。所以，我以为，不能把“中庸”看做中国文化的基本精神。

* * *

近代西方国家都宣扬自己的民族精神。如法国人民鼓吹法兰西精神，德国人民提倡日耳曼精神等等。中华民族必有作为民族文化的指导原则的中华精神。古往今来，这个精神得到发扬，文化就进步；这个精神得不到发扬，文化就落后。正确认识这个民族精神之所在，是非常必要的。

论中国古代哲学的范畴体系*

近来研究中国哲学史的同志们提出中国古代哲学范畴体系的问题，这确实是关于哲学史的一个重要问题。我们常说中国哲学有自己的一套概念范畴，既云一套概念范畴，就是有一个概念范畴的体系了。范畴体系是一个非常复杂的问题。哲学史上各个范畴都有其发生、发展、演变的过程，即令是同一时期的哲学范畴，不同学派的见解也不相同。中国古代哲学的范畴体系包括哪些范畴呢？范畴之间的相互关系又如何呢？这些问题都是需要进行深入考察的。

一、中国古代哲学著作中所谓“名”与“字”

“概念”、“范畴”都是翻译名词。范畴二字虽然出自《尚书·洪范》所谓“洪范九畴”，但是古代并不以范畴二字连为一词。在中国古代哲学著作中，与今所谓概念、范畴相当的，是“名”和“字”。孔子提出“正名”，他说：“名不正则言不顺。”(《论语·子路》)《管子·心术上》论形名云：“物固有

---

* 原载《中国社会科学》，1985 年第 2 期。

形，形固有名，名当谓之圣人。"庄子说："名者实之宾也。"(《庄子·逍遥游》)公孙龙说："夫名，实谓也。"(《公孙龙子·名实论》)《墨子·小取》云："以名举实。"各家所谓名都是指事物的称谓。

《墨经》将名分为三种，《经上》云："名，达、类、私。"《经说上》解释说：

> 名：物，达也；有实必待之名也。命之马，类也；若实也者，必以是名也。命之臧，私也；是名也止于是实也。

达名是普遍性的名称。类名是一类事物的名称。达名与类名都是我们所谓概念。达名是普遍概念，类名是一类事物的概念。私名是个别人的名字，不是概念。

荀子提出所谓共名与别名，他说：

> 故万物虽众，有时而欲遍举之，故谓之物，物也者大共名也。……有时而欲偏举之，故谓之鸟兽，鸟兽也者大别名也。(《荀子·正名》)

这所谓大共名即墨家所谓达名，所谓大别名即墨家所谓类名。

中国古无概念一词，"达名"、"类名"即是概念。概念是从思维来讲的，名是从语言来讲的。思维与语言可以说是内容与形式的关系，思维都是用语言来表达的，没有脱离语言的思维。名与概念是统一的。

达名、有实必待之名，可以说即今所谓范畴。范畴一词出自古希腊，亚里士多德对范畴作了系统的论述，提出"体"、"量"、"性质"、

“关系”、“处”、“时”、“容态”、“状况”、“施”、“受”等十个范畴。到了近代，康德从先验论的观点讲范畴，黑格尔从客观唯心主义的观点讲范畴。我们现在讲范畴，认为范畴是反映客观事物的统一性和普遍联系的思维形式，也就是具有一定普遍性的基本概念。中国古代哲学中缺乏像亚里士多德《范畴篇》那样的系统的范畴理论。《庄子·秋水》云：“夫物量无穷，时无止，分无常，终始无故。”所谓“量”、“时”也就是亚里士多德所谓“量”、“时”。但是在中国哲学中关于“量”、“时”的讨论不多。《孟子》、《易传》所谓“时”又不仅指一般所谓时间。

韩愈在《原道》中提出“虚位”与“定名”的区别，他说：“仁与义为定名，道与德为虚位。”定名是有确定内涵的名称，虚位即是空格子，不同学派可以填入不同的内容。儒家、道家都讲“道”，但所谓“道”的意义不同。至于仁义则有固定的涵义，儒家宣扬仁义，道家不同意儒家所讲的仁义，但不能借用仁义二字而赋予它以另外的意义，只是对仁义加以批评指责而已。韩愈所谓定名、虚位，都属于今日所谓范畴。如果加以分析，定名可谓实质的范畴，虚位可谓形式的范畴。

宋元明清时代，哲学的概念范畴一般称为“字”。有些学者致力于解释所谓“字义”。朱熹的弟子陈淳著《字义详讲》(后人称为《北溪字义》)，就是讲解程朱理学的概念范畴的著作。清儒戴震批判程朱，提出自己的哲学体系，撰写《孟子字义疏证》，采取了解释孟子哲学的概念范畴的形式。这里所谓“字”不是指普通的文字，而是指哲学的名词。所谓“字义”都是指对于哲学概念范畴的解释。“字义”二字太泛，不如西方所谓范畴意思明确。中国古代虽无范畴之称，但中国古代哲学确实有一套自己的范畴。

二、范畴体系的层次与演变

在思想发展史上，哲学范畴的出现，有其历史的先后次序，这是哲学范畴的历史顺序。

各个范畴之间又有包容、涵蕴、区别、对立以及相反相成的关系，这可谓范畴之间的逻辑关系。依据范畴的逻辑关系而形成的序列，可称为哲学范畴的逻辑顺序。

众多范畴彼此相关，于是构成一定的体系。体系又有不同的层次。有一家的范畴体系，有一个学派的范畴体系，有一个时代的范畴体系，有长期通贯的综合范畴体系。

历史上每一个建立哲学体系的思想家，总要提出许多基本命题，其中包括一些(或许多)概念、范畴。这些概念、范畴构成一个体系，就是一家的范畴体系。

每一个重要的哲学家大都有一些继承者，于是形成一个学派。一个学派所采用或提出的哲学范畴形成一个体系，就是一个学派的范畴体系。

每一重要的历史时期，可能同时涌现出几个不同的学派，这些学派各有其范畴体系，它们彼此之间既有联系又有区别，总合起来，构成一个时代的哲学范畴体系。

在较长的历史时期中，有一些哲学范畴前后相承、流传不绝，它们构成了长期通贯的综合范畴体系。

在每一家、每一派、每一时期或长期通贯的范畴体系之中，各个范畴必有其逻辑的程序，这是哲学范畴的逻辑层次。

亚里士多德的十个范畴，以“体”为始。朱熹、吕祖谦合编的《近思录》，第一卷讲“道体”。王廷相著《慎言》，亦以“道体”为第一篇。

陈淳的《北溪字义》卷上列“命”、“性”、“心”等，卷下列“道”、“理”、“德”、“太极”等。戴震的《孟子字义疏证》以“理”居首，“天道”、“性”次之，“道”、“仁义礼智”等又次之。黑格尔的《逻辑学》包括范畴最多，以“有”、“无”起始，以“理念”终结。

从古代到近代，哲学范畴的逻辑层次尚无确定的次序。但每一家、每一学派、每一时期的哲学范畴都可能按两种顺序排列，一是从普遍到特殊，一是从简单到深奥。亚里士多德论范畴以“体”为首，朱熹、吕祖谦的《近思录》以“道体”为始，这都是以普遍为开始。黑格尔的《逻辑学》从“有”起始，则是以最简单的范畴为起点。

中国古代哲学范畴的综合体系应包括哪些范畴呢？这是需要深入研究的问题。

名词、概念、范畴三者既有同一性，又有差别性。表示普遍存在或表示事物类型的名词可称为概念，如物、马等等。而表示一个人或某一物的名词不能叫做概念，如一人的姓名称号或某一历史事件的名称等等都不是概念。在概念之中，有些可以称为范畴，有些不是范畴。简单说来，表示存在的统一性、普遍联系和普遍准则的可以称为范畴，而一些常识的概念，如山、水、日、月、牛、马等等，不能叫做范畴。

概念与范畴的区别还不仅如此。历史上，许多哲学家提出了许多独创的概念，有些后来被许多人普遍采用了，有些则没有引起反响。凡一家独用的概念或名词，不能算作有普遍意义的范畴。例如墨子所讲“三表”，在墨家思想中是很重要的，但没有被别的学派接受，墨家绝灭之后，“三表”成为一个历史名词了。公孙龙所谓“指”是他一家的一个独创性的概念，也没有成为一个普遍承认的范畴。还有些概念，在一定的历史时期颇为流行，但后来销声匿迹了，例如“玄冥”、“独化”，在两晋南北朝时期颇为流行，唐宋以后则无人采用，因而也不能算作有普遍意义的范畴。又有个别的思想家，喜欢自造生词，如扬雄在《太玄》中仿照《周易》“元亨利贞”而独创的所谓“冈、直、蒙、酋”，只能算作个人的用语，不能列为范畴。

但是，也有一些思想家提出了一些独创的概念，虽然没有普遍流行，却是正确地反映了客观实际的某一方面，具有较高的理论价值，所以仍可称为哲学范畴。例如张载所谓“能”(《正蒙·乾称》：“屈伸动静终始之能”)、方以智所谓“反因”(《东西均·反因》)，似乎都可以列入古代哲学的范畴。

在历史上，不同的思想家虽然采用同一范畴，但赋予以不同的涵义，这种现象是常有的。韩愈说：“道与德为虚位”。凡是虚位的范畴，不同学派都赋予以不同的涵义。如道，老庄所谓道指先于天地万物而又是天地万物存在根据的抽象的绝对，《易传》所谓道指天地万物变化的普遍规律，张载、戴震则又以道指自然变化的过程。又如气，伯阳父首先提出“天地之气”的概念，孟子虽承认气与志是相对的，但他又提出所谓“浩然之气”，其所谓气又是指一种精神状态了。又如理，张载断言“理不在人皆在物”(《张子语录》上)，朱熹则宣称“若在理上看，则虽未有物，而已有物之理”(《文集·答刘叔文》)，王守仁更以为理在心中，“心外无物，心外无理”(《与王纯甫》)。这些思想家所讲理与物的关系不同，其所谓理的意义也就不同了。这些在不同的哲学体系中具有不同涵义的哲学范畴，在哲学史上还可以算作同一个范畴。

哲学范畴的提出与沿用还有些复杂的情况。有些范畴是某一思想家首先提出并加以阐明的，如老子的道。有些范畴虽非某一思想家首先提出，但他首先作出了较详细的说明，如孔子所谓仁。许多范畴都有长期的流传演变的过程，究竟是何人首先提出的，由于史料缺乏，已难考定。如气、理、性等都是如此，硬挂在某人名下，是不恰当的。近年有些哲学史论著说“理”是韩非首先提出的，“体用”、“本末”是王弼首先提出的，其实都不符合历史事实。许多范畴都起源于先秦时代，宋明理学的许多范畴都可在先秦典籍中找到其根源，但是宋明思想家作出了新的解释，使之成为更明确的、具有更深义蕴的哲学范畴，他们的理论贡献也是应该充分肯定的。

先秦时代，儒、墨、道、名诸家各有一套范畴。秦汉以后，墨、名中绝，儒、道交融。汉魏以后的主要哲学范畴大多来自先秦的儒家和道家。魏晋之时，玄学有一套范畴，基本上是依据先秦儒道两家的范畴加以提炼而成的。佛教输入，有另外一套范畴，其根源在印度佛教，与中国传统固有的概念范畴大不相同。中国佛学在发展演变的过程中也提出或引用了一些不是翻译名词的概念范畴，如“体用”、“事理”等等，这些范畴的采用不能说没有受到中国固有思想的影响。宋明理学家曾经“出入释老”，虽尝“入”，却终于“出”，最后归本于先秦的孔孟儒学。佛学的大多数概念范畴如“色”、“空”、“法”、“识”之类，始终没有被儒者所采用。明清之际的卓越思想家王夫之虽然引用了佛教的“能所”范畴，但加以新的规定。儒佛精神始终未能融合。所以，魏晋以后的哲学范畴，固然可以说是“儒道交融”，而唐宋以至明清的哲学范畴却只能说是“儒佛互映”。

以下试依历史顺序列举先秦以至明清的哲学和有关典籍中的主要哲学范畴。

(1)西周至春秋时代的概念范畴：

天命、德、五行(《尚书·周书》)。

气、阴阳、和同(《国语·周语》)。

天道人道、仁、礼、不朽(《春秋左氏传》)。

(2)孔子哲学范畴:

道、天道、德、仁、礼、忠、恕、孝、悌、智、勇、美、善、中庸、两端、性、习、学、思、一贯(《论语》)。

(3)孟子哲学范畴:

仁义礼智、孝悌忠信、志、气、心、物、理、义、觉、诚、良知良能、浩然之气、良贵(《孟子》)。

(4)《周易大传》中的哲学范畴:

太极、阴阳、健顺、生、易、变化、动静、道器、形上形下、神、幾、日新。

(5)荀子哲学范畴(与孔子相同的不列):

事理、法则、积、类、群、诚、神、征知(《荀子》)。

(6)《礼记》中的主要范畴:

中和、德性、诚明、慎独(《中庸》)。

明德、至善、本末、格物致知(《大学》)。

大同、小康(《礼运》)。

天理、人欲(《乐记》)。

以上是儒家的概念范畴。

(7)老子哲学范畴:

道、一、朴、器、有、无、常、玄、虚静、反复、自然、无为、势。

(8)庄子哲学范畴(与老子相同的不列):

天、人(《大宗师》:“知天之所为,知人之所为者,至矣”),气(《大宗师》:“游乎天地之一气”)、理(《养生主》:“依乎天理”,《天运》:“顺之以天理”,《秋水》:“是所以语大义之方,论万物之理也”)、宇宙(《齐物论》:“旁日月,挟宇宙”,《庚桑楚》:“有实而无乎处者,宇也;有长而无本剽者,宙也”)、神(《齐物论》:“劳神明为一”,《知北游》:“精神生于道”),真(《齐物论》:“道恶乎而有真伪”)。

《庄子》书中还有许多名词,如“以明”、“道枢”、“物化”、“悬解”,“心斋”、“坐忘”等,没有构成普遍承认的范畴。

以上是道家的范畴。

(9)《管子》书与法家的哲学范畴:

礼义廉耻、常、则、道、气、心术、虚、精、所以知、所知、法、术、势。(《管子》书中的思想表现了道家与法家的融合。)

(10)墨家、名家的概念范畴:

天志、兼爱、命、力、类、故、三表、宇、久、同异、无穷、大一、小一、指、物、名、实。

按先秦哲学典籍中,在范畴发展史上对后世影响最大的是《论语》、《老子》、《易传》,其次是《中庸》、《孟子》。墨家、名家所创立的概念范畴,援用者不多。荀子虽属儒家,绍述者亦少。《论语》、《老子》、《易传》所提出的范畴成为中国传统哲学的主要范畴。

(11)汉儒所常用的补充范畴:

元气(《鹖冠子》、《春秋繁露》,最早见于何书已不可考)、太虚(《黄帝内经》《庄子外篇》已有太虚一词)、三纲、五常(《春秋繁露》、《白虎通义》)、质(《易纬·乾凿度》明确了气、形、质三者的区别)。

(12)魏晋玄学的范畴:

有无、本末、体用、自然、理、性、命、言意。

(13)隋唐佛学的范畴:

佛教哲学,“名相”繁多。前辈熊十力先生著有《佛家名相通释》,

解释隋唐佛家法相唯识的概念范畴，论述颇详。兹仅选列佛学中最基本的名词概念：

法界、真如、色、性、相、缘起、因缘、五蕴、八识、止观、涅槃。佛书还有一些常用的名词如实际、世界、意识等，后来被引入一般常识，成为常识中的概念。

隋唐儒学没有提出新的范畴，唯崔憬《周易探玄》对于体用作出了明确的解释，有重要意义。

宋元明清时代哲学的概念范畴大多前有所承，其中同于前人的亦择要列入，以见哲学范畴前后存亡消长的史迹。

(14)周敦颐哲学范畴：

无极、太极、阴阳、五行、中正、人极、诚、神、幾、刚善、柔善。

(15)张载哲学范畴：

太和、太虚、气、性、神、道、理、两、一、有、象、心、能、诚、明。

(16)程朱学派(程颢、程颐、朱熹)的范畴：

陈淳《字义详讲》所列范畴是：

命、性、心、情、才、志、意、仁义礼智信、忠信、忠恕、一贯、诚、敬、恭(卷上)；道、理、德、太极、皇极、中和、中庸、礼乐、经权、义利、鬼神(卷下)。

《性理大全书》所列范畴是：

理气(太极、天地、阴阳、五行)、鬼神(生死)、性理(性命、心、道、理、德、仁义礼智信、诚、忠信、忠恕、恭敬)。

按《字义详讲》和《性理大全》所列概念范畴的次序都缺乏明显的逻辑性，但程朱学派的哲学范畴大略具备于此。

(17)陆王学派(陆九渊、王守仁)的范畴:

心、理、本心、良知、知行、义利、理欲。

(18)方以智哲学的概念范畴:

通几、质测、气形光声、理、神、反因、交轮几、随泯统。方以智的思想颇具特色,他所提出的许多新概念虽未必构成新的范畴,但表现了一定的深度。

(19)王夫之的哲学范畴:

气、理、道、太虚、太和、实有、诚、神、器、动静、能所、知行、格物致知、义利、理欲、理势。

(20)戴震的哲学范畴:

《孟子字义疏证》所列范畴是:

理、天道、性、才、道、仁义礼智、诚、权。

戴氏书中还包括有气化、生生、心知、自然、必然诸范畴。

以上按时代顺序列举了上古以至近古各学派的主要哲学概念范畴,所列举的未必尽当,更难免遗漏,但是中国传统哲学中的基本概念范畴大略具备于此了。至于哪些可称为范畴,哪些仅仅可称为概念,亦不易一一明确规定,凡有重要理论意义的都尽量列入了。

三、中国古代哲学范畴的总体系

如上所述,中国古代哲学的概念范畴有其历史演变的过程。在历史上有比较广泛影响的范畴是:(1)先秦儒家范畴,(2)先秦道家范畴,(3)魏晋玄学范畴,(4)宋明理学范畴。此外还有佛学的范畴,但佛学范畴多数是翻译名词,始终没有取得主导地位,所以不能和儒道两家相比。宋明理学的范畴可以说是集中国古代概念范畴之大成,反理学的思想家也未能提出另外的新范畴。但是,我们现在来研讨中国古代哲学的范畴，应寻源察流，不能以理学的范畴为限。

中国古代哲学，从周秦到宋元明清，是否可以说有一个通贯、综合的范畴总体系呢？应该肯定是有的。这个范畴总体系应该包括儒家、道家、玄学、理学的长期流传和广泛引用的范畴。

这个范畴总体系的内部应有一定的逻辑层次。现在的问题是：如何确定这个逻辑层次？

黑格尔的《逻辑学》包含西方哲学范畴的总体系。黑格尔提出历史的与逻辑的二者一致的原则，他认为范畴在历史上出现的次序与范畴在逻辑体系中的顺序是一致的。他是按照肯定、否定、否定之否定的次序安排的。事实上，他所讲的历史顺序不尽符合历史事实，他所安排的逻辑顺序也往往出于主观臆断，并无严格的逻辑理由。黑格尔自以为达到了终极真理，实则不符合客观实际。但是黑格尔所提出的历史和逻辑二者统一的原则却含有深邃的智慧，思想史上确实有肯定、否定、否定之否定的情况，概念之间也有肯定、否定、否定之否定的关系。但据此而排列出一个历史与逻辑一致的顺序，就难免牵强附会了。因为实际情况是比正反合的公式更复杂的。

简单说来，范畴的逻辑层次可能有两种，一是从普遍到特殊，用中国传统名词来说，即由“共”至“别”、由“全”至“偏”。二是从浅近到高深，用中国传统名词来说，即由浅入深、由“简”至“赜”。

亚里士多德论范畴，以“体”为始，即由全至偏。黑格尔的《逻辑学》则是由简至赜。

朱熹编《近思录》，以“道体”为首卷。朱熹虽然没排列出范畴体系，但他的理论体系实际上是采用了从全至偏的程序。陈淳《字义详讲》和明代的《性理大全》所列名目次序都不免杂乱无章，表现出朱门后学理论水平的肤浅。

管见以为，现在探索中国古代哲学范畴的总体系，要考察两个方面的次序，一是范畴从普遍到特殊的逻辑顺序，一是历史上思想家提出范畴的先后顺序。哲学思想的历史发展，在一定意义上，有其逻辑的必然性，但是哲学范畴在历史上出现的先后次序并没有构成一个严格的逻辑顺序。如果勉强地把历史次序安排成一个逻辑顺序，势必削足适履。情况是复杂的，还应尊重客观事实。

哲学范畴，在历史上，有时是一个一个提出来的，如老子的“道”；有时是一对一对提出来的，如“阴阳”、“有无”。范畴皆可凑成一对，但亦可单独引用。兹分别列为二表，这二表的内容基本一致，但是由于观察的角度不同，因而也有所出入。

(1)中国古代哲学范畴总表之一(单一范畴总表)①

〔最高范畴〕

天、道、气(元气)、太极，太一、虚(太虚)、玄、无极、太和、理。(以上10个)

〔虚位范畴〕

德、善、美、本(本原、本根)、体(本体、实体)、用、实、元、

---

① “表一”分列了最高范畴、虚位范畴与定名范畴。每一类的次序参照了可考的历史顺序。最高范畴指思想家建立其哲学体系时所设定的表示世界本原或最高实体的范畴。孔孟以天为最大最高的实体，尚未脱离原始的天命论，老庄以道为天地的本原，开始创立本体论学说(近人或谓中国本体论学说始于王弼，实属大误，我另有辨析，兹不赘)。气的概念最早见于西周末年伯阳父的言论中，而明确地以气为最高范畴则较晚。魏晋时期，何晏王弼“以无为本”，实则仍以道为最高范畴，是以道为无。宋明时代，张载认为世界的统一性在于气，程朱以理为最高实体。陆九渊、王守仁认为“心即理”，仍以理为最高范畴，但强调理即在心中。准此，无与心不列入最高范畴之中。

虚位范畴指各家通用而可以加上不同规定的范畴。定名范畴指具有确定内涵的范畴。

是(是非)、真(真伪)。(以上10个)

〔定名范畴〕

命(天命)、五行(水火木金土)、阴阳、物、和、同、两端、无、有、自然、朴、器、象、反、常、变(变化)、动、静、生、易、神(形神之神)、神(神化之神)、幾、类、精(精气)、诚、宇宙、法则、事、势、形、质(形质之质)、质(性质之质)、机、能(屈伸动静终始之能)、所以(所以然)、实有;

仁、义、性、中庸、不朽、权(经权之权)、公、贵(良贵)、良知(良心)、天理、人欲、大同;

心、思、知、行(躬行、实践)、名、一贯、能(所以知)、所(所知)、效验:(以上58个)

以上共列78个概念范畴。

(2)中国古代哲学范畴总表之二(对偶范畴总表)①

〔天道范畴〕

天人(天道、人道)、本末、有无、道器、理气、体用(质用)、太极无极、阴阳、形神(形质、精神)、命力、常变、动静、反复、两一、神化、形上形下、宇宙、事理、虚实、心物、同异、象数。(以上22对)

〔人道范畴〕

① "表二"分列了天道范畴、人道范畴与知言范畴。中国古代哲学的主要内容是"天人之学",主要讨论的是天道、人道以及知天知人的问题,所以哲学范畴可分为三类。如此分类有其一定的必要性。范畴成对,也有些复杂情况,有些范畴不仅与某一范畴成为对立,而且更与别的范畴成为对立。如"同",既与"和"为对,又与"异"为对。又如诚,既与"伪"为对,又与"明"为对。魏晋时代,名教与自然的关系成为一突出的问题,而在老庄哲学中,自然原与有为或人为相对。以后,戴震又以自然与必然并举。此类情况也是屡见不鲜的。

道德、仁义、性习、美善、中庸与狂狷、中和、义利、理欲、志功、经权、诚明、公私、诚伪、自然与有为、自然与名教、贵贱(价值高下)、理势。(以上 17 对)

〔知言范畴〕

学思、名实、知行、是非、智愚、真伪、言意、能所、格物致知。(以上 9 对)

以上共列 48 对概念范畴。

上列二表，名目过繁。如删繁就简，去粗取精，可以选出最重要、最具有中国特色的十六对范畴，如下表：

1. 天人，2. 有无，3. 体用，4. 道器，

5. 阴阳，6. 动静，7. 常变，8. 理气，

9. 形神，10. 心物，11. 力命，12. 仁义，

13. 性习，14. 诚明，15. 能所，16. 知行。

中国古代哲学范畴体系，既有确定性，又有不确定性。中国古代思想家确实提出了一系列的概念范畴，这些概念范畴彼此之间有一定的联系，因而构成一定的体系。哪些概念范畴是主要的，哪些概念范畴不是主要的，其间有如何的统率、从属的关系，难免人人异说，所见不同。概念范畴是随思想的发展而演变的，从来没有一成不变的模式，而且也不应该有一成不变的模式。我们虽然可以列出一个范畴总表，不过是一个暂时的总结而已。

四、哲学范畴的循旧与立新

中国的学术思想到了近代有空前的变化，从西方通过日本引进了许多新的名词概念，其中也有许多可谓新的哲学范畴。

时代前进了，哲学范畴中随之有新的变化。

荀子说："若有王者起，必将有循于旧名，有作于新名。"《荀子·正名》荀子强调"王者"与"制名"的关系，带有封建专制主义的色彩，不大合乎历史的实际。哲学思想体系中的"名"都是"学者"在总结自然知识和社会知识的过程中制定的，大都与"王者"无关。但是荀子所谓"有循于旧名，有作于新名"的原则却是正确的。对于传统哲学中的范畴，要考察分析，有些是应该继承的，有些是应该改变的。此外，还应制定一些新的概念范畴。

有些传统范畴是必须继承沿用的，最显著的例子是：宇宙、自然、动静、变化、法则、同异、类、物、善、美、德(道德)、公、是非、真伪、知行、学思、心、精神等等。

有些范畴需要加以新的解释和评价。试举数例：

(1)天人

古代哲学中所谓天是有歧义的，或以指主宰之天，或以指自然之天，或以指义理之天。在近古哲学的发展过程中，自然之天逐渐成为天的主要涵义。中国哲学可以称为"天人之学"，以天人关系为主要问题。戴震著《原善》，自称"天人之道，经之大训萃焉"。以"天人"为主要问题，这是传统哲学的基本特点。天人问题亦即自然与人的关系问题，如此理解，天人仍可以作为哲学的基本范畴。

(2)有无

老子提出有与无的范畴，老子所谓"无"有两层涵义：一为相对的无，如"有之以为利，无之以为用"；一为绝对的无，如"天下万物生于有，有生于无。"王弼讲"以无为本"，也指绝对的无。绝对的无是思维的虚构，不反映客观实际。相对的无，还是一个必需的逻辑范畴。

(3)体用

中国古代哲学中所谓体用，涵义纷繁。各派唯心主义者所谓体都是思维的虚构，不可沿用。唯唐代易学家崔憬对于体用的解释仍属可取。崔氏说："凡天地万物皆有形质，就形质之中有体有用。体者即形质也，用者即形质上之妙用也。假令天地圆盖方轸为体，以万物资始资生为用。动物以形躯为体，以灵识为用；植物以枝干为体，以生性为用"。（李鼎祚《周易集解》引）体指物体，用指作用、机能。这种见解虽然是唯心主义者所不愿接受的，却是反映了客观实际的情况。

(4)气

中国古代哲学所谓气，不易理解。所谓气，有三层涵义。一是常识概念的气，指一切气体状态的存在，如水气、云气、呼吸之气等。二是哲学范畴的气，指不依赖于人的意识而又构成一切感觉对象的客观存在，相当于西方所谓物质。三是广泛意义的气，泛指任何现象，包括精神现象。重要的是作为哲学范畴的气。中国哲学所谓气与西方所谓物质是相当的，而也有差别。西方是以固体物为模式而提出物质概念的，物质的存在形态是原子、粒子。中国古代是以气体物为模式而提出气的概念的，可以理解为波粒的统一。中国所谓气的概念没有西方传统哲学所谓物质的机械性，却又表现为一种含混性，应该正确理解。要之，中国哲学所谓气确实是一个重要的哲学范畴，具有一定的深刻涵义。当然，作为常识概念的气也是必须保留沿用的。

(5)理

中国哲学所谓理也有多层涵义。理字的本义是"治玉"（《说文解字》），引申而指玉石的条纹，再引申而指物体所具有的形式以及物体运动的规律，规律亦称为法则。规律一词是依据《孟子》所谓"规矩"、"六律"而制定的，法则一词最早见于《庄子》、《荀子》。我认为，作为规律或法则的理，仍然是一个可用的范畴。朱熹区别了"所以然之理"与"所当然之理"。我们今天常讲"合理"或"不合理"，所谓合理有时指合乎自然规律，有时指合乎当然之理。当然之理又称为准则，准则一词也是宋明哲学中常用的概念。理字仍不可废。至于程朱学派讲“理在物先”、“理在事先”，以理指先于天地万物的最高本原，这是一个思维的虚构，久已没有存在的价值了。

(6)道器

《周易·系辞》：“形而上者谓之道，形而下者谓之器。”道指抽象的法则，器指具体的事物。道器正是表示事物与法则、现象与规律、特殊与一般的古代方式，仍有其一定的理论价值。王夫之提出“天下唯器”，确定了事物与法则的关系，有重要的理论意义。

(7)心物

孟子开始以心物对举，他说：“耳目之官不思而蔽于物，物交物则引之而已矣；心之官则思，思则得之，不思则不得也。”(《孟子·告子上》)孟子主张“尽心”，但亦承认外物的存在。佛教宣扬“一切唯心”，否认客观世界的实在。张载反对佛家“以山河大地为见病之说”，指出“人本无心，因物为心”。(《张子语录》下)王守仁则断言“心外无物”心物问题是物质与精神问题的古代形式。

(8)形神

荀子说：“形具而神生”(《荀子·天论》)，明确地以形神对举。到汉代，司马谈、桓谭、王充都讲形神关系。南北朝时期，佛教宣扬“神不灭论”，范缜著《神灭论》加以反驳，形神问题成为当时最突出的问题。神亦称为精神，精神一词屡见于《庄子·外篇》。形即形体，现在一般称为身体。精神则沿用至今。

(9)神化

《易传》提出“阴阳不测之谓神”，“神也者妙万物而为言也”，以神指细微复杂难以预测的变化。这确实是一个深刻精湛的理论观点。但是这个神字容易和形神之神相混。制名的一个重要原则是一名不能指二实。形神之神必须沿用，神化之神就难以保留了。

(10)诚

《中庸》、《孟子》都以诚为天道，又以诚为修养的最高境界，容易引起观念的混淆。王夫之以诚为最高范畴，他说："说到一个诚字，是极顶字，更无一字可以代释，更无一语可以反形，尽天下之善而皆有之谓也。……尽天地只是个诚，尽圣贤学问只是个思诚。"(《读四书大全说》卷九)诚是天地之所以为天地，又是万善具备的最高道德境界。王夫之所谓诚，主要有两层涵义，一指客观实在性，如说"夫诚者实有者也，前有所始，后有所终也。实有者天下之公有也，有目所共见，有耳所共闻也。"(《尚书引义》卷三)二指客观规律性，如他解释《正蒙》"天所以长久不已之道乃所谓诚"云："气化有序而亘古不息，惟其实有此理也。"(《正蒙注·诚明篇》)又说："诚者天之实理"(同书《乾称篇》)。而诚又包含万善具备之义。这样的"诚"的观念，虽然涵义深奥，实则表现了概念的混淆。诚字本是守信之意，说话符合事实、言论与行动一致，叫作诚。引申而指生活行为无不符合道德准则的最高精神境界，这是易于理解的。如果用诚字表示"天道"或"实有"，就容易引起思想混淆了。中国古代哲学的天人合一观点，如果表示"自然与精神的统一"，是具有深刻意义的；如果赋予自然界以道德的意义，就陷于错误了。我认为，"诚"的概念现在只能作为一个道德规范而存在，不必以诚为表示实有的范畴。

近代学术著作中，现代汉语中，充满了许多新的名词概念，其中有些是和旧有概念密切联系的，有些是旧概念的改造，也有些是古代汉语所缺少而新补充的。兹择要列举如下。

新旧概念范畴对比表（旧有概念加括号）：

存在（有），思维（思），历程、过程（行），物质（气），精神（心、精神），规律（理、法则），必然（必然），关系（关系、相与），发展（进），本质（本性、本质），属性（性），机能（用、能），绝对（独、无待），相对（相待），对立（两、对待），统一（一、合一），矛盾（矛盾），无限（无穷），系统、体系（理统），普遍（周遍），特殊（分殊），主体（内、主），客体（外、宾），形式（文），内容（质），认识（知），意识（灵明、意识），实践（行、实践），经验（见闻），理性（德性、义理之性），权利（分），义务（责），自由（自适），平等（平），价值（贵、良贵），因素、元素，结构。

从上表可以看出，有些概念是旧有的，如精神、矛盾、必然等；有些新旧虽异名而类似，如理性（德性）、对立（对待）、统一（合一）等；有些旧概念虽然已不适用，为新的所代替，表现了时代的进步，如历程（行）、主体（内）、客体（外）、形式（文）、内容（质）、权利（分）、义务（责）等等。而因素、结构的概念，在古代著作中找不到对应的名词，这是由于中国古代学术不重视分析，以致如此。关系一词，见于宋明著作；意识一词出自佛学，现在都已非常流行了。

中国近代哲学缺乏博大精深的体系，但是就所用概念范畴来说，却已大大超迈前哲了。

“有循于旧名，有作于新名”，这项工作仍然是我们新中国的哲学工作者的光荣任务。

论价值的层次*

19世纪末、20世纪初，西方哲学界兴起了关于价值论(Theory of Value)或价值学(Axiology)的研究，对于价值的意义、价值的准衡、价值的类型等问题，提出了许多不同的观点，出现了许多不同的学派。近几年来，国内也兴起了关于价值的探讨，从马克思主义的基本观点出发对价值进行分析，讨论热烈，并且已有关于价值论的专著问世(如李德顺著《价值论》，中国人民大学出版社1987年出版；王玉梁著《价值哲学》，陕西人民出版社1989年出版)。这是哲学理论的新开展，是有重要意义的。近几年来，国内关于价值的研究取得了可喜的成就，但是也还有一些问题值得作进一步的探索。

一、价值与需要

近几年来，在国内关于价值的讨论中，有一个多数论者同意的观点，即从“需要的满足”来界定价值，认为所谓

* 原载《中国社会科学》，1990年第3期。

价值即“客体对于主体的需要的满足”。也就是认为，价值是主体与客体之间需要与满足的关系，价值的本质在于客体的属性与功能能够满足主体的需要。这一观点主要以马克思《评阿·瓦格纳的〈政治经济学教科书〉》中的一段话为根据。马克思说：

> 人们实际上首先是占有外界物作为满足自己本身需要的资料，如此等等；然后人们也在语言上把它们叫做它们在实际经验中对人们来说已经是这样的东西，即满足自己需要的资料，使人们得到“满足”的物。……如果说，“按照德语的用法”，这就是指物被“赋予价值”，那就证明：“价值”这个普遍的概念是从人们对待满足他们需要的外界物的关系中产生的……①

对于马克思的这段话，也还存在着不同的理解。有的同志认为这是马克思引用瓦格纳的见解，并非马克思自己的观点；有的同志则认为马克思在这里是在批判瓦格纳的错误观点的基础上正面地阐述了自己的观点。

在西方也有以“需要的满足”来界定价值的思想。美国实用主义哲学家詹姆士(W. James)在所著《信仰的意志》中曾说：“善的本质，简单说来就是满足需要。”②其他实用主义者也认为“需要的满足”构成价值。实用主义哲学与辩证唯物主义哲学的基本观点大不相同，甚至可以说是相反的，但实用主义者也从“需要的满足”来说明价值，当然其

---

① 《马克思恩格斯全集》，第19卷，406页。

② 转引自 D. S. Robinson，*Introduction to Living Philosophy*，Crowell Co. 1932，p. 292.

前提和推论都是大不相同的。美国新实在论哲学家佩里(R. B. Perry)提出关于价值的"兴趣说"，认为所谓价值即能引起生物的兴趣的。"兴趣价值说"与"需要价值说"也有类似之处。

应该承认，主体需要的满足确实是价值的一项重要含义。所谓价值，就是客体能够满足主体的一定需要。

在中国古代哲学中，墨家提出"义，利也"的命题，而认为利是"所得而喜也。"这就是认为道德的原则在于谋求国家人民的根本利益，而利益就是人们兴趣之所在。但墨家所重视的是人民国家的"大利"，不是个人的私利。

儒家之中荀子也从人们的长久利益来论述道德的根据，他说："人生而有欲，欲而不得则不能无求。求而无度量分界则不能不争，争则乱，乱则穷。先王恶其乱也，故制礼义以分之。"(《荀子·礼论》)。他又认为"仁义"、"礼乐"是"固天下之大虑也，将为天下生民之属长虑顾后而保万世也。"(《荀子·荣辱》)这就是说，圣王是为了人们的长久利益而制定道德原则的，道德在于人们长久利益的满足。

墨家"非乐"，认为音乐不能解决实际问题，即不能满足生活的需要。儒家则认为音乐对于社会的长治久安是大有裨益的。荀子说："夫声乐之入人也深，其化人也速，故先王谨为之文，乐中平则民和而不流，乐肃庄则民齐而不乱。"(《荀子·乐论》)认为"乐"具有移风易俗的作用。儒墨两家对于音乐的观点不同，但都是从音乐能否满足人的需要来立论的。

可以说，认为价值在于生活需要的观点，由来尚矣。(当然，这种思想的明确的陈述，是近代才有的。)

人们也经常从能否满足社会的需要来评论某一个人的价值。一个人的行为活动，如果能满足社会(国家、民族、群体)的需要，就是一个有价值的人；如果一个人的行为活动完全不能满足社会(国家、民族、群体)的需要，便是一个无价值的人。这是从古以来多数人的共同见解。

二、需要的评价问题

以“满足主体需要”为价值的意义与标准的观点，作为一种价值学说，也存在着一些理论问题。一个重要问题是，需要也有高下之分，对于需要也有一个评价问题。对于需要的评价，就不可能以满足需要为标准了。人们都承认，有些需要是比较高级的，有些需要是比较低级的。饮食的需要，择偶的需要，互助的需要，在民族危急的时期救国的需要，在阶级斗争激烈的时期革命的需要，在有人陷入危难之时加以拯救的需要，还有人追求声色货利、贪财好色，也以为是需要……这些需要显然不是齐等的，而有高下之分。如何评论需要的高低呢？这是一个重要的理论问题。

需要有高低的层次，兴趣也有高低之分。毛泽东在《纪念白求恩》的名著中说：

> 我们大家要学习他毫无自私自利之心的精神。从这点出发，就可以变为大有利于人民的人。一个人能力有大小，但只要有这点精神，就是一个高尚的人，一个纯粹的人，一个有道德的人，一个脱离了低级趣味的人，一个有益于人民的人。①

高尚的人即是脱离了低级趣味的人，趣味是有高低之分的。

① 《毛泽东选集》，第2卷，621页。

从古以来，志士仁人追求高尚的理想，在民族遭遇危机之时为救亡而斗争，在人民受到磨难之时为变革制度而斗争；思想家研讨理论问题，自然科学家探索自然的奥秘，艺术家从事艺术的创作，这些都可以说是具有高尚的情趣。而那些耽溺于声色货利、贪财好色的人，则可以说是追求低级趣味。

我们可以说，有整体的需要，有个体的需要。整体的需要即是社会的需要、国家的需要、民族的需要。整体的需要是由个体的需要汇聚而成的，整体的需要大于个体的需要，也就是说，社会整体的需要、国家民族的需要，高于个人生活的需要。〔现代汉语中所谓“国家”，有时指政权机构(国家机器)而言，有时指本国的土地人民的总体而言。这里谈国家的需要不是指政权机构的需要，而是指全国人民总体的需要。〕

从另一观点，可以说有物质的需要，有精神的需要。古语说：“食色，性也。”又说：“饮食男女，人之大欲存焉。”食色是物质生活的需要。而对于知识、理想的追求则是精神的需要。物质的需要是人与其他动物共同具有的，而精神的需要则是人所特有的，是人与禽兽不同的特点。从这个意义上，可以说精神需要高于物质需要。

衡量需要的高下，只能从需要与需要之间的关系中寻求。有的需要能包容别的需要，有的需要为别的需要所包容。具有包容性的需要高于所包容的需要。因此，可以说整体的需要高于个人的需要。

有些需要是人与禽兽共有的，有些需要是人类所特有的。人所特有的需要可以说具有特异性。有特异性的需要高于非特异性的需要。因此，可以说精神需要高于物质生活的需要。

在中国古代哲学中，孟子特别强调了精神需要与物质需要的高下区分。他说：

体有贵贱，有小大。无以小害大，无以贱害贵。养其小者为小人，养其大者为大人。……饮食之人，则人贱之矣，为其养小以失大也。饮食之人无有失也，则口腹岂适为尺寸之肤哉？……耳目之官不思而蔽于物，物交物则引之而已矣。心之官则思，思则得之，不思则不得也。此天之所与我者，先立乎其大者，则其小者弗能夺也。(《孟子·告子上》)

他认为，耳目感官的需要、饮食的需要都是属于低级的，心的思维作用则是高级的。孟子更将饮食的需要与受人尊重的需要作了对比，他说："一箪食，一豆羹，得之则生，弗得则死。呼尔而与之，行道之人弗受；蹴尔而与之，乞人不屑也。"(《孟子·告子上》)箪食豆羹是饮食的需要，如果以非礼的态度给人，人是不肯接受的。这就说明，精神需要的价值高于物质需要。

需要的评价问题显示出：除了"满足需要"的意义之外，价值还有更深一层的含义。价值不仅是"满足需要"的问题，而且包含"衡量需要"的问题。

三、"人的价值"与"自我价值"

人的价值问题是价值论中的一个重要问题。近年许多同志提出了对于人的价值的解释，认为人的价值即是"作为主体的人能满足作为客体的人的需要"。这也就是说，一个人能满足社会的需要就是有价值的，一个人能对于社会作出一定的贡献就是有价值的。这无疑是"人的价值"的一项重要含义。但是，这所谓"人的价值"乃是指"个人的价值"而言，而不能用来说明人类的价值(即人作为一个类在天地间的价值)。就人类而论，人类能满足什么需要呢？如果说人类的价值在于满足人类自己的需要，那有什么意义呢？

我认为，“人类的价值”也是不能用“需要—满足”等于价值的简单公式来说明的。

中国古代哲学关于人类的价值有许多论证，却是从另一观点立论的。儒家肯定人类在天地之间的价值。《孝经》记述孔子之言说：“天地之性人为贵。”荀子对于人之所以为“贵”作了明确的解释，他说：“水火有气而无生，草木有生而无知，禽兽有知而无义。人有气有生有知，亦且有义，故最为天下贵也。”(《荀子·王制》)董仲舒更详论人类的“所以贵”说：

> 人受命于天，固超然异于群生，入有父子兄弟之亲，出有君臣上下之谊，会聚相遇，则有耆老长幼之施，粲然有文以相接，欢然有恩以相爱，此人之所以贵也。……是其得天之灵，贵于物也。故孔子曰：天地之性人为贵。(《举贤良对策三》)

这些对于人的价值的阐释，都不是从满足需要立论，而是从肯定人类有优异的品质来讲的，即认为人类具有其他物类所没有的特异性质和能力，所以是最有价值的。儒家的这些关于人的价值的评说还是值得注意的。

与“人的价值”有关的是“自我价值”。近年有些论者提出对于“自我价值”的说明是：自我价值即主体行为对于主体自身需要的满足。这也就是说，自我价值即自己满足了自己的需要。但是，如果自己满足了自己的需要就算实现了自我的价值，那么，许多自私自利、巧取豪夺、采取各种手段以满足自己需要的人，都成为具有自我价值的人了；而为了协助别人，不惜自我牺牲、不顾自己的需要的人，反而成为没有自我价值的人了。我们能这样理解吗？

人类，对于客观世界而言，是主体。人类也可以把自己作为客体，进行自我认识、自我评价。但是，人类的价值应是就人类与其他物类的比较而言的。

自我，对于世界、对于别人而言，是一个主体，而别人也是主体。自我的价值应是就自我与别人、自我与社会、自我与人类的关系而言的。

四、价值的三层意义

如上所说，价值的意义有三个层次：

（一）价值是客体满足主体的需要，凡能满足主体的需要的，即有价值的。这是价值的第一层含义。

（二）对于需要也有一个评价的问题。有的需要有较高的价值，有的需要有较低的价值。对于需要的评价，即确定需要的价值的高低。衡量需要的价值的高低，这是价值的第二层含义。

（三）既然对于需要有评价问题，对于具有需要的主体，也可以进行评价。主体本身的价值，这是价值的第三层含义。中国古代哲学提出“天地之性人为贵”的命题。近代以来，也流传着一句名言：“在世界上，人是最宝贵的。”这所谓贵，不是说人类能满足什么需要，而是说人类具有其他物类所未有的优越性质与能力。

五、“真、善、美”

自古以来，有三项价值最受人们的重视，一曰真，二曰善，三曰美。自古及今，哲学家们对于真、善、美提出种种不同的解释。我认为真、善、美都包含对于一定需要的满足，而又不仅是对于需要的满足。

真是认识的价值。谋求满足主体的需要，必须对于客体和主体自身有正确的认识，即对于客观世界与人类自身有正确的认识。正确的认识，称之为真。

善是道德的价值。一般说来，善即是个人的行为符合社会的需要，同时善又是处理个人需要与社会需要的关系的准则。人的需要与需要之间可能有矛盾，事实上经常有矛盾。个人与个人的需要有矛盾，个人与群体(社会、民族、国家)的需要有矛盾，民族与民族的需要更有矛盾。这些矛盾是必须解决的。如何解决需要与需要之间的矛盾呢？这应有一定的原则。这解决需要与需要之间的矛盾的原则，即是道德的原则。道德的原则，称之为善。

美是艺术的价值。客观世界的事物，有些适合于人的情感，令人感到愉快。愉快之感即是美感。人类更能创造出一些令人愉快的物品，即艺术品。有各种不同的愉快，对于愉快的情感也有一个评价问题。衡量愉快的标准，称之为美。

西方的一些思想家称“真、善、美”为“内在价值”或“终极价值”，即人类所追求的最高目标。而物质需要的满足，则被称为“外在价值”或“工具价值”。英国新实在论哲学家穆尔(G. E. Moore)特别重视所谓内在价值[①]这些观点都是可以讨论的。我认为，“真、善、美”三者，可称为“最高价值”。

---

① 参见 G. E. Moore，*Philosophical Studies*，Harcourt Brace & Co. 1922.

六、生命与人格

关于“人的价值”，还应作一些说明。

人是具有生命的。人的生命是世界上生命的最高形式。人具有改造环境的强大力量，这是人的生命力的表现。

人之所以为人，不仅在于具有强盛的生命力，更在于具有明确的道德意识。所谓道德意识即是正确理解人与人的关系，亦即正确理解个人与社会、物质生活与精神生活的关系。

一个人，如果有明确的道德意识，就必有坚定的独立意志，必有崇高的道德理想，必努力实践自己的道德原则。这样的人就具有独立人格。具有独立人格的人，能充分体现“人之所以为人者”，就是一个有价值的人。

“人类的价值”在于人类具有其他动物所未有的优越特性。“个人的价值”可分为两层意义：一是“个人的社会价值”，在于一个人对于社会作出一定的贡献(即能在一定方面满足社会的需要)；二是“个人的自我价值”，即具有独立的人格。一个人的自我价值不在于自己满足自己的需要，而在于具有独立的意志与崇高的道德实践。

在中国古代哲学中，孟子着重论述了生命与道德的相互关系，他说：

> 生亦我所欲也，义亦我所欲也，二者不可得兼，舍生而取义者也。生亦我所欲，所欲有甚于生者，故不为苟得也。死亦我所恶，所恶有甚于死者，故患有所不辟也。(《孟子·告子上》)

生指生命，义指道德原则。“所欲有甚于生者”，“所恶有甚于死者”，是何所指呢？从孟子下文所举例子来看，“一箪食，一豆羹，得之则生，弗得则死。呼尔而与之，行道之人弗受；蹴尔而与之，乞人不屑也”，可见“所欲有甚于生者”是人格的尊严；“所恶有甚于死者”是人格的屈辱。孟子把人格看得比生命还重要，这是很精湛的思想。

中国古代哲学中还有关于“德力”、“义利”与“理欲”的辩论，这些都是关于生命与道德的轻重的问题。

孟子宣扬“以德服人”，不赞同“以力服人”。韩非则认为“力”是最重要的，而德是无用的。德指德行，力指实力、武力。事实上，德固有崇高的价值，而力也是必要的。应该承认，力是德的基础。就个人而言，必须具有充沛的生命力，才能做出有益于人民的成就。就国家而言，必须有强大的实力，才能对世界人类进步事业做出贡献。德与力是统一的。

孟子更将“义”与“利”对立起来，董仲舒宣称“正其谊不谋其利”，宋明理学家强调义与利的辨别。墨家则肯定义与利的一致。利指物质利益，义是道德原则。儒家重义轻利，有两层含义，一是认为整体利益高于个人利益，二是肯定精神价值高于物质价值。但是，整体利益也不能脱离个体利益，精神价值也只能建筑在物质价值之上。义与利是统一的。

宋代理学家宣扬“理欲之辨”，理是道德原则，欲是物质生活欲望。这也是整体需要与个体需要、物质需要与精神需要的相互关系的问题。应该承认，整体需要大于个体需要，精神需要高于物质需要。但是，离开了个体需要也就没有整体需要，离开了物质需要也就没有精神需要。两者都是相辅相成的。

儒家重德轻力、重义轻利，宣扬“存理去欲”，确有偏失，应该德力并重，肯定义利的统一以及理欲的统一。然而，还应承认，整体利益高于个体利益，精神需要高于物质需要。就个人生活而论，也应承认，人格的尊严比生命更重要。而民族的独立是每一个公民的人格尊严的必要保证。自古及今，许多志士仁人不惜牺牲自己的生命以维护民族的主权，他们的崇高精神至今闪耀着灿烂的光辉。

以上提出个人关于价值问题的臆说，有些观点与近今流行的见解颇不相同，非敢标新立异，不过是以为从事真理的探索，应各抒所见，不宜随声附和而已。

中国文化发展的道路

——论文化的综合与创新*

现在我们正处在中国文化继往开来，推陈出新的转变时期。在这个伟大的转变时期，对于中国传统文化进行分析、反思、批判继承，对于西方进步文化进行考察、引进，选择吸取，确是当务之急。我们的总方向已经确定了，这就是建设具有中国特色的社会主义的物质文明和精神文明。这个总方向是完全正确的。但是，如何才能具有中国特色？如何看待社会主义文化与中国传统文化和近代西方文化的关系？仍然是值得考虑的重要问题。

本篇就四个问题提出一些个人意见，即：(一)中国文化演变历程，(二)中国传统文化的得失，(三)文化综合之路，(四)新文化体系的创造。

一、中国文化演变的历程

中国文化，从夏商周有文字记载的时代算起，至今日

* 原载《中华文化的过去现在和未来》，中华书局成立八十周年纪念论文集。

已有五千多年，在这五千多年的漫长历史中，有几件突出的重要事项，也就是几件重要的变化过程，这即：(1)春秋战国时代的百家争鸣；(2)秦始皇焚书坑儒与汉武帝独尊儒术；(3)佛教输入；(4)理学兴起；(5)近代西学东渐与新文化运动。

从春秋末年开始，到战国之末，士阶层异常活跃，出现了诸子并起，百家争鸣的学术繁荣盛况，当时最重要的有六家：儒、墨、道、名、法、阴阳。从六家竞胜的全局来看，当时学术的发展是比较全面的，健康的。儒家宣扬道德的自觉性、重视文化教育，注意保存历史文献；墨家提倡为国为民的自我牺牲精神，强调刻苦力行，同时对于自然科学作出了贡献；道家批判社会上的不平等现象，宣扬个性自由；名家对于思辨方法(逻辑学)有一定研究；法家特重富国强兵之术，强调法纪的必要，阴阳家对于天文、地学提出了一定的见解。应该承认，六家之学，一方面相互争论，一方面亦相互补充，表现了相反相成的情况。惜乎六家并存的局面为时不久，文化的发展便陷于“偏胜”了。

秦始皇焚书坑儒，是对于诸子争鸣的反动。《汉书·艺文志》说：“战国从横，真伪分争，诸子之言，纷然殽乱。至秦患之，乃燔灭文章，以愚黔首”。秦朝统治，为时不久，民间秘藏的书到汉初复见于世，但是六国“史记”及一部分诸子书却永远消失了。(西晋之时，汲县魏王墓中发现了“竹书纪年”，这是唯一残存的六国史。)惠施的“五车”之书只剩下《庄子·天下篇》所载“历物”十事了。秦皇焚书，造成了文化学术的巨大损失。汉武帝采纳了董仲舒的建议，“罢黜百家，独尊儒术”，于是开始了“经学时代”，儒者所传诵的五经“立于学官”，诸子之学受到排斥。于是墨家，名家都销声匿迹，唯有道家之说是隐士之学，仍流传不绝，法家和阴阳家的部分观点被吸收到儒学学说之中。“儒学独尊”的局面，经历汉、魏、晋、唐以至宋、元、明、清，至少在形式上，维持了两千多年，给中国思想学术的发展带来了巨大的影响。

两汉之际，印度的佛教开始输入，经历魏晋、南北朝到隋唐，佛教逐渐发生深钜的影响，在唐代，统治集团采取了“三教并尊”的格局，同时尊崇儒学、佛教与道教。儒学独尊的情况略有改变，而政治体制仍来自儒家。隋唐的僧人依据佛教的经典，加以独创性的解释，建立了自己的学说体系，形成中国化的佛学，其中禅宗的独创性最为显著，可称为中国化的佛学。但是禅宗仍以释迦牟尼的继承者自居，尊奉印度的达摩为祖师。禅宗虽然是中国化了，而仍属于佛学。

唐代韩愈排斥佛老，力图复兴儒学，但未能建立完整的理论体系。到北宋中期，周敦颐、张载、程颢、程颐，依据先秦儒家的经典，回答了道家及佛教所提出的理论问题，建立了以孔孟学说为主、兼采了释道二家的思想资料的理论体系，于是建立了理学。理学成为南宋，元以至明清的占统治地位的思想体系。到明清之际，由于社会生活的变化，于是出现了一些具有精湛思想的进步思想家，如黄宗羲、顾炎武、王夫之，他们的理论达到了中国传统思想的最高峰。

以上叙述中国文化的演变，主要从哲学的发展着眼，这是因为，哲学思想在文化的演变中确实起了主导作用。马克思说：“人民最精致、最珍贵和看不见的精髓都集中在哲学思想里”。① 每一时代占统治地位的哲学学说就是那个时代的占统治地位的思想体系。

中国文化史上的一件大事是明代后期以及近代的西学东渐。明代后期，西方传教士到中国宣传基督教，带来了西方哥白尼以前的自然

① 《马克思恩格斯全集》，第1卷，120页。

科学，当时受到中国朝野人士的欢迎，直到清初康熙年间，西方传教士仍不断来华。后来罗马教皇下了不准教徒祭祀祖先的禁令，于是受到中国人的抵制，清代统治者下令禁海，于是中西学术交流中断了。直到中英鸦片战争，西方资本主义国家以武力侵略中国，打开了中国的门户，西学东渐又重新开始。这时，中华民族饱受外国列强的欺侮、凌辱，救亡图存成了时代的紧急任务。

经过戊戌维新、辛亥革命，到20世纪初的1915年，萌发了“新文化运动”，经过1919年的“五四”爱国运动，开辟了文化发展的新纪元，新文化运动高举“民主”与“科学”两大旗帜，对于人民的思想起了震聋启聩的巨大作用。但是，新文化运动的领导者们(如陈独秀、李大钊、胡适)对于传统文化并未进行全面的考察，对于西方近代文化亦缺乏深入的了解，因而，对于旧传统虽有廓清摧毁之功，对于新学说却尚无创造建设之力。“文学革命”取得了重大的成就，道德更新却远未成功。

1949年新中国成立，“中国人民站起来了”！百年来“救亡图存”的严重问题解决了，中国历史开始了新的篇章。但是，由于“左”倾教条主义的流行，在前进的道路上又出现了曲折。时至今日，总结两千年来文化演变的历史经验，是十分必要的。

从春秋战国时期“百家争鸣”与秦朝“焚书坑儒”，汉代“独尊儒术”的历史经验来看，足证学术思想的自由是文化发展的必要条件。这也就是说，“百家争鸣”是唯一正确的促进学术的方针。

从佛学输入与西学东渐的历史效应来看，足证吸取外来文化对于本国文化的发展是有益的。文化的发展必须“吐故纳新”，应随时吸取国外的文化成就作为本国文化的补充。在吸取外来文化的过程中应具有主动性，对外来文化加以改造，使其为我所用。禅宗的使佛教中国化以及宋代理学家“出入佛老”而归本孔孟的学风还是值得注意的。宋儒的缺失在于眼界仍然窄狭，未能广取先秦诸子墨学名辩之所长。

二、中国传统文化之得失

中国传统文化曾经创造出光辉灿烂的成果。中国的四大发明对于西方近代文明的发轫起过促进的作用，这是西方学者从培根以来所共同承认的。中国传统文化的主导思想儒家的伦理政治学说曾受到西方伏尔泰等著名启蒙思想家的高度推崇，也是历史事实。这些都不是偶然的。中国对于世界文化作出了重要的贡献，这是有目共睹的真实情况，这是不可抹煞的。

然而，近三百年来，西方资本主义文明迅速前进，相比之下，中国落后了。到19世纪中期，中国受到资本主义列强的欺凌、侵侮，遭遇到亡国灭族的严重危险。中国文化在西方近代文化面前相形见绌了。由此可以推知，中国传统文化必然含有严重的缺失。

我认为：中国传统文化有四长四弊。

四长是：(1)摆脱神学独断的生活信念；(2)重视相反相成的思维方法；(3)肯定道德自觉的人格观念；(4)爱国爱族的牺牲精神。

四弊是：(1)尚通忽别的致思心习；(2)不重实际探求的学术方向；(3)忽视个性自由的人际观念；(4)尊尊亲亲的传统陋习。

兹分别加以说明。

1.1　在欧洲、西亚以及印度，宗教是维系人心的力量。许多宗教都信仰上帝，佛教僧徒则皈依于佛。对于上帝、神、佛的信仰是他们的精神寄托，他们从上帝、神、佛的信仰中引申出道德原则。唯独在中国文化中占主导地位的儒学不以对于上帝、神的信仰为道德根据。孔子说：“务民之义，敬鬼神而远之，可谓知矣”。《论语·雍也》)孔子对鬼神持存疑态度，以为“义”的根据不在神而在于人民的生活。孔子再传弟子公孟子(即曾子弟子公明高)倡言“无鬼神”。儒家不信鬼神、不讲来世、不信天堂地狱和因果报应，而对于道德却有坚强的信念，将道德的根源归之于人的本性(孟子)或群居的需要(荀子)，虽然还没有达到科学的道德观，但已基本上摆脱了有神论的道德观。儒家的道德观可以称为人本主义的道德观，比宗教的道德观为高明。

1.2 “相反相成”、“物极必反”，这是古代儒家与道家的共同观点。以这类观点为指导的思想方法，用西方的名词来说，就是辩证法，所谓辩证法即是揭发思想言论中的矛盾并解决思想言论中的矛盾的方法。如果用中国固有的名词来说，可以称为“辩惑法”。孔子及其弟子很注重“辩惑”。《论语》说：“子张问崇德辩惑，子曰：主忠信，徙义，崇德也。爱之欲其生，恶之欲其死，既欲其生，又欲其死，是惑也。”(《颜渊》)既欲其生又欲其死，即是自相矛盾。“辩惑”即是辨别自相矛盾，正与西方所谓辩证法意义相近。《周易》、《老子》都富于辩证思想。《易传》所谓“一阴一阳之谓道”，即表示对立的统一。张载提出“两”与“一”的观念，对于对立统一作出进一步的概括。后来朱熹、王夫之又发展了张载的思想。中国古典哲学和医学都长于辩证思维，这是值得赞扬的。

1.3 儒家承认人有独立的意志，并宣扬道德的自觉性。孔子说：“三军可夺帅也，匹夫不可夺志也。”(《论语·子罕》)不可夺的志即是独立意志。孔子赞扬伯夷、叔齐“不降其志，不辱其身”(《论语·微子》)，即赞扬伯夷、叔齐坚持自己的独立意志。孔子以“仁”为道德的最高准则，而认为“仁”乃是人的道德的自觉，他说：“仁远乎哉？我欲仁，斯其仁至矣。”(《论语·述而》)“有能一日用其力于仁矣乎？我未见力不足者。”(《论语·里仁》)这就是说，道德不过是人的自觉。孟子提出“天爵”、“良贵”之说，“有天爵者，有人爵者，仁义忠信，乐善不倦，此天爵也。”“人人有贵于己者，弗思耳。人之所贵者，非良贵也。”(《孟子·告子上》)所谓“天爵”“良贵”即人的生而具有的内在价值，孟子以为人们生而具有“仁义忠信”的道德意识，因而具有内在的价值。儒家肯定人人都有内在价值，这种内在价值是天赋的，是不以社会地位而转移的。孟子的这种人格价值论，具有深刻的理论意义。孟子更提出“大丈夫”的人格标准，他说：“居天下之广居，立天下之正位，行天下之大道，得志与民由之，不得志独行其道。富贵不能淫，贫贱不能移，威武不能屈。此之谓大丈夫。”(《孟子·滕文公下》)这是伟大的独立人格的明白宣示。

儒家重视人伦，“父子有亲，君臣有义，夫妇有别，长幼有序，朋友有信。”(《孟子·滕文公上》)人伦与独立人格是否相容呢？人们处在人伦关系之中是否能保持独立人格呢？“子之爱亲，命也，不可解于心。臣之事君，义也，无适而非君也，无所逃于天地之间。”(《庄子·人间世》)这段话虽然见于《庄子》之书，却表达了儒家的基本观点。但是先秦儒家认为，子事父，臣事君，都是相对的服从，而非绝对的服从，如孔子主张“以道事君，不可则止”。(《论语·先进》)孟子鄙视以事君为事的人，他说：“有事君人者，事是君则为容悦者也。有安社稷臣者，以安社稷为悦者也。有天民者，达可行于天下而后行之者也。”(《孟子·尽心上》)荀子亦有“从道不从君”之说。(《荀子·臣道》)君臣虽然是不平等的关系，但先秦儒家认为臣还可以保持一定的独立人格。子对于父，也不是绝对服从。唯于夫妇关系，却宣扬妻对于夫应“以顺为正”，否认了妇女的独立人格，表现了明显的偏谬。

汉儒提出“三纲”(君为臣纲、父为子纲、夫为妻纲)之说，宋儒更宣扬“天下无不是底父母”，“天下无不是底君”，于是子对于父，臣对于君，逐渐演变为绝对服从的关系。虽然如此，从汉魏以至明清，历代仍有“特立独行”之士，仍有不屈服于权势、不随俗俯仰的人，这也是必须肯定的。

汉代独尊儒术，于是儒学成为统治思想，成为中央集权君主专制时代的占统治地位的思想。而专制制度的一个特点就是压抑人民的独立人格。马克思说：“专制制度的唯一原则就是轻视人类，使人不成其为人。”①这是对于君主专制制度的本质的揭示。近几年来有人著论，认为“使人不成其为人”也是儒学的本质，我以为不然。儒家虽然维护等级制度，维护君权，但是并不赞同君主个人独裁。鲁定公问孔子：“一言而丧邦，有诸?”孔子回答说：“言不可以若是，其几也，人之言曰：予无乐乎为君，唯其言而莫予违也。如其善而莫之违也，不亦善乎？如不善而莫之违也，不几乎一言而丧邦乎?”（《论语·子路》）孔子是反对君主独断专行的。孟子更提出“民贵君轻”之说，这虽然只是民本思想，不是民主思想，但是否认了君权的绝对性，却是显然的。所以，不能把儒家学说与专制主义划等号。“使人不成其为人”的是法家商鞅、申不害、韩非之说。鲁仲连批评秦国“权使其士，虏使其民”，正是对于法家的诽议。扬雄批评申韩说：“申韩之术，不仁之至矣！若何牛羊之用人也!”（《法言·问道》）把人民当牛马看待，是儒家所不允许的。我认为，儒家的根本宗旨是“使人成其为人。”孟子提出“人之所以异于禽兽者”，荀子阐扬“人之所以为人者”，都是在讲求“为人之道”。后来陆九渊讲得尤为明确。陆九渊说：“人当先理会所以为人，深思痛省。”“天地人三才等耳，人岂可轻？人字又岂可轻?”又说：“人生天地间，为人自当尽人道。学者所以为学，学为人而已，

① 《马克思恩格斯全集》，第1卷，411页。

非有为也。”(《象山语录》)儒家都是教育家，教育就是育人成才，首先要使人成为一个人。汉代以后，专制帝王都利用儒学作为统治工具，事实上儒家学说与专制制度之间还存在着很大的差异。专制帝王正是利用儒家学说来掩盖其“使人不成其为人”的本质的，这就是所谓“阳儒阴法”的秘密。近几年里，又有一种令人惊愕的议论，说什么中国传统思想中还没有“真正的人”的观念，即还没有“真正的人”的自觉。这也就是说，中国人还不够个“人”。这是极端的民族虚无主义的无耻谰言，这不但表现了对于传统文化的盲目无知，更表现了崇洋媚外的奴才心理。在社会主义的新中国，竟会出现这种殖民地的奴化思想，这是令人骇怪的。

1.4　中国从古以来就有保卫民族主权、维护民族尊严的优良传统。孔子称赞管仲：“管仲相桓公，霸诸侯，一匡天下，民到于今受其赐。微管仲，吾其被发左衽矣。”(《论语·宪问》)这是赞扬管仲尊王攘夷，保卫了华夏的文化传统。在中国历史上，存在着部族与部族之间、民族与民族之间以及对外的矛盾斗争。在这类斗争以及战争之中，有正义与非正义之分。受侵略的一方保卫民族主权、维护民族尊严的斗争乃是正义的。孔子讲“杀身成仁”，孟子讲“舍生取义”，值得为之杀身舍生的，主要是民族的主权与尊严。宋代宗泽、岳飞反对金兵入侵，宋元之际文天祥、谢枋得，明清之际史可法、黄道周都以身殉国，都发放出崇高灿烂的辉光。鸦片战争以来，更涌现了很多的爱国志士、民族英雄，表现了艰苦卓绝、可歌可泣的精神，令人仰慕、令人感动！这一爱国主义的传统是不应忽视的。

中国传统文化也有严重的偏向。

2.1　首先，在思维方式方面，中国传统比较缺乏分析思维。自《周易》、《老子》以来，许多思想家长于辩证思维，“物极必反”、“相反相成”已成为社会上流行的成语。重视整体、重视关联，是其优长，而对于事物的分析研究却显得很不够。恩格斯说：“真正的自然科学只是从15世纪下半叶才开始，从这时起它就获得了日益迅速的进展。把自然界分解为各个部分，把自然界的各种过程和事物分成一定的门类，对有机体的内部按其多种多样的解剖形态进行研究，这是最近四百年来在认识自然界方面获得巨大进展的基本条件。”①这种思维方法“黑格尔称之为形而上学的方法”②。亦称“形而上学的思维方式”。这种思维方法对于近代自然科学的发展起了决定性的积极作用。这种思维方法，在西方，从15世纪开始，高度发展起来，在中国却没有出现类似的情况。所谓“形而上学的思维方式”把事物看作孤立的、静止的，固然是不对的；但是，对于事物进行分析的研究还是必要的。

2.2　儒家重视人伦道德，不重视对于自然事物的研究。孔子弟子子夏说：“虽小道，必有可观者焉，致远恐泥，是以君子不为也。”(《论语·子张》)朱注：“小道，如农圃医卜之属。”所谓小道包括自然事物的研究，这是君子所不为的。荀子说：“无用之辩、不急之察，弃而不治，若夫君臣之义、父子之亲、夫妇之别，则日切磋而不舍也。”(《荀子·天论》)把对于自然现象的研究看作“无用之辩、不急之察”，这是狭隘的实用观点。汉唐宋元时代，有些自然科学家对于自然研究做出了贡献，但是多数哲学家轻视对于客观世界的实际探索。程颐、朱熹宣扬“格物穷理”，但是他们论穷理的方法仍然以“读书讲明义理”为重点。张载讲“体物”，朱熹曾解释所谓“体物”之意云：“此

① 《反杜林论》，见《马克思恩格斯选集》，第3卷，60页。

② 《路德维希·费尔巴哈和德国古典哲学的终结》，见《马克思恩格斯选集》，第4卷，240页。

是置心在物中究见其理。”(《朱子语类》卷九八)所谓“置心在物中”正是近代西方哲学家所谓“直觉”。事实上，直觉的“置心在物中”只是一种主观的神秘经验，真正进入物中究见其理，只有通过科学实验。中国传统中缺乏近代的科学实验方法。

2.3 如上节所说，儒家是重视人格价值的，以为做一个人应具有独立的人格。但是，儒家又承认等级制度是合理的，在等级制度的压制之下，独立人格是受到制约的。应该承认，个人只能生活在人际关系之中。所以自由只能是相对的。如果人际关系是平等的，个人自由的范围就比较宽广些；如果人际关系是不平等的，较高等级的人有较多的自由；较低等级的人所可能有的自由就很有限了。中国封建时代，大多数人是没有自由的。道家对于儒家的“君子、小人”之分予以深刻的批判，杨朱“为我”主张“全在葆真”，就是强调个人自由。南宋以后，在变本加厉的“三纲”的束缚之下，广大人民的个人自由被剥夺了。“五四”新文化运动鼓吹“个性自由”，确实具有重要的历史意义。但是，如果信奉“自我中心”、“唯我独尊”，那也是谬妄的。

2.4 在中国，由于几千年的等级制度的严重影响，“尊尊”，“亲亲”成为牢固的积习，给中国的社会心理罩上了沉重的阴影。因为尊尊亲亲的陈旧积习，法制难以顺利推行。进入了社会主义社会，却又出现了“官本位”的奇异现象，这确实是必须彻底决裂的陈旧传统。但是，也应看到，四世同堂的大家庭久已溃散了，唯有官贵民轻的社会心理却不易涤除。这是应该注意的。

三、统一文化综合之路

现在很多同志都已认识到，中国文化前进的唯一出路是综合中西文化之长以创造新文化。中国文化与西方文化各成体系，对于中西文化进行综合，不是一件轻而易举的事情，其中包含一系列的复杂问题。

每一文化体系之中包含许多方面，每一方面包含许多事项，每一事项又包含许多条目。每一条目的内容又包含若干观点、规范、标准、模式等等。一个文化体系之中，有些事项和条目是不能脱离原来的体系而存在的，有些事项和条目具有独立的价值，可以脱离原体系而存在，可以容纳到另一文化体系之中。事项与事项之间，条目与条目之间，有些是相容的，可以共处于一个体系之内；有些是不相容的，彼此不能共处。这些事项与事项、条目与条目之间的可离与不可离、相容与不相容的关系，是必须注意的。

明清之际的卓越思想家王夫之曾针对古今的不同说："一代之治，各因其时，建一代之规模以相扶而成治，故三王相袭，小有损益，而大略皆同。未有慕古人一事之当、独举一事，杂古于今之中，足以成章者也。"(《读通鉴论》卷二十一)。又说："郡县之与封建殊，犹裘与葛之不相沿矣。……封建也，学校也，乡举里选也，三者相扶以行，孤行则踬矣。"(《读通鉴论》卷三)。古代的一些事项条目是不可能脱离原来的体系而存在的。古今有别，不可随意混杂，中外之别亦是如此。

然而，古代哲人的一些睿智理，如老子所谓"祸兮福之所倚，福兮祸之所伏"，孔子所谓"己欲立而立人、己欲达而达人"、"己所不欲，勿施于人"；《易传》所谓"一阴一阳之谓道"、"生生之谓易"；孟子所谓"得道者多助，失道者寡助"，等等，却是历久常新，至今仍然必须承认的。

历史是进步的，有些古人认为真理的思想观念，今日已证明其为谬误，如"天圆地方"之说，今天的儿童已知其非。儒家宣扬所谓"君臣之义”，今天我们早已超越了尊君的时代。但也应承认，古代思想家确也发现了、宣扬了一些相对性的真理。历史不仅是“无知”的堆积。

文化体系之中，有些不同的事项，有人认为彼此不相容，其实是相容的。例如战国时期有关于贤与势的辩论，《韩非子·难势篇》引慎到之说云：“贤人而屈于不肖者，则权轻位卑也；不肖而能于贤者，则权重位尊也。尧为匹夫，不能治三人，而桀为天子，能乱天下。吾以此知势位之足恃，而贤智之不足慕也。”韩非发挥慎到之说，断言：“夫贤势之不相容亦明矣。”事实上，贤（道德、智慧）与势（权力）是相辅相成的，唐代贞观之治、清代康熙之治，都是贤势结合的成就。贤与势不是不相容的。

也有许多事项，确实“如冰炭之不相容”。

试就科学与民主而论，科学与文化专制是不相容的。明清时代以“圣经贤传”压抑人们的思想，以“八股取士”来控制知识分子，科学就难以取得进展了。近代西方，正是打破了神学的专断权威，自然科学才蓬勃发达起来。

民主与个人独裁不相容，与等级制亦不相容，近代西方资产阶级的革命运动消除了等级制度，民主才逐步建立起来。

所以，振兴科学，必须消除任何形式的文化专制。发扬民主，必须消除任何形式的独裁作风与等级制度的遗风。

同时，应明确认识，科学与自由思想是不相离的，科学的发展有待于思想自由。民主与平等意识是不相离的，只有实现真正的平等，才能达到真正的民主。资产阶级宣扬自由平等，但仍保留阶级差别，所以资产阶级的民主是不彻底的；只有既废除等级又消灭阶级，才可能有真正的民主。

相反的事项并不一定不相容，有些事项虽相反而相成；有些事项虽相异而互辅。例如，儒家重视文化教育，宣扬“德治”；法家鼓吹“法治”，以为文化学术有害于法治。事实上，“法”与“教”、“德”与“刑”是相辅相成的，实行“以法治国”，离不开文化教育。孟子宣扬“以德服人”，鄙视“以力服人”；韩非则宣称“上古竞于德，中世逐于智谋，当今争于气力”。事实上，“德”与“力”都是必要的，二者相辅相成，缺一不可。

有些事项或条目，经常相联并称，实则并非不相离，例如所谓“纲常”，即“三纲五常”。三纲是“君为臣纲，父为子纲，夫为妻纲”，五常即仁义礼智信。近几年来，很多论者指斥“纲常”的反动性。事实上，“三纲”压抑了臣、子、妻的独立人格，确实起了反动的危害社会发展的作用。而五常则应区别看待。儒家讲“仁”，既云“仁者爱人”，又反对“爱无差等”，宣扬有差等之爱，表现了统治阶级的偏见，而主张“爱人”，反对“苛政”、“暴政”，还是具有积极意义的。尤其是“信”，更是基本的“公共生活规则”，是社会生活所必需的。至于“义”、“礼”、“智”，都含有多层次的意义，不能笼统地指为反动。我认为，“五常”与“三纲”并无不可离的关系。

辨明文化事项条目之间的相容与不相容、可离与不可离，是非常重要的。

如何综合中西文化之长？兹就天人观、价值观、思维方式等三个方面略加论列。

关于人与自然的关系，中国古典哲学宣扬人与自然的统一与和谐，西方近代思想鼓吹人与自然的对立和斗争。西方思想家高喊“战胜自然”，确已取得可惊的成绩，时至今日，却发现人类已经破坏了自己的生存条件，地球上的生态平衡还是应该保持的。中国儒家的正统观点是“天人合一”，所谓“天人合一”并不否认天与人的区别，而是强调天与人的统一。中国亦有肯定“天人之分”的思想家，西方亦有重视人与自然的融合的思想家。将“天人合一”与“战胜自然”的观点结合起来，这是理之当然、势之必至。

关于价值观，中西传统俱非单纯。但总起来看，价值观的根本问题是个体(个人)与群体(社会、国家、民族)的关系及物质利益与精神追求的关系问题。思想家中，或者专重精神生活的提高与国家社会的利益，或者强调个人的权利与自由。事实上，个人与社会、民族是不能相互脱离的，人们的物质利益与精神生活亦是相互依存的。儒家的礼教束缚了个人自由、忽视了个人应有的权利，必须加以批判；但是儒家高扬道德义务及社会责任心，还是必须肯定的。西方强调个人奋斗精神、个人独立意识以及公平竞争原则，值得我们学习。而现代西方社会中流行的极端个人主义、拜金主义、享乐主义、非理性主义思潮，对于促进社会发展并无裨益，是不应该盲目效法的。

关于思维方式，问题比较明确，而任务却更为艰巨。中国有一个“辩证思维”的传统，虽然没有达到黑格尔的水平，与唯物辩证法更有较大的差距，究竟已经具备了进一步发展的基础。而西方15世纪以来的科学方法即分析的思维方法，黑格尔称之为“形而上学方法”者，在中国传统中却比较薄弱，所以我们今日应注意学习西方近代科学的分析思维方法，应将辩证思维与分析思维结合起来。西方现代的一些自然科学家至今不承认辩证法的价值，我们应能摆脱他们局限。

中西文化各有独特的贡献。(印度、阿拉伯文化也有其贡献，姑置不论。)在许多方面，不同的成就都有并存的价值。中西医术的结合，已为人们所公认。中西的绘画、音乐、戏曲各有其独立的价值，也有会通的可能。中国书法，世界独步。不能因为西方不讲书法艺术就不承认中国书法的文化价值。近年有的中国科学家提出，在学习西方科学的同时也要发扬中国科学的优良传统，这也是值得注意的。

四、新文化体系的创造

我们主张综合中西文化之长以创造新文化，并不是说对于中西文化可以东取一点，西取一点，勉强拼凑起来；综合的过程也即是批判、改造的过程，也就是创建新的文化体系的过程。

一个独立的民族文化，与另一不同类型的文化相遇，其前途有三种可能：一是孤芳自赏，拒绝交流，其结果是自我封闭，必将陷于衰亡。二是接受同化，放弃自己原有的，专以模仿外邦文化为事，其结果是丧失民族的独立性，将沦为强国的附属。三是主动吸取外来文化的成果，取精用宏，使民族文化更加壮大。中国文化与近代西方文化相遇，应取第三种态度。

中国新文化的创造，应会综合人类已经发现的一切相对真理，达到已知真理的会综，同时开辟认识真理的广阔道路。真理不断发现，文化不断更新。

中国新文化应是中国优秀传统与西方先进成果的综合。马克思主义学说是西方文化精粹的结集。所以，中国新文化的主导思想应是马克思主义的普遍真理与中国优秀传统的正确思想的综合。西方 19 世纪末以来，在马克思主义以外，又出现了许多学术流派，提出许多特异的观点，也应该加以审别、抉择。

鸦片战争以来，中国受资本主义列强的侵略凌辱，遭遇到历史上空前的民族危机。爱国的革命志士运用马克思主义为武器，进行英勇的斗争，取得了伟大的胜利，解决了救亡问题。“唯有社会主义能救中国”，这是历史证明了的真理。今天的任务是振兴中华，走上富强之路，这也应以马克思主义为指导，这是毫无疑义的。马克思主义的普遍真理与中国优秀传统的结合，这是唯一正确的方针。

一个健全的民族文化体系，必须表现民族的主体性。民族的主体性就是民族的独立性、主动性、自觉性。一个民族，如果丧失了主体性，就沦为别国的殖民地。如果文化不能保证民族的主体性，这种文化是毫无价值的。匍匐于古人之下是奴性，匍匐于外人之下也是奴性。西方的许多新发现、新发明，必须虚心学习。同时亦应发挥创造性的思维，力图有所发现、有所发明，做出新的贡献。

一个健全的文化体系，必有一个中心思想，在文化体系中起主导作用。同时又应兼容并包，允许不同思想的存在。这样，才能使文化学术蓬勃发展。董仲舒对汉武帝说："《春秋》大一统者，天地之常经、古今之通谊也。今师异道、人异论，百家殊方，指意不同，是以上亡以持一统，法制数变，下不知所守。臣愚以为诸不在六艺之科、孔子之术者，皆绝其道，勿使并进。邪辟之说灭息，然后统纪可一，而法度可明，民知所从矣。"(《举贤良对策三》)这里包含政治与学术的关系问题。在政治上，确应统一"法度"，不允许"人异论"，不可"法制数变"，这有其必要性；在学术上却应容许"百家殊方"。汉代实行"罢黜百家"、"皆绝其道，勿使并进"，结果消除了百家争鸣的可能性，使中国文化的发展陷于偏滞，这一历史教训是应该记取的。

每一时代，应有一个主导思想，在社会生活及学术研究中起主导作用，同时又容许不同的学术观点的存在。有同有异，求同存异。《周易·系辞》说："天下同归而殊涂，一致而百虑。"又《睽卦·象传》云："君子以同而异。"同而且异，这是学术发展的规律。

新中国文化的创建不是轻而易举的，时代的演变极其迅速，新的很快转变成旧的。有些表面上的新风其实是久已陈腐的陋习。例如儒家"重义轻利"之说确实阻碍了商品经济的发展，但是时至今日，社会中"见利忘义"之风已经淹没了重义轻利的旧传统。如果专门批判重义轻利，就不是针对时弊了。儒家礼教压抑了个性自由，应加批判；但是一些人的自我膨胀、自我享乐之风，久已超过了克己胜私的说教。经过一百多年反对外来侵略的艰苦斗争，近年又有个别的人声称甘愿当殖民地的子民，这是令人惊心动魄的！端正学风，还有大量的工作要作。

总而言之，中国新文化的建设，最重要的是增强社会主义意识、发扬爱国主义精神。

1990 年 7 月 16 日写完

张岱年主要著作目录

《中国哲学大纲》(北京：商务印书馆，1958 年；北京：中国社会科学出版社，1982 年再版)

《真与善的探索》(济南：齐鲁书社，1988 年)

《求真集》(长沙：湖南人民出版社，1985 年)(《中国哲学大纲》系 30 年代写成的；《求真集》中第一部分也是 30 年代的著作；《真与善的探索》的内容是 40 年代所写)

《中国唯物主义思想简史》(北京：中国青年出版社，1957 年)

《张载——中国十一世纪唯物主义哲学家》(武汉：湖北人民出版社，1957 年)

《中国伦理思想发展规律的初步研究》(北京：科学出版社，1958 年)

《中国哲学发微》(太原：山西人民出版社，1982 年)

《中国哲学史史料学》(北京：三联书店，1985 年)

《中国哲学史方法论发凡》(北京：中华书局，1985 年)

《玄儒评林》(长沙：湖南人民出版社，1985 年)

《文化与哲学》(北京：教育科学出版社，1989 年)

《中国伦理思想研究》(上海：上海人民出版社，1989 年)

《中国古典哲学概念范畴要论》(上海：上海人民出版社，1989年)

《中华的智慧》(主编)(上海：上海人民出版社，1989年)

《中国文化与文化论争》(与程宜山合著)(北京：中国人民大学出版社，1990年)

《中国文化传统简论》(与姜广辉合著)(杭州：浙江人民出版社，1990年)

《张岱年文集》第一卷、第二卷(上海：清华大学出版社，1990年)

《思想·文化·道德》(成都：四川巴蜀书社，1990年)